JN260737

編集代表 山下清兵衛　行政訴訟可否判断審査研究会 編

行政訴訟可否判断と
紛争解決の
実務と書式

発行 ㊥ 民事法研究会

はしがき

模範とした民主主義国家では、国民の公法上の権利の存在（参政権があるなど種々ある）が元首から認め運用されている。

国民は公法上の権利を使い自らを主権者として行動することで、広義職員（国会議員、裁判官、行政職員）を確保することで、広義に公正かつ安心な社会を業運にしていくことになる。

したがって、国民にとって、公法上の権利がどのように存在し、そのような手続によってこれを利用するのかが重要である。

本書は、国民の公法上の権利がどのようあり、そのような行使について解説したものである。主権者にとっての公道への誘いといえよう。

本書の解釈に関わりするのは、憲法改正（特に山下一郎弁護士）の他、弁護士・行政書士、第二東京弁護士会の弁護士の身立ての理論で確立された弁護士・弁護士の将来を考える「これからの弁護士の地位設置」（事務局）、特任美弁護士、所属の弁護士である。

本書は、弁護士業務および行政書士業務に役立つことに、大学等の世界の機関からの業務を知られかりなおり、また、一般国民の諸種にも申請書を手子と肯に、極めて有益な書籍となるだろう。

紙面の取りまとめについては三都による弁護士、審判規則弁護士、原戸順弁護士、小林弁護士、工藤慎介再行弁護士、佐野幸書雷行弁護士、並びに松弁護士の他の弁護士・行政書士の皆様と、本書の近年に言濃織をいただきながら熱意をもっていた田口信義弁護士並びに家族様士にひどからが謝意を表したい。

平成22年 7月吉日

編集代表 山下 清兵衛

〔本書の特色と利用の仕方〕

本書の大きな特色は、第1に、許認可の手続に関して、申請からその後の紛争（不服審査および行政事件訴訟）に至るまでの一連のものを１つの流れの中で連続的に解説していることにあり、第2に、その上で、関連個別分野の裁判実務にも精通した実務家によって、網羅的かつ実践的にしかも体系的なものとして構成されていることである。

従来の実務書においては、許認可申請に関する書と、審査請求・訴訟等に関する書とは、各々独立したものとしてくくられるものが多く、さらに行政事件訴訟に関する書も、許認可申請の手続についてはほとんど触れられず、その申請がどのようになされたのかという問題点、そのうえでどのようにして争えばよいのか、あるいは、紛争のどのような形が行政事件訴訟や不服審査請求によって典型的な救済が議論されているか、それらの紛争に至る申請手続のどこに問題があるのか、その関係性は明確に議論されていないきらいがある。

本書は、申請から紛争（不服申立てあよび行政事件訴訟）までを通じて解説し、紛争類型に応じて、紛争等解決方法を提示したものであり、従前の実務書からすれば、許認可の認可可手続き、紛争を横断する必要を検討したものである。

このような観点から、1つの本書が購成できるのは、申請業務に精通する行政手続上の事業法弁護士と紛争解決手段に精通する行政訴訟上の弁護士の両面から本書が計上げられたうえ、行政上につるが、本書は申請手続の無機な解釈として上

だけでなく、その後紛争に発展した場合（申請が通らなかった場合）、その後続の解決にあらかじめ取組むことがを挙した上で、弁護士としてのか、将来の紛争可能性あるいは、申請手続の詳細についても加味できることもあろうし、他方の、紛争を接経験した弁護士としても紛争に発展しているためし、紛争手続経験の知識であることにより、第１章から通読するに足ることをねらいとしている。

全くないが、各章は、申請手続編と法的問題編に分かれ、それぞれ行政書士、弁護士（一部の章はすべて弁護士）が執筆し、各自の専門知識から所要の解説を行っている。双方をあわせて読むことにより、許認可手続の申請から紛争処理までが立体的に浮かび上がることとなる。ぜひそのような形で本書を利用いただければ幸いである。なお、掲載している申請書式例は、自治体により異なるものもあるので参照するにあたっては、その点、留意されたい。

　また、法的問題編に関しては、許認可申請手続に固有の紛争類型を中心に、その争訟方法を解説し、書式を掲載する構成となっている。特に、申請手続に関する病理現象ともいえる、申請を受理しない、申請の棚上げ（不作為）に関して、争訟手続に乗せるための最新の法理論が解説されるとともに、書式も、単なる形式的な書式にとどまらない、事案に応じた具体的な書式を掲載しており、争訟実務上、例をみない実践的な内容になっており、実務に利用してもらえれば執筆者一同大きな喜びである。

　最後に、本書は、実務書であり、かつ、縦割りに構成されている書籍であることから、争訟手続を基礎的、包括的に解説するものではない。読者の便宜のため、第1章の法的問題編においては、争訟手続に関する基礎的解説を含めてあるが、基本的に争訟手続に関しては、一定の基礎知識を有している読者を前提としている。より基礎的、包括的に争訟手続の解説を求める読者は、本書の姉妹書である『実務　行政訴訟法講義』（実務公法学会編・民事法研究会刊）を一読されることを推奨する。

目　次

第1章　開発をめぐる許認可手続

I　申請手続 …………………………………………………………… 2
　1　国土利用計画法上の規制 …………………………………… 2
　　(1)　土地売買等の契約についての届出制 ……………………… 2
　　　【書式1】　土地売買等届出書 ………………………………… 3
　　(2)　農地法との関係 ……………………………………………… 4
　2　都市計画法上の規制 ………………………………………… 5
　　(1)　用途地域制 …………………………………………………… 5
　　(2)　開発許可制度 ………………………………………………… 6
　　(3)　開発行為 ……………………………………………………… 7
　　(4)　開発許可の申請手続 ………………………………………… 7
　　　【書式2】　開発行為許可申請書 ……………………………… 8
　　(5)　開発許可処分後の開発行為 ………………………………… 9
　　　【書式3】　建築制限解除申請書 ………………………………10
　　(6)　開発区域外における建築制限 ………………………………11
　　(7)　農地法との関係 ………………………………………………11
　3　農地法および農振法上の規制 ………………………………11
　　(1)　農地転用許可申請 ……………………………………………11
　　(2)　農用地区域除外申請 …………………………………………13
　4　大規模小売店舗立地法上の規制 ……………………………14
　　　【書式4】　大規模小売店舗届出書 ……………………………16
　5　その他の規制 ……………………………………………………25

II　法的問題点 …………………………………………………………26
　1　審査請求 …………………………………………………………26

(1) 請求期間……………………………………………………26
　　(2) 行政訴訟との関係での審査請求の注意点………………26
　　(3) 審査請求前置主義…………………………………………27
　　(4) 都市計画法上の開発許可申請に関する審査請求………27
2　行政訴訟……………………………………………………………28
　　(1) 訴訟類型の選択に際しての留意点………………………29
　　(2) 処分性に関する問題点……………………………………30
3　条例に基づく処分の限界………………………………………41
　　(1) 問題の所在…………………………………………………41
　　(2) 「法律の範囲内」であるか否かの判断基準………………41
　　(3) 施設の建築をめぐる具体的判例…………………………42
4　原告適格…………………………………………………………43
　　(1) 問題の所在…………………………………………………44
　　(2) 原告適格についての行政事件訴訟法の定め……………44
　　(3) 開発許可処分を争う訴訟の原告適格に関する判例の検討…45
　　(4) 本件事例の検討……………………………………………47
　　(5) 違法事由と主張制限および（狭義の）訴えの利益………49
　　(6) 差止めの訴えおよび仮の差止めの申立ての利用………50
5　違法性の承継……………………………………………………51
　　(1) 違法性の承継………………………………………………52
　　(2) 違法性の承継の基準………………………………………52
　　(3) 事例①-5 の検討……………………………………………53
6　行政契約と処分性………………………………………………54
　　(1) 問題の所在…………………………………………………55
　　(2) 行政契約の概要……………………………………………56
　　(3) 規制的行政契約の法的性質………………………………57
　　(4) 規制的行政契約の有効要件………………………………59
　　(5) 参考判例……………………………………………………61

(6)　事例①-6の検討 63

第2章　薬事法をめぐる許認可手続

I　申請手続──医薬品・化粧品・健康食品等の販売に関する広告規制・行政照会を中心に 68
　1　薬事法における規制対象と薬事における近年の背景 68
　2　薬事における行政照会と法的考察 70
　(1)　商品名にメタボリックシンドロームを想起させる文言を検討している場合における、当該商品に対する薬事法上の解釈 71
　(2)　テレビCMや折り込みちらしなどで「※個人のイメージ」等の記載を入れて、体験談を放送することの適否 71
　(3)　水素を多く含有したミネラルウォーターとして販売されている、いわゆる水素水の広告に関して、「水素は地球一小さい分子であり、体の隅々に浸透しやすい」といった記載を広告上記載することの可否 72
　(4)　飴（食品）の広告において、「（飴を）なめた後にタバコを吸うと口の中でタバコの味が変わって吸いたくなくなり、それが禁煙につながる」という記載をすることの可否 72
　(5)　マスクにインフルエンザ対策という表記を直接記載して広告をする場合には薬事法の広告違反となるか 72
　(6)　バストクリームの広告で「あなたの胸を魅力的にする自然由来成分が入っています。理想的な胸を手に入れるでしょう」という表現にあたり、当該製品には香りがついているので、「魅力的」と表現することの可否と「理想的」という言葉の使用が問題となるケース 73
　3　薬事法における申請とその留意点──特に化粧品の観点から 74
　(1)　必要な申請、届出 74

【書式5】　化粧品製造販売業許可申請書…………………………78
　　【書式6】　化粧品製造業許可申請書………………………………78
　　【書式7】　化粧品外国製造業者届書………………………………79
　　【書式8】　化粧品製造販売届書……………………………………80
　　【書式9】　製造販売用化粧品輸入届書……………………………81
　(2)　申請に関しての留意点──問題点の抽出と対策……………82
　　【書式10】　雇用証明書（一例）……………………………………83
　　〔図1〕　回収手続の際のポイント（回収のクラス判断）………90
　　〔図2〕　自主回収業務の基本的な流れ……………………………91
　　〈表1〉　薬事業務における効果的な情報収集のためのURL……91

II　薬局開設をめぐる法的問題…………………………………………92

　1　薬局の種類…………………………………………………………92
　(1)　薬局と薬店………………………………………………………92
　(2)　保険薬局（調剤薬局）…………………………………………92
　2　薬局に関する許認可手続…………………………………………93
　(1)　薬局開設の許可…………………………………………………93
　(2)　保険薬局の指定…………………………………………………94
　3　「指定」の法的性質………………………………………………96
　4　保険薬局の指定をめぐる実務的問題……………………………97
　(1)　保険薬局のビジネスモデル……………………………………97
　(2)　保険薬局設置に関する行政規則………………………………97
　(3)　運営ガイドラインおよび東京都基準の法的効力に関する考察……98
　(4)　実務的対応の検討………………………………………………100
　　【書式11】　訴状（保険薬局指定拒否処分取消等請求事件）……102
　　〔資料1〕　薬局業務運営ガイドライン……………………………105
　　〔資料2〕　東京都薬局等許可審査基準及び指導基準（抜粋―薬局
　　　　　　の独立）………………………………………………………118

第3章　風俗営業法をめぐる許認可手続

I 申請手続……122
1 風俗営業許可申請手続の流れ……122
〈表2〉　風俗営業の種別ごとの構造基準……122
(1) 人的欠格事由──風俗営業の許可を受けられない者……125
(2) 地域的制限──風俗営業の許可を受けられない地域……125
〈表3〉　用途地域からみた営業制限地域（東京都の場合）……126
〈表4〉　保護対象施設からみた営業制限地域（申請場所がそれぞれの規定距離内にあるときは、不許可）（東京都の場合）……127
(3) 深夜酒類提供飲食店営業の場合……127
〔図3〕　風俗営業許可申請の流れ……129
【書式12】風俗営業許可申請書……131
2 申請上の留意点……137
3 具体例──ラブホテル……138
(1) 手続の流れ……138
(2) 申請上の留意点……139
〔図4〕　実際の手続の流れ（店舗型性風俗特殊営業）……139
【書式13】店舗型性風俗特殊営業営業開始届出書……141
【書式14】営業の方法……143

II 法的問題点……144
1 風俗営業の規制に関する概要……144
(1) 風俗営業に対する規制の特徴……144
(2) 小　括……147
2 条例の検討に際して必要な視点……147
(1) 「法令の範囲」という限界……147

(2)　規制の方法に関する問題——要綱行政の問題点……………154
　　【書式15】　内容証明郵便……………………………………………158
　(3)　許可・届出事由の変動をめぐる問題点………………………161
3　争訟方法をめぐる問題点——業者の立場から………………………165
　(1)　不作為に対する争訟方法…………………………………………165
　(2)　不許可処分に対する争訟方法……………………………………172
　　【書式16】　訴状（ぱちんこ店営業不許可処分取消等請求事件）……176

第4章　年金・介護保険・生活保護の給付申請をめぐる許認可手続

第1節　年金・介護保険……………………………………………182

I　申請手続……………………………………………………………182

1　年金請求手続………………………………………………………182

(1)　国民年金——老齢基礎年金…………………………………………182
(2)　厚生年金保険——老齢厚生年金……………………………………183
　【書式17】　年金請求書（国民年金・厚生年金保険老齢給付）………184
　［資料3］　老齢年金請求に必要な書類………………………………189
　［資料4］　年金請求書の提出先…………………………………………190
(3)　国民年金——障害基礎年金…………………………………………191
(4)　厚生年金保険——障害厚生年金……………………………………192
　【書式18】　年金請求書（国民年金・厚生年金保険障害給付）………193
　［資料5］　障害年金請求に必要な書類………………………………197
(5)　国民年金——遺族基礎年金…………………………………………198
(6)　厚生年金保険——遺族厚生年金……………………………………199
　【書式19】　年金請求書（国民年金・厚生年金保険遺族給付）………200

［資料６］　遺族年金請求に必要な書類 ･･････････････････････205
　2　介護保険手続 ･･207
　(1)　被保険者としての要介護、要支援の申請手続 ･････････････207
　　【書式20】　介護保険要介護認定・要支援認定申請書（例） ････208
　　【書式21】　介護保険サービス事業者指定（許可）申請書（例）･･209
　(2)　事業者としての介護保険事業者指定申請手続 ･････････････211
　　［資料７］　訪問介護事業の申請の流れ（東京都の例） ･･････････211
II　法的問題点 ･･213
　1　社会保険に関する行政不服審査制度の概要 ････････････････213
　(1)　不服審査前置主義 ････････････････････････････････････213
　(2)　不服審査手続 ･･214
　2　事例からの検討 ･･････････････････････････････････････216
　(1)　障害基礎年金の受給資格 ･･････････････････････････････216
　(2)　障害等級の内容とその判断基準 ････････････････････････217
　(3)　Ｂ子の場合 ･･218
　(4)　裁決例 ･･218
　(5)　その他 ･･220

第2節　生活保護 ･････････････････････････････････････221

I　申請手続 ･･221
　1　申請手続の流れ ･･････････････････････････････････････221
　(1)　生活保護制度の要件の概要 ････････････････････････････221
　(2)　申請手続の流れ ･･････････････････････････････････････222
　2　申請書および添付書類 ････････････････････････････････224
　(1)　申請書 ･･224
　(2)　別添書類（資産申告書、収入申告書、同意書） ･･････････226
　(3)　添付書類 ･･228

(4) 書類作成上の留意点 …………………………………………229
　　【書式22】 生活保護申請書 ……………………………………230
　　【書式23】 資産申告書 …………………………………………231
　　【書式24】 収入申告書 …………………………………………233
　　【書式25】 同意書 ………………………………………………235
　3 申請が却下された場合の行政書士としての対応 …………235
Ⅱ 法的問題点 …………………………………………………………236
　1 給付行政に対する手続保障と権利救済 ……………………236
　　(1) 給付行政 …………………………………………………236
　　(2) 給付行政に対する事前の手続保障 ……………………237
　　(3) 給付行政に対する事後の権利救済 ……………………237
　　(4) 給付行政に対する不服申立手続 ………………………238
　　(5) 給付行政に対する抗告訴訟 ……………………………239
　2 事例の検討 ……………………………………………………244
　　(1) 事案の分析 ………………………………………………244
　　(2) 法的対応 …………………………………………………245
　　(3) 取消訴訟の提起 …………………………………………245
　　(4) 行政庁への違法確認訴訟 ………………………………245
　　(5) 義務付け訴訟 ……………………………………………246
　　(6) まとめ ……………………………………………………246
　　【書式26】 訴状（行政庁の処分に対する取消訴訟） ………246

第5章　公益法人の設立手続・移行手続をめぐる許認可手続

Ⅰ 申請手続 ……………………………………………………………252
　1 公益認定申請 …………………………………………………252
　　【書式27】 公益認定申請書 ……………………………………252

(1) 公益目的事業 ……………………………………………253

　　〈表5〉 公益目的事業として示されている23の事業の種類（公益
　　　　　法人法別表（第2条関係）） ……………………253

　(2) 公益認定の申請 ……………………………………………254
　(3) 公益認定の審査基準 ………………………………………256

　　〈表6〉 公益認定を受けるための要件（公益法人法5条各号）……256

　(4) 公益認定の審査手続 ………………………………………258
　(5) 公益認定の効果 ……………………………………………259

　2　移行手続における公益認定申請 ………………………………260

　　【書式28】 移行認定申請書 …………………………………260
　　【書式29】 公益目的支出計画（モデル例） ………………261

　(1) 特例法人の移行手続 ………………………………………262
　(2) 特例法人から一般法人への移行手続 ……………………263
　(3) 特例法人から公益法人への移行手続 ……………………265

II　法的問題点 …………………………………………………………267

　1　公益法人制度改革による新制度への移行とその内容 ……267

　(1) 新しい社団法人・財団法人制度 …………………………267

　2　新しい公益法人制度 ……………………………………………269

　(1) 公益認定とは ………………………………………………269
　(2) 公益認定の効果 ……………………………………………270
　(3) 公益認定等委員会 …………………………………………270

　3　新公益法人制度の下で想定される紛争事例とその処理 …271

　(1) 想定紛争事例 ………………………………………………271
　(2) ケースAの場合（考えられる争訟手段） ………………272

　　【書式30】 訴状（ケースAの場合の不作為の違法確認の訴え）……275

　(3) ケースBの場合 ……………………………………………278
　(4) 実務上の対応 ………………………………………………283

　4　非営利活動法人と公益社団（財団）法人 ……………………283

【書式31】　ＮＰＯ法人設立認証申請書……………………284
　　(1)　ＮＰＯ法人制度創設の目的………………………………284
　　(2)　ＮＰＯ法人とは……………………………………………285
　　〈表７〉　特定非営利活動に該当する活動（ＮＰＯ法別表（第２条
　　　　　関係））……………………………………………………285
　　(3)　公益社団（財団）法人とＮＰＯ法人の比較……………286

第６章　外国人をめぐる許認可手続

Ⅰ　申請手続…………………………………………………………290
1　入国・在留手続……………………………………………290
　(1)　在留資格………………………………………………290
　　【書式32】　在留資格変更許可申請書……………………291
　(2)　入国・在留関係の申請手続…………………………293
2　退去強制手続と在留特別許可……………………………296
　(1)　出頭申告………………………………………………296
　　〔図５〕　退去強制手続の流れ………………………………297
　(2)　退去強制手続…………………………………………298
　(3)　在留特別許可…………………………………………301
　　【書式33】　在留特別許可理由書…………………………302
Ⅱ　法的問題点………………………………………………………303
1　在留資格取得・変更手続上の法律上の問題点……………303
　(1)　外国人に在留の権利が保障されているか…………303
　(2)　法務大臣の裁量は無制限か…………………………304
　(3)　在留期間更新不許可処分に対する争い方…………305
　(4)　「日本人の配偶者等」の在留資格の要件……………305
2　在留特別許可の法律上の問題点……………………………306
　(1)　在留特別許可の性質…………………………………306

(2)　法務大臣の裁量逸脱濫用 ……………………………………307
　(3)　在留特別許可が認められない場合の争い方 ………………308
　【書式34】　執行停止申立書 ……………………………………309
　(4)　在留特別許可がなされる基準 ………………………………311
　［資料8］　在留特別許可に係るガイドライン …………………312

第7章　人材派遣をめぐる許認可手続

I　申請手続 …………………………………………………………………318
　1　労働者派遣法の基本的視点 …………………………………………318
　2　労働者派遣事業の種類 ………………………………………………319
　　(1)　一般労働者派遣事業 ……………………………………………319
　　(2)　特定労働者派遣事業 ……………………………………………319
　3　労働者派遣事業の禁止 ………………………………………………319
　　〈表8〉　労働者派遣事業を行うことを禁止されている業務 ……319
　　〈表9〉　派遣受入期間の制限を受けない業務（労派令4条）……320
　4　一般労働者派遣事業の許可 …………………………………………320
　　(1)　許可申請 …………………………………………………………320
　　【書式35】　一般労働者派遣事業許可申請書 …………………322
　　【書式36】　一般労働者派遣事業計画書 ………………………324
　　(2)　許可の基準 ………………………………………………………326
　　(3)　許可および不許可処分 …………………………………………337
　5　派遣元事業主が法律違反を行った場合 ……………………………338
　　(1)　許可の取消しまたは事業停止命令等を受ける場合 …………338
　　(2)　取消事例 …………………………………………………………338
II　法的問題点 ………………………………………………………………339
　1　差止めの訴え …………………………………………………………340
　　(1)　許可の取消し ……………………………………………………340

(2)　差止訴訟の訴訟要件 ……………………………………………341
　(3)　処分の蓋然性 ……………………………………………………342
　(4)　重大な損害を生ずるおそれ ……………………………………345
　(5)　その損害を避けるため他に適当な方法があるとき …………349
　(6)　差止訴訟の本案勝訴要件 ………………………………………350
　(7)　労働者派遣事業の許可取消事由は必要的（羈束行為）か、
　　　裁量的（裁量行為）か …………………………………………350
　(8)　裁量権の範囲の逸脱または濫用 ………………………………352
２　仮の差止めの申立て ……………………………………………………354
　(1)　差止判決を実効化するための仮の差止め ……………………354
　(2)　仮の差止めの要件 ………………………………………………355
　(3)　「償うことのできない損害を避けるための緊急の費用」……355
３　執行停止 …………………………………………………………………357
　(1)　次善の策としての執行停止 ……………………………………357
　(2)　執行停止の要件 …………………………………………………358
　(3)　「重大な損害を避けるため緊急の必要があるとき」…………358
　(4)　問題点 ……………………………………………………………359
４　その他の対応策 …………………………………………………………360
　(1)　法令遵守 …………………………………………………………360
　(2)　是正指導、改善命令の遵守 ……………………………………360
　(3)　派遣労働者の保護 ………………………………………………360
　(4)　義務付け訴訟など ………………………………………………361

第８章　産業廃棄物処理業をめぐる許認可手続

Ⅰ　申請手続 ……………………………………………………………………364
　１　産業廃棄物処理の許可の種類 …………………………………………364

目 次

　2　廃棄物の定義 …………………………………………………………364
　　〔図6〕　廃棄物の種類 …………………………………………………365
　3　産業廃棄物と一般廃棄物 ……………………………………………365
　　〈表10〉　産業廃棄物の種類と具体例 ………………………………366
　4　特別管理産業廃棄物 …………………………………………………368
　5　産業廃棄物収集・運搬業の許可 ……………………………………368
　　(1)　許可を要する場合 ………………………………………………368
　　(2)　更　新 ……………………………………………………………368
　　(3)　許可要件 …………………………………………………………368
　　〈表11〉　廃棄物処理法14条5項における環境省令で定める基準
　　　　　　（廃棄物の処理及び清掃に関する法律施行規則10条） ………369
　　(4)　許可の取消し ……………………………………………………370
　　【書式37】　産業廃棄物収集運搬業許可申請書 ……………………371
　　〈表12〉　産業廃棄物（特別管理産業廃棄物）収集運搬業の許可
　　　　　　申請に係る提出書類一覧表（群馬県の場合） ………………372
　6　産業廃棄物処分業の許可 ……………………………………………373
　　(1)　許可を要する場合 ………………………………………………373
　　(2)　更　新 ……………………………………………………………373
　　(3)　許可要件 …………………………………………………………373
　　〔図7〕　産業廃棄物処分業の許可手続の流れ ………………………374
　　〈表13〉　廃棄物処理法14条10項における環境省令で定める基準
　　　　　　（廃棄物の処理及び清掃に関する法律施行規則10条の5）…375
　　(4)　許可の取消し ……………………………………………………377
　　【書式38】　中間処理施設事前計画書 ………………………………378
　　【書式39】　産業廃棄物処分業許可申請書 …………………………379
　　【書式40】　誓約書 …………………………………………………382
　7　産業廃棄物処理施設設置の許可 ……………………………………383
　　(1)　廃棄物処理施設設置に係る事前協議 …………………………383

(2)　廃棄物処理施設設置の許可··383
　　〔図8〕　廃棄物処理施設の事前協議等に関するフローシート
　　　　　　（群馬県）···384
　　〔図9〕　事前協議手続から廃棄物処理法手続のフローシート
　　　　　　（群馬県）···385
　(3)　意見書の提出···388
　(4)　許可要件··388
　(5)　使用前検査··390
　(6)　許可の取消し···391
　　【書式41】　産業廃棄物処理施設設置許可申請書·····················392
　　【書式42】　廃棄物処理施設設置等事前協議書·························397
Ⅱ　法的問題点··399
　1　はじめに···399
　　〈表14〉　廃棄物処理業に係る許可の種類···································400
　2　事前手続の問題性···401
　3　申請をしたが、拒否された場合··403
　(1)　取消訴訟··403
　(2)　義務付け訴訟··404
　4　申請をしたが、放置された場合··404
　(1)　不作為の違法確認の訴え··404
　(2)　義務付け訴訟··405
　(3)　国賠訴訟··406
　5　申請に至らない場合にとりうる手段···406
　6　公害防止協定の効力···407
　　【書式43】　訴状（協定書無効確認の訴え）·······························409
　　〔資料9〕　大阪地判昭和61・9・26判時1240号92頁〔高槻市
　　　　　　　開発負担金事件〕···415
　　〔資料10〕　最判平成5・2・18民集47巻2号574頁〔武蔵野市

教育施設負担金事件〕···417

第9章 農地移転・権利設定・転用手続をめぐる許認可手続

I 申請手続··420
　1　概　　要··420
　2　農地の定義··421
　3　農地法の改正（平成21年改正）··422
　　〔図10〕農地法等の一部を改正する法律の概要（平成21年12月15日施行）···423
　4　申請にあたり留意すべき法令および行政規則等···························424
　　(1)　法　　令···424
　　(2)　事務の分配と区分··424
　　〔図11〕地方公共団体の事務···425
　　〈表15〉農地法をめぐる許可申請における地方公共団体の事務····426
　　(3)　行政規則···426
　　(4)　条　　例···427
　　(5)　権限の委譲··427
　5　3条許可申請···428
　　(1)　概　　要···428
　　【書式44】農地法3条1項の規定による認可申請書·················429
　　(2)　許可権者···441
　　〈表16〉許可権者（農地法3条申請関係）································441
　　(3)　許可要件（農地法3条2項各号）·······································441
　　(4)　許可が不要の場合··444
　6　4条、5条許可申請··444
　　(1)　概　　要···444

【書式45】　農地法4条の規定による許可申請書……………………445
　　　【書式46】　農地法5条の規定による許可申請書……………………448
　　(2)　許可権者……………………………………………………………452
　　　〈表17〉　許可権者（農地法4条、5条申請関係）……………………452
　　(3)　許可要件（農地法4条2項各号、5条2項各号）………………452
　　　〈表18〉　立地基準……………………………………………………453
　7　農振除外申請………………………………………………………………456
　　(1)　農転との関係………………………………………………………456
　　(2)　法的性質……………………………………………………………456
　　(3)　「申請」（申出）手続等……………………………………………457
　　　【書式47】　農業振興地域整備計画における農用地区域からの除外
　　　　　　　　　申請書……………………………………………………458
　　　【書式48】　住宅等利用計画書………………………………………459
　　　【書式49】　事業計画書………………………………………………460

II　法的問題点……………………………………………………………………462
　1　概　要………………………………………………………………………462
　2　農転許可申請に対する拒否処分に対する紛争………………………………462
　　(1)　処分の重要性………………………………………………………462
　　(2)　争訟オプション概説………………………………………………464
　　　〈表19〉　不服申立手続のオプション（拒否処分の場合）……………467
　　　【書式50】　審査請求書例……………………………………………467
　　　【書式51】　異議申立書………………………………………………469
　　　【書式52】　訴状（処分取消しの訴え）………………………………472
　　　〈表20〉　争訟オプションシーケンス…………………………………474
　3　農業振興地域からの除外申出が認められない場合の紛争例……474
　　(1)　概　要………………………………………………………………474
　　(2)　法的問題点…………………………………………………………475
　　(3)　争訟方法の検討……………………………………………………476

目　次

　　　【書式53】　訴状（農振除外申請における実質的当事者訴訟）………482
　　4　許可申請書を提出したにもかかわらず、受理しないとして
　　　返戻された場合の紛争例…………………………………………………493
　　(1)　概　要………………………………………………………………493
　　(2)　申請類型……………………………………………………………494
　　(3)　ケース１：直接申請型……………………………………………494
　　　〈表21〉　不服申立てオプション（不受理・返戻の場合）……………496
　　(4)　ケース２：第三機関経由型………………………………………497
　　　〔図12〕　農転許可の申請の構造………………………………………498

第10章　道路交通法違反（免許停止処分・更新処分取消訴訟）をめぐる紛争解決

Ⅰ　問題の所在……………………………………………………………………502
　1　追尾測定事件の司法救済と問題点の要旨…………………………………502
　　(1)　非科学的測定とえん罪……………………………………………502
　　(2)　違反事実の認定は、刑事審判事項…………………………………502
　　(3)　不利益処分に対する証拠裁判主義と「疑わしきは罰せず」の
　　　原則………………………………………………………………………502
　　　〔図13〕　違反行為と各処分………………………………………………504
　2　検討事項………………………………………………………………………504
　3　関係法令・参考判例…………………………………………………………505
　　　〔図14〕　違反行為の責任…………………………………………………505
　　　〔図15〕　運転者の分類……………………………………………………505
　　　〔図16〕　免許の種類………………………………………………………505
Ⅱ　法的問題点……………………………………………………………………506

1　刑事事件における違反事実の認定と行政事件における違反事実の認定……………………………………………………………………506
　⑴　不起訴処分の行政処分性と検察官の覊束行為性………………506
　⑵　刑事審判事項…………………………………………………………507
2　免停期間経過後、免停処分の取消訴訟の提起は可能か…………507
3　優良運転者の地位回復（処分の同一性の範囲──その1）……508
4　更新処分か更新交付処分か（処分の同一性の範囲──その2）
　…………………………………………………………………………………510
5　最判平成21・2・27とその下級審判決………………………………511
　⑴　1審判決（横浜地判平成17・12・21民集63巻2号326頁）………511
　⑵　控訴審判決（東京高判平成18・6・28民集63巻2号351頁）………511
　⑶　上告審判決（前掲最判平成21・2・27）…………………………511
6　違反事実の認定…………………………………………………………512
7　被告と処分庁の表示……………………………………………………513
8　国家賠償訴訟の提起要件の検討………………………………………514
9　横浜地判平成21・10・28（免許取消処分取消訴訟事件）の検討……………………………………………………………………………516
　⑴　事　案…………………………………………………………………516
　⑵　争点と追尾事件の問題点……………………………………………517
　⑶　横浜地方裁判所判決の検討…………………………………………518
　〔図17〕　横浜地判平成21・10・28の関係図………………………519
　【書式54】　東京地方裁判所民事38部が指導する訴状（運転者区分を附款とみる考え方）……………………………………………520
　【書式55】　最判平成21・2・27に従った訴状（運転者区分ごとの免許とみる考え方）……………………………………………527
　【書式56】　免許証交付処分ではなく更新処分とみる訴状……………528
　〔資料11〕　横浜地判平成21・10・28判決内容……………………530
　〔資料12〕　東京高判平成22・5・19判決内容（〔資料11〕の控訴

目　次

　　　　　審)……………………………………………………………551
・事項索引………………………………………………………………557
・編者・執筆者一覧……………………………………………………562

凡　例

《法令等略語表》

行手	行政手続法
行審	行政不服審査法
行訴	行政事件訴訟法
地自	地方自治法
刑訴	刑事訴訟法
国計	国土計画法
都計	都市計画法
建基	建築基準法
農地	農地法
農振法	農業振興地域の整備に関する法律
大店立地	大規模小売店舗立地法
薬事	薬事法
風営	風俗営業等の規制及び業務の適正化等に関する法律
審査会法	社会保険審査官及び社会保険審査会法
生活保護	生活保護法
公益法人	公益社団法人及び公益財団法人の認定等に関する法律
公益規	公益社団法人及び公益財団法人の認定等に関する法律施行規則
一般法人	一般社団法人及び一般財団法人に関する法律
整備	一般社団法人及び一般財団法人に関する法律及び公益社団法人及び公益財団法人の認定等に関する法律の施行等に伴う関係法律の整備等に関する法律
整備規	一般社団法人及び一般財団法人に関する法律及び公益社団法人及び公益財団法人の認定等に関する法律の施行等に伴う関係法律の整備等に関する法律施行規則
NPO	特定非営利活動促進法
入管	出入国管理及び難民認定法

労派	労働者派遣事業の適正な運営の確保及び派遣労働者の就業条件の整備に関する法律
労派令	労働者派遣事業の適正な運営の確保及び派遣労働者の就業条件の整備に関する法律施行令
廃棄物	廃棄物の処理及び清掃に関する法律
地方分権	地方分権の推進を図るための関係法律の整備等に関する法律
道交	道路交通法

《判例集・判例評釈書誌略語表》

民（刑）集	最高裁判所民（刑）事裁判例集
高民集	高等裁判所民事裁判例集
行裁集	行政事件裁判例集
訟月	訟務月報
判時	判例時報
判タ	判例タイムズ
判自	判例地方自治
最高裁ホームページ	最高裁判所ホームページ裁判例情報

第1章 開発をめぐる許認可手続

I　申請手続

1　国土利用計画法上の規制

(1)　土地売買等の契約についての届出制

　国土利用計画法は、総合的かつ計画的な国土の利用を図ることを目的として、国および地方公共団体が策定する国土利用計画・土地利用基本計画等に関する定めを設けるとともに、土地の取引価格や利用目的をチェックする制度として、土地売買等の契約に関する届出制を定めている。[1]

　規制の具体的内容としては、原則として一定の規模以上の土地について事後届出制が採用されつつ、注視区域および監視区域においては事前届出制の特則がおかれている。

　すなわち、次に掲げる面積以上の一団の土地[2]について土地売買等の契約を締結した場合には、原則として、権利取得者は、2週間以内に、一定の事項を、市町村長を経由して知事に届け出なければならない（国計23条。土地売買等届出書（事後届出用）（【書式1】参照））。

市街化区域	2,000m² 以上
市街化区域を除く都市計画区域	5,000m² 以上
都市計画区域外	10,000m² 以上

---

[1]　同法では、都道府県知事が指定する規制区域内では、届出制ではなく許可制が採用されることとされているが（国計14条）、同法が制定されて以来、現在に至るまで規制区域の指定は行われていないので、許可制はいまだ実施されていない。

[2]　「一団の土地」の面積が基準値を超えるか否かは、権利取得者にとっての取得面積の合計で判断する。たとえば、A社が、隣接地を所有するBCDそれぞれから土地を購入して造成しようとする場合、取得する面積の合計が1万2000m²だとしたら、A社は3つの土地売買契約（BCDとの各売買契約）のいずれについても届出を行わなければならない。このほか、「一団の土地」の判断基準については、国土交通省「国土利用計画法に基づく土地取引の規制に関する措置等の運用指針（平成20年11月10日）」〈http://tochi.mlit.go.jp/pdf/02/04/unyousisin.pdf〉に解釈指針が示されている。

Ⅰ 申請手続

【書式1】 土地売買等届出書

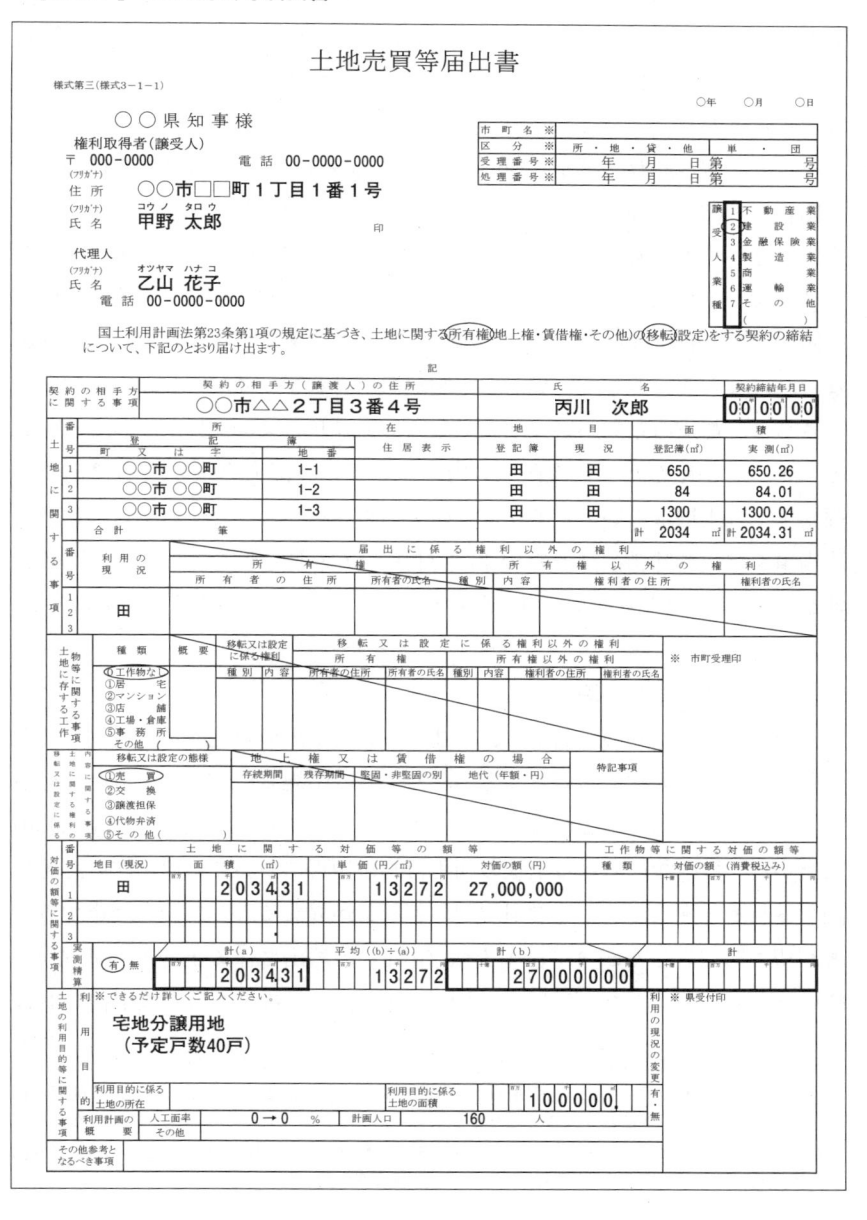

土地売買等届出書

様式第三（様式3-1-1）

〇〇県知事様　　　　　　　　　　　　　　　　〇年　〇月　〇日

市町名 ※			
区分 ※	所・地・貸・他	単・団	
受理番号 ※	年　月　日　第　　号		
処理番号 ※	年　月　日　第　　号		

権利取得者（譲受人）
〒000-0000　　電話 00-0000-0000
住所（フリガナ）〇〇市□□町1丁目1番1号
氏名（フリガナ コウノ タロウ）甲野 太郎　㊞

代理人
氏名（フリガナ オツヤマ ハナコ）乙山 花子
電話 00-0000-0000

譲受人業種	
1	不動産業
2	建設業
3	金融保険業
4	製造業
5	商業
6	運輸業
7	その他

国土利用計画法第23条第1項の規定に基づき、土地に関する⦿所有権・地上権・賃借権・その他の⦿移転・設定をする契約の締結について、下記のとおり届け出ます。

記

契約に関する事項

契約の相手方（譲渡人）の住所	氏名	契約締結年月日
〇〇市△△2丁目3番4号	丙川 次郎	0 0 0 0 0 0

土地に関する事項

番号	登記簿 町又は字	地番	所在 住居表示	地目 登記簿	地目 現況	面積 登記簿(㎡)	面積 実測(㎡)
1	〇〇市〇〇町	1-1		田	田	650	650.26
2	〇〇市〇〇町	1-2		田	田	84	84.01
3	〇〇市〇〇町	1-3		田	田	1300	1300.04
合計	筆					2034	2034.31

番号	利用の現況	所有権 所有者の住所	所有者の氏名	届出に係る権利以外の権利 所有権以外の権利 種別	内容	権利者の住所	権利者の氏名
1 2 3	田						

土地に存する工作物に関する事項

種類　概要
① 工作物なし
② 宅
③ マンション
④ 店舗
⑤ 工場・倉庫
⑥ 事務所
その他

移転又は設定に係る権利　所有権／種別・内容／所有者の住所／所有者の氏名／移転又は設定に係る権利以外の権利 種別・内容・権利者の住所・権利者の氏名

※ 市町受理印

移転又は設定に関する事項

移転又は設定の態様
① 売買
② 交換
③ 譲渡担保
④ 代物弁済
⑤ その他

地上権又は賃借権の場合
存続期間　残存期間　堅固・非堅固の別　地代（年額・円）　特記事項

対価の額等に関する事項

番号	地目（現況）	面積(㎡)	単価(円/㎡)	対価の額(円)	工作物等に関する対価の額等 種類	対価の額(消費税込み)
1	田	20343	13272	27,000,000		
2						
3						
実測換算 有・無	計(a) 20343	平均(b)÷(a) 13272	計(b) 27000000	計		

土地の利用目的等に関する事項

※ できるだけ詳しくご記入ください。

利用目的
宅地分譲用地
（予定戸数40戸）

利用目的に係る土地の所在
利用目的に係る土地の面積　100000

利用計画概要
人工面率 0→0 %　計画人口 160 人
その他

※県受付印

利用の現況の変更 有・無

その他参考となるべき事項

届出を受けた知事は、当該届出に係る土地の利用目的が適切でないと認めるときは、利用目的を変更するよう勧告することができ（国計24条）、勧告を受けた者がその勧告に従わないときは、その旨およびその勧告の内容を公表することができる（同法26条）。

そして、都道府県知事が「地価が一定の期間内に社会的経済的事情の変動に照らして相当な程度を超えて上昇し、又は上昇するおそれがある」として指定した「注視区域」内においては、前述した一定面積以上の土地について土地売買等の契約を締結しようとする場合には、契約当事者は契約締結前に一定の事項（利用目的に加え、取引価格も審査の対象となる）を知事に届け出なければならないとして、事前届出制が採用されている（国計27条の3以下）。

さらに、都道府県知事が「地価が急激に上昇し、又は上昇するおそれがある」として指定した「監視区域」内においては、都道府県の規則で定める面積以上の土地について土地売買等の契約を締結しようとする場合には、契約当事者は契約締結前に一定の事項（利用目的・取引価格に加え、取引の投機性も審査の対象となる）を知事に届け出なければならないこととされている（国計27条の6以下）。

(2) 農地法との関係

国土利用計画法上の届出制と、後述する農地法上の農地転用許可制との関係については、通達において「国土法による取引規制においても取引後における土地利用目的の適否が審査されることとなっており、国民の利益保護の観点から、取引後における土地の利用目的の適否についての農地法の許可に関する判断と国土法による取引規制の判断とが異なることは極力回避することが望ましい。したがって、国土法（中略）の届出に係る土地に農地法（中略）の許可を受けることを要する土地が含まれているときは、取引後におけ

---

3 監視区域は、地価の抑制を図るため小規模な取引についても監視を強化する必要があるとして指定されるものであるから、都道府県の規則においては、国土利用計画法が定める基準面積よりも狭い面積が基準とされることとなる。

4 昭和50年1月24日50構改B第159号農林省構造改善局長「国土利用計画法の土地の取引規制と農地法第3条、第5条及び第73条の許可との調整等について」。

る土地の利用目的の適否の判断につき、農地転用担当部局と国土法担当部局との間で、十分連絡調整を図る必要がある」として、具体的な措置が定められている。

したがって、国土利用計画法上の届出に対して勧告が不要と判断されれば、通常は、農地転用についても許可されるだろうとの見通しをもつことができる（これに対して、都市計画法上の開発許可との関係については、国土利用計画法上の届出に係る土地の利用目的の審査の際に、都市計画法上の開発許可基準も勘案されるものの、同基準はかなり細かな技術的項目を含むものであることから、国土利用計画法上の届出段階で厳密なチェックをすることはほとんど不可能であり、同法上の届出において勧告がされなかったとしても、後日行われる都市計画法上の開発許可申請において許可されるか否かは流動的とならざるを得ないという指摘がされている（仁瓶五郎『農地売買・転用の法律〔第4次改訂版〕』67頁））。

2　都市計画法上の規制

(1)　用途地域制

都市計画においては、一定の範囲の土地に「地域」または「地区」（都計8条1項）を設定し、土地利用に制約をかけるということがされる。その最も基本的な制度が、用途地域制（同項1号）である（なお、後述する市街化区域においては用途地域を定めなければならず、市街化調整区域においては原則として用途地域を定めないこととされている（同法13条1項7号））。

各用途地域において建築可能な建築物の種類については、建築基準法48条および別表第二に定められている。たとえば、特定大規模建築物（店舗・飲食店・劇場・映画館等の建築物で床面積1万m²超のもの）は、近隣商業地域、商業地域または準工業地域でのみ建築可能とされている。

また、各用途地域ごとに、容積率および建ぺい率の選択肢が決められており（都計8条3項2号、建基52条1項、53条1項）、その中から各都市計画において選択することとされている。

各用途地域において建築される建築物が上記の用途・容積率等の制限に適

合しているかどうかは、建築確認（建基6条）の際に建築主事等によってチェックされることになる。

なお、各用途地域指定の目的を達成するために必要な場合は、条例において、敷地、構造または建築設備に関する制限を付加（上乗せ）することができることとされている（建基50条）。

　(2) 開発許可制度

都市計画法は、都市計画区域の内外において開発行為をしようとする者は、あらかじめ知事等の許可を受けなければならない旨を定めている（都計29条）。

都市計画法に基づく開発許可制度は、もともと高度成長時代に、都市化に伴うスプロール（無秩序に市街地が拡散し、道路や排水施設がないなどの不良な市街地が形成されるという現象）を防止することを主たる目的として創設された制度である。同法は、かかる目的を達成するために、都市計画区域を、①計画的な市街化を促進すべき「市街化区域」と、②原則として市街化を抑制すべき「市街化調整区域」に区分したうえで（都計7条参照）[5]、①市街化区域では、開発を認めたうえで、その水準を維持するための開発許可基準（同法33条）が適用されるのに対して、②市街化調整区域では、スプロール対策上支障がない、または支障はあるが認容すべき特別の必要性がある開発行為に限定して許可されることとしている（同法34条による基準の追加）。

その後、モータリゼーションの進展等により都市的な土地利用が全国的に展開している状況を踏まえ、平成12年の法改正の際、一定の開発行為については都市計画区域外においても許可の対象とすることにより、都市計画区域の内外を問わず適正な都市的土地利用の実現を図ることが、開発許可制度の新たな役割として加えられた（都計29条2項等）。

---

[5] 従来は、市街化区域・市街化調整区域の区域区分（いわゆる「線引き」）が原則として義務づけられていたが、平成12年の法改正で、区域区分をするか否かを、原則として任意に選択できるようになった。都市計画において区域区分を行わなかった場合は、すべての対象区域で、都市計画法33条が定める緩やかな開発許可基準が適用されることとなる。

(3) 開発行為

　開発許可を要する「開発行為」とは、都市計画法上、①「主として建築物の建築又は特定工作物の建設の用に供する目的で行なう」、②「土地の区画形質の変更」と定義されている（都計4条12項）。

　上記①の目的による限定があることから、上記②にいう「土地の区画の変更」には、建築という目的をもたない単なる土地の分合筆は含まれない（国土交通省「開発許可制度運用指針」Ⅲ―1―2⑴①）。また、上記②にいう「土地の形質の変更」とは、切土、盛土または整地をいうところ、農地の転用（農地を農地以外のものにする行為）は、通常は、農地を切土、盛土または整地することによって行われるため、都市計画法上の開発行為に該当する（同指針Ⅲ―1―2⑴③）。

　なお、同じく「土地の形質の変更」を規制対象行為の要件とする宅地造成等規制法（以下、「宅造法」という）との関係について、「都市計画法は宅造法の特別法であるから都市計画法の許可を受ければ宅造法の許可は不要となる」との弁護人の主張に対し、都市計画法の開発許可と宅造法8条1項の許可とはその性質が異なるとして、双方の許可を受けなければならないとした刑事裁判例がある（大阪高判昭和50・7・15判時815号119頁。ただし、宅造法8条1項参照）。

(4) 開発許可の申請手続

　開発許可の申請は、知事等の許可権者に対して、「開発許可申請書」（【書式2】参照）を提出して行うこととなるが（都計30条1項、同法施行規則15条、16条）、その添付書類として、区域内の地権者の相当数の同意書等が要求される（都計30条2項、同法施行規則17条）。

　知事は、開発許可申請書が到達したら遅滞なく審査を開始しなければならず（行手7条）、かつ遅滞なく許可・不許可の処分をしなければならない（都計35条1項）。処分をするには、文書をもって申請者に通知しなければならず（同条2項）、拒否処分をする場合は理由を示さなければならない（行手8条）。

第1章　開発をめぐる許認可手続

【書式2】　開発行為許可申請書

様式2

開発行為許可申請書

都市計画法第29条第1項の規定により、開発行為の許可を申請します。

　　　　　　　　　　　　　　　平成○年　○月　○日

　　○○知事様

　　　　許可申請者　住所　○○市○○町1番1号

　　　　　　　　　　氏名　**甲野　太郎**　　　　　印

　　　　　　　　　　電話　00-0000-0000

※　手数料欄

開発行為の概要			
	1	開発区域に含まれる地域の名称	○○市○○町○番外○等
	2	開発区域の面積	1605.72　㎡
	3	予定建築物等の用途	専用住戸（10戸）
	4	工事施行者住所・氏名・電話	○○市□□町2丁目3番4号　00-0000-0000 乙山株式会社　代表取締役乙山次郎
	5	設計者の住所・氏名・電話	○○　同上
	6	工事着手予定年月日	許可日より○日以内
	7	工事完了予定年月日	着手日より○日以内
	8	開発の目的	イ　自己居住用　　㊥　非自己居住用 ハ　自己業務用　　ニ　非自己業務用
	9	許可該当条項	㊤　第29条 ロ　第34条第（　）号（　） ハ　第34条第14号　提案基準（　）
	10	事前審査申請日 （○○土地利用に関する指導要綱第5条第1項届出日）	○年　○月　○日
	11	事前審査結果通知日 （開発協定の締結指示通知日）	○年　○月　○日
	12	その他必要な事項	農地法第5条許可、道路改築許可、道路占用許可
※　受付番号			年　月　日　第　　号

注1　許可申請者または工事施行者が法人である場合においては、氏名は、その法人の名称及び代表者の氏名を記載すること。
　2　許可申請者の氏名（法人にあってはその代表者の氏名）の記載を自署で行う場合においては、押印を省略することができる。
　3　※印のある欄は記載しないこと。
　4　「その他必要な事項」の欄には、開発行為を行うことについて、農地法その他の法令による許可、認可等を要する場合にはその手続きの状況を記載すること。

審査基準は、前述した都市計画法33条および34条のほか、同法施行令・施行規則で定められているが、一定の範囲で、条例による許可基準の強化または緩和が認められている（都計33条3項、34条11号等）。このほか、従来から、地方自治体が開発指導要綱を定め、それに基づいて、公共施設のための用地提供、市町村長への事前協議、周辺住民への説明・協議等の要求といった行政指導を行うということが、広く行われている（その問題点については本章Ⅱ2(2)(ウ)参照）。

(5) 開発許可処分後の開発行為

開発許可がなされると、開発許可の内容等が開発登録簿に登録され、これが公衆の閲覧に供されるので（都計46条、47条）、開発登録簿をみれば、開発行為に伴う各種の制限・規制等の内容がわかることとなる。

開発許可を受けた区域内の土地については、工事完了の公告がなされるまでの間は、原則として建築物・特定工作物（都計4条11項）の建築は禁止される（同法37条。開発者は、通常、同条1号に基づく制限解除を認めてもらうため、建築制限解除申請書【書式3】を提出することとなる）。

開発許可を受けた者は、開発行為に関する工事を完了したときは知事に届け出なければならない（都計36条1項）。この届出があると、知事は、当該工事が開発許可の内容に適合しているかどうかを検査し、適合していれば検査済証を交付し、工事完了の公告を行う（同条2項・3項）。工事完了公告により、開発区域内における建築行為の禁止（同法37条）がなくなる。

工事完了公告後は、開発許可の内容である予定建築物以外の建築物の新築が禁止される（都計42条）が、そのコントロールは、建築基準法に基づく建築確認（建基6条）を通じてなされることとなる。すなわち、都市計画法29条1項または2項の規定が適用される建築物の建築確認申請には、同条1項または2項の規定に適合していることを証する書面（いわゆる「適合証明書」）の添付が要求されており（建築基準法施行規則1条の3第1項1号ロ(1)・表二(77)）、したがって、確認済証の交付を受けようとする者は、開発許可を得ていることを証する書面等の交付を知事に求めることができることとされ

第1章 開発をめぐる許認可手続

【書式3】 建築制限解除申請書

様式第9号(第10条第1項)

建 築 制 限 等 解 除 申 請 書（正）

平成○年　○月　○日

　　　　　○○県知事　殿

申請者　住所　○○県□□市△△町1丁目1番1号
氏名　甲野　太郎　　　　　　　印

都市計画法第37条第1号の規定により，下記の行為は開発行為に支障がないことを認めて頂きたいので申請します。

1	申請する土地の地名・地番	○○県□□市△△町2丁目3番4号		
2	申請する土地の工区名・面積	（　○○　工区）	1260 ㎡のうち	850 ㎡
3	申請する行為及び予定建築物等の概要			
4	申請の理由			
5	開発許可の番号	○年　○月　○日　第　1234号		
6	開発許可を受けた際の制限の内容			
受付印	土木部都市局建築指導課	県民センター（総室）		市　町　村

ている（都市計画法施行規則60条）。

(6) 開発区域外における建築制限

市街化調整区域内のうち開発許可を受けた開発区域以外の区域において、建築物の新築等を行う場合には、原則として、知事の許可を受けなければならない（都計43条）。

スプロール防止という都市計画法の目的を達するため、市街化を抑制すべき市街化調整区域における建築物の建築等を規制しているのである。

(7) 農地法との関係

都市計画法上の開発許可と、後述する農地法上の転用許可の双方が必要とされる場合について、開発許可制度運用指針は、あらかじめ担当部局が相互に連絡調整を行い、これら処分を同時に行うことが望ましいとしたうえで、連絡調整における具体的留意点を掲げている（国土交通省「開発許可制度運用指針」II―4）。

3　農地法および農振法上の規制[6]

(1) 農地転用許可申請

農地法は、農地の転用（農地を人為的に農地以外のものにする事実行為）を行おうとする者は、原則として、都道府県知事（または農林水産大臣）の許可を受けなければならないこととしている。農地法4条は、転用に際し農地の権利の設定・移転行為を伴わない場合、すなわち自己転用の場合に許可を要する旨を規定し、同法5条は、農地の転用目的をもって農地の権利の設定・移転行為を行う場合に許可を要する旨を規定している。たとえば、大規模商業施設を建設しようとする者が、その用地として農地を買い受けようとする場合には、農地法5条の許可を受ける必要があることとなる。

農地法5条の許可を受けることが必要であるにもかかわらず、これを受けないでした行為は、その効力を生じないこととされている（同法5条3項、3

6　詳細については本書第9章参照。

条7項)。判例は、「農地の所有権移転を目的とする法律行為は都道府県知事の許可を受けない以上法律上の効力を生じないものであり、この場合知事の許可は右法律行為の効力発生要件であるから、農地の売買契約を締結した当事者が知事の許可を得ることを条件としたとしても、それは法律上当然必要なことを約定したに止まり、売買契約にいわゆる停止条件を附したものということはできない」(最判昭和36・5・26民集15巻5号1404頁・判時262号17頁)として、農地法が要求する許可の法的性質が法定条件であることを明らかにした[7]。したがって、農地を宅地などに転用する目的でした売買について、農地法5条の許可を受けていない場合は、たとえば代金全額の支払いがされていたとしても、所有権移転の効力は生じない。

　農地転用許可を求める申請者は、転用許可申請書(4条許可の申請書について【書式45】(445頁参照))を、農業委員会を経由して都道府県知事に提出しなければならない(農地法施行令7条1項、15条1項)。当該申請書の記載事項や添付書類については、農地法施行規則に定めがおかれている(農地法施行規則27条、49条等)。

　転用許可申請書の提出を受けた農業委員会は、その内容を検討したうえで、当該申請書に意見を付して、申請書提出日の翌日から起算して40日以内に、都道府県知事に送付しなければならない(農地法施行令7条2項、3条2項、15条2項、農地法施行規則12条)。

　そして、都道府県知事は、申請書の内容を審査し、許可または不許可の決定をする。都道府県知事が転用許可処分をしようとする場合には、事前に都道府県農業会議の意見を聴かなければならないこととされている(農地4条3項、5条3項)。

---

[7] 法定条件とは、一般に、「法律行為が効力を生ずるために法が要求している要件ないし事実」と定義されている。停止条件ではなく、法定条件であることの帰結として、民法127条以下の規定が当然に適用されるわけではなく、場面ごとの個別的検討により、類推適用の当否が判断されることになる(四宮和夫＝能見善久『民法総則〔第8版〕』342頁)。たとえば、前掲最判昭和36・5・26は、当該事案において、売主が許可の取得を妨害しても民法130条を類推適用して許可を取得したとみなすことはできないとした。

以上のとおり、農地転用は許可制が原則であるが、市街化区域の農地を転用する場合には、農業委員会への届出をすることで足りることとされている（農地4条1項7号、5条1項6号）。市街化区域は、都市計画において優先的かつ計画的に市街化を図るべき区域として定められるものであることから、農地転用について、許可制という厳しい規制をする必要はないと考えられたことによるものである。

(2) 農用地区域除外申請

　農業振興地域の整備に関する法律は、総合的に農業の振興を図ることが必要であると認められる地域について、その地域の整備に関し必要な施策を計画的に推進することにより農業の健全な発展を図ること等を目的とする法律である（同法1条）。

　農振法においては、都道府県知事が「農業振興地域」を指定し（農振法4条、6条）、市町村が同地域について具体的な農業振興地域整備計画を定めたうえで（同法8条1項）、同計画の中で、農用地等として利用すべき土地の区域（農用地区域）および同区域内にある土地の農業上の用途区分を定めることとされている（「農用地利用計画」。同条2項）。そして、農用地区域内にある農地は、農用地利用計画において指定された用途以外の用途に供されてはならないこととされている（同法17条）。

　したがって、農用地区域内にある農地について、農地転用を行おうとする場合には、当該農地を農用地区域から除外する必要がある（農振法13条2項による農用地利用計画の変更。いわゆる「農振除外」）。

　農振除外手続については、市町村が自発的に行うものであって転用事業計画者に法令上の申請権はないという見解もあるが[8]、実際には、転用事業計画

---

[8] 一般に、申請等に対する行政庁の拒否行為については、申請人が法令による申請権を有しない限り、申請人の法律上の地位に何ら影響を与えるものではないから、抗告訴訟の対象となる行政処分にはあたらないと解されている（越山安久「抗告訴訟の対象」（鈴木忠一＝三ヶ月章監修・新・実務民事訴訟講座9行政訴訟1）47頁）。農振除外手続について、土地所有者の申請権を否定し、申請を容認しないとする通知の行政処分性を否定した判例として、千葉地判平成6・2・23判タ876号151頁がある。

者等による除外申出を契機として市町村が農業振興地域整備計画（農用地区域）の変更の可否を審査するという場合がほとんどであり、近時、こうした実情を重視して、農振法13条2項による農用地利用計画の変更について、土地所有者等の申請権を一般的に肯定する下級審判例が現れている[9]。

　除外要件については、農振法13条2項が定めをおいており、同項各号に掲げられた要件すべてを満たす必要があることとされている。

4　大規模小売店舗立地法上の規制

　大規模小売店舗は、多数の顧客を集め、大量の商品等の流通の要となる施設であり、また、生活利便施設として生活空間から一定の範囲内に立地するという特性を有する。そこで、大規模小売店舗立地法は、大規模小売店舗の立地が、周辺の地域の生活環境を保持しつつ適正に行われること（すなわち、交通渋滞、交通安全、騒音等の問題に適正な対処がされつつ、その立地が行われること）を確保するための手続を定めている。

　大規模小売店舗立地法の要求（大店立地4条）に基づき、経済産業大臣により、「大規模小売店舗を設置する者が配慮すべき事項に関する指針」が定められ、公表されている。当該指針は、たとえば、「駐車需要の充足その他による大規模小売店舗の周辺の地域の住民の利便及び商業その他の業務の利便の確保のために配慮すべき事項」（同条2項2号イ）として、「駐車場の必要台数の確保」を掲げ、年間の平均的な休祭日のピーク1時間に予想される来客の自動車台数を基本として、一定の計算式により算出される駐車台数を確保すべきことを要請している。

　大規模小売店舗（1つの建物であって、その建物内の店舗面積の合計が1000㎡を超えるもの）の新設をする者は、所定の事項を都道府県に届け出なけれ

---

[9]　さいたま地判平成20・2・27判自308号79頁。土地所有者等に申請権があるということは、その帰結として、申請を容認しないとする通知は抗告訴訟の対象となるべき行政処分ということになる。このほか、農用地利用計画の軽微変更に関して、土地所有者等の申請権を肯定し、申請を容認しないとする通知に行政処分性を認めた判例として、千葉地判昭和63・1・25判時1287号40頁がある。

ばならず（「大規模小売店舗届出書」【書式４】）、当該届出の日から８カ月を経過した後でなければ、大規模小売店舗の新設をしてはならない（大店立地５条）。また、上記届出をした者は、届出から２カ月以内に、店舗所在地の区域内に居住する住民等に届出等の内容を周知させるための説明会を開催しなければならない（同法７条）。都道府県は、上記届出をした者に対し、その届出について、市町村等からの意見を踏まえ、生活環境の保持等の見地からの意見を有する場合には意見を述べ、意見を有しない場合にはその旨を通知することとされている（同法８条）。都道府県から意見が述べられた場合、届出をした者は、当該意見を踏まえ、届出の変更届出をするか、届出を変更しない旨の通知をすることとなるが、その内容が都道府県の意見を反映しておらず、周辺地域の生活環境に著しい悪影響を及ぼす事態の回避が困難であると認められる場合は、都道府県は、届出をした者に対し、必要な措置をとるべき勧告をすることができ、届出をした者が当該勧告に正当な理由がなく従わなかったときは、その旨を公表することができることとされている（同法９条）。

　なお、大規模小売店舗立地法に関しては、経済産業省により、「大規模小売店舗立地法の解説」〈http://www.meti.go.jp/policy/economy/distribution/daikibo/downloadfiles/rittiho-kaisetsu-ver070501.pdf〉および「大規模小売店舗立地法についての質問及び回答集」〈http://www.meti.go.jp/policy/economy/distribution/daikibo/downloadfiles/q&a-ver070501.pdf〉等が公表されているので、実務上は、それらの内容も踏まえたうえで上記手続を行う必要がある。また、各地方公共団体が、「まちづくりガイドライン」等を設けて、大規模小売店舗立地法上の規制とは別に、事前に出店概要書を提出すべきこと等を要請している場合があるので、注意を要する（たとえば、愛知県では、「愛知県商業・まちづくりガイドライン」〈http://www.pref.aichi.jp/cmsfiles/contents/0000011/11387/text.pdf〉に基づき、店舗面積3000㎡以上の大規模小売店舗を新設する者等に対して、①出店概要書の提出・公開、②地域説明会の開催、③現地連絡会議・県庁内連絡会議への参加、④地域貢

献計画書の提出・公開、⑤地域貢献懇談会の開催、⑥地域貢献実施状況報告書の提出を求めている。ただし、同県作成のお願い文書では、「この手続は任意ですので、行わなかったとしても法律上の許可や届出に当たって不利な扱いを受けることはありません。しかしながら、円滑な店舗立地と開店後の円満な店舗運営に不可欠なものですので、是非ともご協力をお願いします」と述べられている)。

【書式4】　大規模小売店舗届出書

様式第2号（第4条）

※受理年月日	年　　月　　日
※受理番号	
※備　　考	

大規模小売店舗届出書

〇年〇月〇日

〇〇県知事　　殿

　　　　　　氏名又は名称（法人にあってはその代表者の氏名）
　　　　　　住所　〇〇市□□町1丁目1番1号
　　　　　　　　　甲野商事株式会社　代表取締役　甲野太郎

大規模小売店舗立地法第5条第1項の規定により、下記のとおり届け出ます。

記

1　大規模小売店舗の名称及び所在地
　　名　称　　〇〇〇〇〇ショッピングセンター
　　所在地　　〇〇市□□町2丁目3番
2　大規模小売店舗において小売業を行う者の氏名又は名称及び住所並びに法人にあっては代表者の氏名
　　別記1のとおり
3　大規模小売店舗の新設をする日
　　〇年〇月〇日

4 大規模小売店舗内の店舗面積の合計
　　　0,000m²
5 大規模小売店舗の施設の配置に関する事項
　(1) 駐車場の位置及び収容台数
　　　位　　置　別紙配置図（図面番号）（略）のとおり
　　　収容台数　別記2のとおり
　(2) 駐輪場の位置及び収容台数
　　　位　　置　別紙配置図（図面番号）（略）のとおり
　　　収容台数　　　500台
　(3) 荷さばき施設の位置及び面積
　　　位　　置　別紙配置図（図面番号）（略）のとおり
　　　面　　積　　　○○ m²
　(4) 廃棄物等の保管施設の位置及び容量
　　　位　　置　別紙配置図（図面番号）（略）のとおり
　　　容　　量　　　○○ m³
6 大規模小売店舗の施設の運営方法に関する事項
　(1) 大規模小売店舗において小売業を行う者の開店時刻及び閉店時刻
　　　別記1のとおり
　(2) 来客が駐車場を利用することができる時間帯
　　　別記2のとおり
　(3) 駐車場の自動車の出入口の数及び位置
　　　出入口数　3カ所
　　　位　　置　別紙位置図（図面番号）（略）のとおり
　(4) 荷さばき施設において荷さばきを行うことができる時間帯
　　　午前○時から**午後○時**まで
　別記1　小売業者一覧

氏名又は名称	代表者氏名	住　　所	主要販売品	店舗面積	開店時刻	閉店時刻
○○洋品店	○○○○	○○市○○町1-2	服飾品	○○ m²	○時	○時
□□□書店	○○○○	○○市○○町2-3	書籍	○○	○時	○時
△△玩具	○○○○	○○市○○町3-4	玩具	○○	○時	○時
○○宝飾	○○○○	○○市○○町4-5	宝飾品	○○	○時	○時

第1章　開発をめぐる許認可手続

小売業者合計				○○○ m²	
共　用　面　積				○○○ m²	
店舗面積合計				○○○○ m²	

(注) 小売業者が未定の場合は、氏名又は名称欄に「未定」と記入して下さい。

別記2　駐車場一覧

名　　称	位　　置	収容台数	利用可能時間帯		自己所有・借上げ・公共等の別
			利用開始時刻	利用終了時刻	
○○○○	(配置図中の番号)	500台	○時○○分	○時○○分	自己所有
合　　計		台			

(注)　複数の駐車場を確保する場合は、各駐車場ごとに記入して下さい。
　　　位置欄には、配置図中の整理番号を記入して下さい。
　　　自己所有・借上げ・公共等の別については、届出事項ではありませんが、本表中に併せて記入して下さい。
　　　公共駐車場を利用する場合には、必要駐車台数が確実に確保できる根拠を示して下さい。
(備考)1　この用紙の大きさは、日本工業規格Ａ4として下さい。
　　　　2　※印の項は記載しないで下さい。

法定添付書類（省令第4条）
(1)　法人にあってはその登記事項証明書
　　　　登記事項証明書　別紙（番号）のとおり

(2)　主として販売する物品の種類
　　　　届出書別記1のとおり

(3)　建物の位置及びその建物内の小売業を行うための店舗の用に供される部分の配置を示す図面
　　　　建物配置図　別紙配置図（図面番号）のとおり
　　　　各階平面図　別紙平面図（図面番号）のとおり

(注) 各階平面図には、小売業者毎に店舗部分を明示するとともに、店舗以外の主な施設についても名称を付して下さい。

(4) 必要な駐車場の収容台数を算出するための来客自動車の台数等の予測の結果及び算出根拠

① 小売店舗に係る必要駐車台数の算出根拠

原単位区分	係数等	算 出 根 拠
日来店客数(人)A(a×b)		※特別の事情により指針中の係数等を用いない場合は、算出根拠欄にその根拠を明確に記入して下さい（別紙可）。
店舗面積当たり日来店客数原単位（人／千m²）a		
店舗面積（千m²） b		
ピーク率（％） B		
自動車分担率（％） C		
平均乗車人員（人／台） D		
平均駐車時間係数 E		
必要駐車台数 A×B×C÷D×E	台	

(注) 端数処理については、計算結果を四捨五入して下さい。

② 小売店舗以外の施設に係る駐車台数

施設名称	施設面積	駐車台数	摘　　要
	m²	台	
合　計	m²	台	

(注) 小売店舗に係る駐車場と共用する場合に記入して下さい。
　　摘要欄には、利用者数（日来店客数）、稼働率等を記入して下さい。

(5) 駐車場の自動車の出入口の形式又は来客の自動車の方向別台数の予測の結果等駐車場の自動車の出入口の数及び位置を設定するために必要な事項

※以下の事項は、駐車場の出入口の数及び位置を設定するために用いられると想定されるものであり、必要に応じて記入するか、又は別途必要な資料を添付して下さい。

① 方面別自動車台数予測値等

来客方面	日来台数予測値	ピーク1時間 来台数予測値	入庫入口	摘　　要
	台／日	台／時		※予測値の算出根拠等を記入して下さい。
合　　計	台／日	台／時		

・施設周辺見取図　別紙見取図（図面番号）のとおり
　（注）　施設周辺見取図上に予測値を記入して下さい。

② 出入口別入庫処理能力

出入口箇所	入庫処理能力	ピーク1時間 来台数予測値	左折入庫 の有無	右折入庫 の有無	出庫車等との動線分離の有無		
					出庫車	自転車	歩行者
a		台／時	台／時				
b							
c							

③ 交通量調査及び立地後の予測結果（必要に応じて測定した場合に記入して下さい。）

調査地点	調査日時（時間帯）	調査結果	予測結果
	年　月　日（　）時から　時	台／時	台／時

・施設周辺見取図　別紙見取図（図面番号）のとおり
　（注）　施設周辺見取図上に調査地点を記入して下さい。

④ その他必要な事項（①～③以外に必要と判断される事項を適宜記入して下さい。）

(6) 来客の自動車を駐車場に案内する経路及び方法
　① 自動車の案内経路・案内表示
　　　・施設周辺見取図　別紙見取図（図面番号）のとおり

Ⅰ　申請手続

　　　　（注）　施設周辺見取図上に方面別の来客について設定する案内経路、
　　　　　　主な案内表示の位置を記入して下さい。
　　　　　　　療養施設、社会福祉施設等の静穏が要求される施設の位置を記
　　　　　　入して下さい。
　②　交通整理員の配置状況（配置する場合にのみ記入して下さい。）

配置位置	配置人員	配置曜日	配置時間帯
	人		時から　　時まで

　　・施設周辺見取図　別紙見取図（図面番号）のとおり
　　（注）　施設周辺見取図上に交通整理員の配置位置を記入して下さい。

(7)　荷さばき施設において商品の搬出入を行うための自動車の台数及び荷さばきを行う時間帯

荷さばき時間帯	搬出入車両台数	積載重量
時から　　時まで	台	t

　（注）　積載重量については、法定事項ではありませんが、記入をお願いします。

(8)　遮音壁を設置する場合にあっては、その位置及び高さを示す図面
　　・配置図　別紙配置図（図面番号）のとおり
　　（注）配置図上に遮音壁の位置及び高さを記入して下さい。

(9)　冷却塔、冷暖房設備の室外機又は送風機を設置する場合にあっては、それらの稼働時間帯及び位置を示す図面

設備名	設置位置	稼働予定時間帯
		時から　　時まで

　　・設備配置図　別紙配置図（図面番号）のとおり
　　（注）　設備配置図上に位置を記入して下さい。

(10) 平均的な状況を呈する日における等価騒音レベルの予測の結果及びその算出根拠

① 個別騒音予測

騒音発生源	騒音レベル	算出根拠	騒音発生源	騒音レベル	算出根拠

・発生源位置図　別紙位置図（図面番号）のとおり
（注）　発生源位置図（設備配置図）上に記入して下さい。
　　　　算出根拠の欄には、カタログ値、実測値等の区分を記入して下さい。

② 予測地点別合算結果

予測地点	位　　置	昼間・等価騒音レベル	夜間・等価騒音レベル
	（位置図中の番号）	dB	dB

・予測位置図　別紙位置図（図面番号）のとおり
・予測計算方法　別紙（番号）のとおり
（注）　予測位置図（設備配置図）上に予測地点、区域区分及び用途地域区分を記入して下さい。
　　　　各予測地点ごとに等価騒音レベルの予測計算方法を明示して下さい。

(11) 夜間において、大規模小売店舗の施設の運営に伴い騒音が発生することが見込まれる場合にあっては、その騒音の発生源ごとの騒音レベルの最大値の予測の結果及びその算出根拠

騒音発生源	騒音レベルの最大値	騒音発生源	騒音レベルの最大値
	dB		dB

Ⅰ 申請手続

・予測位置図　別紙位置図（図面番号）のとおり
・予測計算方法　別紙（番号）のとおり
（注）　予測位置図（設備配置図）上に予測地点、区域区分及び用途地域区分を記入して下さい。
　　　　騒音発生源ごとに騒音レベルの予測計算方法を明示して下さい。

(12)　必要な廃棄物等の保管施設の容量を算出するための廃棄物等の排出量等の予測の結果及びその算出根拠

原単位区分		廃棄物種類	紙製廃棄物等①	金属製廃棄物等②	ガラス製廃棄物等③	小　計 ①＋②＋③
1日当たり排出予測量 (t) A	面積6,000m²以下の部分	排出量原単位　a				
		店舗面積※1　b				
		小計(a×b＝c)				
	面積6,000m²超の部分	排出量原単位 d				
		店舗面積※2　e				
		小計(d×e＝f)				
	計	(c＋f)				
廃棄物等の平均保管日数（日）B						
廃棄物等の見かけ比重（t／m³）C						
廃棄物等の必要保管容量(m³)　A×B÷C						

原単位区分		廃棄物種類	プラスチック廃棄物等④	生ごみ等⑤	その他の可燃性廃棄物等⑥	小　計 ④＋⑤＋⑥
1日当たり排出予測量 (t) A	面積6,000m²以下の部分	排出量原単位　a				
		店舗面積※1　b				
		小計(a×b＝c)				
	面積6,000m²超の部分	排出量原単位 d				
		店舗面積※2　e				
		小計(d×e＝f)				
	計	(c＋f)				
廃棄物等の平均保管日数（日）B						
廃棄物等の見かけ比重（t／m³）C						

廃棄物等の必要保管容量(m³) A×B÷C				
	合　計　①+②+③+④+⑤+⑥			

(注)　端数処理については、計算結果を四捨五入して下さい。
　　　　指針の各種原単位を用いない場合は、根拠数値、算出方法等を別紙に記入して下さい。
　　　　⑥の算出に当たっては、b欄に総店舗面積を記入して下さい。
　　　　※1＋※2＝当該店舗の店舗面積合計

指針に基づく配慮事項
　（法定添付書類ではありませんが、縦覧の対象となります。）

駐車需要の充足等交通に係る事項について
○駐車場の位置及び構造等

○駐輪場の確保等

○自動二輪車等の駐車場の確保等

○荷さばき施設の整備等

○経路の設定等
　（来客自動車の経路設定）

　（搬出入車両の経路設定）

　（その他）

歩行者の通行の利便の確保等について

廃棄物減量化及びリサイクルについて

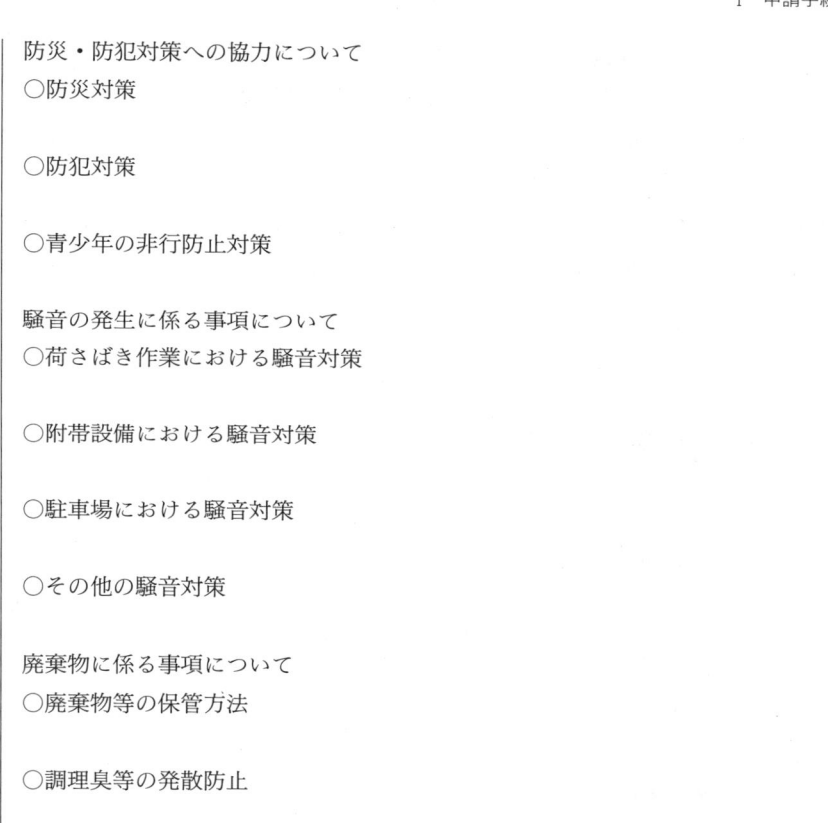

防災・防犯対策への協力について
○防災対策

○防犯対策

○青少年の非行防止対策

騒音の発生に係る事項について
○荷さばき作業における騒音対策

○附帯設備における騒音対策

○駐車場における騒音対策

○その他の騒音対策

廃棄物に係る事項について
○廃棄物等の保管方法

○調理臭等の発散防止

街並みづくり等について

光害の防止について

5　その他の規制

　以上のほか、宅造法に基づく造成工事のための許可（同法8条）、道路の工事・占有について道路法に基づく許可（同法24条、32条）および道路交通法に基づく許可（同法77条）や、景観法に基づく届出（同法16条）、広告塔・

広告板について屋外広告物設置条例に基づく許可等が必要となる場合がある。

さらに、大規模商業施設を建設する場合には、当該施設に出店する事業者の種別に応じ、風俗営業等の規制及び業務の適正化等に関する法律（本書第3章参照）、薬事法（本書第2章参照）、食品衛生法、酒税法、動物の愛護及び管理に関する法律、興行場法等に基づく手続をとる必要がある。防火管理者の選任・届出や消防計画の作成（消防法8条）等、消防法に基づく規制にも注意が必要である。

II 法的問題点

1 審査請求

行政庁の処分や不作為を争う手段としては、主として、上級行政庁に対する審査請求と、裁判所に対する行政訴訟がある。

このうち、審査請求とは、行政庁の処分または不作為について、上級行政庁に不服を申し立て、裁決を受けるものである（行政不服審査法）。

(1) 請求期間

審査請求は、原則として、処分があったことを知った日の翌日から起算して60日以内にしなければならない（行審14条1項）。また、処分があった日の翌日から起算して1年が経過した場合には、正当理由がない限り、審査請求をすることはできない（同条3項）。これに対して、行政庁の不作為に対する審査請求には期間の限定はない。

(2) 行政訴訟との関係での審査請求の注意点

審査請求に対する裁決は、裁判所が判断する行政訴訟と違い、行政権による自己統制であるから、訴訟より簡便な手続で、適法・違法のみならず当・不当の判断も可能である反面、処分を受ける側にとっての公平性、救済の実効性に十分とはいいがたい。

裁決を経た後の取消訴訟としては、原則として、最初の処分（原処分）の取消訴訟（行訴3条2項）と、審査請求を認容しなかった裁決の取消訴訟（同条3項）の、2つの取消訴訟を提起することができるが、裁決の取消訴訟においては、原処分自体の違法事由は主張し得ない（裁決手続の違法等の裁決固有の瑕疵だけを主張できる）こととされている（同法10条2項）。したがって、原処分の違法を主張しようという場合は、裁決の取消訴訟ではなく、原処分の取消訴訟を提起すべきこととなる（原処分主義。なお、原処分主義の例外として、個別法により、裁決取消訴訟のみを提起することができることとされている場合（裁決主義）があり、その場合は、原処分の違法も裁決取消訴訟において主張すべきこととなる。裁決主義を採用している開発許認可の関係法として、鉱業等に係る土地利用の調整手続等に関する法律50条、土地改良法87条10項等）。

(3) 審査請求前置主義

行政庁の処分または不作為を争う方法としては、審査請求と行政訴訟があると述べたが、そのいずれの手段によってもよいのが原則である（行訴8条1項本文）。両者が並行して提起されている場合には、裁判所は、裁決があるまで裁量により訴訟手続を中止できる（同条3項）。

ただし、例外的に、個別の法律で、審査請求を経た後でなければ行政訴訟を提起できないとされている場合がある（審査請求前置主義）。

審査請求前置主義が定められている場合、審査請求に対する裁決を経ていることは後の行政訴訟における訴訟要件であり、審査請求に対する裁決を経ずに提起された取消訴訟は、不適法な訴えとして却下される（行訴8条1項ただし書）。上記のとおり、不服申立期間が限られている関係から、審査請求前置が定められている場合は、速やかに審査請求を行うことが重要である。

(4) 都市計画法上の開発許可申請に関する審査請求

(ア) 開発審査会に対する審査請求

都市計画法上の開発許可申請に対し、許可ないし不許可の処分がなされた場合、あるいは行政庁が処分をしない場合は、前述した行政不服審査法に基

づく不服申立てとして、申請者は、「開発審査会」に対して審査請求を行うことができる（都計50条1項）。なお、不服の理由が、鉱業・採石業または砂利採取業との調整に関するものであるときは、行政不服審査法に基づく不服申立てをすることはできず、「公害等調整委員会」に対して裁定の申請を行うこととされている（同法51条1項）。

「開発審査会」とは、都市計画法78条の規定に基づき、各都道府県や指定都市、中核市、特例市に設置される附属機関であり、法律、経済、都市計画、建築、公衆衛生または行政に関しすぐれた経験と知識を有し、公共の福祉に関し公正な判断をすることができる5人または7人の委員で構成される。また、「公害等調整委員会」とは、国家行政組織法3条に基づく行政委員会であり、総務省の下におかれる国の行政機関である。

開発審査会は、審査請求を受理した日から2カ月以内に裁決を行う（都計50条2項）。裁決にあたっては、あらかじめ、審査請求人、処分庁その他の関係人またはこれらの者の代理人の出頭が求められ、公開による口頭審理が行われる（同条3項）。

(イ) 審査請求前置主義

都市計画法50条1項に列記された処分の取消しの訴えについては、開発審査会の裁決を経た後でなければ提起することができない（同法52条）。これは、開発許可が当該行政の指針にかかわる事項であるうえ、専門的であること、第三者的な判断機関として開発審査会が設置されていること等による。

2　行政訴訟

審査請求とは別に、行政庁の行った処分等に不服がある者は、行政訴訟を提起することができる。

訴訟類型としては、①行政庁の行った処分に不服がある場合は、その処分の取消しを求める取消訴訟、無効を確認する無効確認訴訟、および、行政に何らかの処分をさせる義務付け訴訟、②行政庁の不作為に不服がある場合は不作為の違法確認訴訟、義務付け訴訟、等がまず考えられる。

ただし、前述のとおり、都市計画法上の開発許可処分の取消しを求める取消訴訟およびこれと併合提起する義務付け訴訟は、審査請求に対する裁決を経た後でなければ提起することができない（都計52条）。

(1) 訴訟類型の選択に際しての留意点

(ア) 義務付け訴訟の併合

行政庁の行った処分に不服があるとして取消訴訟を提起して、認容判決を得ても、申請した事項につき許可処分が下されるわけではない。そこで、取消訴訟のみならず、申請した処分がなされるよう義務付け訴訟も併合提起することが考えられる。

義務付け訴訟には、①申請型（行訴3条6項2号）、②非申請型（同項1号）の2種類がある。

①申請型は、申請をしたのに相当期間を経過しても行政の不作為状態が継続している場合、および、申請に対する拒否の処分がすでに出されているがそれが取り消されるべきものである場合についてのものである（行訴37条の3第1項）。申請型義務付け訴訟は、上記のとおり、自らが申請している処分の許可を求める際に選択されるものであり、不作為の違法確認訴訟または処分の取消訴訟もしくは無効確認訴訟と併合して提起されなければならないこととされている（同条の3第3項）。

②非申請型は、申請型に該当する場合を除き、広く行政が一定の処分をすべきであるにもかかわらずこれがされない場合に、損害の重大性および補充性等の要件の下で認められているものである。この非申請型により、自らの処分許可を求める場合だけでなく、行政に対し第三者への規制権限を行使するよう請求したい場合にも訴訟で争うことができる。たとえば、ゴミ焼却場や原子力発電所等の嫌悪施設ができた（あるいは運転許可処分が下された）地域の周辺住民が、行政からその施設運営業者に対し、運転停止命令を出すよう（あるいは制限的な許可処分とするよう）求めたい場合等に有効である。

(イ) 損害賠償請求の併合

また、適正な処分が遅れたことによる損害賠償もあわせて請求することも

有用である。

　(ウ)　開発許認可に関する争い方

　特に、開発許認可に関しては、都市計画の決定から実際の事業完了までの間、あるいは、申請のための相談受付から実際の申請までの間等に、一連の時間的・手続的な流れがあるのが通常であり、この流れを構成する行政の対応、処分を早い段階から争うことは、特に重要である。なぜなら、手続が相当程度進んだ後に争っても、行政事件では事情判決（行訴31条）が認められており違法であっても処分は取り消されないこととなるおそれがあり、また、前の処分の違法を後の処分で争うことができるとは限らないからである（後述の「違法性の承継」参照）。

　さらに、処分一つひとつを争うことにより、請求側の意思表示を明確にし、行政の対応に再考を促すことは重要である。

　(エ)　当事者訴訟の活用

　処分性の認められない、あるいは認められにくい行政行為（行政指導、行政計画、行政契約等）については、当事者訴訟による救済が有効である。個別の箇所で述べる。

　(2)　処分性に関する問題点

　(ア)　「処分性」とは

　行政の行為を取消訴訟によって争いたい場合に、当該行為には「処分性」がない、として取消訴訟が却下されてしまうことがある。

　これは、取消訴訟の対象は「行政庁の処分その他公権力の行使に当たる行為」（行訴3条2項）であるから、取消訴訟の訴訟要件として、「処分性」のある行政庁の行為が存在していることが要求されるためである。判例上、行政庁の処分とは、「行政庁の法令に基づく行為のすべてを意味するものではなく、公権力の主体たる国または公共団体が行う行為のうち、その行為によつて、直接国民の権利義務を形成しまたはその範囲を確定することが法律上認められているもの」（最判昭和39・10・29民集18巻8号1809頁）と定義されているが、問題は、具体的にどのような行為が、判例のいう上記定義にあては

まるかということである。

　特に、開発許可に関する処分については、以下のように、①行政計画や、②行政指導といった行政の行為との関係で問題となることがある。

　以下、処分性に関して検討していく。

　(イ)　行政計画の処分性（都市計画、用途地域指定、地区計画決定等）

―《事例①-1》――――――――――――――――――――――――

　業者Aは、シネマコンプレックスをB県のC地域に建設しようと考え、都市計画法29条に基づく開発行為の許可申請を準備していた。ところが、その矢先、B県はC地域を都市計画の用途地域である工業地域に指定する旨の決定を行った。工業地域であれば、建築基準法48条11号により、Aの計画するシネマコンプレックスが建築できない。

　Aは、B県のC地域に対する工業地域指定を争いたいが、どのように争うことが適切か。

―――――――――――――――――――――――――――――――

(A)　問題の所在

　都市計画、用途地域指定等の行政計画により、開発者の開発希望地区では開発が行えないことがある。そこで、それら行政計画が違法な処分であるとして、その取消訴訟を提起して争うことが考えられる。

　しかし、行政計画は、行政庁が一定の目標を設定し、その達成のために必要な手段を総合的に提示するものをいい（塩野宏『行政法Ⅰ〔第5版〕』213頁）、実際その計画を実施するにあたっては、その後に個別の行政処分がなされることとなる。そこで、「その行為によって、国民の権利義務を形成しまたはその範囲を確定する」ものとして処分性が肯定されるかが問題となる。

(B)　処分性を否定した判例――都市計画の用途地域指定

　最判昭和57・4・22民集36巻4号705頁は、「決定が、当該地域内の土地所有者等に建築基準法上新たな制約を課し、その限度で一定の法状態の変動を生ぜしめるものであることは否定できないが、かかる効果は、あたかも新たに……制約を課する法令が制定された場合におけると同様の当該地域内の不

特定多数の者に対する一般的抽象的なそれにすぎず、このような効果を生ずるということだけから直ちに右地域内の個人に対する具体的な権利侵害を伴う処分があつたものとして、これに対する抗告訴訟を肯定することはできない」との理由で都市計画の用途地域指定につき、処分性なしとした。

(C) 処分性を認めた判例
　(a) 土地区画整理事業計画

　土地区画整理事業計画の策定においては、①地元住民への計画案説明会、②土地区画整理事業の施行区域の都市計画決定、③土地区画整理事業計画の決定、④土地区画整理審議会の設置、⑤仮換地の指定、⑥建物等移転補償・工事、⑦換地処分、⑧土地・建物の登記、⑨清算金の徴収・交付、を経て事業完了となるのが通常である（土地区画整理法、財団法人東京都新都市建設公社ホームページ〈http://www.shintoshi.or.jp/kukaku/kukakujigyou/kukaku-nagare.htm〉参照）。

　土地区画整理事業計画の取消訴訟において、従来の裁判例では、土地区画整理事業計画は「いわば当該土地区画整理事業の青写真たる性質を有するにすぎない」とされ、紛争の成熟性がないため、計画の段階で訴えの提起を認めることは妥当でなく、その必要もないこと等を理由に、その処分性が否定されていた（最判昭和41・2・23民集20巻2号271頁、最判平成4・10・6判時1439号116頁）。

　しかし、最判平成20・9・10民集62巻8号2029頁は、従来の判例を変更し、「市町村の施行に係る土地区画整理事業の事業計画の決定は、施行地区内の宅地所有者等の法的地位に変動をもたらすものであって、抗告訴訟の対象とするに足りる法的効果を有するものということができ、実効的な権利救済を図るという観点から見ても、これを対象とした抗告訴訟の提起を認めるのが合理的であるから、上記事業計画の決定は、行政事件訴訟法3条2項に言う『行政庁の処分その他公権力の行使に当たる行為』に当たると解するのが相当である」として、処分性を認めた。

　上記判例の射程は必ずしも明らかではないが、判例解説によれば、上記判

例の判決理由に鑑みると、定められた計画に基づき将来具体的な事業が施行されることが予定されておらず、計画行政としては計画決定行為をもって完結するもの（非事業型・完結型の計画決定行為）、たとえば都市計画法上の用途地域の指定には、その射程が及ばないものと解される旨が述べられている（判タ1280号63頁）。

　(b)　土地区画整理組合の設立認可

　土地区画整理組合が施行主体となる土地区画整理事業においては、前記の流れの中で、同組合の設立が認可されることにより事業計画が確定し、事業計画の確定により建築制限等の効果が生ずる。さらに、土地区画整理組合とは、当該組合の事業施行地区内の宅地について、所有権または借地権を有する者をすべて強制的に当該組合員とするもので、その認可は、当該組合に当該土地区画整理事業を施行する権限を付与する効力をもつ。最判昭和60・12・17民集39巻8号1821頁は、この点をとらえ、処分性を肯定した。

　(c)　市町村営の土地改良事業施行認可

　国、都道府県が土地改良事業を行う場合には、その土地改良事業計画に対する不服申立てができる（土地改良法87条6項〜10項）。市町村による土地改良事業についてかかる規定はないが、最判昭和61・2・13民集40巻1号1頁は、効果の同一性に鑑み、市町村営の土地改良事業施行認可について処分性を肯定した。

　(d)　市街地再開発事業計画の決定

　第1種市街地再開発事業計画においては、従前の建物、土地所有者等の権利を再開発後の権利に原則として等価で変換する（権利変換方式）ため、処分性を有しないとも考えられるが、他に転出して権利変換計画の対象者から除外されることを選択するか否かを余儀なくされるとして、処分性を肯定する下級審判例がある（福岡地判平成2・10・25行裁集41巻10号1659頁、福岡高判平成5・6・29行裁集44巻6・7号514頁）

　一方で、第2種市街地再開発事業計画については、第1種と異なり、地区内の土地を買収、収用する（管理処分方式）ため、最判平成4・11・26民集

46巻8号2658頁は、計画の決定は、土地収用法上の事業認定と同一の効果を有し、結果として地区内の土地所有者等は、自己の所有地等が収用されるべき地位に立たされることになること、また、計画決定の公告があると地区内の土地所有者等は30日以内に、その対償の払渡しを受けるか、これに代えて建築施設の部分の譲受け希望の申出をするかの選択を余儀なくされることをとらえ、処分性を肯定した。

(D) 処分性をめぐる争い

計画自体を争えず、事後の各処分を争うこととなれば、その時点では計画が大きく進行しているため、それを理由に事情判決（行訴31条）がなされ、違法であっても処分は取り消されないこととなって十分な救済を得られないことも考えられる。また、個々の処分を争うより、計画そのものを争うほうが根本的解決に資するともいえる。

そこで、私人に対し拘束力を有する計画については、その処分性を認めるべきとの学説が有力であり（宇賀克也『行政法概説Ⅱ〔第2版〕』155頁）、判例も、前記(C)で紹介したとおり徐々に処分性を認める傾向にあるといえる。

(E) 当事者訴訟の活用

処分性が認められない行政行為からの救済手段として、当事者訴訟の活用が考えられる。

「公法上の法律関係に関する確認の訴え」（行訴4条後段）をはじめとする実質的当事者訴訟では、取消訴訟に関する規定のうち一定のものが準用されることとされているが（同法41条1項）、いずれも実務上必ずしも重要な意味をもつものではなく、訴訟において確認の対象となる法律関係が公法上の法律関係であること以外は、実質的に、民事訴訟と異ならない。他方、取消訴訟と同じく、判決には行政庁に対する拘束力が認められている（同項、33条1項）。そこで、処分性が認められず抗告訴訟の訴訟要件を欠くため抗告訴訟を提起できない場合にも、（通常の民事訴訟の場合と同様に）確認の利益が認められれば、実質的当事者訴訟としての確認訴訟により当該行政行為の有効性を争えることとなる。

具体的には都市計画上の用途地域指定の無効確認等、この実質的当事者訴訟が、状況打開策として活用されることが今後大いに期待される。

(F) 事例①-1 の検討

前記のとおり、都市計画上の用途地域指定について、判例（前掲最判昭和57・4・22）は処分性を否定しており、また土地区画整理事業計画についての前掲平成20・9・10の射程も都市計画上の用途地域指定には及ばないとの見解があることから、用途地域指定の取消訴訟を提起しても、処分性がなく訴訟要件を満たさないとして却下される可能性がある。

そこで、B県のC地域に対する工業地域指定の無効確認を請求する実質的当事者訴訟を提起することが考えられる。

(ウ) **行政指導の処分性**

《事例①-2》

業者Dは、E県で大規模小売店（スーパーマーケット）を出店しようと考え、E県担当部署に事前相談に行った。E県では「大規模小売店舗における小売業の事業活動の調整に関する指導要綱」が策定されており、E県担当部署は、Dに対し、同要綱に基づき、周辺住民の同意を得ること、営業が深夜に至らないことを求める行政指導をした。Dは、同指導に従うよう努力したが、周辺住民の反対が強く、同意を実現できなかった。

指導内容は実現できなかったが、Dは大規模小売店舗立地法に基づく要件を備えていたため、届出を行ったところ、E県知事指導に従わなかったことを理由にAの届出書類を返戻した。Dは、どのように争うことができるか。

(A) 問題の所在

申請に必要な法令上の要件をすべて満たしていても、開発許可申請の事前相談等の際、行政から、法令上明記されているわけではない事項について、諸々の指導を受けることが非常に多い。

この指導は行政指導というものであり、開発に関してあらかじめ定められた要綱（開発指導要綱）に基づく指導や、個別の周辺地域状況や当該行政の要望に基づく個別指導がある。
　以下、その問題点について検討していく。
(B)　行政指導とは
　行政指導とは、「行政機関がその任務又は所掌事務の範囲内において一定の行政目的を実現するため特定の者に一定の作為又は不作為を求める指導、勧告、助言その他の行為であって処分に該当しないものをいう」（行手2条6号）。
　行政指導は、行政行為のように正式な行為形式ではなく、法的手段がない場合に行う、いわば非公式な手段である。
　行政指導には、行政需要の変化にすばやく反応し、法の不備を補いながら臨機応変な対応ができるメリットがある一方で、デメリットとして、責任の所在が不明確なまま行政機関の恣意により行われる危険がある。行政はさまざまな権限をもつので、指導に従わないことで、後にそれらの権限を利用して不利益な扱いを受けるおそれがあるため、国民は不本意ながらも行政指導に従わざるを得ず、いったんそれに従えば、法律上は自主的に従ったとされ、後日、法的手段で指導の違法を争うことが困難となる面がある。
(C)　行政指導の限界
　行政指導は、当該行政機関の組織法上の権限の範囲内でなければならない（行手32条1項）。また、法律の内容に反する行政指導を行ってはならないことは当然である（法律優位の原則）。これら制限に反する内容である場合には、当該行政指導に違法事由があるといえる。
(D)　行政指導されている間の処分留保の適法性判断基準
　何らかの処分を求める申請に対して、申請を受理した行政庁が行政指導を行い、申請者が当該行政指導に従うまでの間は、処分が留保されるということがある。このような処分留保がされると、行政処分を求める申請者としては、事実上、行政指導の内容に従うことを強いられることとなりかねず、行

政指導が「相手方の任意の協力によってのみ実現されるものであること」（行手32条1項）と矛盾するのではないかが問題となる。

　処分留保の適法性については、最判昭和57・4・23民集36巻4号727頁が、以下の判断基準を示している。

①　行政指導を行い、相手方がこれに応じているものと認められるときには、社会通念上合理的な期間、処分の留保等を行うことは直ちに違法とはいえない。

②　処分の留保は相手方の任意の協力、服従の下に行政指導が行われていることに基づく事実上の措置にとどまるものであるから、相手方が反対の意思を表明しているときに、その意思に反して受忍を強いることは許されない。

③　相手方が反対の意思を表明しているときは、相手方が受ける不利益と、当該行政指導の目的とする公益上の必要性とを比較衡量して、<u>相手方の不協力が社会通念上正義の観念に反するといえるような「特段の事情」</u>が存在しない限り、行政指導が行われているという理由だけで処分の留保を行うことは違法である。

(E)　行政手続法による形式的規制

　行政手続法は、行政指導の方法について、詳細を定めている（同法第4章）。たとえば、行政指導に携わる者は、相手方に対し、（口頭でも書面でもよいが）当該行政指導の趣旨、内容、責任者を明確に示さなければならず（行手35条1項）、行政指導が口頭でされた場合でも、その相手方から書面の交付を求められたときは、「行政上特別の支障がない限り」これを交付しなければならないこととされている（同条2項）

(F)　違法な行政指導に対する救済

　違法な行政指導に対する救済手段としては、①取消訴訟、②損害賠償請求訴訟、③確認訴訟が考えられる。

　(a)　取消訴訟

　取消訴訟を提起するにあたっては、その訴訟要件の1つである「処分性」

の有無が問題となる。

　行政指導は直接の法効果をもたない事実上の協力要請行為であるから、行政事件訴訟法3条2項が定める「行政庁の処分」にあたらない。よって、「処分性」が認められないため、私人は行政指導そのものに対する取消訴訟を提起できない。

　しかし、行政指導に従わなかったことを理由に、申請拒否処分が下されれば、その違法を理由に当該処分についての取消訴訟を提起することはできる。もっとも、この場合も行政の裁量が広く認められる点に注意が必要であり、裁量の逸脱、濫用を争うこととなる。

　　(b)　損害賠償請求訴訟

　行政指導により被った損害について、国家賠償法に基づく損害賠償請求訴訟を提起するうえでは、行政指導が同法1条の「公権力の行使」にあたるか問題となる。

　国家賠償法1条にいう「公権力の行使」は、一般に広義に解されており、非権力的な作用であっても公益的な行政作用であれば足り（広義説・判例）、行政指導も「公権力の行使」に該当すると解されている。したがって、違法な行政指導により損害を被った場合等には、その損害の賠償を求めて、国家賠償法に基づく国家賠償請求訴訟を提起することができる。

　　(c)　確認訴訟

　違法な行政指導に対しては、平成16年改正により明記された当事者訴訟（行訴4条）により、違法確認訴訟が有効である。当事者訴訟であれば、処分性が認められない場合にも提起できる。

　(G)　判　例

　　(a)　開発負担金に関する損害賠償

　市町村は、宅地開発指導要綱に基づき、開発業者に開発負担金を納付させることが多く、これに従わないと事実上、開発ができないということになりかねない。このような措置に対し、判例は、開発金を支払った後の損害賠償を認めている。

最判平成5・2・18民集47巻2号574頁は、指導要綱の文言が、選択の余地がないほど具体的に規定され、業務の一部として負担金の納付を命ずるような文言となっており、しかも指導に従わない場合の制裁条項まであったことから、任意の寄付金とは認められない、また、減額を懇願した開発業者に対し、行政は拒絶しており、その態度は任意の寄付であることを前提としたものとはいえない、として、当該行政指導を違法と認定した。

最決平成元・11・8判時1328号16頁は、武蔵野市が、宅地開発指導要綱に従わない建設業者に対して、同要綱の制裁条項に基づき水道の供給を拒否したことが、給水契約を拒否できる「正当な理由」（水道法15条1項）にあたらないとした。

(b) 処分の留保に対する損害賠償

前述のとおり、判例は、行政指導を、相手方がこれに応じているものと認められるときには、社会通念上合理的な期間、処分の留保等を行うことは直ちに違法とはいえないものであるが、相手方が、「真摯かつ明確な意思表示」により行政指導に従わない旨明らかにした場合には、爾後、なおも処分を留保することが違法となる、としている。

最判昭和56・7・16民集35巻5号930頁では、建築確認を得ずに工事を完了させた者が行った給水申込みに対し、水道局員は、建築確認を得てから申込みをするよういい、申込書を返戻した。工事を行った者は1年半後、給水を停止されたことに対する損害賠償を請求したが、最高裁判所は、水道局員の申込書返戻措置は、最終的に受理を拒否する旨の意思表示とはいえず、違法状態を是正する旨の勧告にすぎない一方、工事者自身がその後1年半も何らの改善策を講じず放置していたのであるから、その損害賠償責任を行政に負わせるのは妥当でないと判断している。当事例では、工事者が行政指導に従わないとの真摯かつ明確な意思表示をしたとはいいがたく、行政側が勧告として申込書を返戻した行為がいまだ違法と認めるのは難しいといえる。

前掲最判平成元・11・8では、マンションの建設業者が、マンション建設に反対する地元住民全員の同意を得ることはできないとして、武蔵野市に対

し、住民の同意を得る努力を打ち切る、寄付願いを取り下げる、との通知をし、もはや行政指導に従う意思のない旨を明確に伝えてマンション建設と入居者の募集を開始した。これに対し、武蔵野市は、行政指導が順守されていないことを理由に、マンション建設業者の給水契約を拒絶した。これについて、最高裁判所は、建設業者が指導に従わない旨明確に意思表示していたこと、入居者が現実に給水を必要としていた状況であったことから、たとえ行政指導を続行する必要があったとしても、これを理由として給水契約の締結を留保することは許されないとして、武蔵野市長は水道法違反で有罪となった。

　(c) 行政指導が誤っていたために従った者の行為が違法になった場合の措置

　行政指導を信頼し、これに従った者に制裁的措置を課すのは信義に反する。最判昭和62・10・30判時1262号91頁は、課税処分をめぐる判断において、「租税法規の適用における納税者間の平等、公平という要請を犠牲にしてもなお当該課税処分に係る課税を免れしめて納税者間の信頼を保護しなければ正義に反するといえるような特別の事情が存する場合に」は、信義則の適用により当該処分を違法として取り消すことができる場合があると判示した。ここにいう「特別の事情」とは、①信頼の対象となる公的見解が示されたこと、②その表示を信頼して行動したところ、後に表示と反する処分が行われたこと、③それにより、私人が（経済的）不利益を受けることになったこと、④私人が表示を信頼したことに帰責事由がないこと、等が判断材料となる。

　(ﾊ) 事例①-2の検討

　まず、上記のとおり、行政指導そのものには処分性がないとされるから、行政指導自体を争うのは適切とはいえない。

　しかし、Dとしては、大規模小売店舗立地法上の要件を満たして届出をしていればよいのであり、E県のような返戻行為は、実質的に許可制の運用となっており、違法である。

　そこで、事例①-2において、Dは、届出義務を履行した旨（行手37条）の

確認訴訟（当事者訴訟）を提起するのが適切である。その際、受理遅延により損害が生じていれば、損害賠償請求訴訟を併起することも考えられる。

なお、届出と申請は区別しておかねばならない。「届出」とは、行政庁に対して一定の事項を通知する行為であって（行手2条7号）、行政庁による諾否の応答が予定されていないのに対して、「申請」とは、行政庁に対して許認可等を求める行為であって、行政庁による諾否の応答が予定されている（同条3号）。したがって、申請をしたにもかかわらず、行政庁が申請書類を理由なく返戻したり、申請に対する応答を怠っているような場合には、申請したことの確認を求めても不十分であり、申請に対する応答を怠っていることについての不作為の違法確認訴訟（行訴3条5項）と、許認可の義務付け訴訟（同条6項2号）を併合提起すべき（同法37条の3第3項1号）こととなる。

3 　条例に基づく処分の限界

(1) 　問題の所在

地方公共団体は、「法律の範囲内で」条例制定権を有している（憲法94条、地自14条1項）。

近年、各地方公共団体は、独自の行政運用としてまちづくり条例やそれに基づく指導要綱を規定していることがあるが、それらが法令に違反している場合、当該条例や指導要綱（指導要綱に関しては上記行政指導参照）に基づく処分が違法であるとして争うことが考えられる。

(2) 　「法律の範囲内」であるか否かの判断基準

リーディング・ケースである最判昭和50・9・10刑集28巻8号489頁〔徳島市公安条例事件〕は、「条例と法令の対象事項を対比するのみでなく、それぞれの趣旨、目的、内容及び効果を比較し、両者の間に矛盾抵触があるかどうかによって決しなければならない」としている。

具体的には以下のように整理されている。

① 　ある事項について国の法令中にこれを規律する明文の規定がない場合
　「当該法令全体からみて、右規定の欠如が特に当該事項についていか

なる規制をも施すことなく放置すべきものとする趣旨であると解されるときは、これについて規律を設ける条例の規定は国の法令に違反することとなりうる」。

② 特定事項についてこれを規律する国の法令と条例とが併存する場合
「後者が前者とは別の目的に基づく規律を意図するものであり、その適用によつて前者の規定の意図する目的と効果をなんら阻害することがないときや、両者が同一の目的に出たものであつても、国の法令が必ずしもその規定によつて全国的に一律に同一内容の規制を施す趣旨ではなく、それぞれの普通地方公共団体において、その地方の実情に応じて、別段の規制を施すことを容認する趣旨であると解されるときは、国の法令と条例との間にはなんらの矛盾牴触はなく、条例が国の法令に違反する問題は生じえない」。

(3) 施設の建築をめぐる具体的判例

(ア) 条例の法令違反を認めたもの（神戸地判平成9・4・28民集56巻6号1172頁参照）

パチンコ店の建築を規制する宝塚市条例に基づく建築工事中止命令にもかかわらず、工事を中止しないパチンコ店業者に対し、宝塚市が工事の続行禁止を請求した事件である。

当該条例は、風俗営業等の規制及び業務の適正化等に関する法律（昭和59年改正後のもの。以下、「風営法」という）に違反しないかという争点について、神戸地方裁判所は、「風営法は、昭和59年の改正により、風俗営業の場所的規制について全国的に一律に施行されるべき最高限度の規制を定めたものであるから、当該地方の行政需要に応じてその善良な風俗を保持し、あるいは地域的生活環境を保護しようとすることが、本来的な市町村の地方自治事務に属するとしても、もはや右目的をもって、市町村が条例により更に強度の規制をすることは、風営法及び県条例により排斥されるべきである」として、宝塚市条例は風営法に違反すると判示した。

なお、本件は控訴、上告されており、控訴審でも上記争点は第1審の判断

が維持されたが、上告審においては争点となっていない。

　(ｲ)　**条例の法令違反を認めなかったもの**（盛岡地決平成9・1・24判時1638号141頁）

　条例に基づく建築禁止の措置命令にもかかわらず、モーテル類似施設の建築を続行する業者に対し、建築続行禁止を請求した事件。

　盛岡地方裁判所は、「法の規制目的である善良な風俗の維持、少年の健全な育成等の目的達成のためには、およそ当該地域の実情に応じた独自な規制が必要なことは言を待たないところ、風営法自体において都道府県に対し独自の基準の設定を委ねているのであるから」「法が全国的一律に同一内容の規制を施す趣旨でないことは明らかであって、市町村の条例において別段の規制をすることを排斥したものとは到底解し得ない」とした。

　(ｳ)　**小　括**

　両裁判例は、同じ風営法について、いずれもその目的に着目しながら結論が分かれている。この争点については、最高裁判例がなく、他の下級審判例も結論が二分しているところであり、今後の判断集積が待たれる。

　なお、条例と処分に関する事例は、第3章Ⅱ2を参照されたい。

4　原告適格

《事例①-3》
　大規模小売店舗の開発が予定されている土地の近隣住民は、都市計画法29条に基づく開発許可の取消訴訟における原告適格を有するか。

《事例①-4》
　大規模小売店舗の開発が予定されている土地の周辺地域において営業を行っている既存の小売店は、自らの営業権を侵害されることを理由として、都市計画法29条に基づく開発許可の取消訴訟における原告適格を有するか。

(1) 問題の所在

開発許可申請に対して不許可処分がなされた場合、許可申請を行った者がこれを不服として、審査請求（都計50条1項）および同処分の取消訴訟を提起できることについては異論がない。

問題は、開発が予定されている土地の近隣住民等が、開発許可処分の取消しを求めて審査請求・取消訴訟を提起することができるか否かである。

(2) 原告適格についての行政事件訴訟法の定め

行政事件訴訟法は、9条において、処分取消訴訟の原告適格に関する規定を設けている。

すなわち、処分の取消しの訴えは、当該処分の取消しを求めるにつき「法律上の利益を有する者」に限り提起することができる（行訴9条1項）。

そして、処分の相手方以外の者については、処分の根拠となる法令の規定の文言のみによることなく、当該法令の趣旨および目的並びに当該処分において考慮されるべき利益の内容および性質を考慮して、「法律上の利益」の有無を判断することとされている（行訴9条2項前段）。さらに、この場合において、当該法令の趣旨および目的を考慮するにあたっては、当該法令と目的を共通にする関係法令があるときはその趣旨および目的をも参酌するものとし、当該利益の内容および性質を考慮するにあたっては、当該処分がその根拠となる法令に違反してされた場合に害されることとなる利益の内容および性質並びにこれが害される態様および程度をも勘案することとされている（同項後段）。

そこで、開発許可処分の名あて人でない近隣住民等が、行政事件訴訟法9条にいう「法律上の利益を有する者」に該当するか否かが問題となる。

なお、行政事件訴訟法9条2項は、従来の裁判例が原告適格の範囲を著しく狭く解してきたことに対する反省に立って、平成16年に新設された規定である。

また、最判平成17・12・7民集59巻10号2645頁〔小田急連続立体交差事業事件〕が、都市計画事業に関する事案において、従来の最高裁判例を変更し、

騒音、振動等による健康または生活環境に係る著しい被害を直接的に受けるおそれのある者に、都市計画事業認可を争う原告適格を認めて以降、下級審判例においても、処分の名あて人でない第三者の原告適格を従来の裁判例よりも広く認める傾向にある。

原告適格の有無の判断にあたっては、以上の点を十分に意識する必要がある。

(3) 開発許可処分を争う訴訟の原告適格に関する判例の検討
(ア) リーディング・ケース

最判平成9・1・28民集51巻1号250頁は、都市計画法29条に基づく開発許可に対し、当該開発区域に近接する地域に居住する住民が、同許可処分の取消しを求めた事案である。

最高裁判所は、開発許可基準の1項目である都市計画法33条1項7号の趣旨・目的について、「都市計画法33条1項7号は、開発区域内の土地が、地盤の軟弱な土地、がけ崩れ又は出水のおそれが多い土地その他これに類する土地であるときは、地盤の改良、擁壁の設置等安全上必要な措置が講ぜられるように設計が定められていることを開発許可の基準としている。この規定は、右のような土地において安全上必要な措置を講じないままに開発行為を行うときは、その結果、がけ崩れ等の災害が発生して、人の生命、身体の安全等が脅かされるおそれがあることにかんがみ、そのような災害を防止するために、開発許可の段階で、開発行為の設計内容を十分審査し、右の措置が講ぜられるように設計が定められている場合にのみ許可をすることとしているものである」と解釈したうえで、政令の趣旨・目的をも参酌して、「開発区域内の土地が同号にいうがけ崩れのおそれが多い土地に当たる場合には、がけ崩れ等による直接的な被害を受けることが予想される範囲の地域に居住する者は、開発許可の取消しを求めるにつき法律上の利益を有する者として、その取消訴訟における原告適格を有する」と判示した。

この判例は、開発許可基準のうち、少なくとも生命、身体の安全にかかわる許可基準については、それが周辺住民の利益をも保護する趣旨を含むもの

であると解し、当該基準が満たされない場合に被害を受けるおそれのある周辺住民に対し、開発許可の取消しを求める原告適格を認めたものである(安本典夫『都市法概説』78頁参照)。

(イ) **最近の下級審判例**

(A) 大阪地判平成20・8・7判タ1303号128頁

本件は、開発予定区域の近隣に居住する住民が、開発許可処分等の差止め(行訴37条の4第1項)を求めた事案である。

裁判所は、前掲最判平成9・1・28で周辺住民の利益を保護する趣旨を含むものと認められた都市計画法33条1項7号に加えて、同項3号について、その「趣旨・目的、同号が開発許可を通して保護しようとしている利益の内容・性質等にかんがみれば、同号は、溢水等のおそれのない良好な都市環境の保持・形成を図るとともに、溢水等による被害が直接的に及ぶことが想定される開発区域内外の一定範囲の地域の住民の生命、身体の安全等を、個々人の個別的利益としても保護すべきものとする趣旨を含むものと解すべきである」と判示した(もっとも、当該事案へのあてはめにおいて、原告らはがけ崩れや溢水等による直接的な被害を受けることが予想される範囲の地域に居住しているとは認められないとして、原告適格を否定した)。

(B) 大阪高判平成20・7・31判時2059号26頁

本件は、先に行われた開発許可(第1開発許可)に係る開発区域の地権者であり、同開発許可の実質上の申請者である者が、同開発許可と矛盾する要素をもった後行の開発許可(第2開発許可)がなされることにより、第1開発許可によってもたらされる開発利益(共同住宅の建築・利用、地区センターの建築・営業)を侵害されるとして、第2開発許可処分の取消し等を求めた事案である(第2開発許可に係る開発区域が第1開発許可に係る開発区域に含まれ、その開発内容が矛盾するという事案である)。

裁判所は、都市計画法1条(都市計画法の目的)、2条(都市計画の基本理念)および開発許可基準に関する同法33条1項5号・6号・9号、34条10号イ・ロの各定めをあげたうえで、「上記都市計画法の規定の趣旨及び目的等

に照らすと、同法は、開発行為の許否を決するに当たって、周辺住民の健康、生活環境に係る被害のみならず、周辺土地自体及びその利用が、当該開発行為により受ける影響についても十分配慮し、所有者らの土地所有権等の財産権についても、物理的な被害のみならず、既に住宅等の開発が行われ、ないし計画されている場合において、これに対し直接的な著しい支障を受け、財産上の著しい被害を受けるおそれがある場合、そのような被害を受けないという利益をも、一般的な公益の中に吸収解消させるものとすることなく、個別的利益として保護するべきものとする趣旨を含むものと解するのが相当である」と判示して、第2開発許可により第1開発許可に基づく区域内の所有地の有効利用が困難となる者について、第2開発許可の取消しを求める原告適格を肯定した。

(4) 本件事例の検討

(ア) 事例①-3

事例①-3では、大規模小売店舗の開発予定区域の近隣住民の開発許可取消訴訟における原告適格が問題となっている。

この点、当該住民が、開発許可に係る開発行為により、がけ崩れや溢水等による直接的な被害を受けることが予想される範囲の地域に居住していると認められる場合には、当該開発許可の取消しを求める原告適格が認められる（前掲最判平成9・1・28、同大阪地判平成20・8・7参照）。

また、当該住民の所有地が、当該開発許可の結果、その有効利用を直接的に著しく阻害され、財産権を著しく侵害されるような位置関係にある場合にも、原告適格が認められる余地があるものと解される（前掲大阪高判平成20・7・31参照）。

建築が予定されている大規模小売店舗により、生活環境に係る被害（騒音、交通事故の危険の増加等）を受けることを理由として、周辺住民に開発許可取消訴訟の原告適格が認められるか。

この点については、周辺住民の健康、生活環境に係る被害について言及する前掲大阪高判平成20・7・31（その判断の根底には、前掲最判平成17・12・7

の小田急事件最高裁大法廷判決があるものと解される）の判示内容をあてはめれば、当該大規模小売店舗の建築により健康、生活環境に係る被害を直接的に受けるおそれのある周辺住民につき、開発許可の取消しを求める原告適格が認められる可能性がある。

　また、行政事件訴訟法9条2項にいう「（処分の根拠となる）当該法令と目的を共通にする関係法令」を広くとらえ、本件のような事例、すなわち開発区域内における予定建築物が大規模小売店舗立地法の規制を受けるものである場合には、大規模小売店舗立地法が、「目的を共通にする関係法令」に含まれるものと解し、さらに同法1条（目的）にある「周辺の地域の生活環境の保持」との文言を重視すれば、生活環境に係る被害を理由とする、周辺住民の原告適格の主張が認められる可能性がより高まるものと解される（なお、東京地判平成13・7・31判タ1120号201頁は、大規模小売店舗立地法は社会経済的目的のための規制立法であり、近隣住民の環境的利益を保護する趣旨を含まない旨判示している）。

　(イ)　事例①-4

　事例①-4では、大規模小売店舗の開発予定区域の周辺地域において営業を行っている既存の小売店の、開発許可取消訴訟における原告適格が問題となっている。

　この点、近時の下級審判例は、営業上の利益といった財産上の利益であっても、原告適格を基礎づける「法律上の利益」が認められる場合がある旨判示している（前掲大阪高判平成20・7・31）。

　もっとも、開発許可取消訴訟に関するこれまでの判例は、生命、身体の安全にかかわる事項が問題となる場合については、第三者の原告適格を認める傾向にあるものの、営業上の利益といった財産上の利益が問題となる場合については、第三者の原告適格を容易に認めない傾向がある。これは、開発許可基準を定める都市計画法33条および34条に、周辺地域の安全や環境に配慮すべきとする規定はあるものの、周辺地域の経済活動との関係に言及する規定がないことが大きいように思われる。

また、大規模小売店舗立地法が「目的を共通にする関係法令」に含まれるとの立場をとったとしても、同法には、地元商店との利益調整や地元産業の育成といった視点がなく、同法の規定を参酌しての原告適格の主張も困難である。

したがって、現時点においては、開発区域の周辺において営業する既存の小売店につき、自らの営業上の利益が侵害されることのみを理由として、開発許可取消訴訟における原告適格が認められる可能性は低いものと解される。この点については、今後の判例の集積が期待されるところである。

(5) 違法事由と主張制限および（狭義の）訴えの利益

開発許可取消訴訟において、原告側は、開発許可処分の違法事由として、申請に係る開発行為の内容が開発許可基準（都計33条、34条）に適合しない旨主張することが通例である。さらに、開発許可申請手続（同法30条等）に何らかの法令違反がある場合には、そのことも違法事由として主張することができる（同法33条1項柱書参照）。

もっとも、行政事件訴訟法10条1項は、「取消訴訟においては、自己の法律上の利益に関係のない違法を理由として取消しを求めることができない」と定められている。

ここに、「自己の法律上の利益に関係のない違法」とは、行政庁の処分に存する違法のうち、原告の権利利益を保護する趣旨で設けられたのではない法規に違背した違法をいうとされている（南博方＝高橋滋編『条解行政事件訴訟法〔第3版補正〕』292頁）。かかる解釈を前提とすれば、当該行政処分が、それを争う者の原告適格（処分の取消しを求めるにつき「法律上の利益」を有する者。行訴9条1項）を基礎づける法規以外の法規に違反しているとしても、そのことを違法事由として主張できないということになる（南＝高橋・前掲293頁。もっとも、同条項のかかる解釈は、実質的に行政訴訟の門戸を狭める可能性があり、異論のあるところである）。

過去の判例として、たとえば横浜地判平成11・4・28判自191号97頁は、都市計画法29条に基づく開発許可処分の取消訴訟において、同法33条1項14号

(「当該開発行為をしようとする土地若しくは当該開発行為に関する工事をしようとする土地の区域内の土地又はこれらの土地にある建築物その他の工作物につき当該開発行為の施行又は当該開発行為に関する工事の実施の妨げとなる権利を有する者の相当数の同意を得ていること」）に違反する事実があったとしても、それは原告の権利利益を保護する趣旨で設けられたものではない法規に違反する事実があるにすぎないとして、行政事件訴訟法10条1項により主張することができないと判示している。

開発許可処分の取消しを求める原告側としては、この規定に注意する必要がある。

加えて、取消訴訟を提起するには、原告適格のほかに、具体的状況の下で回復すべき法律上の利益があること（「（狭義の）訴えの利益」）が必要になる。

この点につき、最高裁判所は、開発許可取消訴訟の係属中に工事が完了し、当該工事の検査済証が交付されると、「（狭義の）訴えの利益」がなくなり、訴えが却下されるとしている（最判平成5・9・10民集47巻7号4955頁）。

開発許可処分の取消しを求める原告側としては、この点にも注意が必要である。

(6) 差止めの訴えおよび仮の差止めの申立ての利用

開発許可取消訴訟は、これを提起したとしても、許可に係る工事を停止する効果がない（行訴25条1項）。加えて、前記のとおり、開発許可取消訴訟の係属中に工事が完了し、当該工事の検査済証が交付されると、「（狭義の）訴えの利益」がなくなり、訴えが却下されるというのが最高裁判例である（前掲最判平成5・9・10）。

そこで、予定されている開発の内容に不服のある第三者においては、開発許可処分がなされるに先立ち、その差止めを求める訴訟（行政庁がその処分をしてはならない旨を命ずる訴訟。行訴3条7項）を提起することが考えられる。

また、差止訴訟の係属中に開発許可処分がなされ、工事が進められることを防止するために、仮の差止めの申立て（行訴37条の5第2項）を提起する

ことも考えられる。もっとも、仮の差止めの申立ての要件である「償うことのできない損害を避けるため緊急の必要がある」（同項）との要件は、相当ハードルの高いものであり、本件事例のようなケースでは容易には認められない（近時の判例として、鞆の浦のある鞆地区住民による、広島市および福山市から広島県知事に対する公有水面の埋立免許付与処分の仮の差止めを求めた申立てについて、償うことのできない損害を避けるため緊急の必要があるとはいえないとして申立てを却下した事例につき、広島地決平成20・2・29判時2045号98頁）。

結局、差止訴訟の係属中に開発許可処分がなされるケースが多いものと思われるが、かかる場合には、開発許可処分差止訴訟から開発許可処分取消訴訟に訴えを交換的に変更する（南＝高橋・前掲666頁）とともに、必要に応じて、開発許可処分の効力の停止を求める申立て（執行停止申立て）を行うことになる（行訴25条2項）。

なお、開発許可処分については審査請求前置がとられていることから（都計52条）、差止訴訟から取消訴訟に訴えを変更するにあたり、審査請求を行い、これに対する裁決を経る必要があるのか否かが一応問題となる（この点について、前記(3)(イ)(B)の大阪高判平成20・7・31では、開発許可差止めの訴えを開発許可処分取消しの訴えに変更する直前に、開発審査会に審査請求を行い、その時点から取消訴訟の口頭弁論終結時までに3カ月以上経過していることを理由に、行政事件訴訟法8条2項に照らして、審査請求を経ない瑕疵は治癒されている旨判示している）。

5 違法性の承継

――《事例①-5》――

Xは、その所有する農用地区域（農振法8条2項1号）内の土地にマンションを建築したいと考え、Y市に対し、当該土地を農用地区域から除外するよう申請（農用地利用計画の変更申請、いわゆる農振除外申請）を行ったが、Y市は同申請を容認せず、その旨Xに通知した。

その後、Xは、Y市農業委員会を経由してZ県知事に対し、当該土

地につき農地法5条に基づく農地転用許可申請を行ったが、Z県知事は、当該土地が農用地区域から除外されていないとして、これを不許可とした。

Xは、Z県を相手として、上記農地転用不許可処分の取消訴訟を提起することを検討しているが、同訴訟の中で、先に行った農振除外申請におけるY市の判断が違法である旨主張することによって、農地転用不許可処分が違法である旨主張することができるか。

(1) 違法性の承継

違法性の承継とは、連続して行われる行為の間で、一定の要件の下で、先行行為の違法性が後続行為に承継されるという現象をいう。

この違法性の承継が認められる場合、訴訟のレベルでは、先行行為の違法を理由に後続行為が取り消される（以上につき、芝池義一『行政救済法講義〔第3版〕』71～72頁）。

ここで、「違法の承継」論が意味をもつのは、先行行為が行政処分として取消訴訟で争うことができたにもかかわらず、それをしないまま出訴期間が過ぎた段階で、後の後行行為を争う訴訟で先行行為の違法の主張（いわゆる「蒸し返し」）が認められる場合がある、それはどういう場合か、を明らかにするためである。先行行為に処分性がなく、取消訴訟を起こせない場合には、「違法性の承継」という特別の議論を持ち出すまでもなく、当然に、「後行行為を争う訴訟」で「先行行為の違法」を主張することができる（安本・前掲177頁）。

(2) 違法性の承継の基準

伝統的学説によると、違法性の承継は、行政処分の法効果の早期確定の必要の観点から取消訴訟の出訴期間を定めた行政事件訴訟法（同法14条）の趣旨に鑑み、原則として認められないが、「先行行為と後行行為が相結合して一つの効果の実現をめざし、これを完成させるものである」場合には例外的に認められると解されてきた（田中二郎『新版行政法上巻〔全訂第2版〕』327

頁)。

　そして、この基準により、自作農創設特別措置法に基づく農地買収計画と農地買収処分、土地収用法に基づく土地収用の事業認定と収用裁決（札幌地判平成9・3・27判時1598号33頁）、土地区画整理事業における仮換地指定処分と従前の土地における建築物の移転・除却の通知（実質的には移転・除却の命令）（高松地判平成元・3・30判時1326号117頁）の間で、違法性の承継が認められている。

　これに対し、農地買収処分と売渡処分、行政処分と強制執行行為については、違法性の承継は認められていない（以上につき、芝池・前掲73頁）。

(3) 事例①-5の検討

　事例①-5では、農地法5条に基づく都道府県知事の農地転用不許可処分を争う者が、同不許可処分の取消訴訟の中で、当該農地の農用地区域からの除外申請（農振除外申請）を容認しない旨の行政庁の判断の違法性を主張することができるか否かが問題となっている。

　この問題は、農振除外申請に対する行政庁の回答（通知）に処分性が認められるか否かと密接にかかわる。

　この点、最近の裁判例（さいたま地判平成20・2・27判自308号79頁）は、原告の行った農用地利用計画の変更申請（農振除外申請）が、農振法13条2項によるものと解されるとして、この申請を容認しないものとした行政庁（春日部市）による受理拒否通知は、抗告訴訟の対象となるべき行政処分ということができる旨判示し、農振除外申請に対する行政庁の通知に処分性を認めた。

　今後、上記判例の見解が確立した場合、農振除外申請を拒否された者は、当該拒否処分の取消訴訟の中で、除外申請を拒否した行政庁の判断の違法性（たとえば、農振法13条2項各号の該当性についての判断の誤り）を主張できることになるので、農地法5条に基づく農地転用不許可処分の取消訴訟において農振除外申請の違法事由の主張を認める必要性が乏しくなるものと解される。

また、前記「違法性の承継の基準」に照らしても、農振法13条2項に基づく農用地利用計画の変更（処分）と農地法5条に基づく農地転用許可処分とは、それぞれ異なる目的をもった別個の法律に基づく行為である以上、「先行行為と後行行為が相結合して一つの効果の実現をめざし、これを完成させるものである」場合にあたるとはにわかにはいいがたいものと解される（前掲さいたま地判平成20・2・27は、当該土地についての農用地区域からの除外に関する権限が市町村にあり、他方で農地転用許可は県知事の権限であることを指摘して、違法性の承継が困難である旨判示している）。
　したがって、本件事例において、Xが、農地法5条に基づく農地転用不許可処分の取消訴訟の中で、農振除外申請を容認しない旨の行政庁の判断の違法性を主張することはできないものと解される。

6　行政契約と処分性

《事例①-6》

　X市は、都心部に近いうえ、再開発計画の成功等により、居住用高層マンションの建築が進み、若い世代にとって、人気の住宅地区となった。
　そのため、少子高齢化の日本の現状に反して、子供の数が急増し、保育園、幼稚園あるいは小・中学校の新設等の行政サービスを拡充させなければならなくなり、市の財政負担が増大し、問題となっていた。
　そこでX市は、マンション開発要綱を独自に策定し、概要として以下の条項を定めた。
・マンション開発を企図する者は、事前に事業計画書を提出する。
・事業計画書に対し、市は意見を付すことができる。
・市による事業計画書承認後、マンション開発を企図する者は、上下水道の供給契約を申し込むものとする。
　業者Aは、X市にマンションの建築を計画し、事業計画書をX市に提出したが、X市は、業者Aに対し、意見として「事業計画書によれ

ば、300戸以上の世帯が入居することとなり、現在の教育施設の状況からすれば、小学校の新設が必要となる。教育施設負担金として、1000万円の支払いを内容とする協定書の締結が望ましい」として、事業計画書を承認しなかった。

　業者Aは、金額が高いし、なぜ支払う理由があるのか疑問があったが、上下水道の供給契約を締結できなくなるかもしれないと考え、やむなくX市との間で、「教育施設負担金」を支払う旨の内容の「協定書」に捺印をした。業者Aは「教育施設負担金」を支払わなければならないか。

(1) 問題の所在

　AがX市と締結した「協定書」は、形式的には、単なる「贈与契約書」であり、書面による贈与であるから、Aは撤回することはできないのが原則であり（民法550条）、Aは当然に1000万円の支払義務を負う。

　私法の考え方からすれば、上記のとおりであり、常識にも合致する結論であろう。約束したことを守るのは当然であるからである。

　しかし、法形式としては対等当事者間の法律関係を前提とする「契約」という形式がとられていたとしても、私法上の契約法理をそのまま適用することは妥当であろうか。確かに、文房具を買う契約等の純粋な私経済作用に関する契約であれば、通常の私人間契約と何ら変わるところはなく、私法上の契約法理を適用すればよい。しかし、公権力の行使主体である行政主体（国や地方公共団体等）が一定の公益実現目的のために一般私人と「契約」という法形式を用いて行政目的を達成しようとする場合は、純粋な私経済作用としての契約とは異なる要素を含んでおり、別個の考察が必要となってくる。たとえば、契約により新たな租税を課すことができるかといえば、憲法84条の租税法律主義の原則から当然に違法である。では、事例①-6の教育負担金は、その実質は契約による課税ではないのか。それとも単なる贈与なのか。

　このように、純粋な私経済作用における契約とは異なり、一定の行政目的

達成の手段として行政主体を一方当事者とする契約を講学上（学問上）「行政契約」と呼称し、その共通の特徴、法理を導き出そうとしている。

(2) 行政契約の概要

　行政契約は、その内容が国民に義務を課したり権利を制限するものであったとしても、当事者の合意によって成立する以上、基本的には民法等の私法規範が適用され、法律の根拠を要しない。

　物品の購入に関する売買契約や庁舎の建設工事に関する請負契約など、行政の活動における日常的な契約はもちろん、行政の規制的措置の代替としても、幅広く行政契約の手法は取り入れられている。実際、「契約」、「協定」、「覚書」、「申合せ」などさまざまな名称で行われている。

　行政契約は、法律の根拠を有しないと解され、かつ、当事者間の合意に基づき内容を決めることができるため、法律や条例では補うことのできない柔軟性を有する。これが大きな利点であり、特に規制的な行政目的に関して、迅速かつ適切な行政作用を果たすことが可能となる。たとえば、環境問題に関して、環境保護のための法規制が存在しないが（あるいは制定途中であるが）、私企業の乱開発等によって現に環境被害が生じ、行政として座視できない状況が生じているような場合に、当該私企業と環境保護のため必要な取り決め（行政契約）をして、環境を守るがごときである。

　しかし、この利点は、逆にいえば、法律の根拠なく私人の権利義務を制限し変更することを許容するものであり、脱法的規制手段としての側面がある

10　法令上の用語と行政法律学の術語としての用語は、同一概念を指し示していない場合がある。たとえば、農地法で使用される「許可」は、学問上「認可」と分類される。また、学問上の術語して使用され、法令上の用語ではないものもある。例として「行政行為」など。これら用語の混乱を避けるため、行政法律学上の術語に関しては、「講学上の（学問上の）」という前提を付けるのが慣例である。

11　もちろん法律上の根拠を有する行政契約も存在する。①消防法30条2項、②道路法47条の6、③児童福祉法24条等。公害防止協定等は、条例に根拠をもつものである。

12　1960年代に公害問題が社会問題化した際に、規制立法の遅れを補完する形で生み出されたのが公害防止協定という行政手法である。

13　たとえば、廃棄物処分場を運用する廃棄物処理業者との間で、処分場に搬入する廃棄物量を1日何トンまでとする等の条項を協定書（契約書）の形で合意する。

ことは否定できない。しかも形式上は当事者の「合意」という法形式をとっているため、行政の恣意的運用、濫用の危険が常に付帯するという病理的側面ももつ。そこで学説は、次項で説明するとおり、行政契約の効力等につき各種の議論を行ってきた。

なお、事例①-6のように、地方公共団体が開発行為を行おうとする者に対し、開発行為を許可する代わりに、「開発負担金」「教育負担金」等の名目で金員の拠出や土地の一部を求める契約を一般に「宅地開発協定」などとよぶ。

宅地開発協定は、法律の根拠に基づくものではなく、多くは指導要綱に基づく行政指導によって、開発業者等に働きかけがなされ、締結に至る。宅地開発協定における負担金条項は、人口が急激に増加して整備が必要になった学校や病院等の公共施設の建設費用、建設用地等を、財源不足に苦しむ地方公共団体が、開発行為者に一部負担させ必要な公共施設を整備するという目的で付されることが多い。

(3) 規制的行政契約の法的性質

(ア) 従然の議論

(A) 法的拘束力否定説

法律による行政の原則を潜脱するものであることから（特に全部留保説の立場からは）、行政契約の法的拘束力を否定し、行政指導の一種または紳士

---

14 行政活動は、法律に従うべきことを要求する原則であり、より具体的には以下の3つの原則からなる。
　① 法律の専権的法規創造力
　　法規（国民の権利自由を制限する法規範）は、国民議会による制定法（法律）によらなければならないという原則。
　② 法律の優位
　　行政活動は法律に反してはならないという原則。
　③ 法律の留保
　　行政活動は法律に根拠がなければならないという原則。
15 法律の留保原則に関し、国民に対する侵害的行為であろうと受益的行為であろうと常に法律の根拠が必要と考える見解である。通説的見解は、国民に対する侵害的行為のみに法律の根拠が必要とする侵害留保説である。

協定であると説明する見解がある。これによれば、契約の法的拘束力が否定されるため、契約当事者が訴訟により債務の履行を求めることはできない。この説に基づけば、事例①-6では、教育負担金を支払う法的義務はないこととなる。

(B) 私法上の契約説

「私法上の契約」として法的拘束力を認め、民法の適用があり、公法ではなく私法領域に属するものと考える見解もある。裁判例も、契約としての法的拘束力を認めている（大阪地判昭和61・9・26判時1240号92頁、控訴審の大阪高判平成元・5・23判時1343号26頁、東京高判平成元・10・31判時1333号91頁等）。

契約としての法的拘束力を認める見解によれば、行政契約に規定された債務の履行がなされない場合には、民事訴訟の方法で請求することができる。地方公共団体からの履行請求も認められている（東京地判平成元・6・12判タ723号206頁等）。この説に基づけば、事例①-6では、贈与契約として、当然に教育負担金を支払う法的義務は存在することとなる。

(C) 公法上の契約説

公害防止協定についての判決の中には「公法上の契約」ととらえる見解もある（名古屋地判昭和53・1・18行裁集29巻1号1頁）。公法上の契約ととらえると、この契約に基づく法律関係は「公法上の法律関係」となるため、債務不存在確認や支払い請求等は、行政事件訴訟法4条の当事者訴訟を用いることとなる。この説に基づいても、事例①-6では、教育負担金を支払う法的義務は認められることとなろう。

(イ) **今日における議論**

今日においては、「協定（行政契約）に定められた条項の全てを紳士協定ないし行政指導と見るのは妥当ではなく、また、契約の性質を全面的に否定することも誤りであるとして、努力義務を定めた抽象的・訓辞的な規定部分と法的拘束力のある契約条項的な規定部分との両者を含み、全体としては契約として法的性質を有するものとする見解が有力である」（安達和志「行政上の契約・協定の法的性質」（芝池義一ほか編・行政法の争点〔第3版〕）36頁）と

理解するのが相当である。問題となっている行政契約を「紳士協定説」か「契約説」かと論じてみても、いわば机上の空論、抽象論を展開しているにすぎず、裁判規範として妥当するものとは考えられない。

藤田宙靖元最高裁判事も「この点、今日においては、まず法律の優位の原則からして、公法契約といえども既存の法律に触れるものであってはならないことは争われず、また、法律の留保の原則に関しては、全部留保説ないし公行政説の立場を取った場合は別として、法律の根拠なくして公法契約を締結することに一般に支障は無いもの、と考えられている。問題はむしろ、ここでも、個別的事例において、既存の法律は果たして当該契約の締結を許しているかどうかの解釈（すなわち「法律の優位の原則」の具体的適用）にある」（藤田宙靖『行政法Ⅰ〔第4版〕』298頁）と指摘し、いわゆる「行政契約」の法的効力の問題を法律の優位の具体的適用の問題として把握されている。

他方、「それが法的拘束力を持ち得ない場合（例えば拘束力を持つとすると既存の法律の規定に違反することとなる場合等）には、それにも拘わらずこの合意に意味を持たせようとする限り、法的には効力の無い、いわば一種の紳士協定として扱わざるを得ないことになる」（藤田・前掲295頁）のである。

紳士協定であるから法的拘束力をもたないと演繹的に考えるのではなく、法律の優位の原則に反するがゆえに法的拘束力はなく、それでは契約書は何かと説明すれば、紳士協定と帰納的に考えるべきである。

　　(4)　規制的行政契約の有効要件

規制的行政契約も行政作用の一形態であること、また行政と市民との間には明確な力関係の強弱があることから、民法における契約締結の自由の原理が無制限に妥当するわけではない。

　　㋐　行政法上の一般原則の遵守

行政契約も行政作用の一形態であるから、行政法上の一般原則である平等原則、比例原則、説明責任、透明性、公正性が無視されてはならない。

したがって、行政契約の締結過程において、行政側から説明が尽くされなかった、負担者の主張が一切聞き入れられなかった等、手続の公正さが疑わ

れる事情があれば、行政契約の法的効力について争う余地がある。

　さらに、行政契約の内容が、一部の開発行為者に対して負担を課すことが著しく不合理であって平等原則に反するといえる場合、行政目的に比して負担が著しく重いなど比例原則に反する場合などの事情があれば、行政契約の法的効力について争う余地がある。

　(ｲ)　**法律に違反する契約**

　行政契約も法律による行政の原理、法律の優位の原則に服するので、法律に違反する契約を締結することはできない。前述したとおり、行政契約が法的拘束力をもつためには、「既存の法律は果たして当該契約の締結を許しているかどうか」（藤田・前掲298頁）という点が検討されるべきである。

　したがって、当該行政契約と矛盾ないし抵触する既存の法律がないか、十分に検討する必要がある。

　この点、後述する最判平成21・7・10判時2058号53頁では、「廃棄物の処理及び清掃に関する法律」の規定と異なる期限条項を定める行政契約の法的拘束力の有無を判断するにあたって、同行政契約の内容が廃棄物処理法の趣旨に反しないかが争点となった。

　また、贈与税の延納の法律上の要件を満たしていないにもかかわらず当事者間で延納を認める合意をすることはできないとした裁判例がある（福岡地判昭和25・4・18行裁集1巻4号581頁）。

　(ｳ)　**その他**

　有効な行政契約になる要件として、①合意の任意性、②公序良俗等の強行法規違反がないこと、③義務の具体性、特定性、④目的の妥当性、⑤権利制限や義務が必要かつ合理的な範囲であること、⑥自由意思によっても処分できない法益の侵害を伴わないこと、を要求する見解もある（大橋洋一『行政法〔第2版〕』356頁）。

　(ｴ)　**負担金等事案に関する争い方**

　行政契約の効力自体を争うアプローチと、締結に至るまでの行政指導、指導要綱の効力を争うアプローチが考えられる。

訴訟として、すでに支払ってしまった場合は、通常民事訴訟（1審事件番号としては(ア)号事件）として、①負担金の支払いが無効であるとして、支払済みの負担金の返還を求める不当利得返還請求（民法90条の公序良俗違反による契約の無効、同法95条の錯誤、同法96条の強迫による意思表示の無効取消し等）の類型がある。

支払い前であれば、未払い負担金につき債務不存在確認訴訟で争うことができる（契約の無効ないし意思表示の無効取消しを主張）。

負担金を支払わなかった場合、行政側から負担金支払請求訴訟を起こされるケースが考えられるが、その場合、抗弁として契約の無効ないし意思表示の無効取消しを主張し争うこととなる。

次に、宅地開発協定等の締結に至る「行政指導」「指導要綱」の違法性をもって、②負担金を要求した行為が違法な公権力の行使にあたるとして支払済みの負担金を損害ととらえ、国家賠償法に基づき損害賠償請求をする類型が見受けられる。

中川丈久教授によれば、開発行為者側に有利な判断をした判決は、公刊物に掲載されているものでは最判平成5・2・18民集47巻2号574頁、大阪地判昭和62・2・25判時1239号77頁のみであり、いずれも②国家賠償請求に係る判断であり、不当利得返還請求を認容した判決はないとのことである。そのため、協力金の事案については、①契約の無効または意思表示の無効取消しを主張して不当利得返還請求をするよりも、②行政処分の違法性により国家賠償法上の請求をしたほうが比較的認められやすい可能性があるとの指摘がある（中川丈久『行政手続と行政指導』270頁、271頁）。

不当利得返還請求と損害賠償請求は、請求権競合の関係にあることから、両者を選択的併合として訴訟提起することも考えられよう。

(5) 参考判例

(ア) 最判平成5・2・18民集47巻2号574頁（ただし、**指導要綱に基づく行政指導の違法性が争われた事例**）

本件は、武蔵野市（被上告人）がマンションを建築しようとする事業主に

対し、指導要綱に基づき給水契約の締結拒否等の制裁を背景にして教育施設負担金の寄付を求めた行為が、事実上の強制にあたるとして違法な公権力の行使にあたるとされた事例である。

最高裁判所は、「行政指導として教育施設の充実に充てるために事業主に対して寄付金の納付を求めること自体は、強制にわたるなど事業主の任意性を損なうことがない限り、違法ということはできない」としたうえで、「給水契約の締結の拒否という制裁措置は、水道法上許されないものであり、右措置が採られた場合には、マンションを建築してもそれを住居として使用することが事実上不可能となり、建築の目的を達成することができなくなるような性質のもの」であり、担当者が教育施設負担金の減免等の懇請に対し前例がないとして拒絶した態度と相まって、事業主をして「指導要綱所定の教育施設負担金を納付しなければ水道の給水契約の締結及び下水道の使用を拒絶されると考えさせるに十分なものであって、マンションを建築しようとする以上右行政指導に従うことを余儀なくさせるものであ」るとして「教育負担金の納付を事実上強制しようとしたもの」と認定して、「指導要綱に基づく行政指導が、武蔵野市民の生活環境をいわゆる乱開発から守ることを目的とするものであり、多くの武蔵野市民の支持を受けていたことなどを考慮しても、右行為は、本来任意に寄付金の納付を求めるべき行政指導の限界を超えるものであり、違法な公権力の行使といわざるを得ない」と判示した（破棄差戻し）。

なお、上告人（事業主）は、第1審において、民法96条強迫による意思表示の取消しを理由とする不当利得返還請求で提訴していたが、控訴審から国家賠償請求を追加した。

民法96条に基づく強迫による意思表示の取消しを理由とする不当利得返還請求については、第1審、控訴審、上告審ともに「畏怖」の事実はなかったとして請求棄却の結論で一致した。

　　(イ)　**最判平成21・7・10判時2058号53頁**

町（上告人）が、産業廃棄物の最終処分場を設置している被上告人に対し、

知事の許可が有効な期間中、公害防止協定で定められた本件処分場の使用期限が経過したと主張し、同協定に基づく義務の履行として、本件土地を本件処分場として使用することの差止めを求めた事案である。

上告人の請求に対して被上告人は、①期限条項は、被上告人の自由な意思に基づくものではなく、また、その事業活動等を著しく制限するものであって公序良俗に反する、②強行法規である廃棄物の処理及び清掃に関する法律（以下、「廃棄物処理法」という）に違反するなどと主張して、期限条項の法的拘束力の有無を争った。

原審（控訴審）は、廃棄物処理法において産業廃棄物処分業の許可等は知事の専権とされているとの理由から、期限条項は廃棄物処理法の趣旨に反すると判断し、期限条項の法的拘束力を否定した。

これに対し、最高裁判所は、処分業者が公害防止協定において、協定の相手方に対し、その事業や処理施設を将来廃止する旨を約束することは、処分業者自身の自由な判断で行える事項であると判断し、期限条項は廃棄物処理法に何ら抵触するものではないと結論づけたが、自判することなく、期限条項が公序良俗に違反するものであるか否か等につきさらに審理を尽くさせるとして、原判決を破棄し、原審に差し戻した。

この事件においては、第1審、原審（控訴審）とも、当事者は公序良俗違反の主張を行っておらず、弁論主義の観点からすれば、差戻しの必要はない。この裁判例の評価については、検討を要するところである。

(ウ) 大阪地判昭和62・2・25判時1239号77頁

建築確認申請に先立って宅地開発等指導要綱に基づき市長との間になされた事前協議における開発協力金の納付を求めた行政指導について、市職員が寄付であることの説明を事前に一切していないこと、および金額が機械的に算出され、かつ高額であることを重視して国家賠償法上の違法および過失を認めた。

(6) 事例①-6 の検討

自らの意思に基づき「協定書」に捺印をした場合には、協定書に基づき

「教育施設負担金」を支払わなければならないのが原則である。

　もっとも協定書の内容が、既存の法律に違反抵触する場合には、協定書の効力自体を否定できる可能性がある。

　本事案ではマンション開発要綱の違法性が争点となろう。

　すなわち、同要綱自体は行政の内部規範にすぎず（前掲最判平成5・2・18)、業者Aを拘束するものではないが、X市において、同指導要綱に従わなかった業者に対し、制裁として上下水道の供給契約の申込みを受け付けない等の運用が行われていた場合、行政手続法32条1項に違反すると考えられ、かかるマンション開発要綱に基づく協定の締結は、水道法違反または公序良俗に反し無効と解する余地がある。

　事実上強制にあたるような事情がなかったかどうか、当時の背景事情を詳細に検討すべきであり、その際の考慮要素としては、仮に協定書に捺印しなければ、業者Aがどのような制裁を受けることが想定されたのかという事情、前掲最判平成5・2・18を参考にすれば、①制裁内容の重大性、違法性（水道の給水契約の締結拒否および下水道使用拒否という、事実上マンションの建設自体を断念せざるを得ないような重大な制裁が予定されていた。また水道法上許されない制裁であった）、②制裁実現可能性の大小（実際に制裁の実行を受けた業者がいて、その旨の報道が連日なされている状態であった）等を検討する必要がある。また、③担当者との交渉内容も検討すべきと思われる（前掲最判平成5・2・18でも、負担金の金額は具体的に決定されており、行政担当者も「前例がない」として、減免、延納等の交渉に一切応じようとしなかったことが、事実上の強制と認めるべき一事情として取り上げられた）。

　また、業者Aは、「金額が高いし、なぜ支払う理由があるのか疑問があった」とのことであるから、上記③においては、担当者から金額の根拠、支払う理由についての説明が十分になされたかも検討すべきである。本件では教育施設負担金との名目である以上、当該開発行為と教育施設不足との関連性についても検討すべきであるところ、マンションの規模や入居予定数、入居者の世帯状況等と教育施設不足との関連性が不明である場合など、1000万円

という金額の妥当性も争える可能性がある（行政法上の一般原則である平等原則、比例原則、説明責任、透明性、公正性の遵守とも関係する）。

　もっとも、捺印後に争うことは非常に難しいことから、納得のいかないまま捺印をすることは避け、捺印の前に弁護士に相談したうえ、法的チェックや行政との十分な交渉を行うことが望ましいといえよう。あくまでも協定書の締結は任意になされるべきものであり、捺印を強制される理由はないという原則を忘れてはならない。

　　　　（松本寿子・岸本敏和／工藤洋治・中野剛・森田康子・丸尾はるな）

第2章

薬事法
をめぐる許認可手続

I 申請手続——医薬品・化粧品・健康食品等の販売に関する広告規制・行政照会を中心に

1 薬事法における規制対象と薬事における近年の背景

　薬事法の1条（目的）では「この法律は、医薬品、医薬部外品、化粧品及び医療機器の品質、有効性及び安全性の確保のために必要な規制を行うとともに、指定薬物の規制に関する措置を講ずるほか、医療上特にその必要性が高い医薬品及び医療機器の研究開発の促進のために必要な措置を講ずることにより、保健衛生の向上を図ることを目的とする」と規定されている。

　薬事法はそもそも流通規制に主眼をおいた法律であり、規制対象品目が医薬品、医薬部外品、化粧品、医療機器の4つである以上、それぞれの該当性が法解釈上では特に重要となる。上記の4品目をみればわかるように、健康食品は薬事法の規制対象の範疇にはない。健康食品は薬事法上の定義が存在せず、食品衛生法上の「食品」に分類される。なお、特定保健用食品（トクホ）は健康増進法の範疇であり、同じく薬事法の範疇にはない。しかし、多くの者の認識では、「健康食品」と「薬事法の広告違反」というキーワードは結びつく傾向が強く、特に、がんや不治の病に効くと謳う広告にだまされて、商品を購入する消費者も少なくない。

　近年、健康食品も含め、製品と薬事法の関係についての疑問の声をよく耳にする。その中でも圧倒的に多いのが、今後ビジネスで取り扱う予定の製品が薬事法の規制対象品目に該当するのか否か、もし該当するのであればどのようなことに留意すべきかといった、薬事該当性に関するものである。このような問いの背景には、近年の通信・輸送網の急速な進化に伴って販売形態が多様化し、もはや法律制定当時には想定できなかった形にまで変化を遂げてしまっており、法律も含めた規制はその流れに追従する形でしか対応できていないという現状があると考えられる。近年のインターネット網の発達・

普及に伴い、薬事業界でも、インターネット上のウェブサイトおよびブログやアフィリエイト等を利用した、売り手と買い手が直接対面することなく商品を売買することのできるe-コマースが主流となりつつある。特に、女性ユーザーの多い化粧品や医薬部外品については、インターネット上の掲示板へのコメントやブログ上の記事、口コミサイトでのランキング等が購入のための情報源となって、結果的に他の消費者の商品選択に一定の影響を及ぼすといった状況も広く見受けられる。ここにおいては、一般消費者が販売者、広告者に近いとも解釈できるような役割を果たしているということもできるだろう。

しかし、薬事法では広告に関する規制（薬事66条、67条、68条）があり、十分な知識や解釈をもたないままに広告行為に該当するような情報発信を行い、結果として法に抵触してしまっているというケースが散見されるのも事実である。なお、健康食品も、広告の仕方によっては薬事法68条に抵触することもあり得る。

（誇大広告等）

第66条　何人も、医薬品、医薬部外品、化粧品又は医療機器の名称、製造方法、効能、効果又は性能に関して、明示的であると暗示的であるとを問わず、虚偽又は誇大な記事を広告し、記述し、又は流布してはならない。

2　医薬品、医薬部外品、化粧品又は医療機器の効能、効果又は性能について、医師その他の者がこれを保証したものと誤解されるおそれがある記事を広告し、記述し、又は流布することは、前項に該当するものとする。

3　何人も、医薬品、医薬部外品、化粧品又は医療機器に関して堕胎を暗示し、又はわいせつにわたる文書又は図画を用いてはならない。

（特定疾病用の医薬品の広告の制限）

第67条　政令で定めるがんその他の特殊疾病に使用されることが目的とされている医薬品であつて、医師又は歯科医師の指導のもとに使用されるのでなければ危害を生ずるおそれが特に大きいものについては、政令で、医薬品を指定し、その医薬品に関する広告につき、医薬関係者以外の一般人を対象とす

> る広告方法を制限する等、当該医薬品の適正な使用の確保のために必要な措置を定めることができる。
> 2　厚生労働大臣は、前項に規定する特殊疾病を定める政令について、その制定又は改廃に関する閣議を求めるには、あらかじめ、薬事・食品衛生審議会の意見を聴かなければならない。ただし、薬事・食品衛生審議会が軽微な事項と認めるものについては、この限りでない。
>
> （承認前の医薬品等の広告の禁止）
> 第68条　何人も、第14条第1項又は第23条の2第1項に規定する医薬品又は医療機器であつて、まだ第14条第1項若しくは第19条の2第1項の規定による承認又は第23条の2第1項の規定による認証を受けていないものについて、その名称、製造方法、効能、効果又は性能に関する広告をしてはならない。

　本章では、以下の2で薬事法に関する疑問の実例をいくつかあげてみたい。これらについては実際に各都道府県に照会し、得られた回答を基にして法的な解釈を検討していくことにする。また、3では、化粧品の流通開始までに必要となる申請に関して説明するとともに、薬事法務の現場において留意すべき点やよくある質問についても解説していく。また、インターネットを用いて薬事に関する情報を収集する際に役に立つサイト等に関しても、説明を加えている。薬事法務において効率的に情報を収集することは、大規模な回収を未然に防ぐことにもつながるといえる。

2　薬事における行政照会と法的考察

　以下、薬事法における広告表現上の行政照会の事例をあげる。薬事法における実務では、薬事法上の該当性、表示広告関係の法解釈が問題になることが非常に多いため、個別に行政照会をすることが重要である。

　下記に掲げる内容は、現場から寄せられた質問を基に、行政に照会したものである。なお、回答は照会当時に得られたものであり、時代とともに、解釈、考え方が変わる可能性を含んだものである。その時代の流れに即した、柔軟な考え方が薬事法務では要求される。

Ⅰ　申請手続

(1) 商品名にメタボリックシンドロームを想起させる文言を検討している場合における、当該商品に対する薬事法上の解釈

「メタボリックシンドロームは内臓脂肪症候群と日本語で表現することができるが、これは、疾病の前段階としてとらえることができる。故に薬事法における行政指導としては、商品流通前の相談では販売名としての使用を避けるように指導する。しかしながら、商品化された後の商品に対する指導としては、商品広告自体も含めて総合的に判断しており、単に販売名での指導は行っていないのが現状である。また、当該製品が食品であれば、直ちに薬事法の対象とはならない。薬事法68条の観点から、当課で判断することもあるが、健康増進法を含め、他の課が所管することも想定される」（都道府県薬務課回答：平成21年5月）。

いわゆるメタボ検診が始まり、健康食品の業界では、早速、メタボリックシンドロームという文言で顧客を誘引する方法を検討しているのがわかるが、医薬品的な効能効果につながる表現は食品ではできないので、注意が必要である。

(2) テレビCMや折り込みちらしなどで「※個人のイメージ」等の記載を入れて、体験談を放送することの適否

「体験談等の放送等は効能効果や安全性の保証表現となる可能性があり、例え『※個人のイメージ』等の記載があったとしても医薬品等適正広告基準3(6)『効能効果又は安全性を保証する表現の禁止』に抵触するおそれがあるので注意すること。ただ、使用方法や使い心地等の表現は可能であるため個別に判断する必要がある。食品に関しては薬事法の対象外となるため、体験談の放送自体は可能であるが、身体の構造・機能に影響を及ぼすような目的性を持たせた表現の場合は医薬品的な効能効果表現に該当し、薬事法68条に抵触するおそれがあるので注意すること」（都道府県薬務課回答：平成21年2月）。

テレビコマーシャルやチラシなどでよく目にする「※個人のイメージです」等の記載についての疑問である。この文言を入れておけば、医薬品的な

効能効果表現を伴う体験談等を放送等しても薬事法に抵触することはない、というような安易な考えではいけない。広告全体の流れから、総合的に判断することが必要である。

(3) **水素を多く含有したミネラルウォーターとして販売されている、いわゆる水素水の広告に関して、「水素は地球一小さい分子であり、体の隅々に浸透しやすい」といった記載を広告上記載することの可否**

「業界内で一般論ではあっても社会通念上一般的ではない場合や、学術的にも根拠を示せない場合は不当表示に該当する可能性がある。また根拠を示せたとしても強調する場合は誇大表示に該当する可能性がある」(都道府県薬務課回答：平成21年2月)。

水素水は体に良い水として流通しているが、その際に成分の説明をしている製品が数多くある。その説明が事実か否かという視点と、誇大広告につながるおそれがあるか否かの2つの視点をもつ必要がある。

(4) **飴(食品)の広告において、「(飴を)なめた後にタバコを吸うと口の中でタバコの味が変わって吸いたくなくなり、それが禁煙につながる」という記載をすることの可否**

「食品の摂取によって、口の中に味が広がり、その後摂取したものの味が変わるということは言えるが、それによって禁煙効果が期待出来る旨の表現は医薬品的な効能効果に該当するため認められない」(都道府県薬務課回答：平成20年11月)。

禁煙補助薬は医薬品であり、医薬品の商品化までには時間とコストがかかる。そこで、食品で同様の効果を想起させて、販売しようとする販売業者も少なくない。しかし、健康食品において、医薬品的な効能効果を想起させることは薬事法68条に抵触するため、注意が必要である。

(5) **マスクにインフルエンザ対策という表記を直接記載して広告をする場合には薬事法の広告違反となるか**

「原則として、雑貨であるマスクには、薬事法の適用がない。よって、薬

事法の目的規制における効能効果を標ぼうすることは出来ない。誤認を与える表現も同様である」（都道府県薬務課回答：平成20年11月）。

　薬事法における広告規制上、雑貨品としては、医療機器等に該当するような効能効果を標ぼうすることはできない。

　(6)　**バストクリームの広告で「あなたの胸を魅力的にする自然由来成分が入っています。理想的な胸を手に入れるでしょう」という表現にあたり、当該製品には香りがついているので、「魅力的」と表現することの可否と「理想的」という言葉の使用が問題となるケース**

「薬事法上、魅力的や理想的という言葉はそれ自体が不可というわけではない。しかしながら、『胸を魅力的に、理想的な胸』等の表現には、胸の形を変える、ボディラインを変化させるというニュアンスが自ずから伴い、暗示的かつ医薬品的な効能効果となっているのが現状である。仮に香料等が含まれているのが事実であり、胸に塗ってよい香りがして魅力的になると表現する場合は『香りが魅力』、『香りによって魅力的になる』等と明記することが望ましい。

　化粧品には55項目の効能効果が定められているため、化粧品のクリームであればその範囲で表現していただきたい。お尋ねいただいたような『理想的』という言葉は、身体の構造に影響を与えることを暗にほのめかす表現を導くために薬事法上は認められないため、言葉の是非により化粧品の効果として適切である内容を広告するようにしていただきたい」（都道府県薬務課回答：平成20年8月）。

　特に複数の意味に解釈することができてしまうような文言の場合、それを見た消費者がどのような意味にとるか、ということについても検討することを忘れてはならない。たとえ広告主側にそのような意図はなかったとしても、広告を見た消費者が医薬品的な効能効果につながる解釈をすれば、当該広告は医薬品的な効能効果を標ぼうしているということと同義として判断され、薬事法に抵触することになるおそれがある。もちろん、広告への掲載が即座

に薬事法に抵触する語句などもあるが、単独の語句、単独の文章のみを判断の根拠にして、即座に当該広告が薬事法に抵触しているか否かを峻別することは困難である。広告全体を対象に、総合的に判断することが必要である。

3　薬事法における申請とその留意点──特に化粧品の観点から

　近年の人気もあり、韓国からメーキャップ化粧品やエステ用美容液、ネイル関係の商品が日本に輸入されることが増加している。それに伴い、全く違う業種から化粧品業界に新規参入してくる業者も多く見受けられる。前述のとおり、日本の薬事法では4つの品目を規制対象としているが、その中に化粧品も含まれている。化粧品に関する法的規制は医薬品ほど厳格なものではないが、原則的には医薬品に適用されている品質管理、安全管理体制を基盤にしている。よって、日本で薬事法務を行う場合には、薬事法の性質を十分に理解したうえで実務に臨む必要がある（なお、たとえば韓国では、医薬品・医薬外品（日本における医薬部外品に相当）は薬事法、医療機器は医療機器法、化粧品は化粧品法と、ほぼそれぞれの品目ごとに法律が制定されている）。本項では特に、海外から化粧品を輸入する場合を中心にみていくことにしたい。

(1)　必要な申請、届出

　化粧品を海外から輸入する場合には、薬事法上、下記の申請、および届出が必要となる（なお、国内のみの製造においては、下記の③と⑤の届出が不要となる）。カッコ内に記載されているのは申請・届出先である。

① 化粧品製造販売業許可申請（各都道府県の薬務課）【書式5】
② 化粧品製造業許可申請（各都道府県の薬務課）【書式6】
③ 化粧品外国製造業者届出（独立行政法人医薬品医療機器総合機構）【書式7】
④ 化粧品製造販売届出（各都道府県の薬務課）【書式8】
⑤ 製造販売用化粧品輸入届出（地方厚生局）【書式9】

　なお、①と②については、同一の法人が双方を取得しなければならないと

いうわけではなく、自社の業務範囲に応じて必要な許可を取得する。そのため、①のみを取得している法人と②のみを取得している法人が提携し、それぞれ可能な範囲で業務を遂行する、ということも何ら問題はない。①はいわゆる商社的な機能をもつ輸入者、②は製品を保管する保管業者をイメージするとわかりやすい。また、③、④、⑤については一般的に①を取得した法人が申請を行う。

　ここで注目すべきは、①と②は日本国内の業者に関する許可制のライセンスであるが、③〜⑤に関しては許可制ではなく届出制となっているということである。つまり、③〜⑤までの内容に関しては、行政に対し伝達されるのは届出された書面の内容のみである。このシステムの下では、実際の製品の詳細について届出段階で行政が把握することはできない。現在市場に流通している化粧品はすべて、行政が成分や処方などの詳細について確認し承認した製品ではなく、「届出をし、それが受理された製品が流通している」ということになる。届書にも成分を記載するための欄はあるものの、届出時には記載をしない。よって、化粧品の品質、有効性、安全性の担保は製造販売業者に委ねられているといっても過言ではない。

　なお、上記の申請書はすべて、「医薬品・医薬部外品・化粧品及び医療機器承認・許可関係FD申請」（厚生労働省）のページ〈http://www.fd-shinsei.go.jp/〉からダウンロードできる電子申請ソフトにより、作成することができる。

　ほか、上記①〜⑤の申請の際に添付する必要がある資料については、各都道府県のウェブサイトにも詳細が掲載されている。一般的には、下記の書類を用意することになる。

①　化粧品製造販売業許可申請
　ⓐ　業者コード登録票
　ⓑ　化粧品製造販売業許可申請書【書式5】
　ⓒ　登記事項証明書（発行後6カ月以内のもので履歴事項全部証明書）
　ⓓ　業務分掌表

ⓔ　申請者についての医師の診断書（業務を行う役員分申請日前3カ月以内のもの）
　　ⓕ　組織図、品質管理（GQP）・製造販売後安全管理（GVP）体制図（法人の場合）
　　ⓖ　総括製造販売責任者の雇用契約書の写しまたは雇用関係を証する書類
　　ⓗ　総括製造販売責任者の資格を証する書類（薬剤師は薬剤師免許証原本を提示、薬事法施行規則85条2項2号に該当する場合には卒業証書の写し（本証提示）または卒業証明書、専門の課程であることが明らかな学科名でない場合は単位取得証明書、同項3号に該当する場合には、単位取得証明書および従事年数証明書）
　　ⓘ　配置図
　　ⓙ　営業所、保管設備に関する図面
　　ⓚ　事務所の案内図
　　ⓛ　経緯表、紙台帳等（その他都道府県の薬務課が要求する書類）
②　化粧品製造業許可申請
　　ⓐ　業者コード登録票
　　ⓑ　化粧品製造業許可申請書【書式6】
　　ⓒ　登記事項証明書（発行後6カ月以内のもので履歴事項全部証明書）
　　ⓓ　業務分掌表
　　ⓔ　申請者についての医師の診断書（業務を行う役員分申請日前3カ月以内のもの）
　　ⓕ　責任技術者の雇用契約書の写しまたは雇用関係を証する書類
　　ⓖ　責任技術者の資格を証する書類（薬剤師は薬剤師免許証原本を提示、薬事法施行規則91条2項2号に該当する場合は卒業証書の写し（本証提示）または卒業証明書、専門の課程であることが明らかな学科名でない場合は単位取得証明書、同項3号に該当する場合は単位取得証明書および従事年数証明書）

ⓗ　構造設備の概要一覧表
　　ⓘ　製造設備器具一覧表
　　ⓙ　他の試験検査機関等の利用概要および契約書写し
　　ⓚ　製造所の配置図
　　ⓛ　製造所の平面図
　　ⓜ　製造予定の品目一覧表および製造工程表
　　ⓝ　製造所の案内図
　　ⓞ　経緯表、紙台帳等（その他都道府県の薬務課が要求する書類）
③　化粧品外国製造業者届出は、添付書類なし。届出書のみ（【書式7】）。
④　化粧品製造販売届出は、添付書類なし。届出書のみ（【書式8】）。
⑤　製造販売用化粧品輸入届出
　　ⓐ　製造販売用化粧品輸入届出書（【書式9】）
　　ⓑ　化粧品製造販売業許可証の写し
　　ⓒ　化粧品製造販売届書の写し
　　ⓓ　化粧品外国製造業者届書の写し
　　ⓔ　ⓐについての電子データ
　　ⓕ　返信用封筒（切手貼付）
　　ⓖ　輸入販売業許可証の写しや化粧品製造販売届出事項変更届書等（その他地方厚生局の薬務課が要求する書類）

第2章 薬事法をめぐる許認可手続

【書式5】 化粧品製造販売業許可申請書

化粧品製造販売業許可申請書

主たる機能を有する事務所の名称	株式会社○○化粧品		
主たる機能を有する事務所の所在地	○○県○○市○○町1丁目2番3号		
許　可　の　種　類	種類なし		
総括製造販売責任者	氏　名	甲野太郎	資格　薬事法施行規則85条2項2号
	住　所	○○県○○市○○町3丁目4番5号	
申請を行う者（法人にあっては、その業務を行う役員を含む。）その欠格条項	(1) 法第75条第1項の規定により許可を取り消されたこと	全員なし	
	(2) 禁錮以上の刑に処せられたこと	全員なし	
	(3) 薬事に関する法令又はこれに基づく処分に違反したこと	全員なし	
	(4) 後見開始の審判を受けていること	全員なし	
備　　　　　　考			

上記により、医薬品の製造販売業の許可を申請します。
　平成○年○月○日
　　　　　　　　　住　所　○○県○○市○○町1丁目2番3号
　　　　　　　　　氏　名　株式会社　○○化粧品
　　　　　　　　　　　　　代表取締役　乙　山　次　郎　㊞
○○県知事　　○○○○　殿

【書式6】 化粧品製造業許可申請書

化粧品製造業許可申請書

製　造　所　の　名　称	株式会社○○化粧品○○工場
製　造　所　の　所　在　地	○○県○○市○○町1丁目2番3号
許　可　の　種　類	化粧品包装表示・保管

管理者又は責任技術者	氏　名	甲野太郎	資　格	薬事法施行規則 91条2項2号
	住　所	○○県○○市○○町3丁目4番5号		

申請を行う役員（法人にあっては、その業務）その欠格条項	(1) 法第75条第1項の規定により許可を取り消されたこと	全員なし
	(2) 禁錮以上の刑に処せられたこと	全員なし
	(3) 薬事に関する法令又はこれに基づく処分に違反したこと	全員なし
	(4) 後見開始の審判を受けていること	全員なし
備　　　　考		省略する書類「登記事項証明書・業務を行う役員の診断書・責任技術者の資格を証する書類」につき、平成○年○月○日付化粧品製造販売業許可申請書に添付済

　上記により、医薬品の製造販売業の許可を申請します。
　　平成○年○月○日

　　　　　　　　　住　　所　　○○県○○市○○町1丁目2番3号
　　　　　　　　　氏　　名　　株式会社　○○化粧品
　　　　　　　　　　　　　　　代表取締役　乙山次郎　㊞

○○県知事　　○○○○　殿

【書式7】　化粧品外国製造業者届書

化粧品外国製造業者届書

品　目　の　名　称		○○マニュキュア
外国製造販売業者 又は外国製造業者	氏　名	AAA farmacy co. ltd
	住　所	1-234 East st. Florida USA
外国製造販売業者又は外国製造業者 の事務所又は製造所の名称		AAA farmacy co. ltd
外国製造販売業者又は外国製造業者 の事務所又は製造所の所在地		1-234 East st. Florida USA
備　　　考		

　上記により、化粧品の外国製造販売業者の届出をします。

平成○年○月○日
　　　　　　　　　　住　所　○○県○○市○○町1丁目2番3号
　　　　　　　　　　氏　名　株式会社　○○化粧品
　　　　　　　　　　　　　　代表取締役　乙　山　次　郎　㊞
　厚生労働大臣　　○○○○　殿

（注）　鑑の表題は外国製造販売業者となっているが、外国製造業者届出としても使用される。

【書式8】　化粧品製造販売届書

化粧品製造販売届書

製造販売業の許可の種類		化粧品製造販売業許可		
製造販売業の許可番号及び年月日		○○○○　　平成○年○月○日		
名称	一般的名称			
	販売名称	○○○○リップクリーム		
成分及び分量又は本質		記載省略		
製造方法		○○→○○→○○→加工→包装		
用法及び用量		記載省略		
効能又は効果		記載省略		
貯蔵方法及び有効期間		記載省略		
規格及び試験方法		記載省略		
製造販売する品目の製造所	名称	所在地	許可区分又は認定区分	許可番号又は認定番号
	AAA farmacy. co. ltd	1-234 East st. Florida USA	化粧品一般	○○○○
原薬の製造所	名称	所在地	許可区分又は認定区分	許可番号又は認定番号
備考		米国での販売名　○○○○		

　上記により、化粧品の製造販売の届出をします。
　　平成○年○月○日
　　　　　　　　　　住　所　○○県○○市○○町1丁目2番3号
　　　　　　　　　　氏　名　株式会社　○○化粧品
　　　　　　　　　　　　　　代表取締役　乙　山　次　郎　㊞
　○○県知事　　○○○○　殿

【書式9】 製造販売用化粧品輸入届書

<table>
<tr><td colspan="2" align="center">製造販売用化粧品輸出届出書</td></tr>
<tr><td>輸入しようとする品目の名称</td><td>○○○○リップクリーム</td></tr>
<tr><td>許　可　の　種　類</td><td>種類なし</td></tr>
<tr><td>許　可　番　号　及　び　年　月　日</td><td>○○○○　　平成○年○月○日</td></tr>
<tr><td>外国において当該品目を製造する製造所の名称</td><td>AAA farmacy co. ltd</td></tr>
<tr><td>外国において当該品目を製造する製造所の所在地</td><td>1-234 East st. Florida USA</td></tr>
<tr><td>外　国　製　造　業　者　の　認　定　区　分</td><td>記載省略</td></tr>
<tr><td>外　国　製　造　業　者　の　認　定　番　号</td><td>記載省略</td></tr>
<tr><td>外　国　製　造　業　者　の　認　定　年　月　日</td><td>記載省略</td></tr>
<tr><td>備　　　　　　　考</td><td></td></tr>
</table>

　上記により、製造販売用の化粧品の輸入に係る届出をします。
　　平成○年○月○日
　　　　　　　　　　　住　　所　　○○県○○市○○町1丁目2番3号
　　　　　　　　　　　氏　　名　　株式会社　○○化粧品
　　　　　　　　　　　　　　　　　代表取締役　乙　山　次　郎　㊞
　地方厚生局長　　　○○○○　殿

　電子申請ソフトを使用する際の留意点としては、「医薬品・医薬部外品・化粧品及び医療機器承認・許可関係FD申請」のウェブサイト<http://www.fd-shinsei.go.jp/>にアクセスし、「入口」をクリックすると、電子申請ソフトがダウンロードできるページに移動する。

　なお、定期的にシステムの更新が行われているため、定期的に更新情報があるか確認することが望ましいといえる。この電子申請ソフトは、使用しているパソコンに日本語入力が可能なシステムが搭載されていることを前提にしているため、日本語入力環境のないパソコンからでは十分に動作しないこともある。したがって申請書作成の前に、あらかじめ動作確認をしておくことが望ましい。

(2) 申請に関しての留意点——問題点の抽出と対策

薬事申請を行う際に発生する可能性がある問題点の抽出と対策について、以下のとおりまとめた。なお、以下には各都道府県薬務課等の窓口に照会し、それを基に回答を作成したものも含まれている。

(ア) 化粧品の製造業許可や製造販売業許可を取得するにあたり、責任者に関する要件

化粧品製造業許可を取得するためには、下記①～④の資格要件を満たす者を責任技術者として常勤させる必要がある（薬事法施行規則91条2項）。

① 薬剤師
② 旧制中学もしくは高校またはこれと同等以上の学校で、薬学または化学に関する専門の課程を修了した者
③ 旧制中学もしくは高校またはこれと同等以上の学校で、薬学または化学に関する科目を修得した後、医薬品または化粧品の製造に関する業務に3年以上従事した者
④ 厚生労働大臣が①～③に掲げる者と同等以上の知識経験を有すると認めた者

また、化粧品製造販売業許可を取得するためには、下記①～④の資格要件を満たす者を総括製造販売責任者として常勤させる必要がある（薬事法施行規則85条2項）。

① 薬剤師
② 旧制中学もしくは高校またはこれと同等以上の学校で、薬学または化学に関する専門の課程を修了した者
③ 旧制中学もしくは高校またはこれと同等以上の学校で、薬学または化学に関する科目を修得した後、医薬品、医薬部外品または化粧品の品質管理または製造販売後安全管理に関する業務に3年以上従事した者
④ 厚生労働大臣が上記①～③に掲げる者と同等以上の知識経験を有すると認めた者

雇用に関しては、雇用証明書（【書式10】参照）によって、証明することに

なる。

【書式10】 雇用証明書（一例）

雇 用 証 明 書

私どもは下記事項を条件として雇用及び使用関係にあることを証します。
平成 ○ 年 ○ 月 ○ 日
雇 用 者 　住　所　○○県○○市○○町１丁目２番３号
　　　　　　氏　名　　株式会社○○化粧品
　　　　　　　　　　　　　代表取締役　乙　山　次　郎　　　　　㊞
被雇用者　　住　所　○○県○○市○○町７丁目８番９号
　　　　　　氏　名　　　　甲　野　太　郎　　　　　　　　　　㊞

記

1　業　　　務：　化粧品責任技術者・総括製造販売責任者
2　勤務時間：　午前　8時　15分　から　午後　5時　15分
3　休　　　日：　日曜及び祝祭日

（注意）
雇用者が法人の場合には、主たる事務所の所在地、名称、代表者名を記載のこと。

(イ)　化粧品の製造業許可や製造販売業許可を取得するにあたっての責任者以外の要件

下記のとおり、製造業と製造販売業により異なる。

化粧品製造業許可（区分：一般）、化粧品製造業許可（区分：包装・表示・保管）には人的要件のほかに構造設備要件がある。

化粧品製造業（区分：一般）の構造設備要件は以下のとおりである（薬局等構造設備規則（厚生省令昭和36年第2号）13条）。

① 当該製造所の製品を製造するのに必要な設備および器具を備えていること

② 作業所は、次に定めるところに適合するものであること
　ⓐ 換気が適切であり、かつ、清潔であること
　ⓑ 常時居住する場所および不潔な場所から明確に区別されていること
　ⓒ 作業を行うのに支障のない面積を有すること
　ⓓ 防じん、防虫および防そのための設備または構造を有すること
　ⓔ 床は、板張り、コンクリートまたはこれらに準ずるものであること
　ⓕ 廃水および廃棄物の処理に要する設備または器具を備えていること
③ 製品、原料および資材を衛生的に、かつ、安全に貯蔵するために必要な設備を有すること
④ 製品等および資材の試験検査に必要な設備および器具を備えていること。ただし、当該製造業者の他の試験検査設備または他の試験検査機関を利用して自己の責任において当該試験検査を行う場合であって、支障がないと認められるときは、この限りでない。

化粧品製造業（区分：包装・表示・保管）の構造設備要件は以下のとおりである（薬局等構造設備規則13条の2（10条を基準））。
① 製品等および資材を衛生的かつ安全に保管するために必要な構造および設備を有すること。
② 作業を適切に行うのに支障のない面積を有すること。
③ 製品等および資材の試験検査に必要な設備および器具を備えていること。ただし、当該製造業者の他の試験検査設備または他の試験検査機関を利用して自己の責任において当該試験検査を行う場合であって、支障がないと認められるときは、この限りではない。

また、化粧品製造販売業許可は、医薬品、医薬部外品、化粧品及び医療機器の品質管理の基準（以下GQP）、医薬品、医薬部外品、化粧品及び医療機器の製造販売後安全管理の基準（以下GVP）に準拠した管理システムを構築する必要がある。GQPとGVPの要求事項は以下のとおりである。
〈GQP〉
① 品質保証責任者の設置

② 下記の手順を規定した手順書の作成
　ⓐ 市場への出荷の管理
　ⓑ 適正な製造管理および品質管理の確保
　ⓒ 品質等に関する情報および品質不良等の処理
　ⓓ 回収処理
　ⓔ 文書および記録の管理
③ 上記に関連する記録

〈GVP〉
① 安全管理責任者の設置
② 下記に関連する業務および記録
　ⓐ 安全管理情報の収集
　ⓑ 安全管理情報の検討およびその結果に基づく安全確保措置の立案
　ⓒ 安全確保措置の実施

(ウ) 化粧品を製造し販売するにあたっての商品名に関する規制

化粧品の名称について、注意すべき点としては以下があげられる（参照：通知「改正薬事法の施行に伴う製造販売の承認を要しない医薬品等の取扱い等について」（平成17年3月31日薬食審査発第0331015号））。なお、販売名に使用できないものは、原則として略称・愛称においても使用することはできない。

① 既存の医薬品および医薬部外品と同一の名称は用いないこと
② 虚偽・誇大な名称あるいは誤解を招くおそれのある名称は用いないこと
③ 配合されている成分のうち、特定の成分名称を名称に用いないこと
④ ローマ字のみの名称は用いないこと
⑤ アルファベット、数字、記号等はできるだけ少なくすること
⑥ 剤型と異なる名称は用いないこと
⑦ 他社が商標権を有することが明白な名称を用いないこと
⑧ 化粧品の表示に関する公正競争規約に抵触するものを用いないこと
⑨ 医薬品または医薬部外品とまぎらわしい名称を用いないこと（たとえ

ば、○○薬、薬用○○、漢方○○、メディカル○○、○○剤、アトピー○○、ニキビ○○、アレルギー○○、パックで「○○ハップ」等）

また、医薬品等適正広告基準において規定されている表現の範囲等にも注意する必要がある。

(エ) 化粧品をセット販売することの可否

シュリンク（ほこりよけ等の目的で巻かれる薄いビニール）などで2つの製品を包む、あるいはビニールの袋に密封するような形で製品をセット化する場合には、外部から容器の表示事項が視認できなければならない。

なお、仮に別の包装物に2つの製品を詰め、新たに表示を施すことは製造行為に該当するため、製造業許可を有しないものが行うと無許可の製造行為に該当するので注意が必要である。ただし、これらの行為を製造業者に委託すれば問題はない。

2つの製品を無色透明のビニール袋に入れるだけであれば直ちに製造行為とは判断されない可能性が高い。

(オ) 製造後2年が経過した出荷可否判定済みの化粧品を販売することの薬事法上の問題

製品の最終責任は製造販売業者が負うものである。出荷後の製品については、製造販売業者によって品質と安全性が担保されているかという点が重要であり、製造後の日数によって販売を禁ずる規定はない（使用期限がある場合はそれを製品に必ず記載する必要がある）。

(カ) 化粧品において、製品の使用方法欄に記載されているものとは異なる使い方をしていた消費者に健康被害が出た場合の製造販売元の責任

使用方法欄に正しい使い方が記載されており、違う製品と混ぜるなど正しい使い方と異なる方法で使用して健康被害が出た場合は、個人の責任となる。製造販売業者が責任を負う必要はない。

(キ) 化粧品を輸入し販売した後に、日本において使用禁止の成分が入っていることが判明した場合の対応

製造販売業者が製造販売した製品について、保健衛生上の被害発生または

拡大の防止等のため、市場からの回収が必要になると考えられる。

回収の手順は、以下のようなものである（参照：通知「医薬品等の回収について」0331021号厚生労働省医薬食品局長通知（平成12年3月8日医薬発第237号医薬安全局長通知の改訂））。

① 回収事由の発生、情報分析
② 回収の必要性の判断
③ 回収の意思決定
④ 都道府県への報告
⑤ 必要報告書等の作成・提出
　ⓐ 回収着手報告書
　ⓑ 回収の概要（独立行政法人医薬品医療機器総合機構（PMDA）サイト内「医薬品医療機器情報提供ホームページ」掲載用の回収情報）
　ⓒ 報道機関向け資料（プレスリリース）
　　・クラスⅠ回収の時
　　・クラスⅡの回収時で、納入先が特定できない時など
⑥ 回収開始、対象製品納入先への情報提供
⑦ 回収終了
⑧ 回収終了報告書提出

(ク) **海外向けに化粧品を製造し、輸出する場合の留意点**

国内に流通している商品をそのままの形態で輸出する場合、届出等を行う必要はないが、国内に流通している製品の容器・外箱・含有成分などを輸出向けに変更する場合、または海外から輸入した商品を国内では流通させずに他国へ輸出する場合には、「輸出用化粧品（輸入）届書」を提出する必要がある。なお、国内に流通している製品の容器・外箱・含有成分などを輸出向けに変更する行為は、薬事法上は「化粧品製造」に該当するため化粧品製造業の許可が必要である（参照：事務連絡「輸出用医薬品等の届出の取扱いに関する質疑応答集（Q&A）について」（平成20年11月11日）。

(ケ) **社員が所属会社での試験研究を目的として、化粧品を海外から日本に持**

ち込むにあたって、会社が申請者となり薬監証明を取得のうえ通関する
　ことの可否

　化粧品サンプルの輸入者（自然人）と試験研究を行う会社（法人）では法律上の人格が異なるため薬監証明を取得することはできない。

　　㈡　薬監証明

　輸入に必要な承認を得ていない医薬品等を、個人使用（一定数量以上の製品を輸入しようとする場合）・展示・社内教育などの目的で輸入しようとする際には、当該行為が販売行為を目的としたものでないことを証明するために、その旨を地方厚生局に申請して担当官の確認を受ける必要がある。薬監証明とは、担当官による確認後に申請者に対して交付される、厚生労働省確認済の印が押された輸入報告書のことを指す。

　　㈣　申請等の際のタイムクロック

　タイムクロックは、一般的に標準処理期間といわれており、行政手続法6条に規定されている。条文中では、「定めるよう努める」とある。よって、当該申請に標準処理期間が定められているか否かを確認する必要がある。また、標準処理期間に関する規定があるとしても、書類の差し替えや訂正等が必要となった場合には、その期間を超過する可能性があることにも留意しなければならない。また、行政には裁量権があるため、担当官による判断の差異で異なりが生じることも当然あり得る。条文中では「標準処理期間を定めている場合には、公にする」とあるため、タイムクロックを知りたい場合には、申請窓口に問い合わせることで知ることができる。

　　㈤　薬務課の指導、指示事項

　まずは、当該指導、指示事項が何の目的でなされたものなのかを明確にする必要がある。行政手続法第4章の行政指導（32条〜36条）では、同法2条6項で定義する行政指導について規定している。行政手続法は、あくまで国民の権利利益を保護するための法律である。行政庁と喧嘩をするための法律ではない。よって行政手続法の趣旨を理解して、薬事法務に従事すればより円滑な行政対応が可能になると考えられる。

(ス) 行政処分について不服がある場合の対応

　行政手続において、行政における公正と透明性を確保し、国民の権利利益を保護する法律として、行政手続法があるが、不当な処分に関しては、他の法律で特別の定めがある場合を除き、行政不服審査法による不服申立てが可能である。同法は救済法としての側面があり、薬事に関係がある者は知っておく必要がある。

(セ) 行政処分における訴訟に関する法律

　司法の介入を検討する場合には、他の法律で特別の定めがある場合を除き、行政事件訴訟法が適用となる。なお、同法も薬事に関係がある者は知っておく必要がある。

(ソ) 薬事における副作用等報告にかかわる制度

　①医薬品、医薬部外品、化粧品もしくは医療機器の製造販売業者または外国特例承認取得者が行う企業報告制度（薬事77条の4の2第1項）と、②薬局開設者、病院、診療所もしくは飼育動物診療施設の開設者または医師、歯科医師、薬剤師、登録販売者、獣医師その他の医薬関係者に求められる報告制度（同法77条の4の2第2項）の2つがある。また、副作用等報告の期間は薬事法施行規則253条に規定がある。

(タ) 薬事での回収

　市販後の安全対策として、不具合の内容によって、製造販売業者等が製品回収の必要があると判断した場合、自主回収を検討する（自主回収のほか、国や都道府県から回収命令が出されるケースもある）。なお、回収の報告に関しては、薬事法77条の4の3、薬事法施行規則254条に規定がある。

(チ) 回収のクラス分類

　回収にあたっては、回収される製品によりもたらされる健康への危険性の程度により、〔図1〕のとおり3つに分類される。〔図2〕には、東京都を例にした自主回収業務のフローを示した。

(ツ) 自主回収業務の基本的な概念と回収フロー

　自主回収の制度について、製造販売業者は医薬品等の使用によって保健衛

〔図1〕 回収手続の際のポイント（回収のクラス判断）

　回収を行う際は、医療機関等への情報提供に資するため、厚生省医薬安全局長通知（平成12年3月8日医薬発第237号）を参照し、当該製品によりもたらされる健康への危険性の程度に基づき、クラス分類を行う。

```
高  ┌─────────────────────────────────────┐
↑  │ クラスⅠ：重篤な健康被害または死亡の原因となり得る状況 │
危  │ クラスⅡ：一時的なもしくは医学的に治癒可能な健康被害の原因とな │
険  │       る可能性があるか、または重篤な健康被害のおそれはまず │
性  │       考えられない状況                  │
↓  │ クラスⅢ：健康被害の原因となるとはまず考えられない状況   │
低  └─────────────────────────────────────┘
```

生上の危害が発生し、または拡大するおそれがあることを知った時は、これを防止するために、回収等の措置をとらなければならない（薬事77条の4第1項）。販売業者等も製造販売業者のとった措置に協力する努力義務（同法77条の4第2項）があり、連携して安全対策が図られるしくみとなっている。

　㈦　**薬事業務における効果的な情報収集**

　製品の特性やリスクの度合いに応じて、情報収集は定期的に実施することが望ましい。効率的な情報収集のためには、インターネットの使用も効果的である。その際に有益であると考えられるウェブサイトのURLを参考までに〈表1〉に記載する。

Ⅰ　申請手続

〔図2〕　自主回収業務の基本的な流れ

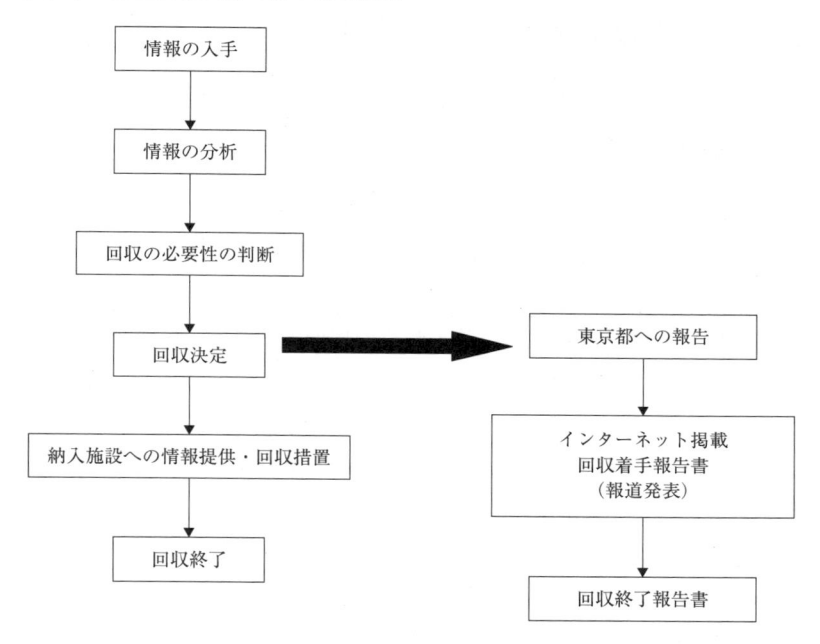

```
情報の入手
    ↓
情報の分析
    ↓
回収の必要性の判断
    ↓
回収決定  ──────→  東京都への報告
    ↓                    ↓
納入施設への情報提供・回収措置   インターネット掲載
    ↓                回収着手報告書
回収終了              （報道発表）
                         ↓
                     回収終了報告書
```

〈表1〉　薬事業務における効果的な情報収集のためのURL

厚生労働省：http://www.mhlw.go.jp/
公正取引委員会：http://www.jftc.go.jp/
消費者庁：http://www.caa.go.jp/
独立行政法人医薬品医療機器総合機構：http://www.pmda.go.jp/
日本薬事法務学会：http://www.japal.org/

　なお、上記のうちの日本薬事法務学会は、平成22年2月に、薬事法務を専門として発足した学会である。製造販売業者、製造業者、販売業者のみならず、薬事に関心のある方を広く対象に、国内の通知情報等のほか、韓国をはじめとする海外の情報をも収集していく試みを実行中である。

（吉田武史）

II　薬局開設をめぐる法的問題

1　薬局の種類

(1)　薬局と薬店

薬剤師が販売または授与の目的で調剤の業務を行う場所を「薬局」という（薬事25条１項）。

薬局以外に一般消費者が薬を購入しうる場所として、「店舗販売業」の許可（薬事251号）に基づき運営される店舗（以下、便宜上「薬店」という）がある。

両者の顕著な差異は、薬局はすべての一般用医薬品（大衆薬）の販売に加えて処方箋に基づく調剤業務を行うことができるのに対し、薬店では調剤業務を行うことができないという点にある。

また、調剤業務を行う薬局には薬剤師が常駐する必要があるが、薬店の場合は薬剤師がいなくとも登録販売者がいれば医薬品の販売が可能である。ただし、登録販売者は一般用医薬品のうち第一類医薬品を販売することはできない。

平成18年改正薬事法（平成21年完全施行）により、一般用医薬品はそのリスクに応じて第一類医薬品、第二類医薬品、第三類医薬品の３種類に分類された。第一類医薬品には、一般用医薬品としての使用実績が少ない等、安全性の面で特に注意を要する成分を含むものが指定されている。第一類医薬品の中には、従来は医療用医薬品（処方に医師の処方箋を必要とする医薬品）であったもの（いわゆる「スイッチOTC」）も多く、第二類、第三類の医薬品に比べより強度の薬効を期待できる反面、副作用等のリスクを伴うものが多いといえる。

(2)　保険薬局（調剤薬局）

薬局のうち、健康保険法等に基づく療養給付として保険調剤業務を行うこ

とができるものを、一般に「保険薬局」という（薬事63条3項1号）。後述のとおり、保険薬局となるには厚生労働大臣の指定を受けなければならない。

薬局を開設すれば、保険適用外の調剤を行うことはできるが、保険薬局の指定がない限り、健康保険を利用した保険調剤業務はできず、国民皆保険制度の下では調剤薬局としての経営は事実上不可能になる。

2 薬局に関する許認可手続

(1) 薬局開設の許可

薬局は、その所在地の都道府県知事の許可を受けなければ、開設してはならない（薬事4条1項）。

薬局開設に関する許可基準について、薬事法5条は以下のとおり定めている。

次の各号のいずれかに該当するときは、前条第1項の許可を与えないことができる。

一　その薬局の構造設備が、厚生労働省令で定める基準に適合しないとき。

二　その薬局において医薬品の調剤及び販売又は授与の業務を行う体制が厚生労働省令で定める基準に適合しないとき。

三　申請者（申請者が法人であるときは、その業務を行う役員を含む。第12条の2第3号、第13条第4項第2号（同条第7項及び第13条の3第3項において準用する場合を含む。）、第19条の2第2項、第26条第2項第3号、第30条第2項第2号、第34条第2項第2号、第39条第3項第2号及び第40条の2第4項第2号において同じ。）が、次のイからホまでのいずれかに該当するとき。

　イ　第75条第1項の規定により許可を取り消され、取消しの日から3年を経過していない者

　ロ　禁錮以上の刑に処せられ、その執行を終わり、又は執行を受けることがなくなつた後、3年を経過していない者

　ハ　イ及びロに該当する者を除くほか、この法律、麻薬及び向精神薬取締法、毒物及び劇物取締法（昭和25年法律第303号）その他薬事に関する法令又

> はこれに基づく処分に違反し、その違反行為があつた日から２年を経過し
> ていない者
> ニ　成年被後見人又は麻薬、大麻、あへん若しくは覚せい剤の中毒者
> ホ　心身の障害により薬局開設者の業務を適正に行うことができない者とし
> て厚生労働省令で定めるもの

　上記のとおり、同条は各号に定める場合は「許可を与えないことができる」と定めている。これを反対解釈すれば、同条各号に定める要件に該当しない申請に対しては、許可を与えなければならないと考えられる。

　同条各号の規定につき、その具体的基準は厚生労働省令等で明確に規定されており[1]、当該許可をめぐり法的紛争に発展する事例は比較的少ないと考えられる。

(2)　保険薬局の指定

　健康保険法等に基づく療養給付として保険調剤業務を行うためには、前記の薬局開設の許可に加え、保険薬局の指定を受ける必要がある（健康保険法63条３項１号）。

　保険薬局指定の要件につき、健康保険法65条３項は以下のとおり定めている。

> 　厚生労働大臣は、第１項の申請があった場合において、次の各号のいずれか
> に該当するときは、第63条第３項第１号の指定をしないことができる。
> 一　当該申請に係る病院若しくは診療所又は薬局が、この法律の規定により保
> 険医療機関又は保険薬局に係る第63条第３項第１号の指定を取り消され、そ
> の取消しの日から５年を経過しないものであるとき。
> 二　当該申請に係る病院若しくは診療所又は薬局が、保険給付に関し診療又は
> 調剤の内容の適切さを欠くおそれがあるとして重ねて第73条第１項（第85条
> 第９項、第85条の２第５項、第86条第４項、第110条第７項及び第149条にお
> いて準用する場合を含む。）の規定による指導を受けたものであるとき。

---

[1] 薬局等構造設備規則、薬局並びに店舗販売業及び配置販売業の業務を行う体制を定める省令等。

三　当該申請に係る病院若しくは診療所又は薬局の開設者又は管理者が、この法律その他国民の保健医療に関する法律で政令で定めるものの規定により罰金の刑に処せられ、その執行を終わり、又は執行を受けることがなくなるまでの者であるとき。

四　当該申請に係る病院若しくは診療所又は薬局の開設者又は管理者が、禁錮以上の刑に処せられ、その執行を終わり、又は執行を受けることがなくなるまでの者であるとき。

五　当該申請に係る病院若しくは診療所又は薬局の開設者又は管理者が、この法律、船員保険法、国民健康保険法（昭和33年法律第192号）、高齢者の医療の確保に関する法律、地方公務員等共済組合法（昭和37年法律第152号）、私立学校教職員共済法（昭和28年法律第245号）、厚生年金保険法（昭和29年法律第115号）又は国民年金法（昭和34年法律第141号）（第89条第4項第7号において「社会保険各法」という。）の定めるところにより納付義務を負う保険料、負担金又は掛金（地方税法（昭和25年法律第226号）の規定による国民健康保険税を含む。以下この号、第89条第4項第7号及び第199条第2項において「社会保険料」という。）について、当該申請をした日の前日までに、これらの法律の規定に基づく滞納処分を受け、かつ、当該処分を受けた日から正当な理由なく3月以上の期間にわたり、当該処分を受けた日以降に納期限の到来した社会保険料のすべて（当該処分を受けた者が、当該処分に係る社会保険料の納付義務を負うことを定める法律によって納付義務を負う社会保険料に限る。第89条第4項第7号において同じ。）を引き続き滞納している者であるとき。

六　前各号のほか、当該申請に係る病院若しくは診療所又は薬局が、保険医療機関又は保険薬局として著しく不適当と認められるものであるとき。

　上記のとおり、健康保険法65条3項は各号に定める場合は「指定をしないことができる」と定めている。これを反対解釈すれば、同項各号に定める要件に該当しない申請がなされた場合、厚生労働大臣は指定をしなければならないと考えられる。

　健康保険法65条3項各号に定める要件のうち、1号ないし5号は比較的明確な要件であるが、6号でいわゆる一般条項が設けられている点が薬局開設

の許可と大きく異なる点である。実務上もこの6号に関連して問題が生じることがある。この点は後述する。

3 「指定」の法的性質

　厚生労働大臣による保険薬局の「指定」とは、いかなる法的性質を有するものか。

　この点につき、「指定」は公法上の契約であると解する説と、行政による単独行為（同意に基づく行政行為）であると解する説の対立がみられるが、前者が通説的見解とみられる。

　前者の説は、保険薬局の指定は、「病院、診療所または薬局は、一定の療養の給付の担当方針等に従い、政府および健康保険組合のいずれの保険者に属する被保険者に対しても、療養の給付を行い、一方、その対価として診療報酬を請求しその支払いを受けるという双務契約」であり、「本来、保険者と病院等が第三者すなわち被保険者のために結ぶ契約について、保険者に代わり地方社会保険事務局長が締結するものである」と説明する（『健康保険法の解釈と運用〔第11版〕』482頁）。[2]

　もっとも、この説も「指定」が公法上の契約であることを理由として指定拒否の処分性を否定するものではなく（前掲・健康保険法の解釈と運用591頁）、指定拒否処分に対し抗告訴訟の方法で争いうることは認めているようである。

　よって、両説のいずれに依拠するかによって指定拒否に対する争訟方法が左右されるわけではなく、両説の差異は説明の仕方の違いにすぎないともいえる。

---

[2] 同書の発行時点（平成15年）においては、指定の権限が厚生労働大臣から地方社会保険事務局長に委任されていた。同書には著者、編者の明示がないが、平成8年改訂版までは厚生省保健局保険課長名義の巻頭言が付されている。

4　保険薬局の指定をめぐる実務的問題

(1)　保険薬局のビジネスモデル

保険薬局は、典型的な立地産業であるといわれる。

保険薬局が十分な収益を上げるためには、多くの処方箋が持ち込まれることが必要不可欠であるところ、多くの患者は、処方箋を受け取った病院から最寄りの保険薬局に足を運ぶ。よって、保険薬局の出店にあたっては、相当の患者数があり、かつ薬を院外処方する病院の近隣に店舗をかまえることが肝要となる。

かような条件を充足する場所に適当な物件を見出すことは必ずしも容易でないが、特に地域に密着した古くからの開業医の場合等は、医師等の病院関係者が病院の近隣に遊休土地・建物を所有していることが少なからずある。

そこで、薬局運営業者は、病院関係者に働きかけ、当該病院がいまだ院内処方をしていれば院外処方の有用性を説き、さらには病院と保険薬局が隣接していることが患者にとっての利便となることを説き、遊休土地・建物の賃借を申し入れることがある。

(2)　保険薬局設置に関する行政規則

(ア)　薬局業務運営ガイドライン

薬局運営業者が病院関係者から物件を賃借することを検討する際、その支障となりうる規定として、「薬局業務運営ガイドライン」が存在する（[資料1]。以下、「運営ガイドライン」という）。

運営ガイドラインは、平成5年4月30日付で、厚生省薬務局長より各都道府県知事あてに通知されたものである。[3]

運営ガイドライン2項1号において、「薬局は医療機関から経済的、機能的、構造的に独立していなければならない」と定められている。

3　平成10年法律第109号による改正前の健康保険法43条の3においては、保険薬局の指定は都道府県知事が行うものとされていた。

もっとも、運営ガイドラインでは、病院関係者と薬局運営業者との間で土地・建物を賃貸借することの是非については直接的には言及されていない。
　(イ)　東京都薬局等許可審査基準及び指導基準
　東京都衛生局薬務部は、運営ガイドラインを受け、平成13年10月1日付で、「東京都薬局等許可審査基準及び指導基準」を定めている（［資料2］。以下、「東京都基準」という）。
　東京都基準では、運営ガイドラインに定める「経済的独立」の内容に関し、以下のとおり規定している。

> ア　特定の医療機関又はその関係者、役員等から資本の提供を受けていないこと。
> イ　特定の医療機関又はその関係者、役員等から土地・建物の提供を受けていないこと。
> ウ　特定の医療機関又はその関係者、役員等との間に土地、建物の賃貸借関係がないこと。

　この規定によれば、近隣の病院を経営する医師から土地・建物を無償で提供されることはもちろん、適正な対価を支払って賃借することも許されないことになる。
　(3)　運営ガイドラインおよび東京都基準の法的効力に関する考察
　(ア)　運営ガイドラインおよび東京都基準の（狭義の）法規性
　運営ガイドラインは、厚生省薬務局長より各都道府県知事あてになされた「通知」であって、その性質は行政規則であり、国民の権利義務を直接制限する法規の性質をもつものではないと考えられる。
　東京都基準は、東京都衛生局薬務部名義で作成されたものであり、東京都では個別の申請に対し、同基準に従った対応をしているようである。しかし、東京都基準も運営ガイドラインと同様、行政機関内部において行政指導の方針を定めた内規にすぎず、法規の性質をもつものではないと考えられる。
　よって、病院関係者から土地または建物を賃借して行う薬局の保険薬局指

定の申請に対し、運営ガイドラインや東京都基準に抵触することを直接の理由として保険薬局の指定拒否処分を行うことはできないと考えられる。

(イ) 健康保険法65条3項6号と運営ガイドライン、東京都基準の関係

他方、前記のとおり、健康保険法65条3項6号は、保険薬局指定の拒否事由として、「前各号のほか、当該申請に係る病院若しくは診療所又は薬局が、保険医療機関又は保険薬局として著しく不適当と認められるものであるとき」と規定している。

もし、病院関係者から土地または建物を賃借して行う薬局の保険薬局指定の申請に対し指定拒否処分を行うとすれば、その法律上の根拠としては同号をあげるほかないであろう。

(ウ) 東京都基準の実質的合理性

そこで、当該申請が運営ガイドラインや東京都基準に抵触することをもって、「医療機関又は保険薬局として著しく不適当」といいうるか、薬局運営業者が病院関係者から土地・建物を賃借することにどのような問題があるのかを考える必要がある。

これを考えるうえで核となるのが、運営ガイドラインにおいても述べられている「医薬分業」という概念である。

医薬分業とは、薬を処方する医師・医院の業務と、薬を調剤し患者に交付する薬局の業務とを分離するというものである。これによって投薬内容に関するダブルチェックが働く、過剰な投薬を抑止できる、他院で処方されている薬との重複、飲み合わせの危険を発見できる等の利点があるとされている。

それでは、薬局運営業者がその敷地、建物を病院関係者から賃借している場合に、かような医薬分業の趣旨が没却されるであろうか。

私見であるが、確かに周辺の賃料相場等に比して著しく不相当な賃料が設定されている等の特殊事情があれば、薬局と病院（関係者）との間の経済的独立が害され、薬局におけるチェック機能が果たされないという懸念が全くないとは断じ得ないであろう。

しかし、かような抽象的懸念から、病院関係者からの土地・建物の賃借を

一律に禁止することに合理性が認められるとは考えがたい。少なくとも健康保険法65条3項6号に規定する「保険医療機関又は保険薬局として著しく不適当と認められるものであるとき」の判断の枠組みの中で、かような一律的禁止を実現せんとする考えには無理があるのではなかろうか[4]。

(4) 実務的対応の検討

それでは、保険薬局の開設にあたり、病院関係者の所有物件以外に相応の物件を見出せない場合、薬局運営業者としてはどのように対応すればよいだろうか。

この点、保険薬局の指定の権限は、かつては厚生労働大臣から地方社会保険事務局長に委任されていたが（健康保険法旧204条1項、同法施行令旧63条11号参照）、現在では、所定の指定申請書を管轄地方厚生局長等に提出するものとされ（保険医療機関及び保険薬局の指定並びに保険医及び保険薬剤師の登録に関する省令3条）、指定に関する公示も地方厚生局長に委任されている（保険医療機関及び保険薬局の指定並びに保険医及び保険薬剤師の登録に関する政令1条、7条、同省令1条）。

このように保険薬局指定の実質的判断権者が地方社会保険事務局長から地方厚生局長に変更されたことにより、今後は運営ガイドラインおよび東京都基準に従った行政指導はなされない可能性もある。

他方、現在も法改正前と同様の扱いがされているとすれば、少なくとも東京都において病院関係者の所有物件を開設地として保険薬局指定の申請を行った場合、行政の担当官は上記東京都基準を説き、東京都基準に適合するよう修正したうえで再申請するよう行政指導をなし、これに応じなければ申請の受理を拒むであろう。

これに対し、薬局運営業者が「正攻法」で対応するならば、当該行政指導に任意に従う意思のないことを明確にし（行手32条）、法律上申請に対して

---

[4] なお、前掲・健康保険法の解釈と運用486頁において、同号所定の場合として考えられる具体例が列挙されているが、薬局運営業者と病院関係者の関係にまつわる事例はあげられていない。

は応諾義務があることを述べ（同法7条）、それでも受理しないという場合には指定申請書を配達記録郵便等で地方厚生局長あてに送付することになろう。そのうえで、健康保険法65条3項6号を理由に指定を拒否された場合は、当該拒否処分の取消しの訴えおよび指定の義務付けの訴えを提起することになるであろう。

　しかし、現実にかような争訟方法を選択する場合、いくつか障害がある。

　まず、薬局運営業者がすでに賃貸借契約を締結し物件の引渡しを受けている場合には、毎月多額の賃料負担を強いられながら抗告訴訟を行うことになる。訴訟が長期化すれば、経営上大きな打撃となるおそれがある。

　また、病院関係者は、薬局の開局に合わせ院外処方を開始することを想定していることが多く、訴訟の趨勢により薬局の開局時期が流動的になってしまうとなると、薬局運営業者が当該病院関係者の理解を得ることは難しくなる。

　他方で、早期解決のため、保険薬局指定の仮の義務付けを求めた場合に、「義務付けの訴えに係る処分又は裁決がされないことにより生ずる償うことのできない損害を避けるために緊急の必要があり」（行訴37条の5第1項）とまで認められるかは大きな不安がある。

　この点、筆者が経験したケースを簡単に紹介する。

　筆者が薬局運営業者とともに地方社会保険事務局へ事前相談に赴き、病院関係者から賃借した物件で薬局を開局し、保険薬局の指定を得たい旨を述べたところ、担当者は「東京都基準を理由に申請を受理できない」と繰り返すばかりであり、東京都基準は法規ではないことを説明しても、建設的な議論にはならなかった。

　そこで、薬局運営業者は「仮に当該物件を病院関係者から第三者が借り受け、その第三者から薬局開設者が転貸を受けた場合には指定はなされるのか」と尋ねたところ、担当者は「賃貸物件の場合は不動産登記簿謄本を添付する必要はなく、転貸であっても原賃貸借契約の契約書を添付させる運用はしていないため、その場合は病院関係者の氏名が書類上明らかになることは

ない」との回答であり、暗に転貸による申請であれば保険薬局の指定をすることを示唆された。

　かような解決方法には法の潜脱ではないかとの異論もあろう。しかし、このケースと同様、許認可行政の現場において法の趣旨に合致しているとはいいがたい運用がなされているが、法的手続によりこれを争っていては商機を逸するという事例は枚挙に暇がないものと考えられる。このような個々の事例の解決において、経済合理性を優先した選択がされることは避けがたく、現実には行政にまつわる紛争の圧倒的多数が抗告訴訟等の法的手続によらず、市民の泣き寝入りに終わっているか、このように代替的な形で解決されているのではないかと懸念される。

　近時、行政法の分野では、法の支配の実効性を高めるための画期的な改正が続いているが、行政窓口の運営においても法の趣旨に従った適正な運営がなされることが期待される。

【書式11】　訴状（保険薬局指定拒否処分取消等請求事件）

訴　　状

平成〇年〇月〇日

〇〇地方裁判所　御中

原告訴訟代理人弁護士　〇　〇　〇　〇　㊞

〒〇〇〇-〇〇〇〇　〇〇県〇〇市〇〇町〇丁目〇番〇号

原　　　　　告　株式会社〇〇〇〇

代表者代表取締役　〇　〇　〇　〇

〒〇〇〇-〇〇〇〇　〇〇県〇〇市〇〇町〇丁目〇番〇号

〇〇法律事務所（送達場所）

ＴＥＬ〇〇-〇〇〇〇-〇〇〇〇

ＦＡＸ〇〇-〇〇〇〇-〇〇〇〇

原告訴訟代理人弁護士　〇　〇　〇　〇

〒100-0001　東京都千代田区霞が関1丁目1番1号
　　　　　　　　被　　　　告　　　　国[6]
　　　　　　　　代表者法務大臣　○　○　○　○
（処分行政庁）[7]
〒○○○－○○○○　○○県○○市○○町○丁目○番○号
　　　　　　　　○○地方厚生局長　○　○　○　○

保険薬局指定拒否処分取消等請求事件
訴訟物の価額　金1,600,000円
貼用印紙額　　金　 13,000円

　　　　　　　　　　請求の趣旨

1　原告の平成○年○月○日付保険薬局指定申請に対し、○○地方厚生局長が原告に対して平成○年○月○日付けでなした保険薬局指定拒否処分を取り消す。
2　○○地方厚生局長は、原告に対し、原告の平成○年○月○日付保険薬局指定申請に対する保険薬局指定処分をせよ。
3　訴訟費用は被告の負担とする。
との判決を求める。

　　　　　　　　　　請求の原因

第1　請求の趣旨第1項関係（取消しの訴え）
1　原告は、○県○市において、○○薬局を開設している株式会社である。
2　原告は、平成○年○月○日、○○地方厚生局長に対し、健康保険法（以下

5　取消訴訟は、被告の普通裁判籍の所在地を管轄する裁判所または処分もしくは裁決をした行政庁の所在地を管轄する裁判所の管轄に属する（行訴12条1項）が、当該処分または裁決に関し事案の処理にあたった下級行政機関の所在地の裁判所にも提起することができる（同条3項）。よって原告は、国の所在地を管轄する東京地方裁判所か、処分をなした地方厚生局を管轄する地方裁判所のいずれかを選択することができる。
6　平成17年の行政事件訴訟法改正により、処分をした行政庁が国に属する場合、国を被告とすることとされた（行訴11条1項1号）。
7　処分取消しの訴えにおいては、処分をした行政庁を記載しなければならない（行訴11条4項1号）。

「法」という）第65条第1項、保険医療機関及び保険薬局の指定並びに保険医及び保険薬剤師の登録に関する省令第3条に基づき、保険薬局指定申請書を提出した（以下「本件申請」という）。

3 これに対し、○○地方厚生局長は、平成○年○月○日、本件申請に対する拒否処分をなした（以下「本件拒否処分」という）。

4 本件拒否処分の理由につき、処分通知書には「法第65条第3項第6号「前各号のほか、当該申請に係る病院若しくは診療所又は薬局が、保険医療機関又は保険薬局として著しく不適当と認められるものであるとき」に該当するため」としか記載されていない。当該規定は、その要件が極めて抽象的なものであり、当該規定に該当するとの記載では実質的にはなんら理由を示されていないに等しい（最判昭和60年1月22日参照）。

よって、本件拒否処分は行政手続法第8条に違反し、取り消されるべきものである。

第2 請求の趣旨第2項関係（義務付けの訴え）

1 原告は、平成○年○月○日、○○地方厚生局長に対し、健康保険法（以下「法」という）第65条第1項、保険医療機関及び保険薬局の指定並びに保険医及び保険薬剤師の登録に関する省令第3条に基づき、保険薬局指定申請書を提出した（以下「本件申請」という）。

2 これに対し、○○地方厚生局長は、平成○年○月○日、本件申請に対する拒否処分をなした（以下「本件拒否処分」という）。

3 法第65条第3項は、「厚生労働大臣は、第一項の申請があった場合において、次の各号のいずれかに該当するときは、第六十三条第三項第一号の指定をしないことができる」と規定している。

これを反対解釈すれば、同項各号の要件に該当する理由がない限り保険薬局の指定をしなければならないと解されるところ、本件申請は、同項各号のいずれの要件にも該当しないから、本件申請に対し保険薬局指定処分がなされるべきことは法令の規定から明らかである。

第3 まとめ

よって、原告は、請求の趣旨記載の判決を求め、本訴訟の提起に及ぶ。

以 上

証拠方法

別添証拠説明書のとおり

付属書類

訴訟委任状　　　　　1通
代表者事項証明書　　1通

[資料1]　薬局業務運営ガイドライン

○薬局業務運営ガイドラインについて

(平成五年四月三〇日)

(薬発第四〇八号)

(各都道府県知事あて厚生省薬務局長通知)

　今般別紙のとおり「薬局業務運営ガイドライン」を定めたが、その趣旨、運用上の留意事項等は左記のとおりなので、御了知のうえその運用に遺憾のないよう配慮されたい。

記

1　趣旨

　従来、薬局は主として医薬品の供給を通じて国民の保健衛生の向上に寄与してきた。薬局に関する法制度や行政運営もこのような薬局の医薬品の供給業としての側面に着目して行われてきた。

　高齢化の進行、国民の意識の変化、医療保険制度の改革等を踏まえると、今後薬局は調剤、医薬品の供給等を通じ国民に対し良質かつ適切な医療を供給し、地域保健医療に貢献する必要がある。そのためには、薬局薬剤師の自覚と行動を促し、患者本位の良質な医薬分業を推進するとともに、地域における医薬品の供給・相談役として地域住民に信頼される「かかりつけ薬局」を育成する必要がある。

　薬局に関する法制度や行政運営についてもこのような薬局の役割、位置づ

けを明確にしたうえ、薬局の地域保健医療への貢献を促す方向で見直しを行っていくことが求められる。

　以上のような問題認識から、今般、薬局自らが自主的に達成すべき目標であると同時に、薬局に対する行政指導の指針として、薬局の業務運営の基本的事項について「薬局業務運営ガイドライン」（以下「ガイドライン」という）を定めたものである。

2　運用上の留意事項
(1)　ガイドラインは既に法令上規定されているものを除き、薬局に対する行政指導の指針として実施するものであるから、相手方に対する説明と合意によりガイドラインの趣旨、目的の達成に努められたいこと。
(2)　薬局の業務運営の内容は医薬分業の進捗状況などの地域の実情に応じて異なるので、地域の実情に応じた指導を行われたいこと。同一都道府県内においても、地域の実情に応じた取扱いを工夫されたいこと。
(3)　当初はガイドラインの趣旨、内容等について種々の機会をとらえ周知に努めて薬局の自主的な改善を促し、次いで徐々に指導を強めるなど段階的、漸進的な手法により実施されたいこと。
(4)　ガイドラインの運用状況について適宜報告願いたいこと。

○薬局業務運営ガイドラインについて

（平成五年四月三〇日）

（薬企第三七号）

（各都道府県衛生主管部長あて厚生省薬務局企画課長通知）

「薬局業務運営ガイドライン」の運用については、平成五年四月三〇日薬発第四〇八号薬務局長通知によるほか、左記によられたい。

記

1　医療機関、医薬品製造業者及び卸売業者からの独立について
　①　薬局は医療機関から経済的、機能的、構造的に独立していなければならないとは、保険薬局としての適格性に欠けるいわゆる第二薬局は、薬務行

政上も適切とは言えないということである。薬局開設の許可及び更新に当たっては、保険担当課と十分連携をとり、適格性に欠ける薬局については必要な改善等指導の徹底を図られたい。
② 医薬分業の趣旨や薬局の基本理念からして薬局と医療機関との間で処方せんをその薬局に斡旋する旨の約束をすることは、形式のいかんを問わず、また、いずれがイニシアチブをとったかの別を問わず、一切禁止されるものである。また、薬局は、処方せん斡旋の見返りに医療機関に対し、いかなる方法によっても経済的な利益を提供してはならず、経済的な利益の提供を行った事実が判明した場合には、直ちに中止を命ずる等指導の徹底を図られたい。
③ 「薬局は医薬品の購入を特定の製造業者、特定の卸売業者又はそれらのグループのみに限定する義務を負ってはならない」とは、薬局が特定の製造業者、卸売業者からのみ医薬品を購入することを事実上義務づけられ、他の製造業者、卸売業者からの購入が排除されることがあってはならないということである。

　これは、薬局の備蓄医薬品が特定の製造業者、卸売業者の製品のみに限定され、他の製造業者、卸売業者の製品が排除されると、医師の処方権の事実上の制約となるばかりでなく、特定の医療機関からの処方せんにのみ応需し、患者が持参する処方せんに幅広く応需できず医薬分業のメリットが生かされない等の問題が生じるからである。

　なお、この規定は製造業者、卸売業者が薬局を開設することを必ずしも禁ずるものではなく、また、薬局が特定の製造業者、卸売業者から医薬品を購入していることをもって直ちにこの規定に抵触すると判断するものでもない。

2　薬局の名称、表示について
① 薬局は国民からみて一目で薬局と認識できるものでなければならない。このため、他の医薬品販売業（いわゆる薬店）と区別できるよう薬局の名称には必ず「薬局」を付すとともに、薬局であることを積極的に表示することとされたものである。
② 薬局の表示については、国民に対する分かり易さということを考えると、

全国統一の表示とすることが望ましい。新規の表示を制度化することも考えられるが、㈳日本薬剤師会の「基準薬局」については既にかなりの実績があるので、屋上屋となることを避けるため「基準薬局」の場合は積極的に表示することとされたものである。

3 構造設備について
① 薬局の構造設備は現行基準を守るほか、都道府県の実情に応じて指導することは差しつかえない。
② 薬局の構造設備は、清潔さと品位が求められており、特に店頭における雑貨類の山積みや天井からの雑然としたつりビラ等は好ましくない。
③ 薬局は国民の目からみてわかり易いところに設置される必要があるので、公道に面していることが必要であるが、ビルの一室であっても、地下商店街のように不特定多数の人が自由に出入りできるところは差しつかえない。

4 開設者について
① 開設者（法人の場合は代表者）は薬剤師であることが望ましいとされたのは、薬局の地域保健医療への貢献を促すには、医療法の規定により医療の担い手とされた薬剤師（医療法第一条の四）が開設者であることが望ましいこと、開設者が非薬剤師の場合には、行政や地域薬剤師会等が行う研修会や医薬分業促進のための諸活動への参加が一般的に消極的であること、諸外国においても薬局の開設者を薬剤師に限定している国が多いこと等の事情が考慮されたからである。
② 薬剤師でない者から、薬局の開設の許可又は更新の申請が行われた場合には、開設者が薬剤師でない理由、将来薬剤師に変更する計画の有無等について資すとともに、行政や地域の薬剤師会等が実施する研修会、休日、夜間の受入体制の整備等の地域活動に参加、協力する旨の約束を何らかの形で取りつける等の指導をされたい。
③ 開設者が薬剤師でないことのみを理由に薬局開設の許可及び更新をしないことは現行法上認められないので留意されたい。

5 管理者について

管理者が開設者に改善を要求したときは、その内容及びそれに対して講じられた措置等を記録しておくことを指導されたい。

6　薬剤師の確保等について
① 薬局の必要薬剤師数は、従来医薬品の月間販売高に応じた人数とされ（月間販売高四〇〇万円毎に一人）、調剤数がいくら多くとも二人いれば差しつかえないこととされていたが、薬局における薬剤師業務の実態を踏まえ、一日に応需する平均処方せん数に応じた薬剤師数が基本とされたこと。
　なお、一日に応需する平均処方せん数四〇毎に一人の薬剤師数（但し、眼科、耳鼻いんこう科及び歯科については三分の二に換算）とは、患者等との対話、薬歴管理、服薬指導疑義照会などの薬剤師としての業務量を織り込んで算定されたものである。
② 必要薬剤師数についての新基準については、既存薬局について施行の日から一年六か月の経過措置が認められているが、薬局の適正な業務運営のため経過期間内においてもできるだけ速やかに新基準を満たすよう指導されたい。
③ 医薬品や医療をめぐる状況は日進月歩であり、薬剤師の生涯研修は極めて重要な課題なので、地元薬剤師会等に対し、薬剤師研修の開催につき指導、助成に努められたい。
　研修内容については、薬局業務の向上に資するよう、地域医療機関の医師、製薬企業の医薬品情報担当者等を交えた研修を実施するなど具体的、実際的な研修について工夫することが望ましい。

7　医薬品の備蓄について
① 備蓄医薬品の数は、地域の医療機関からの処方せんを円滑に受け入れることができる数が必要であり、地域の医療機関の数、規模、診療科目、更には備蓄センターの有無等により必要数が決まってくるので、地域薬剤師会が地域の実情に応じた必要数を申し合わせること等により薬局が自主的に必要な医薬品を備蓄するよう指導されたい。
　なお、医薬品が備蓄されていないことを理由に処方せんの応需を拒否することは認められないので、指導上徹底されたい。

② 備蓄する医薬品の多くが特定の製造業者の製品に限定されてはならないとされたのは、幅広い医療機関からの処方せんに応じられないこと、医師の処方権の制約につながること等の理由による。

③ 在庫にない医薬品を迅速に調達する方法のひとつとして卸売業者の協力が規定されているが、この規定は、配送に伴う費用負担の問題等について定めたものではない。配送に伴う費用負担は薬局と卸売業者が交渉により決定すべき問題であることは言うまでもない。

8 開局時間について

特定の医療機関からの処方せん応需にのみ対応し、当該医療機関の診療時間外及び休診日には閉局して処方せんを応需していない薬局は早急に改善を図ることとされたのは、このような薬局は患者のトータルとしての薬歴管理が事実上できないこと、当該医療機関からの独立性の維持が極めて困難であること等、医薬分業の趣旨にそぐわないからである。

9 休日、夜間の対応について

職住分離の傾向等からみて休日夜間の対応は個々の薬局の努力だけでは困難であり、当番制の導入等地域の休日、夜間の診療体制を整備し、薬局はこれに参加、協力することにより対応することが必要となっている。従って、地域薬剤師会を通じ、このような体制の整備と円滑な運営について必要な助言、指導に努められたい。

10 処方せん応需について

① 処方せんの拒否が認められるのはアからエまでに掲げたような極めて例外的なケースに限られる。また、たとえこのようなケースであっても患者等にその理由をよく説明して、他の薬局を紹介するなど適切な調剤が受けられるよう措置することが薬局としての当然の責務である。

② 正当な理由がないにもかかわらず恒常的に処方せん応需を拒否する薬局や備蓄医薬品の種類や量からみて処方せん応需の意思が認められない薬局については、一般販売業等への転換等を指導されたい。

指導に当たっては薬局が所在する地域の医薬分業の進捗状況に十分配慮

されたい。

11　薬歴管理、服薬指導について
　薬局が、調剤された薬剤ばかりでなく必要に応じ一般用医薬品を含めた薬歴管理を行い、ていねいな服薬指導を実施することは医薬分業の最も大きなメリットである。特に、高齢化に伴う複数受診の増加等により重複投薬や相互作用のリスクが高まっており、これらを防止するためには薬歴管理と服薬指導は不可欠となっている。薬歴管理や服薬指導を行わない医薬分業は、その意義が大幅に失われてしまうことになるので、その適正な実施につき特段の指導を行われたい。
　また、患者との対話で得られた情報を基に必要に応じ処方医師と処方の変更等について相談することも薬局薬剤師の重要な任務である。
　なお、薬歴管理カードは保険薬局の「薬剤服用歴管理指導料」を算定する場合最終記載の日から三年間保存する義務があるが、実務面での活用を考えると長期に保存することが望ましい。

12　疑義照会について
　通常処方せんの二～三％には疑義が発見されると言われており、極めて疑義照会の件数が少ない薬局については、必要な指導を行われたい。

13　一般用医薬品の供給について
　薬局は調剤と併せて対面販売の原則のもと一般用医薬品を供給するのが使命であり、一方を欠くのは薬局本来の姿からみて問題がある。調剤のみを行っている薬局に対しては一般用医薬品を供給するよう指導されたい。

14　医薬品情報の収集等について
　医薬品情報の収集とその活用は薬局業務にとって極めて重要、不可欠である。個々の薬局の自主的な努力では限界があるので、情報センターの設置など薬剤師会の組織的対応等について指導、助成を行われたい。

15　その他

> ガイドラインは薬局に対する行政指導の指針として実施するものであるが、薬局の業務運営上の改善状況等を踏まえ、将来法的な裏付けを持たせることを検討する予定であること。

【別紙】

薬局業務運営ガイドライン

1 薬局の基本理念
 (1) 調剤を通じ良質かつ適切な医療の供給
　　薬局は、調剤、医薬品の供給等を通じて国民に対し良質かつ適切な医療を行うよう努めなければならない。
 (2) 地域保健医療への貢献
　　薬局は地域の医師会、歯科医師会、薬剤師会、医療機関等と連携をとり、地域保健医療に貢献しなければならない。
 (3) 薬局選択の自由
　　薬局は国民が自由に選択できるものでなければならない。

2 医療機関、医薬品製造業者及び卸売業者からの独立
 (1) 薬局は医療機関から経済的、機能的、構造的に独立していなければならない。
 (2) 薬局は医療機関と処方せんの斡旋について約束を取り交わしてはならない。
 (3) 薬局は医療機関に対し処方せんの斡旋の見返りに、方法のいかんを問わず、金銭、物品、便益、労務、供応その他経済上の利益の提供を行なってはならない。
 (4) 薬局は医薬品の購入を特定の製造業者、特定の卸売業者又はそれらのグループのみに限定する義務を負ってはならない。

3 薬局の名称、表示
 (1) 薬局の名称は、薬局と容易に認識できるよう「薬局」を付した名称とし

積極的に表示すること。
  (2) 特定の医療機関と同一と誤解されるような名称は避けること。
  (3) 「基準薬局」である場合は積極的に表示すること。

4　構造設備
  (1) 地域保健医療を担うのにふさわしい施設であること。特に清潔と品位を保つこと。
  (2) 薬局等構造設備規則に定められているほか、処方せん応需の実態に応じ、十分な広さの調剤室及び患者の待合に供する場所（いす等を設置）等を確保するよう努めること。
  (3) 患者のプライバシーに配慮しながら薬局の業務を行なえるよう、構造、設備に工夫することが望ましい。
  (4) 薬局は利用者の便に資するよう、公道に面していること。

5　開設者
  (1) 開設者は、医療の担い手である薬剤師であることが望ましい。
  (2) 開設者は薬局の地域保健医療の担い手としての公共的使命を認識し、薬事法、薬剤師法等の関係法令及びガイドラインに従った薬局業務の適正な運営に努めること。
  (3) 開設者は薬局の管理者が薬剤師法第9条に規定する義務及びガイドラインを守るために必要と認めて述べる意見を十分尊重しなければならない。
  (4) 開設者はその薬局に勤務する薬剤師等の資質の向上に努めなければならない。
  (5) 開設者は、地域薬剤師会が地域の保健医療の向上のため行なう処方せん受け入れ体制の整備等の諸活動に積極的に協力すること。
  (6) 開設者は薬局の業務運営について最終的な責任を負う。

6　管理者
  (1) 薬局の管理者は、ガイドラインに従った薬局業務の適正な運営に努めるとともに、保健衛生上支障を生ずる恐れがないように、その薬局に勤務する薬剤師その他の従事者を監督し、その薬局の構造設備及び医薬品その他

の物品を管理し、その他薬局業務につき、必要な注意をしなければならない。
(2) 薬局の管理者は、前項の管理者の義務を遂行するために必要と認めるときは、開設者に改善を要求しなければならない

7 保険薬局の指定等
　薬局は保険薬局の指定及び麻薬小売業者の免許を受けることが望ましい。

8 薬剤師の確保等
(1) 薬局の業務量に応じた必要な薬剤師数を確保すること。
　　必要薬剤師数は、次のA及びBにより算定した人数のうち多いほうの人数とする。
　　A：1日に応需する平均処方せん数が40までは1とし、それ以上40又はその端数を増すごとに1を加えた数。
　　　但し、耳鼻いんこう科及び歯科の処方せん数については3分の2に換算して算定する。
　　B：医薬品の販売高（消費者に対して直接販売した医薬品の販売高に限る）の1月平均額が800万円までは1とし、それ以上800万円又はその端数を増すごとに1を加えた数。
(2) 業務の適正な運営を図るため、薬局の処方せん受付け状況等を配慮した薬剤師の勤務体制とすること。
(3) 薬局の業務に従事する薬剤師の氏名を、薬局内の見やすい場所に掲示すること。
(4) 薬剤師は、白衣、ネームプレート等を着用し、薬剤師であることを容易に認識できるようにすること。
(5) 薬剤師は薬事関係法規に精通するほか、医療保険関係法規等（老人保健、公費負担関係を含む）を十分理解し、適正な調剤等に努めること。
(6) 薬剤師は、薬局の業務を遂行するため、薬剤師研修センター、薬剤師会及び薬科大学等が開催する研修を受講し、また自主的な学習に努めること。

9 医薬品の備蓄

(1) 薬局は医療機関が発行する処方せんを円滑に受け入れることができるよう、地域の実情に応じ必要な調剤用医薬品を備蓄すること。
(2) 備蓄する医薬品の数は、処方せん応需の意思を疑われるような少ない品目数であってはならない。
(3) 備蓄する医薬品は、その多くが特定の製造業者の製品に限定されてはならない。
(4) 患者等が持参した処方せんに、薬局に在庫していない医薬品が処方されていた場合に備えて、地域薬剤師会が設置する備蓄センターの利用、卸売業者の協力、地域薬局間での医薬品の分譲等により、迅速に調剤用医薬品が調達できる体制を講じておくこと。

10 開局時間
(1) 開局時間は、地域医療機関や患者の需要に対応できるものであること。
特定の医療機関からの処方せん応需のみ対応し、当該医療機関の診療時間外及び休診日に処方せんを応需していない薬局は、早急に改善を図ること。
(2) 開局時間を住民の見やすいところに表示すること。

11 休日・夜間等の対応
(1) 薬局は、行政機関、医師会、歯科医師会、薬剤師会等が実施する地域の休日、夜間の診療体制に参加、協力するなどして、休日、夜間の処方せん応需に努めなければならない。
(2) 閉局時には、連絡先又は近隣で開局している当番薬局の案内等を外部から見やすいところに掲示すること。

12 業務
(1) 処方せん応需
①処方せんは薬剤師が責任をもって受け付け、正確かつ迅速に調剤を行うこと。
②薬局は、患者等が持参した処方せんを応需するのが当然の義務であり、正当な理由がなくこれを拒否してはならないこと。

処方せんを拒否することが認められる場合としては、以下のような場合が該当するが、やむを得ず断る場合には、患者等にその理由を良く説明し、適切な調剤が受けられるよう措置すること。

なお、処方医薬品がその薬局に備蓄されていないことを理由とした拒否は認められないものであること。

ア 処方せんの内容に疑義があるが処方医師（又は医療機関）に連絡がつかず、疑義照会できない場合。但し、当該処方せんの患者がその薬局の近隣の患者の場合は処方せんを預かり、後刻処方医師に疑義照会して調剤すること。

イ 冠婚葬祭、急病等で薬剤師が不在の場合。

ウ 患者の症状等から早急に調剤薬を交付する必要があるが、医薬品の調達に時間を要する場合。但し、この場合は即時調剤可能な薬局を責任をもって紹介すること。

エ 災害、事故等により、物理的に調剤が不可能な場合。

③恒常的処方せん応需拒否薬局

正当な理由がなく恒常的に処方せん応需を拒否する薬局は、患者に迷惑をかけ、薬局に対する国民の信頼を裏切るとともに、薬局、薬剤師に求められている使命、社会的役割を自ら放棄するものであるから、他の医薬品販売業へ転換することが望ましい。

(2) 薬歴管理・服薬指導

薬剤師は、医薬品の有効で安全な使用、特に重複投薬や相互作用の防止に資するため、患者について調剤された薬剤ばかりでなく、必要に応じ一般用医薬品を含めた薬歴管理を行い、適切な服薬指導を実施すること。また、必要に応じ処方医師へ処方の変更等について相談し、その過程の記録を残すなど、患者のための医療を心がけること。

(3) 疑義照会

薬剤師は、患者が有効かつ安全に調剤された薬剤を使用することができるよう、患者の薬歴管理の記録や患者等との対話を基に薬学的見地から処方せんを確認し、当該処方せんに疑義がある場合は、処方医師に問い合わせて疑義が解消した後でなければ調剤してはならないこと。

なお、疑義照会を行なった場合はその記録を残しておくこと。

(4) 薬袋等への記載

薬袋等へは、薬剤師法施行規則で定める事項のほか、服用に際しての注意、問い合わせ先など、患者のために必要な情報をできるだけ記載すること。

(5) 受診の勧め

一般用医薬品等の販売に当たって、一般用医薬品の適用外と思われる場合は、患者が適正な受診の機会を逃すことのないよう、速やかに「かかりつけ医」等への受診を勧めること。

(6) ファクシミリ患者サービス

薬局は、ファクシミリを設置することが望ましい。

なお、処方せん受入れ準備体制のためのファクシミリの利用については、薬局が医療機関と申し合わせ、患者等の意思に反して、特定の薬局へ処方内容を電送するよう誘導又は限定することは、認められないものであること。

13 一般用医薬品の供給

(1) 薬局は調剤とあわせて一般用医薬品の供給に努めること。
(2) 一般用医薬品の販売に当たっては、必要に応じ薬歴管理を行うとともに、適切な服薬指導を実施すること。
(3) 習慣性や依存性のある医薬品及びその他乱用されやすい医薬品は十分注意して供給すること。

14 医薬品情報の収集等

(1) 常に、医薬品の有効性・安全性に関する情報、副作用情報、保健・医療・介護・福祉情報などを収集し、薬局業務に資すること。
(2) 薬局の業務を円滑に推進するため、関係機関・団体との連絡を密にするとともに、地域住民に必要な情報の提供に努めること。
(3) 医薬品等の副作用等について、薬局利用者からの収集にも努めること。

15 広告

地域保健医療に貢献する薬局として、国民及び医療関係者の信頼を損うこ

とのないよう、品位のある広告に留意すること。

16　在宅医療・福祉
　　薬局及び薬剤師は調剤及び介護用品等の供給を通じ、在宅医療、福祉に貢献するよう努力すること。

17　薬事衛生等への参画
　　薬局の薬剤師は、薬物乱用防止、学校薬剤師活動、地域の環境衛生の維持向上等に積極的に参画するよう努めること。

［資料2］　東京都薬局等許可審査基準及び指導基準（抜粋―薬局の独立）

指導基準
1　薬局は医療機関から経済的、機能的、構造的に独立していなければならない。 　(1)　経済的独立 　　　ア　特定の医療機関又はその関係者、役員等から資本の提供を受けていないこと。 　　　イ　特定の医療機関又はその関係者、役員等から土地、建物の提供を受けていないこと。 　　　ウ　特定の医療機関又はその関係者、役員等との間に土地、建物の賃貸借関係がないこと。 　(2)　機能的独立 　　　ア　薬局を開設する法人の役員の中に、近隣の医療機関の開設者、役員等が含まれていないこと。 　　　イ　薬局の従業員の中に、近隣の特定の医療機関との間に雇用関係のある者又はあった者が含まれていないこと。 　　　ウ　薬局の開設者と近隣の特定の医療機関の開設者、役員等との間に、配偶者又は三親等内の親族に該当する者がいないこと。 　　　エ　特定の医療機関と会計処理を連結していないこと。 　(3)　構造的独立

ア　薬局と特定の医療機関が構造的に分離していること。
　　イ　特定の医療機関から薬局に患者を誘導するための設備がなされていないこと。
　　ウ　薬局の入口が公道に面していること。
　　エ　薬局の設備を医療機関が共用していないこと。
　　　　　　　　（平成5．4．30薬発第408号厚生省薬務局長通知）
　注）　上記の独立性に関する指導基準内容に抵触する場合においては、保護薬局の特定を受けられないことがあるので、速やかに申請者に対し、社会保険事務所（筆者注：現地方厚生局）に相談するよう指導すること。

〈参　考〉
＊＊健康保険事業の健全な運営の確保＊＊
　（保険薬局及び保険薬剤師療養担当規制第2条の3）

（松浦裕介）

第3章

風俗営業法をめぐる許認可手続

第3章　風俗営業法をめぐる許認可手続

I　申請手続

1　風俗営業許可申請手続の流れ

〈表2〉　風俗営業の種別ごとの構造基準

区分		風俗営業の業態
接待飲食等営業	1号営業	キャバレー等、設備を設けて客にダンスをさせ、そして客の接待をして飲食をさせる営業。 1. 客室床面積は、66m²以上（そのうちダンス部分が1/5以上あることが必要） 2. 営業所の外部から客室が見えないこと 3. 客室に見通しを妨げる設備がないこと 4. 風俗を害するおそれのある写真・広告物・装飾等の設備がないこと 5. 客室の出入口（営業所外に直接通ずる出入口は除く）に施錠の設備を設けないこと 6. 営業所内の照度が5ルクス以上あること 7. 騒音、振動の数値が条例で定める数値以下であること
	2号営業	待合、料理店、クラブ等、設備を設けて客の接待をして客に遊興または飲食をさせる営業。 1. 客室床面積は、16.5m²以上 　和室1室につき9.5m²以上 　ただし、客室が1室の場合は制限なし 2. 営業所の外部から客室が見えないこと 3. 客室に見通しを妨げる設備がないこと 4. 風俗を害するおそれのある写真・広告物・装飾等の設備がないこと 5. 客室の出入口（営業所外に直接通ずる出入口は除く）に施錠の設備を設けないこと 6. 営業所内の照度が5ルクス以上あること 7. 騒音、振動の数値が条例で定める数値以下であること 8. ダンスをする踊り場がないこと

3号営業	ナイトクラブ、ディスコ等設備を設けて客にダンスをさせ、かつ、客に飲食をさせる営業。客の接待はできない。 1. 客室床面積は、66m² 以上（そのうちダンス部分が1/5以上あることが必要） 2. 営業所の外部から客室が見えないこと 3. 客室に見通しを妨げる設備がないこと 4. 風俗を害するおそれのある写真・広告物・装飾等の設備がないこと 5. 客室の出入口（営業所外に直接通ずる出入口は除く）に施錠の設備を設けないこと 6. 営業所内の照度が5ルクス以上あること 7. 騒音、振動の数値が条例で定める数値以下であること
4号営業	ダンスホール等、設備を設けて客にダンスをさせる営業（ダンス教授者がダンスを教授する場合のみ客にダンスをさせる営業を除く）。客の接待はできない。 1. 客室床面積は、66m² 以上 2. 営業所の外部から客室が見えないこと 3. 客室に見通しを妨げる設備がないこと 4. 風俗を害するおそれのある写真・広告物・装飾等の設備がないこと 5. 客室の出入口（営業所外に直接通ずる出入口は除く）に施錠の設備を設けないこと 6. 営業所内の照度が10ルクス以上あること 7. 騒音、振動の数値が条例で定める数値以下であること
5号営業 (低照度 飲食店)	客席における照度を10ルクス以下として、喫茶店、バー等、設備を設けて客に飲食をさせる営業。客の接待はできない。 1. 客室床面積は、1室につき5m² 以上 2. 営業所の外部から客室が見えないこと 3. 客室に見通しを妨げる設備がないこと 4. 風俗を害するおそれのある写真・広告物・装飾等の設備がないこと 5. 客室の出入口（営業所外に直接通ずる出入口は除く）に施錠の設備を設けないこと 6. 営業所内の照度は5ルクス以上あること 7. 騒音、振動の数値が条例で定める数値以下であること

		8. ダンスをする踊り場がないこと
	6号営業 (区画席 飲食店)	他から見通すことが困難で、広さが5 m²以下の客席を設けて喫茶店、バー等、設備を設けて客に飲食をさせる営業。客の接待はできない。 1. 営業所の外部から客室が見えないこと 2. 風俗を害するおそれのある写真・広告物・装飾等の設備がないこと 3. 客室の出入口(営業所外に直接通ずる出入口は除く)に施錠の設備を設けないこと 4. 営業所内の照度は10ルクス以上あること 5. 騒音、振動の数値が条例で定める数値以下であること 6. ダンスをする踊り場がないこと 7. 長いす等、もっぱら異性を同伴する客の休憩の用に供する設備を設けないこと
遊技場営業	7号営業	マージャン屋、ぱちんこ屋等、設備を設けて客に射幸心をそそるおそれのある遊技をさせる営業。営業所内の照度は、10ルクス以上あること。 1. 客室に見通しを妨げる設備がないこと 2. 風俗を害するおそれのある写真・広告物・装飾等の設備がないこと 3. 客室の出入口(営業所外に直接通ずる出入口は除く)に施錠の設備を設けないこと 4. 営業所内の照度は、10ルクス以上あること 5. 騒音、振動の数値が条例で定める数値以下であること 6. ぱちんこ屋等はその営業の用に供する遊技機以外の遊技設備を設けてはならない 7. 客の見やすい場所に商品を提供する設備を設けること(マージャン屋は除く)
	8号営業	ゲームセンター、ゲーム喫茶等、スロットマシンやテレビゲーム機、その他遊技設備で本来の用途以外の用途として射幸心をそそるおそれのある遊技に用いることができるものを備える店舗その他これに類する区画された施設において当該遊技設備により客に遊技させる営業。 1. 客室に見通しを妨げる設備がないこと

	2. 風俗を害するおそれのある写真・広告物・装飾等の設備がないこと
	3. 客室の出入口（営業所外に直接通ずる出入口は除く）に施錠の設備を設けないこと
	4. 営業所内の照度は、10ルクス以上あること
	5. 騒音、振動の数値が条例で定める数値以下であること
	6. 紙幣を挿入できる遊技設備を設けないことと、現金等を提供するための装置のある遊技設備を設けないこと

(1) 人的欠格事由──風俗営業の許可を受けられない者

風俗営業等の規制及び業務の適正化等に関する法律（以下、「風営法」という）における人格欠格事由（風俗営業の許可を受けられない者）は、以下のとおりである（風営4条1項）。

① 成年被後見人もしくは被保佐人または破産者で復権を得ていない人
② 1年以上の懲役もしくは禁錮の刑に処せられ、または無許可風俗営業、刑法の猥せつの罪、売春防止法、児童買春、児童ポルノに係る行為等の処罰及び児童の保護等に関する法律、職業安定法、出入国管理及び難民認定法、労働基準法、児童福祉法違反で1年未満の懲役もしくは罰金の刑に処せられて、その執行を終わり、または執行を受けることがなくなった日から起算して5年を経過しない人
③ 集団的にまたは常習的に暴力的不法行為を行うおそれのある人
④ アルコール、麻薬、大麻、あへんまたは覚せい剤の中毒者
⑤ 風俗営業の許可を取り消されて5年を経過しない人または法人の役員
⑥ 営業に関し成年者と同一の能力を有しない未成年者
⑦ 法人でその役員（取締役・監査役）に上記①〜⑤までに掲げる事項に該当する人がいるもの

(2) 地域的制限──風俗営業の許可を受けられない地域

営業制限地域については、風営法4条の規定を受けて同法施行令6条で条例の基準が定められている。これに基づき、各都道府県は条例でそれぞれ営業制限地域を定めている。

<表3> 用途地域からみた営業制限地域（東京都の場合）

営業種別用途地域	7・8号営業	左記以外の営業	深夜酒類提供飲食店
第一種低層住居専用地域 第二種低層住居専用地域	×	×	×
第一種中高層住居専用地域 第二種中高層住居専用地域	×	×	×
第一種住居地域 第二種住居地域 準住居地域	×（注）	×	×
商業地域 近隣商業地域	○	○	○
準工業地域 工業地域 工業専用地域	○	○	○

（注） 7号営業、8号営業の営業所については、近隣商業地域および商業地域に近接する第二種住居地域および準住居地域で当該地域から20m以下の区域は除外される。

おおよそ、地域的規制を満たすには、

① 地域からみた営業制限地域（住居が多数集合している地域を保護するためのもの）

② 施設からみた営業制限地域（施設の種類によって距離制限が異なる場合がある）

の上記①②いずれにも該当しないことを要する。

注意点としては、下記3点があげられる。

ⓐ 各都道府県の条例により営業制限地域はそれぞれ異なる。

ⓑ 建築基準法の規制とは異なる（建物は立つが、風俗営業許可が下りない、ということがある）。

〈表4〉 保護対象施設からみた営業制限地域（申請場所がそれぞれの規定距離内にあるときは、不許可）（東京都の場合）

地域別	保護対象施設別	制限距離
商業地域	① 学校（大学を除く）、図書館、児童福祉施設（助産施設を除く）	50m
	② 大学、病院（注1）、診療所（注2）	20m
	③ 第二種助産施設および診療所（有床）	10m
近隣商業地域	① 大学、病院（注1）、診療所（注2）	50m
	② 第二種助産施設、診療所（有床）	20m
その他の地域	学校、図書館、児童福祉施設、病院、診療所（有床） （これらの用に供するものと決定した土地を含む）	100m

（注1） 第一種助産施設を含む
（注2） 8床以上の入院施設を有する施設

ⓒ 商業地域と近隣商業地域では保護対象施設との距離制限が異なる（基準は営業所から半径100mだが、用途地域により緩和措置が設けられていることが多い）。

(3) 深夜酒類提供飲食店営業の場合

同じ飲食店でも、午前0時までに営業を終了する飲食店は保健所の飲食店営業許可のみで問題なく営業できる。しかし、午前0時を超えて営業する場合は、以下の届出が必要な場合もある（風営33条）。

スナック、パブ、居酒屋、やきとり屋、おでん屋、小料理屋、割烹、喫茶店などその名称を問わず客に酒類を提供して営む営業で、深夜（午前0時〜日の出時まで）において営む営業は、深夜酒類提供飲食店といい、公安委員会に届出が必要である。

しかし、レストラン、すし屋、そば屋、中華料理店など営業の常態として通常主食と認められる食事を提供して営む営業については、たとえその営業が深夜に及んだとしても届出の必要はない。

(ア) 地域的規制

上記深夜酒類提供飲食店営業は、住居専用地域、住居地域（準住居地域を含む）においては、原則禁止され、都道府県の条例により異なるが、保護対象施設からの制限距離はないものとされている。

　(ｲ)　**営業所の構造基準**

　深夜酒類提供飲食店の構造基準としては、下記があげられている（風営施行規則74条）。

①　客室の床面積は9.5m²以上（1室の場合は制限なし）であること
②　客室に見通しを妨げる設備がないこと
③　風俗を害するおそれのある写真、広告物、装飾等の設備がないこと
④　客室の出入口（営業所外に直接通ずる出入口は除く）に施錠の設備を設けないこと
⑤　営業所の照度が20ルクス以上であること
⑥　騒音、振動の数値が条例で定める数値以下であること
⑦　ダンスをする踊り場がないこと

　(ｳ)　**営業にあたっての禁止事項**

　深夜酒類提供飲食店営業にあたっては、①18歳未満の者を午後10時から翌日の日出時までの間、客に接する業務につかせること（ただし、営業の常態として通常主食を提供して営む営業等は除かれる）または、客として立入らせること（ただし、国家公安委員会規則で定める営業所および保護者同伴の場合は除く）は禁止されており、②20歳未満の者に酒類やたばこを提供すること、③深夜において客引きをすること、も禁止されている（風営32条3項、同施行規則77条）。

　(ｴ)　**営業にあたっての遵守事項**

　深夜酒類提供飲食店営業にあたっては、深夜、客に遊興させてはならず（深夜遊興の禁止）、営業者が積極的に客に遊び興じさせてはいけない。もちろん「接待」もできない。「接待行為」をすれば、無許可の風俗営業として罰金を科される（風営32条1項1号）。

Ⅰ　申請手続

〔図3〕　風俗営業許可申請の流れ

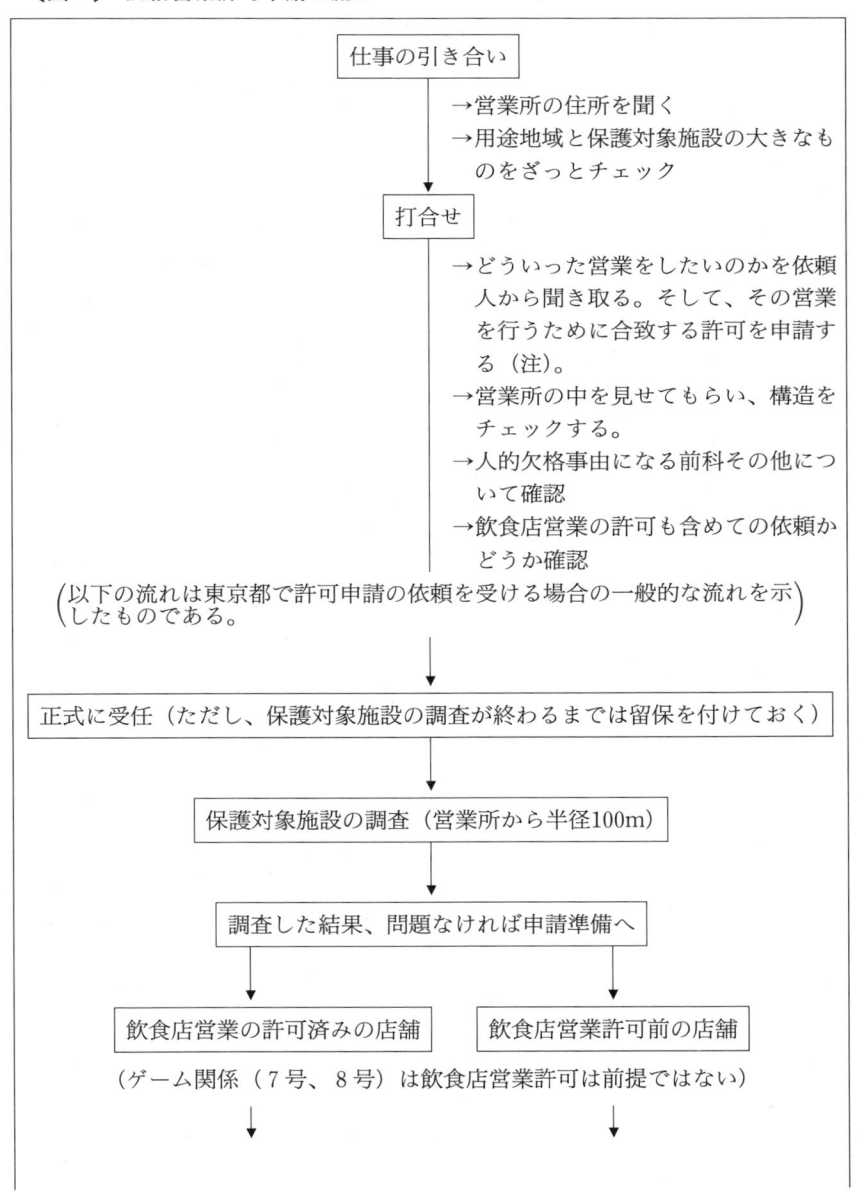

```
                    ┌─────────────┐
                    │ 仕事の引き合い │
                    └──────┬──────┘
                           │  →営業所の住所を聞く
                           │  →用途地域と保護対象施設の大きなも
                           │    のをざっとチェック
                    ┌──────┴──────┐
                    │   打合せ    │
                    └──────┬──────┘
                           │  →どういった営業をしたいのかを依頼
                           │    人から聞き取る。そして、その営業
                           │    を行うために合致する許可を申請す
                           │    る（注）。
                           │  →営業所の中を見せてもらい、構造を
                           │    チェックする。
                           │  →人的欠格事由になる前科その他につ
                           │    いて確認
                           │  →飲食店営業の許可も含めての依頼か
                           │    どうか確認
```

（以下の流れは東京都で許可申請の依頼を受ける場合の一般的な流れを示したものである。）

┌───┐
│ 正式に受任（ただし、保護対象施設の調査が終わるまでは留保を付けておく） │
└─────────────────────┬───────────────────────┘
                      ↓
         ┌────────────────────────────┐
         │ 保護対象施設の調査（営業所から半径100m） │
         └─────────────┬──────────────┘
                       ↓
         ┌────────────────────────────┐
         │ 調査した結果、問題なければ申請準備へ │
         └─────────────┬──────────────┘
            ┌──────────┴──────────┐
            ↓   ↓
  ┌──────────────────┐ ┌──────────────────┐
  │ 飲食店営業の許可済みの店舗 │ │ 飲食店営業許可前の店舗 │
  └──────────────────┘ └──────────────────┘

（ゲーム関係（7号、8号）は飲食店営業許可は前提ではない）

第3章　風俗営業法をめぐる許認可手続

```
┌─────────────────────────────────┐
│          店内の計測              │
└─────────────────────────────────┘
       │              │
       │              ▼
       │      ┌──────────────────┐
       │      │ 飲食店営業許可を申請 │
       │      └──────────────────┘
       │              │
       │              ▼
       │      ┌──────────────┐
       │      │  保健所検査    │
       │      └──────────────┘
       │              │
       │              →1週間：この間に風俗
       │                営業許可申請書類の準備
       ▼
┌─────────────────────────────────┐
│ 風俗営業許可申請（標準処理期間55日） │
└─────────────────────────────────┘
              │
              →1〜2週間
              ▼
┌─────────────────────────────────────────────┐
│ 実査：スライダックス固定、料金表、メニュー、従業者名簿 │
└─────────────────────────────────────────────┘
              │
              ▼
┌─────────────────────────────────┐
│ 所轄警察署より許可が下りた旨の電話  │
└─────────────────────────────────┘
              │
              →電話があればその日の夜から営業可
              ▼
┌─────────────────────────────────┐
│ 許可書が所轄警察署に届いた旨の電話  │
└─────────────────────────────────┘
              │
              ▼
┌─────────────────────────────────┐
│    認印を持参して許可書を受領       │
└─────────────────────────────────┘
              │
              ▼
┌─────────────────────────────────┐
│         営業所内に掲示            │
└─────────────────────────────────┘
```

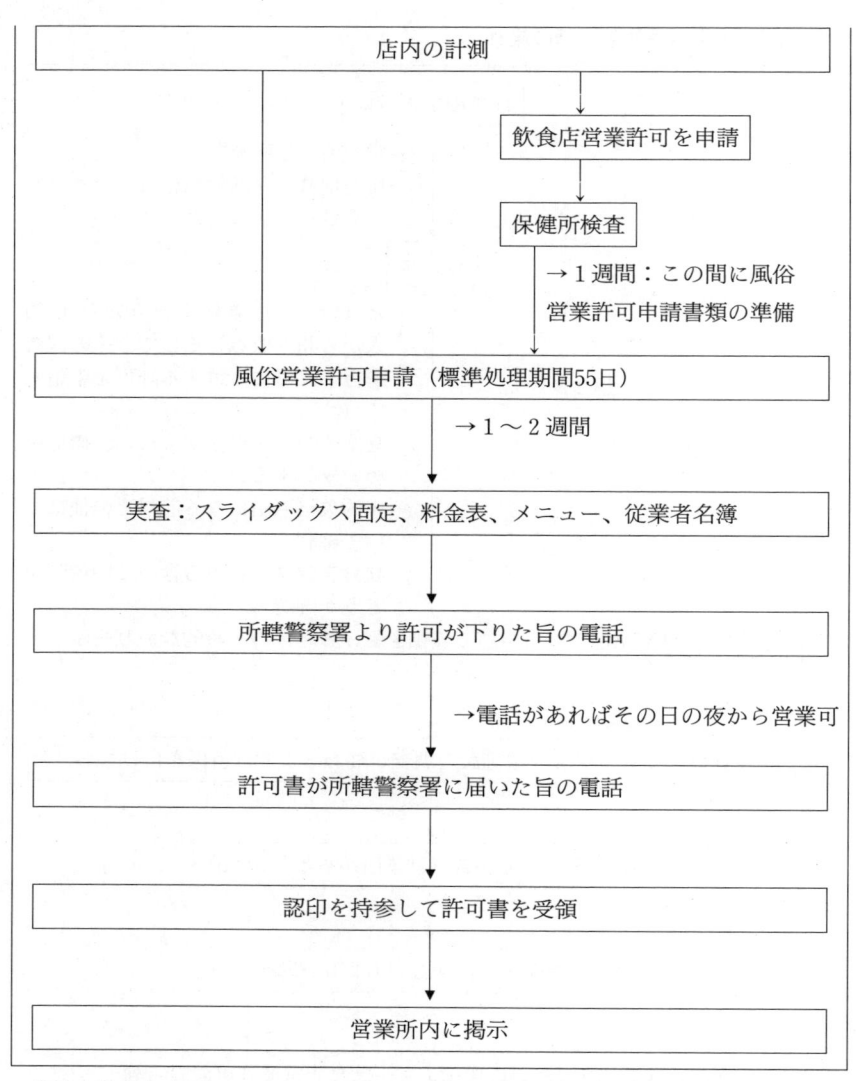

（注）「クラブ」「キャバクラ」「ホストクラブ」「スナック」など、一般的な営業形態を「風俗営業2号　社交飲食店」と翻訳するわけである。

Ⅰ　申請手続

【書式12】　風俗営業許可申請書

別記様式第2号（第10条関係）

その1	※ 受理年月日		※ 許可年月日	
	※ 受理番号		※ 許可番号	

許　可　申　請　書

　風俗営業等の規制及び業務の適正化等に関する法律第5条第1項の規定により許可を申請します。

　　　　　　　　　　　　　　　　　　　　　　　　平成　　　年　　月　　日

東京都公安委員会殿　　　　　　　申請者の氏名又は名称及び住所

　　　　　　　　　　　　　　　　　　東京都○○区○○町2丁目○番○-○○○号
　　　　　　　　　　　　　　　　　　　　○　○　○　○　　　　　印

（ふりがな） 氏名又は名称	○○○○　○○○ ○　○　　　○　○
住　　　　所	〒（000-0000）　東京都○○区○○町2丁目○番○-○○○号 （　03　）××××局××××番
（ふりがな） 営業所の名称	△△△
営業所の所在地	〒（000-0000）　東京都○○区○○町2丁目○番○号○○ビル○階 （　03　）××××局××××番
風俗営業の種別	法第2条第1項　第7号の営業　パチンコ店等
（ふりがな） 管理者の氏名	○○○○　○○○ ○　○　　　○　○
管理者の住所	〒（000-0000）　東京都○○区○○町2丁目○番○-○○○号 （　03　）××××局××××番
（ふりがな） 法人にあっては、 その役員の氏名	法　人　に　あ　っ　て　は　、　そ　の　役　員　の　住　所

代表者		〒（　　　）　該当なし （　　　）　　　局　　　番
		〒（　　　） （　　　）　　　局　　　番

滅失風俗営業所	廃　止　の　事　由		廃止年月日
			平成　年　月　日
	営業所の名称 所　在　地		
	営業所面積等	㎡	許可年月日　平成　年　月　日　許可番号　第　　号

現に許可を受けて 営む風俗営業	許可年月日	平成　　年　　月　　日　　許可番号　第　　　号
	営業所の名称 及び所在地	

第3章　風俗営業法をめぐる許認可手続

別記様式第3号（第10条関係）

その1	営　業　の　方　法
営業所の名称	△△△
営業所の所在地	東京都○○区○○町２丁目○番○号○○ビル○階
営業の種類	法第２条第１項第７号の営業　（パチンコ店等）
営業時間	(午前)／午後　１０時００分から　午前／午後　１１時００分まで ただし、　　の日にあっては、(午前)／午後　　時　　分から　午前／午後　　時　　分まで
１８才未満の者を従業員として使用すること	①する　(②しない) ①の場合：その者の従事する業務の内容
１８歳未満の者の立入禁止の表示方法	「１８歳未満の方の立入りをお断りします。」の札を営業所入口に提示して表示する。
飲食物（酒類を除く。）の提供	(①する)　②しない ①の場合：提供する飲食物の種類及び提供の方法 **営業所内にコーヒー、コーラ、お茶等の飲物自動販売機を設置して提供する。**
酒類の提供	①する　(②しない) ①の場合：提供する酒類の種類、提供の方法　20歳未満の者への酒類の提供を防止する方法
当該営業所において他の営業を兼業すること	①する　(②しない) ①の場合：当該兼業する営業の内容

Ⅰ 申請手続

その2 （B） （法第2条第1項第7の営業）				
（まあじゃん屋のみ記入すること）				
遊 技 料 金	① 客1人当たりの時間を基礎として計算する ② まあじゃん台1台につき時間を基礎として計算する			
	全自動台につき			円
	半自動台につき			円
	その他の台につき			円
遊 技 料 金 の 表 示 方 法				
（ぱちんこ屋及び令第11条に規定する営業のみ記載すること）				
ぱちんこ屋及び 令第7条に規定する 営業の遊技料金	ぱ ち ん こ 遊 技 機	玉1個		○○ 円
	回 胴 式 遊 技 機	メダル1枚		○○ 円
	アレンジボール遊技機	玉1個		円
		メダル1枚		円
	じ ゃ ん 球 遊 技 機	玉1個		円
		メダル1枚		円
	そ の 他 の 遊 技 機 （　　　　　　）	につき		円
その他の営業の 遊 技 料 金	遊 技 の 種 類 （　　　　　　）	につき		円
遊 技 料 金 の 表 示 方 法	**各遊技機の台間玉貸機及びメダル貸機に遊技料金を記載したシールを貼り付ける。 また、各遊技機の妻板や営業所内の見やすい位置の壁に遊技料金を記載した表示札を 掲示する**			
賞　品　の 提 供 方 法	客室内に、ぱちんこ玉及びメダル計数機を設置し、 客は遊技の結果得た玉及びメダルを計数機に入れ、計数機から印字され たレシートを賞品提供所において提示し、希望の商品を選び出して店員 と客とが互いに確認の上交換する。			
提供する賞品のうち 最 も 高 価 な も の	デジタルカメラ 　　　　　　　　　　　　　　　　　　　　　（１０，０００　円）			

第3章 風俗営業法をめぐる許認可手続

その2（B）　（法第2条第1項第7号の営業）

営業所の構造及び設備の概要	建物の構造			鉄骨造2階建				
	建物内の営業所の位置			1階全部				
	客室数			1室		営業所の床面積	337.34㎡	
	客室の総床面積			283.36㎡	各客室の床面積	283.36㎡ ㎡	以下余白 ㎡	㎡
	照明設備			別紙「音響照明監視設備図」の通り。				
	音響設備			営業所案内放送用の音響設備を設置する。 スピーカーの位置は別紙「音響照明監視設備図」の通り				
	防音設備			厚さ100㎜をこす壁の遮音構造。 天井・プラスターボード下地にクロス貼り、一部化粧ガラス板及び鏡張り。 壁・プラスターボード下地に化粧ガラス板及び強化ガラス張り、一部シート貼り、一部排煙窓。 床・タイルカーペット敷き、一部塩ビタイル貼り。				
	遊技設備	まあじゃんの台数	普通台		半自動台	全自動台		計
			台		台	台		台
		法第四条第四項に規定する遊技機に係る遊技機	区分	ぱちんこ遊技機	回胴式遊技機	アレンジボール遊技機	じゃん球遊技機	その他の遊技機	計
			型式数	10型式	12型式	型式	型式	型式	22型式
			台数	144台	55台	台	台	台	199台
	その他の遊技設備			その他の遊技設備はなし。				
	その他			1．出入り口は2カ所とする。（強化ガラス製自動ドア） 2．善良の風俗又は清浄な風俗環境を害するおそれのある絵画、写真、装飾、広告物はない。 3．見通しを妨げる設備はない。				
※風俗営業の種類								
※兼業								
※同時申請の有無				① 有　　② 無	※受理警察署長			
※条件	年　月　日							
	年　月　日							
	年　月　日							

Ⅰ 申請手続

遊技機の種類	製造業者名	型式名	検定番号	認定の有無	台数	備考
その３（法第４条第４項に規定する営業に係る遊技機の明細書）						
ぱちんこ遊技機	㈱三洋物産	ＣＲ大海物語Ｍ２	4P0863	無	１８	中古品
ぱちんこ遊技機	㈱ニューギン	ＣＲ新影の軍団 ＳＣＦ６８	6P0237	無	１３	中古品
ぱちんこ遊技機	㈱三共	ＣＲフィーバー電車で GO！２ＭＦ－Ｔ	6P0109	無	９	中古品
ぱちんこ遊技機	㈱藤商事	ＣＲ暴れん坊将軍 ２Ｎ	6P0707	無	１４	中古品
ぱちんこ遊技機	㈱ビスティ	ＣＲ松浦亜弥 ＳＦ－Ｔ	6P0415	無	１０	中古品
ぱちんこ遊技機	サミー㈱	ＣＲリングにかけろ １ＳＶＷＡ	6P0398	無	９	中古品
ぱちんこ遊技機	㈱三共	ＣＲＳＡＫＰ００２	5P1229	無	９	中古品
ぱちんこ遊技機	タイヨーエレック㈱	ＣＲ大陸物語ＮＴＸ	5P1228	無	９	中古品
ぱちんこ遊技機	㈱ビスティ	ＣＲ新世紀エヴァンゲリオン・セカンドインパクトＸＦ	5P1090	無	１０	中古品
ぱちんこ遊技機	サミー㈱	ＣＲ魁！！男塾 ＭＶＪ	5P0676	無	４３	中古品
回胴式遊技機	㈱北電子	アイムジャグラー ＥＸ	6S0242	無	１０	新品
回胴式遊技機	㈱銀座	ＧＮＺ０２	440551	無	５	中古品
回胴式遊技機	サミー㈱	ホクトノケンＳＥ	440467	無	８	中古品
回胴式遊技機	㈱オリンピア	ゴルゴ１３ザプロフェッショナルＪ	5S0900	無	４	中古品
回胴式遊技機	山佐㈱	ラウンド１	440582	無	１	中古品
回胴式遊技機	ニイガタ電子精機㈱	チャンネルＮ	440581	無	１	中古品
回胴式遊技機	㈱大一商会	ハイビスカス	440569	無	１０	新品

第3章　風俗営業法をめぐる許認可手続

その3　(法第4条第4項に規定する営業に係る遊技機の明細書)						
遊技機の種類	製造業者名	型　式　名	検定番号	認定の有無	台数	備考
回胴式遊技機	㈱エマ	イミソーレー30	440612	無	8	新品
回胴式遊技機	㈱オリンピア	ビービージャック	440455	無	1	中古品
回胴式遊技機	アビリット㈱	ＡＢＬ００４	440565	無	1	中古品
回胴式遊技機	山佐㈱	エディション2	440555	無	1	中古品
回胴式遊技機	㈱三共	夢夢ワールドＤＸ	440599	無	5	中古品
ぱちんこ遊技機			小　　計		144台	
回胴式遊技機			小　　計		55台	
			合　　計		199台	

　風俗営業は大別して1号から6号までの料理飲食関係、7号・8号のゲーム関係に分類される。

　上記にあげた営業形態が2号に該当するという判断は、依頼人からの聴取りにより、「接待行為」があるか否かで下している。「接待行為」は東京都の場合、警視庁が判断基準を設けている。わかりやすくいえば、客の席にともに座って（元の文には、「酒席に侍って」とあるのみなので、客の前や横に立って話し相手をするのは「接待」にあたらないというわけではないことに注意）話し相手をしたり、お酌をしてあげたり、カラオケを歌うことをすすめて、褒めそやしてあげたりすることである。「接待行為」は異性に限らないので、ニューハーフが男性を接待しても許可が必要であり、女性を女性が接待しても許可が必要である。

2　申請上の留意点

　風俗営業許可申請においては、風営法、同法施行令、同法施行規則等のみならず、各都道府県の条例が重要な位置を占めている。営業禁止区域、保護対象施設の種類等、地域性に鑑みて定めるべき内容が多いからである。そのため、各都道府県の条例をまず調査しなければ、風俗営業許可申請の準備に着手できない。なぜなら、風俗営業許可の要件を満たすかどうかの最終的な判断は、条例に定められた内容（たとえば保護対象施設の種類）を知らなければ下すことができないからである。

　風俗営業許可申請においては、実地調査、実測が極めて重要なポイントである。申請のための添付書類に、営業所の半径100m以内の略図（用途地域、保護対象施設の有無、その位置、営業所からの距離、保護対象外施設等を記載）、営業所平面図、客室・調理場の求積図、営業所求積図、照明・音響設備図といった図面類があるからである。

　しかも、許可申請後の実査では、図面に記載した内容と実際の営業所内のテーブルの配置、数・照明の位置数等に至るまでチェックされ、求積が正確かどうか実際に計測もされる。正確な計測、求積、営業所内の設備が許可要件を満たしているかどうかのチェックは欠かせない。

　飲食店には一般的にスライダックス（調光機）がスイッチとともに設置されていることが多いが、スライダックスがないことが許可要件の１つなのでその点のチェック、改善の指導も含まれる。

　許可される場所に営業所が位置するかどうか（営業所から半径100m以内に保護対象施設が存在しない）の調査に手抜かりがあり、許可申請できない、あるいは不許可処分になると、場合によっては行政書士に損害賠償責任が発生する。

　調査は必ず申請者からの依頼を受けた行政書士が責任をもって行う。隣の店が許可をとれたからといって申請者の店（営業所）で許可をとれるとは限らない。隣のクラブは商業地域に位置しているが、申請者が開店しようとし

ているクラブは住居地域にまたがっているかもしれないのである。また、隣の店は風営法施行以前から営業している既得権営業かもしれない。自分の足と目で確認することが大切である。

　また、風俗営業の許可に関しては、承継の手続があり、相続、法人の合併・分割により、あらかじめ公安委員会の承認を受けて許可を承継することができる（風営7条、7条の2、7条の3）。近くに保護対象施設ができている場合や、用途地域に問題がある場合、新規に許可を受けることができないので、便利な規定である。

3　具体例──ラブホテル

(1)　手続の流れ

(ア)　性風俗関連特殊営業の種類

　性風俗関連特殊営業には、店舗型性風俗特殊営業、無店舗型性風俗特殊営業、映像送信型性風俗特殊営業が大きな区分けとして存在する。

　ここで取り上げているラブホテルは、店舗型性風俗特殊営業に分類される。

　店舗型と無店舗型の区別は、営業所を設け、客を立ち入らせるか否かである。たとえば、派遣型ファッションヘルスは営業所を設けず、ただ事務所で客の注文を受けるだけで、女性を客の要望する先に派遣する営業であるから無店舗型性風俗特殊営業となる。それに対し、営業所（店舗）を設け、接客従業員をおきそこで客がサービスを受けるタイプがファッションヘルスであり、店舗型性風俗特殊営業である。映像送信型性風俗特殊営業は、俗にいうアダルトサイトの運営である。

(イ)　性風俗特殊営業の特徴

　性風俗特殊営業の特徴としては、キーワードとして「異性」「専ら」「性的好奇心」があげられる。

　ラブホテルは、「男女（異性）」が「専ら」「性的」な行為を行うことを目的として利用させるために、店舗型性風俗特殊営業に該当する。通常のホテルは、上記のキーワードが欠けている。

営業にあたっては、許可ではなく、届出で済む（届出制）。性風俗に関した営業を「許可」することに抵抗があったものか（？）届出制なので、人的欠格事由もないから、誰でも届出をすることができる。

(2) 申請上の留意点

店舗型性風俗特殊営業の1号営業、2号営業は東京都においても台東区千束4丁目の一部でしか営業を許されない旨条例で定められている。その他の営業はやはり用途地域、保護対象施設からの規定距離があるため、困難である。営業所から半径200mの調査を誤ると届出を受理してもらえない。

また、風営法28条3項の規定により、法律施行当時、すでに店舗型性風俗特殊営業に該当する営業をしていた営業者は、営業禁止区域内に営業所があっても引き続き営業を行うことができる（既得権とよばれる）ため、隣の店が届出済店であっても、営業を開始できるとは限らない。

また、許可と違い、届出には承継のための手続がないので、既得権者が死亡または法人の場合消滅すると引き続き営業できなくなることに注意を要する。また、建物の老朽化に伴っての、建替えや大規模修繕も既得権消滅の原因となる場合がある。どうにもならないほど老朽化が進めば、いずれこの営業種別の店舗は消えていく定めである。

〔図4〕 実際の手続の流れ（店舗型性風俗特殊営業）

① 依頼人と打合せ
→営業所の所在地を聞く。営業を開始したいおおむねの予定を聞く。営業開始の10日前までに届出をしなければならないので、手続のタイムテーブルは重要である。

② 営業所が届出できる場所にあるか否かの調査

→用途地域を調査。また営業所の半径200m以内に保護対象施設があるか否かの調査を行う。ここが最も肝心な作業である。この要件はクリアすることがかなり難しい。半径200mはよく考えられた距離で、人口の多いエリアでは、何かしら保護対象施設がある場合がほとんどである。都道府県や市区町村によっては、店舗型性風俗特殊営業を合法的に営めないよう、保護対象施設の種類を多くしたり、行政側で指定して容易に保護対象施設にできる施設（公園＝都市公園等がよくみられる）を保護対象施設となるよう指定したりしていることが多い。

略図、図面を作成

→許可のときと同様のものを作成する。ただし、略図は営業所から半径200mのものになる。

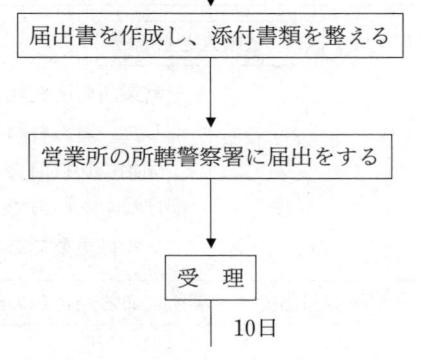

届出書を作成し、添付書類を整える

↓

営業所の所轄警察署に届出をする

↓

受　理

10日

Ⅰ 申請手続

```
         ↓
     ┌─────────┐
     │ 営業開始 │
     └─────────┘
┌─────────────────────────────────────────────────────┐
│ 届出済確認書ができると所轄警察署から電話があり、認印を持参して受領 │
└─────────────────────────────────────────────────────┘
```

【書式13】 店舗型性風俗特殊営業営業開始届出書

別記様式第18号(第40条関係)

その１	※ 受理年月日		※ 交付番号	
	※ 受理番号		※ 交付番号	

店舗型性風俗特殊営業営業開始届出書

　風俗営業等の規制及び業務の適正化等に関する法律27条１項の規定により届出をします。

　　　　　　　　　　　　　　　　　　　　平成 ○ 年 ○ 月 ○ 日

東京都公安委員会殿

　　　　　　　　　　届出者の氏名又は名称及び住所
　　　　　　　　　　東京都○○区○○２丁目○番○号○○ビル２階
　　　　　　　　　　株式会社○○
　　　　　　　　　　代表取締役　　××　××　　　㊞

氏　名　又　は　名　称	(ふりがな)
	株式会社○○
住　　　　　　　所	東京都○○区○○２丁目○番○号○○ビル２階 （　03　）××××局　××××番
本　籍　・　国　籍	該当なし
生　年　月　日	年　　　　月　　　　日生
その法人にあっては、代表者	(ふりがな) 氏　　　　名	××× ×××× ××　××
	住　　　　所	〒(000-0000)東京都○区○○１丁目○番○-○○○号 （　03　）××××局　××××番
	本　籍・国　籍	○○市○○区○○町１番地３
	生　年　月　日	昭和××年　×月　×日生
営　業　所　の　名　称	(ふりがな)
	ホテル　△△△
営　業　所　の　所　在　地	〒(000-0000)東京都○○区○○２丁目○番○号○○ビル （　03　）××××局　××××番
店舗型性風俗特殊営業の種別	法第２条第６項第４号の営業（ラブホテル）

141

その2							
営業所の構造及び設備の概要	建物の構造	鉄骨造陸屋根5階建					
	営業所内の建物の位置	建物の全部					
	個室等の数	24室		営業所の床面積		○○○.○○㎡	
	個室等の総床面積	○○○.○○㎡		各個室等の床面積	別紙のとおり㎡		㎡
					㎡		㎡
	令第2条第2号の興行場に係る個室の隣室又はこれに類する施設の床面積			該当なし			㎡
	その他	天井は石膏ボードにクロス貼り。 壁は石膏ボードにクロス貼り。 床はPタイル貼り。 窓は遮蔽済。					
業務の実施に係る統括管理をおこなう者	(ふりがな) 氏名又は名称	○○○　○○○ ○○　○○					
	住所	〒(000-0000) 東京都○区○○1丁目○番○-○○○号 (03) ××××局 ××××番					
	本籍・国籍						
	生年月日	昭和○○年○○月○○日生					
営業を開始しようとする日		平成○○年○○月○○日					
※ 地区		①禁止地区内		②禁止地区外			

Ⅰ　申請手続

(別紙)

各個室等の床面積	A 7.05 ㎡	B 7.59 ㎡	C 8.90 ㎡	D 7.38 ㎡	E 7.32 ㎡
	F 7.28 ㎡	G 7.64 ㎡	H 7.31 ㎡	I 7.05 ㎡	J 7.32 ㎡
	K 7.32 ㎡	L 7.28 ㎡	M 7.64 ㎡	N 7.31 ㎡	O 7.05 ㎡
	P 7.32 ㎡	Q 7.32 ㎡	R 7.28 ㎡	S 7.64 ㎡	T 7.31 ㎡
	U 7.05 ㎡	V 7.32 ㎡	W 11.30 ㎡	X 13.35 ㎡	余白 ㎡

【書式14】　営業の方法

その1

営　業　の　方　法
(店舗型性風俗特殊営業)

氏　名　又　は　名　称	株式会社○○
営　業　所　の　名　称	ホテル　△△△
営　業　所　の　所　在　地	東京都○○区○○2丁目○番○号○○ビル
店舗型性風俗特殊営業の種類別	法第2条第6項第4号の営業　　(ラブホテル)

営　業　時　間		午前 午後　　　　時　　　　分から　　午前　0　時　00　分まで 終日
広告又は宣伝の態様	広告又は宣伝の方法	①　広告物の表示　(場所：　　　　　　　　　　　　　　　　　) ㋁　新聞・雑誌　(広告の頻度：1週間に1回　　　　　　　　) ㋂　インターネット(ＵＲＬ：http://www.xxxxx.com　　　　) ④　割引券、ビラ等の配布(場所：　　　　　　　　　　　　　) ⑤　その他 ⑥　広告又は宣伝はしない
	広告又は宣伝をするときに18歳未満の者の立入禁止を明らかにする方法	広告文の中に、「18歳未満の方は入店できません。」という注意書きを入れている。
	営業所の入口における18歳未満の者の立入禁止の表示方法	「18歳未満の方の立入りをお断りします。」の札を営業所入口に提示して表示する。

日本国籍を有しない者を従業者として使用すること	①する　②しない(○)	
	①の場合：その者の従事する業務の内容（具体的に）	
18才未満の者を従業員として使用すること	①する　②しない(○)	
	①の場合：その者の従事する業務の内容（具体的に）	
酒類の提供	①する　②しない(○)	
	①の場合：提供する酒類の種類、提供の方法及び20歳未満の者への酒類の提供を防止する方法	
役務の提供の態様	個室を設け、専ら異性を同伴する客の休憩及び宿泊の用に供する。	
当該営業所において他の営業を兼業すること	①する　②しない(○)	
	①の場合：当該兼業する営業の内容	

II　法的問題点

1　風俗営業の規制に関する概要

(1)　風俗営業に対する規制の特徴

(ア)　概要

風俗営業は、2つの理由から条例による規制を強く受ける。

第1に、風営法が、規制権限の一部を条例に委任しているためである。風

営法の条例への委任事項は、営業許可の基準としての区域制限（風営4条2項2号）、風俗営業の具体的内容に関する規制（同法21条）、店舗型性風俗特殊営業の禁止区域の設定（同法28条2項）等、広範囲にわたる。

第2に、風俗営業は、住民生活に密着した利益を目的とする自治体の規制対象にあがりやすいためである。風俗営業は、接待を伴う飲食、射幸心をあおる遊興または性的サービスを提供する風俗といった国民の歓楽性・享楽性に関連する業態であり、住民生活への悪影響のおそれが否定できない。地方自治体は近時、よりよい快適な生活環境の実現を目的とする条例の策定を推進しており、風俗営業との衝突が随所で生じている。

以上の2つの理由により、風俗営業は、条例による規制と切り離せない関係にある。

また、風俗営業は、営業の種類に応じて規制が異なり、バリエーションの分析も重視しなければならない。

(イ) **条例による規制の独自性**

(A) 条例による規制と「法令の範囲」

通常地方公共団体は、「法令に違反しない限りにおいて」自治事務に関し（詳細は、第9章参照）条例を制定することができる（地自14条1項）。逆にいえば、法令に違反する条例は、違法無効である。

そこで、条例による規制を検討する際には、特有の争点として、当該条例が、「法令に違反していないか＝法令の範囲」の画定が不可欠である。以下に述べるように「法令の範囲」について問題となる条例は増加しており、検討の重要性は高まっている。

(B) 地方分権の推進に伴う独自条例の増加と「法令の範囲」

従前、許認可等の権限の多くは国の権限とされ、地方公共団体の長が行う事務の大半（一説には、地方公共団体の事務の3割から5割）は、機関委任事務であった。機関委任事務とは、本来国の事務であるが、地方公共団体の機関にその事務を委託された事務をいい、この場合、実際に事務をとり行うのは地方公共団体であるが、法制上国の事務とされているため、事務の内容に

つき条例等で規制することはできず、また、国と地方公共団体の機関は上下の指揮命令系統に服していた。

　他方で各自治体は、住民の生活に密着した独自条例制定の必要性から、地方自治法の枠内で苦心しつつ、「機関委任事務」としての範囲を超えぬよう独自条例を制定していた。かつては、法律の規律対象であれば条例で規律することは許されないという「法律先占論」が学説の主流を占めるなど（後述の徳島公安条例事件により「法律先占論」は乗り越えられたが、それでもなお）、自治体の独自条例制定権限は極めて限定的であり、そのために逆説的ではあるが、法令の範囲を超えるような条例が制定されることは少なかった。

　しかし、平成11年に成立した「地方分権の推進を図るための関係法律の整備等に関する法律」（以下、「地方分権一括法」という）により、地方自治法上、機関委任事務という概念が廃止され、従来国の専権事務だった業務のうち、国が「本来果たすべき役割」以外のほとんどの事務の権限が地方自治体に移譲された（地方分権1条）。

　これにより、多くの許認可権限は、自治事務となり、地方自治体は、従来よりも積極的に生活に密着した独自条例の制定が図りやすくなったことから、「街づくり基本条例」、「ラブホテル等建築禁止条例」、「ぱちんこ店等建築禁止条例」などと銘打った独自条例を次々と制定し、風俗営業の付随的・間接的な規制を実現するようになった。東京都が制定した「東京都景観条例」や「歓楽的雰囲気を過度に助長する風俗案内の防止に関する条例」などは、法律を意図的に乗り越えており、地方分権一括法下の典型的な独自条例といえる。

　これらの条例は、街づくりについての明確なビジョンに基づく先鋭的な規定が含まれることが多く、各法律の「法律の範囲」の内実を厳しく問いかけている。風営法は、独自条例との抵触が頻繁に生じる法律の1つであり、風俗営業を規制する独自条例については、当該条例と風営法との矛盾抵触を検討することが不可欠である。

(ウ) 風俗営業規制制度の特徴

また、風俗営業の制約には、主として許可制度（風営3条以下）と届出制度（同法27条以下）という法的性質の異なる2つの制度が用いられている。両制度は、そもそもの法的性質が異なるうえに、風営法上の規制方式や態様に違いがあるため、後述のとおり、「法律の範囲」に関する解釈などにおいて、異なるアプローチが必要になる。

(2) 小　括

以上のように、風俗営業の規制に対しては、当該規制が、法令と条例のどちらに実質的な根拠があるか、また、当該規制が許可に関する規制であるか届出に関する規制であるか、もしくはそれ以外の事項に関する規制であるかを踏まえ、その適法性を検討する必要がある。

以下では、条例に実質的な規制の根拠がある場合を例にとり、①「法律の範囲」について（2(1)）、②規制の方法について（同(2)）、③風俗営業施設をめぐる問題点について（同(3)）、それぞれ想定事例をあげて、風俗営業の許認可に関する争訟を検討する。

2　条例の検討に際して必要な視点

(1)　「法令の範囲」という限界

(ア)　はじめに

既述のように、風俗営業を規制する条例に対しては、「法令の範囲」についての検討が重要となる。

問題となる条例の主な類型としては、法律が規制対象としている対象に法律よりも強度の規制を施す場合や（いわゆる「上乗せ条例」）、法律が規制対象としていない対象に独自の規制を施す場合（いわゆる「横出し条例」）があげられる。

これらの規定は、法律の規制対象や規制の程度を超える規制を規定しているのであるから、一見すると当然に「法律の範囲」を超えているようにも思われる。

しかし、「法律の範囲」の意義については、いわゆる徳島公安条例事件において、「条例が国の法令に違反するかどうかは、両者の対象事項と規定文言を対比するのみでなく、それぞれの趣旨、目的、内容及び効果を比較し、両者の間に矛盾牴触があるかどうかによつてこれを決しなければならない」とされているように、条例と法律の関係を検討する際には、文言の違いや規制の強弱のみに拘泥してはならない。

　同判決の解釈指針は、地方分権一括法制定後も妥当すると考えられており[2]、同解釈指針に基づいて、風営法と規制の根拠となる条例との齟齬を丁寧に検討する必要がある。

　検討に際しては、同判決が「①国の法令の規制の趣旨が全国一律の均一的な規制をめざしていると解される場合には、条例によって、(i)法令が規律の対象としていない事項を法令と同一の目的で規制したり、(ii)法令が規律の対象としている事項をより厳しく規制したりすることは、許されないが、②法令が全国的な規制を最低基準として定めていると解される場合には、(i)(ii)ともに許される旨を判示したもので、一般論としては妥当であろう」と解説されていることを踏まえ[3]、まず、①法令の規制の趣旨が全国一律の均一的な規制をめざしているのか、それとも②全国的な規制を最低基準として定めていると解されるのかを見極める必要がある。

　そこで、以下、独自条例により風俗営業が規制された具体例をあげて、法令の範囲に関する検討の態様を例示する。

　(イ)　「法令の範囲」の具体的検討

　(A)　建築規制を通じた風俗営業規制

1　最判昭和50・9・10刑集29巻8号489頁。
2　名古屋地判平成17・5・26判タ1275号144頁〔東郷町ラブホテル事件〕参照（最高裁結論同旨）。
3　芦部信喜『憲法〔第4版〕』356頁。

Ⅱ 法的問題点

《事例③-1》

A市では、「A市ぱちんこ店等、ゲームセンターおよびラブホテルの建築等の規制に関する条例」(以下、「本件条例」という) を制定している。

本件条例では、ぱちんこ店等の建築をしようとする者は市長の同意を得なければならず (3条)、商業地域以外の用途地域や市街化調整区域においては、3条による市長の同意をしないものとされていた (4条)。また、市長の同意を得ずに建築しようとする者に対しては、市長は建築の中止命令・原状回復等の措置命令をすることができるとされており (8条1項)、さらに、中止命令にかかわらず建築を続行する者に対しては、その氏名を公表するとともに (8条2項)、罰則が適用される (6ヵ月以下の懲役刑) 旨定められていた (10条)。

他方、風営法では、許可基準として地域制限を課し (4条2項)、政令により地域制限が具体化されていたが、本件条例のような広範な地域制限は課していなかった。

ぱちんこ業者の X_1 は、A市の商業地域以外の地域でぱちんこ店を開業することを計画し、本件条例3条に基づく建築同意申請をしたが、A市長は4条に基づき同意をしなかった。

X_1 が、A市長の同意なくして、建築基準法に基づき建築確認を取得し、建築を開始したところ、A市長が建築中止命令を発令してきた。

X_1 は、なお建築を続行したところ、A市長より刑事告発されてしまった。

X_1 はどのような対応をとればよいだろうか。

事例③-1は、宝塚ぱちんこ条例事件[4]をモデルにしている。[5]

---

[4] 神戸地判平成9・4・28行裁集48巻4号293頁、大阪高判平成10・6・2判時1668号37頁、最判平成14・7・9民集56巻6号1134頁。

[5] 同事件は、最高裁判所において、地方自治体が国民に対して行政上の義務の履行を求める訴訟は法律上の争訟にあたらず、法律に特別の規定がない限り提起することができないとして、訴えが却下された。したがって、同判決に従えば、仮に罰則規定がない場合、X_1 は中止命令

第3章　風俗営業法をめぐる許認可手続

　同事件1審判決は、徳島公安条例事件の判断枠組みを引用し、風営法と条例の目的・趣旨・要件・効果を詳細に検討し、目的と規制方法について本件条例と風営法との同一性を示したうえで、規制態様について、「風営法は昭和59年の改正により、風俗営業の場所的規制について全国的に一律に施行されるべき最高限度の規制を定めたものであるから、当該地方の行政需要に応じてその善良な風俗を保持し、あるいは地域的生活環境を保護しようとすることが、本来的な市町村の地方自治事務に属するとしても、もはや右目的を持って、市町村が条例により更に強度の規制をすることは、風営法及び県条例により排斥されるというべきである」、「風営法及び県条例は、風俗営業の場所的規制に関し、立法により規制しうる最大限度を示したものであり、市町村が独自の規制をなすことを予定していないと解するのが相当である」（下線は筆者。以下、同じ）と判示し、当該条例は無効であるとして市の請求を棄却した（控訴審同旨）。

　上記引用部分が指摘するとおり風営法昭和59年改正の趣旨については、立法関係者が「交通・通信の発達により風俗の態様に地域差が少なくなっていたにもかかわらず……基準等が各都道府県によって異なるものとすると、必ずしも実情にそぐわないものとなるほか、営業者、利用者にとって不便又は不公平なものとなる」[6]と述べており、同地裁判決は、当該改正の趣旨に則ったものと評価することができよう。

　以上のように、昭和59年改正の趣旨および上記地裁判決からすれば、A市条例による風俗営業の規制が風営法の範囲を超えると判断される可能性は高い。

　そこで、X_1は、中止命令の根拠たるA市条例が「法令の範囲」を超えた無効な条例であることを主張して争うべきである。

　　を無視して建築を続行してしまえばよいと思われる。ただ、同判決に対しては学説からの批判が強く、今後覆される可能性があるため、そのような場合でも本文記載の検討を踏まえるほうが穏当であろう。

6　蔭山信『注解風営法Ⅰ』281頁。

なお、刑事手続に本格的に移行するとなると多大な負担が見込まれるので、X_1は、起訴される前に、A市を相手方として事例③-1における中止命令に対する仮の差止め・差止めの訴え（行訴37条の5、37条の4）の手続をとるべきである。

(B) 届出規制産業に対する建築規制

―《事例③-2》――――

　B町では、モーテル類似施設（いわゆるラブホテル等の異性を同伴し、宿泊・休憩することを目的とした施設）について、風営法の規則を超えて第1種低層住居専用地域をはじめとした3つの地域規制並びに通学路および教育施設からの距離制限を課し、町長の同意がない限り建設ができないものとした。B町において、モーテル類似施設の営業を考えたX_2は、当該条例は違憲であると考え、モーテル類似施設の建築確認を受けて、第1種低層住居専用地域内で施設の建築に踏み切った。

　これに対しB町長は、X_2の建築続行禁止等の仮処分を申し立てた。

　上述の宝塚ぱちんこ条例事件地裁判決が、許可規制を定めた風営法の趣旨を全国一律のものと解して条例による独自の規制を認めなかったのと対照的に、盛岡地方裁判所は事例③-2類似の事件において、届出制度を定めた風営法は、届出対象事業に関し地方独自の規制を許容する趣旨であると判断した。すなわち、「法の規制目的である善良な風俗の維持、少年の健全な育成等の<u>目的達成のためには、およそ当該地域の実情に応じた独自な規制が必要なことは言を待たないところ</u>、風営法……自体において都道府県に対し独自の基準の設定を委ねているのであるから、……<u>法が、全国的一律に同一内容の規制を施す趣旨でないことは明らかで</u>あって、<u>市町村の条例において別段の規制をすることを排斥したものとは到底解し得ない</u>」として、当該条例は風営法に違反しないと判断した。[7]

7　盛岡地決平成9・1・24判夕950号117頁。なお、結論として仮処分申立ては却下。

地方分権一括法制定前の同判決にして、すでに「当該地域の実情に応じた独自な規制が必要」であることおよび風営法が「都道府県に対し独自の基準の設定を委ねている」ことを重視して、条例に広範な規制権限を認めているのであるから、同法が制定された今日においては、条例の権限が拡大こそすれ、縮小したと解される可能性は少ないと思われる。

　実際、類似の条例が争われた事件において、「<u>風営法は、それが規制の最大限であって、条例による上乗せ規制、横出し規制を一切許さない趣旨であるとまではいえず、かえって、地域の実情に応じた風俗営業への規制を行うことにより、良好な生活環境、教育環境の維持、発展を図ることが地方公共団体の本来的な責務であると考えられる</u>」とされている。[8]

　以上より、事例③-2の条例が「法律の範囲」を超えて無効であることを主張して争うことは困難であり、X_2はその他の主張を検討する必要がある。

　(C)　許可規制産業と届出規制産業に関する「法律の範囲」の整合性

　盛岡地方裁判所や名古屋地方裁判所の判断は、風営法の趣旨につき、全国一律同一内容の規制を施す趣旨でないことは明らかであると判示した。これは、風営法は全国一律の場所的規制を課したものと判示した前掲大阪高判平成10・6・2〔宝塚ぱちんこ事件高裁判決〕と明らかに異なる。

　思うに両者の違いは、抽象的な特徴に基づき類型的に生じたものではなく、風営法の各規制規定について、個別具体的な検討をした結果生じたものである。[9]特に、届出事業に対する規制ついて法規制の全国一律性を否定した前掲盛岡地決平成9・1・24および同名古屋地判平成17・5・26が、届出の講学上の性質ではなく、個別具体的な風営法上の「店舗型性風俗特殊営業」の特殊性および28条の文言を重視したものであることは明らかである。

　すなわち、第1に、店舗型性風俗特殊営業は、外見から風俗店とわかる店舗が町の中に建築されることにより、地方自治体がめざす街づくりの理念と真っ向から対立することが多い。両判決は、店舗型性風俗特殊営業のこのよ

　8　名古屋地判平成17・5・26判タ1275号144頁（最高裁結論同旨）。

うな性質を踏まえたうえで、風営法は、自治体の街づくりに対する理念を重視し、自治体に店舗型性風俗特殊営業を規制する広範な権限を認める趣旨であると判断したものである。

第2に、風営法は、28条1項において禁止区域を例示したうえ、2項において「都道府県は、善良の風俗若しくは清浄な風俗環境を害する行為又は少年の健全な育成に障害を及ぼす行為を防止するため必要があるときは、条例により、地域を定めて、店舗型性風俗特殊営業を営むことを禁止することができる」と規定しており、その規定の構造から、店舗型性風俗特殊営業に関しては、全国一律の規制を求めていないことが明らかである。つまり、両判決は、個別の規定ごとに、規制の趣旨が全国一律であるかどうかを検討しているのである。

以上のような店舗型性風俗特殊営業の性質や条文の構造に加えて、前掲名

9　なお、本文記載の考え方と異なり、両者を機械的に区別する説もある。第1の説は、条例により規制される事業が許可対象事業であるか届出対象事業であるかによって区分する考えである。この考えは、行政講学上、許可が、営業の自由に対して一般的・網羅的に制約をかけ、一定の要件を充足した場合にのみ当該制約を解く行政処分であり、職業選択の自由そのものを制限する強度の制約であることを強調し、他方で、届出は、「行政庁に対し一定の事項の通知をする行為（申請に該当するものを除く。）であって、法令により直接に当該通知が義務付けられているもの……」と定義され（行手2条）、要件を充足した書面を提出すれば義務を履行したことになることを重視して、届出制度の営業の自由に対する制約の程度は小さいものと考えるのである。しかし、講学上の区別にとらわれずに規制の実態をみると、届出制の制約が必ずしも許可制の制約より弱いわけではないことは明らかである。たとえば風営法は、届出対象事業たる店舗型性風俗特殊営業に対する規制として、厳しい立地規制（同法27条4項、28条）や法令違反者に対する営業停止・廃止命令（同法30条）、さらには罰則（同法52条4号5号、54条6号）など、許可制と遜色ない強力な規制を設けている。同法の立法趣旨としても、性風俗産業に届出制度が採用された理由は、性風俗産業には国家の推奨という許可の概念がなじまないことがあげられており、許可よりも緩やかな規制にとどめることは意図されていない（蔭山・前掲（注6）28頁以下参照）。したがって、許可と届出という講学上の概念に拘泥することは妥当ではない。第2に、「上乗せ条例」と「横出し条例」の区別を重視する説もある。しかし、そもそも上乗せ条例・横出し条例の定義自体が曖昧なうえ、上記いずれの判決も、規制目的、規制方法、規制対象、法の趣旨、ぱちんこ営業の態様／モーテル類似施設の態様等を詳細に検討して、当該条例と法との矛盾抵触を検討しており、機械的な区別を明示すらしていないことから同説は妥当とはいいがたい。むしろ、前掲名古屋地判平成17・5・26は「条例による上乗せ規制、横出し規制を一切許さない趣旨であるとまではいえず」と両者を同一に扱っている。

古屋地判平成17・5・26の判断が上告審で是認されたことを考えると、モーテル類似施設を規制する条例に関する裁判所の判断は、ほぼ固まったといえよう。

他方で、風営法4条が、全国一律の規制を目的として昭和59年に改正されていることおよび前掲神戸地判平成9・4・28〔宝塚ぱちんこ事件一審判決〕の判示に鑑みれば、風営法3条の許可事業に関して、風営法は、条例が法よりも強い規制を施すことを是認していないとも考えられる。[10]

したがって、X_1のように、条例により実質的に風俗営業ができない状況に追い込まれた場合には、当該条例と風営法との矛盾抵触について検討し、争わなければならない。

(2) 規制の方法に関する問題──要綱行政の問題点

《事例③-3》

C市は、街づくり条例を策定し、同条例において一定の開発事業の施行に対して「必要な事項を遵守する」ことを定めている。同条例における「必要な事項」の具体的内容の多くは指導要綱によって定められており、その内容は、

・周辺住民との事前の工事協定の締結
・電波障害施設の設置
・建築協定の締結
・一定割合以上の緑化義務

など、広範にわたる。

X_3は、C市でぱちんこ店を開業しようとしたところ、C市街づくり条例における開発事業の1つとしてぱちんこ屋の設置が規定されていたため、上に掲げたさまざまな遵守事項を課せられることとなった。X_3は、指導要綱に極力従うべく、店舗の建築にあたり、「周辺住民との事

---

[10] 条例のぱちんこ営業加重規制に対する判断は、流動的である。宝塚ぱちんこ条例事件（前掲（注7）参照）において、宝塚市が上述の本案訴訟に先立ち申し立てていた建築禁止の仮処分決定においては、市条例は法律の範囲内であると判示されていた。

Ⅱ　法的問題点

前の工事協定の締結」をめざして、店舗面積を縮小するなどの努力を重ねたが、一部の周辺住民が団結し一切協定の締結に応じない。そこで、X_3 は、やむなく、努力を重ねた経緯を書面で詳細に報告し、これ以上指導要綱に従うことはできないことを明示したうえで、建築確認を申請したところ、C市建築主事は協定が締結されていないことを理由に、建築確認を留保した。

X_3 はどのような手段を検討するべきか。

(ア)　はじめに——地方公共団体による指導要綱

(A)　概　要

　地方自治体は、「ラブホテル規制の指導要綱」、「ぱちんこ店規制の指導要綱」、「街づくり指導要綱」、「建築指導要綱」などの名称で、さまざまな指導要綱を定め、自らの行政目的を実現するために影響力を行使している。

　指導要綱とは行政指導の基準である。行政指導とは、「行政機関がその任務又は所掌事務の範囲内において一定の行政目的を実現するため特定の者に一定の作為又は不作為を求める指導、勧告、助言その他の行為であって処分に該当しないもの」であり（行手2条6項）、法的強制力はなく、住民は行政指導に従う法的義務を負わない。

　また、行政指導に関しては、「同一の行政目的を実現するため一定の条件に該当する複数の者に対し行政指導をしようとするときは、行政機関は、あらかじめ、事案に応じ、行政指導指針を定め、かつ、行政上特別の支障がない限り、これを公表しなければならない」（行手36条）とされており、客観性・明確性が求められている。

　なお、地方自治体には行政手続法の適用はないが（行手3条3項）、同法46条の趣旨に基づき、地方自治体は同法の趣旨を遵守するよう努めなければならないとされ、これに伴い、現実的には、多くの自治体は、行政手続法類似の行政手続条例を定めている。そして、当該条例の中で行政指導に関して、行政手続法と同様の規制を設けている。[11]

(B)　指導要綱の活用

いわゆる法の支配の観点や住民自治の観点からは、指導要綱による事実上の規制は望ましくない。

しかし、自治体にとって、仮に行政目的を達成するためには常に条例を制定しなければならないとすれば、実体法的には「法律の範囲」の枠内での策定に苦慮しなければならず、手続法的には議会の可決を経なければならないという二重の制約を受けることになる。そのため、臨機応変に制定でき、かつある程度の実効性のある指導要綱が、自治体には重宝されてきた。

事例③-3のように、指導内容と建築許可基準がリンクしている場合には、指導要綱が風俗営業者の営業の自由を事実上制約する効果をもたらし、風営法と抵触する場合がある。

(イ)　事例の検討

(A)　X_3 がとるべき対応──「行政指導に従う意思がない旨」の表明

(a)　建築確認の性質と行政指導による説得

前提として、建築確認は羈束裁量であり、確認権者は法律上の要件が充足されていれば建築確認をしなければならない。そして、C市指導要綱が求める周辺住民との協定の締結は建築確認の法律上の要件ではないので、建築主事は、協定が締結されていないことを理由に建築確認を拒絶してはならないのが原則である。

しかし、自由意思に期待する説得自体に違法性はなく、C市としては X_3 の任意の協力を求めるべく建築確認を留保して、行政指導による説得を続けたとしても、当該指導が即座に違法となるわけではない。

X_3 としては、説得を受けるつもりがないのであれば、具体的な対応が求められる。

(b)　X_3 がとるべき「表明」

そこで、X_3 は「行政指導に従う意思がない旨を表明」（行手33条）するこ

11　たとえば「東京都行政手続条例」30条〜34条参照。

とにより、それ以降の行政指導を違法なものとする必要がある。

この点、「行政指導に従う意思がない旨」の表明とはいかなる行為であろうか。以下に述べるように、一律に明確な基準は確定しづらいが、本件の場合は建築審査会への審査請求が1つの基準となると思われる。

(c) 「表明」の基準——品川マンション事件最高裁判決

行政事件訴訟法33条は、いわゆる品川マンション事件の最高裁判決を契機として制定されたものである。同事件はマンション建築に際して、建築主事が建築主に対して行政指導を繰り返し、建築確認手続を留保した事件であるところ、最高裁判所は、「行政指導に従うことを建築確認の条件とした行政指導には応じられないとの意思を明確にしている場合には、かかる建築主の<u>明示の意思に反してその受忍を強いることは許されない筋合のもの</u>であるといわなければならず、建築主が右のような行政指導に不協力・不服従の意思を表明している場合には、<u>当該建築主が受ける不利益と右行政指導の目的とする公益上の必要性とを比較衡量して、右行政指導に対する建築主の不協力が社会通念上正義の観念に反するものといえるような特段の事情が存在しない限り</u>、行政指導が行われているとの理由だけで確認処分を留保することは、違法であると解するのが相当である」と判示した。[12]

判旨では、①建築主が行政指導の趣旨を理解し、指導に応じるよう対応したこと、および②建築主が建築審査会に対する審査請求を申し立てていることを重視しているので、本件事例においても、この2つの点を検討する必要がある。

(d) ① X_3 が行政指導の趣旨を理解し、指導に応じるよう対応したこと

まず、①建築主が行政指導の趣旨を理解し、指導に応じるよう対応したことに関しては、X_3 が指導の趣旨を十分に理解し、店舗面積を縮小するなど、住民の同意をとるために努力していたことから、指導に応じるよう対応していたと評価することができる。

---

[12] 最判昭和60・7・16民集39巻5号989頁。

(e) ② X_3 は、どのような「表明」行為が必要であるか。

次に、②についてはどうか。常に審査請求などの争訟手続をとることが必要か。

この点、産業廃棄物処分業の許可申請において、業者が、これ以上行政指導に応じることは不可能であり、協力できないことを明示した「苦情申出書」を提出したことをとらえ、従う意思がない旨を明示したものであると判示した裁判例が参考となる。[13]

同判決の判断からすれば、指導への対応の経緯を詳細に報告したうえで、以降の指導への協力を拒絶する書面（【書式14】参照）を提出することにより、X_3 は、「行政指導に従う意思がない旨」を表明したと評価され、行政手続法33条の要件を充足すると判断される可能性が高い。

なお、上述の趣旨から、X_3 は書面を提出する際に、これまで指導には誠実に対応したことや、今後は指導に従う意思がないこと、同書面の提出は行政手続法33条における「従う意思がない旨」の表明である旨を明示することが重要である。

(f) 小　括

以上より、X_3 は、指導の趣旨を理解したうえで誠実に対応し、そのうえで従う意思がないことを書面によって明示しているのであるから、X_3 の当該指導要綱に対する不協力は「社会通念上正義の観念に反するもの」とはとうていいえず、建築主事がこれ以上建築確認を留保することは違法となる。

【書式15】　内容証明郵便

請　求　書

前略　当職は、○○（以下「通知人」といいます）より委任を受けた代理人として貴殿に対して以下のとおり請求致します。

通知人は、貴殿に対し、平成○年○月、○県Ｃ市○町○番地○号所在の土

---

[13] 大阪高判平成16・5・28判時1901号28頁。

地に建設するぱちんこ店（以下「本件ぱちんこ店」といいます）の建築確認申請書を提出致しました。

　しかしながら、貴殿は、同日以降、通知人に対して、〇市街づくり条例指導要綱（以下「本件指導要綱」といいます）に基づき、周辺住民との事前の工事協定の締結、電波障害施設の設置、建築協定の締結、一定割合以上の緑化義務等につき行政指導（以下「本件行政指導」といいます）を行い、本件ぱちんこ店の建築確認（以下「本件建築確認」といいます）を留保してこられました。

　通知人は、本件指導要綱の趣旨を理解し、可能な限り本件行政指導を遵守するべく努力してまいりました。具体的には、通知人はこれまで、同年〇月〇日を皮切りに、同月〇日、同月〇日、翌〇月〇日、……と、合計〇回にわたり周辺住民と話し合いを行い、工事協定・建築協定の締結に努力してきました。話し合いには、全会にわたり通知人代表取締役及び担当部長が出席し、各回最低〇時間にわたり、周辺住民と真摯な話し合いを続けてまいりました。

　また、通知人は、本件行政指導に基づき同年〇月〇日、本件建設予定地の周辺〇箇所に、合計〇基の電波障害施設を設置しました。さらに、通知人は、同じく本件行政指導に基づき、本件建設予定地の総面積〇㎡の中に〇㎡の緑化地域を設けました。

　以上のとおり、通知人は、貴殿の本件行政指導の趣旨を理解し、可能な限り全面的に協力してまいりました。

　しかしながら、貴殿は、最終的に周辺住民の一部の者との間で話し合いが決裂し、通知人が建築協定を締結できなかったことを捉えて、いまだに建築確認をなされません。

　通知人としては、上述のとおりこれまで〇回にわたり周辺住民と交渉をしてきましたが、一部の周辺住民の態度は強硬であり、妥結に至ることは困難と考えております。従って、通知人としましては、これ以上本件行政指導に従うことは不可能であり、協力することはできません。

　つきましては、<u>本書面到達後14日以内</u>に、本件建築確認をなされるよう、本書面をもって通知致します。万が一、上記14日以内に本件建築確認に対する行政処分がなされない場合には、やむを得ず法的措置を採ることを検討せざるを得ません。ご了承ください。なお、念のため付言致しますが、本通知は、行政手続法33条における行政指導に「従う意思がない旨」の表明です。

第3章　風俗営業法をめぐる許認可手続

```
　　貴殿の誠意ある対応を期待しております。
　　　　　　　　　　　　　　　　　　　　　　　　　　　　　　草々


平成〇年〇月〇日
〇県Ｃ市〇町〇番地〇号
　　　通知人　株式会社〇〇
　　　通知人代理人
　　　　　　〇県Ｃ市〇町〇番地〇号
　　　　　　〇〇法律事務所
　　　　　　弁護士　乙　川　二　郎
　　　　　　　電話　　　　〇〇－〇〇〇〇－〇〇〇〇
　　　　　　　ファックス　〇〇－〇〇〇〇－〇〇〇〇


〇県Ｃ市〇町〇番地〇号〇
　　　被通知人　〇市建築主事　〇　〇　〇　〇　殿
```

(B)　X_3 がその後にとるべき法的手段

(a)　はじめに

仮に、X_3 が【書式15】のような書面を提出し、これ以上従う意思がない旨を明確にしたにもかかわらず、建築主事が建築確認を留保する場合、X_3 はどのような法的手段をとりうるか。

(b)　違法の概要

建築主事が、申請を受理しないと述べることがあるが、不受理という概念は行政手続法により明確に否定されており（行手7条）、建築主事の対応は違法である。よって、X_3 は、当該違法を主張することになる。

(c)　行政の不作為に対する法的手段

申請後、建築確認を長期間留保された場合には、不服申立手続として、Ｃ市に設置されている建築審査会に対する審査請求（建基94条、行審7条）および国土交通大臣に対する再審査請求（建基94条、行審8条）を行うことができる。

また、訴訟手続として、不作為の違法確認訴訟（行訴37条）と義務付け訴

訟（および仮の義務付けの申立て）（行訴3条6項1号、37条の2）の併合提起が考えられる。なお、「法令に基づく申請……に対し相当の期間内に何らの処分」（同法37条の3第1項1号）がされない場合に提起する義務付け訴訟は、違法確認訴訟と併合提起することが法律上求められている（同条3項1号）。

(d) 却下処分に対する法的手段

建築主事が指導要綱に従わないことを理由として、建築確認申請を却下した場合には、不服申立手続として、審査請求（および再審査請求）を行うことができる（建基94条、行審5条1項、8条）。

また、訴訟手続として、取消訴訟と建築確認の義務付け訴訟を併合提起することが考えられる。なお、義務付け訴訟について、「法令に基づく申請……を却下し又は棄却する旨の処分」（行訴37条の2第1項1号）がされた場合には、取消訴訟との併合提起が義務付けられていることにつき、違法確認訴訟と同様である（同法37条の3第3項2号）。

(e) 審査請求前置主義

なお、建築基準法は、処分取消訴訟に関しては審査請求前置主義を採用しているが（同法96条）、不作為の違法確認訴訟に関しては同様の規定がないため、審査請求を経ずに訴訟を提起することができる。

(f) 損害の回復

また、指導が継続されたことにより、得られるはずの利益を失った場合には、当該違法な権力行使による損害について、国家賠償請求を提起することができる。

(3) 許可・届出事由の変動をめぐる問題点

《事例③-4》

X_4は昭和50年頃からぱちんこ店（以下、「本件ぱちんこ店」という）を経営していたが、昭和55年頃に、近くに図書館ができた。

本件ぱちんこ店は、築年数も古く、建物全体がかなり傷んできて、耐震上も不安が生じてきたため、X_4は大規模な柱の補強工事を行った。この場合、X_4が取得していた許可の効力に影響は生じるのであろうか。

同様の事情でラブホテルを経営していたX_5についてはどうか。

《事例③-5》

X_6の亡父甲は、生前甲名義でぱちんこ店の営業許可を取得し、ぱちんこ店を経営していた。ぱちんこ店は繁盛しているので、相続人であるX_6は、経営を引き継ごうと考えている。なお、このぱちんこ店から50ｍ離れたところには小学校があり、新規にぱちんこ営業の許可を取得することができない。X_6はどのような手続をとればよいだろうか。

同様の事情で甲が経営していた施設がラブホテルであったX_7の場合はどうか。

(ア) 概　要
(A)　許可処分の性質と特定施設の関係

風営法上、ぱちんこ店の営業は許可事業である。許可は、法令に基づき一般的に禁止されている行為について、特定の場合に特定の者に限ってその禁止を解除する行政行為である。許可は自由の回復であって特権の付与ではないが、許可に受益的な性質が生じることは否定し得ないので、許可を受けた地位は法的保護に値するといえる。

したがって、営業許可を取得した後に周辺に特定施設が設置されたとしても、当該営業は法的に保護され、許可が取り消されることはない。

(B)　届出手続の性質と特定施設の関係

他方で、届出は法律で定められた手続の履行にすぎず、届出を行ったとしても当該業を営む権限を与えられるわけではない。したがって、届出をしたとしても、原則として法的保護を受けられない。そうすると、風営法は、特定施設の周辺ではラブホテル業を「営んではならない」と規定しているのであるから（風営28条1項）、届出をした後であっても周辺に特定施設が設置された場合は、当該設置の瞬間から周辺はラブホテル営業禁止区域になり、既存の営業権が失われてしまう。

しかしこれではラブホテル営業主の生活が極度に不安定になってしまうため、風営法は28条3項を規定し、特別に店舗型性風俗特殊営業を保護してい

る。いわゆる「既得権営業」である。

(C)　両者の性質の違いと事由の変動

　以上のように、営業開始後に特定施設が周辺に設置されても、許可・届出両事業とも即座に営業ができなくなるわけではないが、営業が許される両者の法的根拠は異なっており、事案による帰結の違いに留意する必要がある。

　また、許可や届出の要件として法定されている施設の設備や経営者の経歴について事情の変動があった場合に、既存の法的保護の内容にも影響を及ぼす可能性がある。すなわち、事例③-4のように店舗に大規模な修繕工事を施した場合や、事例③-5のように経営者が変わった場合には、従前の許可・届出の前提に変動が生じたのであるから、それまでの法的保護を維持するべきか否かにつき影響が生じ、その結果新たな許可・届出が必要とされれば周辺の特定施設との齟齬が再燃する。しかも、上述した許可と届出の両者の法的性質の違いのため、受ける影響は異なるのである。

(イ)　事例③-4の検討

(A)　X_4

　許可事業の店舗の変動に関しては、補強工事に対応した規定があり（風営9条）、X_4は公安委員会の承認を受けることにより補強工事を行うことができる。また、軽微な工事であれば、同条3項に基づく届出書の提出で十分である。

(B)　X_5

　他方で、ラブホテル等の届出事業に関しては許可事業におけるような規定がないため、補強工事を実施した場合、届出の効力に変動が生じるのか否か問題となる。

　この点、「同法28条3項が適用されるのは、あくまでも昭和59年風営法施行の際に営業しており、同法27条1項の届出をした風俗関連営業と同一の営業の場合に限られるべきであって、当該営業が、営業所の建物の新築、増改築、大規模な修繕や模様替え等を行ったことによって、以前の営業所における営業との同一性が失われるような場合には、もはや従前より営んでいたこ

とによる例外的な保護を与える必要は毫も存しないのであるから、同法28条3項の適用が除外されると解すべきである」とされており[14]、工事により営業所としての同一性に変動が生じた場合、既得権が失われる可能性が高い。

補強工事の程度により結論は異なると思われるが、X_5 は、同一性を失わない程度の補強工事にとどめ、届出の効力が失われないよう細心の注意を図る必要がある。

なお、仮に同一性を失わない程度の軽微な改築をしたにもかかわらず、公安委員会から業務停止命令等の行政処分を受けた場合には（風営30条1項）、当該停止命令に対する取消訴訟を提起し、かつ執行停止を申し立て、争うべきである。

(ウ) 事例③-5 の検討

(A) X_6

ぱちんこ店の許可を受益的処分と解しても、これは営業主に対してなされる対人的な許可であるから、許可の効力は、当然には X_6 に承継されないのが原則である[15]。

しかし、許可事業については、営業者が代わったとしても実質的に営業の内容は変わらず、社会に与える影響に本質的変動はないため、廃止を強制する必要はない。また、相続人にとって営業の停止により収入が途絶えれば大打撃である。そこで、風営法は、営業主の承継が生じた場合には対人的性格を一定程度緩和し（風営7条、7条の2、7条の3）、承継人を保護している。

したがって、X_6 も法の定める手続をとることにより、営業権を相続することができる。

(B) X_7

他方で、ラブホテルなどの店舗型性風俗産業に関しては、事情が全く異なる。

裁判例は、届出事業の既得権は、禁止区域における当該事業の「全廃」を

---

14 東京地判平成19・12・26判例集未登載（平成19年（行ウ）216号）。
15 福岡地判昭和41・6・7行裁集17巻6号634頁参照。

目的とする1項および2項の規定に対する例外的な経過措置であることを明確にしたうえで、一般承継たると特定承継たるとを問わず、一切の承継人に対して既得権営業の恩恵は与えられない旨明示している[16]。つまり、風営法は、禁止区域から当該事業を全面的に締め出すことを目的としているのであって、既得権営業はあくまで一時的な経過措置として法施行時に営業をしていた当該経営者にのみ与えられるものとされているのである。

したがって、X_7 が営業権を相続することはできない。

3　争訟方法をめぐる問題点——業者の立場から

(1)　不作為に対する争訟方法

《事例③-6》

X_8 がラブホテル営業の届出書を提出したところ、住民の反対運動が激化し、住民は建設を妨害するべく近隣に特定施設たる診療所を設置する準備を進めている。D県公安委員会は、周辺住民に配慮し、診療所の設置準備ができるまで行政指導を続け、2カ月以上にわたり風営法27条4項書面を含む何らの書面を交付しようとしない。なお、本件において、届出書の提出時点において周辺に一切の特定施設は存在せず、他に届出の適法性を疑わしめる事情は存在しない。また、非公式ではあるが、行政の担当者自身が、自身の行政指導は診療所が建設されるまでの時間稼ぎであることを明言していた。

X_8 はいかなる争訟手続をとるべきか。

(ア)　不服審査の手続

(A)　概要——手続の選択

行政争訟手段には、行政不服審査と行政訴訟がある。両者は原則として自由選択が認められ、個別法規により不服申立前置主義[17]が採用されていない限り、いずれを選択してもよい。風営法は、不服申立前置主義を採用していな

16　名古屋高判昭和56・5・27行裁集13巻4号787頁。

いため、X_8 は行政不服審査を経ずに、抗告訴訟を提起することができる。

　この点、一般的に、不服審査は行政による自己審査であるため救済の見込みは低く、不服申立前置主義が採用されてない場合にはあえて不服審査を経る理由に乏しいとされるが、行政の不作為を争う場合に限っては、審査請求に限り提起する意義が大きいと考えられる。

　なぜならば、①不作為の違法確認については、標準処理期間と対比することで違法性が明確であり、また、②上級庁としても不作為の是正のみであれば下級機関に対する権限の発動が比較的容易であり、上級庁からの指導を受けた場合には、処分庁としても無視し続けることができず何かしらの対応をすることが見込まれ、そして③たとえ却下処分であっても行政から何かしらの処分を受けることで、不服審査終了後抗告訴訟を提起することができるようになるという大きなメリットがあるからである。

　しかし、本件のような場合にはさらなる検討が必要である。

　まず、そもそも審査請求を提起することはできないと考えられるので、上記②のようなメリットは享受しがたい。[18]

　また、後述のとおり風営法27条に基づく届出に対して行政からなされる届出確認書または届出確認書不交付通知書（以下、「本件通知書」という）の交付行為に関しては、処分性の有無につき争いがあるため、そもそも不服審査の手続をとることができない可能性がある。[19]異議申立てを提起したとしても、

17　行政に対する不服申立てを経なければ訴訟を提起できない制度。行政事件訴訟法8条は、例外を認めつつも、明文をもって同制度の採用を排除している。

18　本件において審査請求ができない理由は、①27条の届出は都道府県公安委員会に申請するところ（風営27条）、都道府県公安委員会は、合議制の独任庁の機関として地方自治体に設置されており（地自180条の9）、上級庁が存在しない（行審5条1号）、②風営法には、審査請求ができる旨の定めがない（同2号参照）、③仮に27条の届出が地方自治法上の法定受託事務に該当する場合には、地方自治法255条の2に基づき審査請求を提起する余地があるものの、風営法に関する規定は地方自治法別表1および同2に記載がなく、27条の届出は法定受託事務とはならないためである。なお、処分がなされれば教示により不服審査の手続を知ることができるが、不作為の違法確認に関しては、教示がないため個別に調べる必要がある。

19　現に東京都公安委員会においては、風営法27条の届出に対する不作為を処分として扱っていない運用のようである。

行政庁が処分性を否定して、却下する可能性が高い。

そのため、異議申立ての実効性が乏しいことは確かである。

しかし、後記のとおり風営法27条の届出に対する届出確認書不交付通知書の交付行為に処分性を認めた裁判例もあるところ[20]、行政不服審査制度とは、本来「簡易迅速な手続による国民の権利利益の救済を図るとともに、行政の適正な運営を確保すること」（行審1条）を目的とするのであって、行政の事務処理の負担を減らすために処分性を狭くとらえるような行政実務とは対極にあるものである。本来であれば、行政自身が、できる限り国民の権利救済を図るべく、裁判例が出るのを待たずに広く処分性を認め、不服審査の対象に取り込む対応こそが求められる。

そこで、私見ではあるが、国民の権利救済を拒む閉鎖的な行政の運用に風穴を開けるためにも、処分性が認められる余地がある事例であれば、できる限り不服審査を提起するべきであると考える。実際、申立書に記載する事項は、訴状に記載する事項と多くの点で重複するのであるから、不服審査を提起したとしても負担は少ない。また、本件のように処分性に争いがある場合には、訴訟類型の選択についても困難を伴うのであるから、異議申立てを通じてなにがしかの処分（拒否処分）をさせて[21]、拒否処分の違法性を争ったほうが本来の目的（許可を得る）に沿う。

そこで、X_8は、不作為の違法性を理由として不服審査を提起し、届出確認書の交付を受けられないまでも、不交付通知書の交付をさせ、処分取消しの訴えを提起するシーケンスも考えられる。

(B) 処分性

事例③-6における届出に対する不作為が、「当該不作為に係る処分その他の行為」（行審7条）に係るいわゆる処分性が認められる行為の不作為であ

---

20 福岡地判平成20・2・25判例集未登載（平成18年（行ウ）42号）。
21 不作為そのものを違法原因として争う場合、処分性ありとして抗告訴訟としての違法確認訴訟（行訴3条5項）の提起と、処分性なしとして実質的当事者訴訟としての不作為の違法確認訴訟（同法4条）の提起とが考えられる。どちらかにいわば「決め打ち」して提訴することもできるが、両類型の訴訟を予備的に併合して提起することが考えられる（詳細は第9章参照）。

るかが問題となる。

　処分性とは、公権力の主体である国または公共団体の行う行為のうち、その行為により直接に国民の権利義務を形成し、またはその範囲を確定することが、法律上認められているものをいう。[22]

　この点、本件通知書の交付行為に処分性を認めた前掲福岡地判平成20・2・25の判旨より、いずれの書面の交付行為についても処分性が認められると解するべきである。

同裁判例は、

① 「届出確認書の交付は、当該届出に係る営業所が営業禁止区域等にない、あるいは、営業禁止区域等にあっても既得権を有する旨の応答であり、届出確認書不交付通知書の交付は、当該届出に係る営業所が営業禁止区域等にあり、かつ、営業者が既得権を有しない旨の応答である」と解されること、

② 「店舗型性風俗特殊営業については、広告又は宣伝が一般的に禁止されているところ、届出確認書の交付があって初めて当該営業に係る広告又は宣伝が可能となるのであり、届出確認書の交付は、当該営業に係る広告又は宣伝について上記一般的禁止を解除する法的効力を有するものと解される」こと、

③　届出確認書の交付を検討する際に公安委員会が行う営業禁止区域にあたるか否かの判断は、風営法30条の「営業廃止命令を発令するか否かの認定判断と、その主体及び判断内容を同じくしているのであるから、届出確認書不交付通知書の交付は、当該交付を受けた者に対し、当該交付を受けたにもかかわらず当該営業を開始ないし継続した場合には、相当程度の確実さをもって、当該営業について営業廃止命令を受けるという結果をもたらすものといえ、届出確認書不交付通知書の交付を受けた者は、当該交付を受けた段階で、実際上当該営業の開始ないし継続を断念

22　最判昭和39・10・29民集18巻8号1809頁。

せざるを得ないということになる」こと、

という3つの点を重視して、公安委員会による本件通知書の交付行為を公権力の行使に基づく権力的な行為であると判示した。

以上より、届出確認書または本件通知書の交付行為には処分性が認められると解するべきである。

(C) 不作為の違法性

公安委員会も、届出書を提出されて即座に届出確認書または本件通知書を交付しなければならないわけではなく、一定の期間は手続に必要な処理期間として認められる。

この点、通常の許認可手続における不作為の違法性については、行政手続法6条の標準処理期間を1つの基準として、不作為にかかる期間の違法性を主張することになる。同条の「相当期間」とは、その処分をなすに通常必要とする期間とされており、行政庁は同条により、標準処理期間を定め、公開することが義務づけられているためである。

しかし、届出確認書・本件通知書の交付行為は、前掲福岡地判平成20・2・25が処分性を認めるまでは、実務上当然には処分性が認められないものとされていたため[23]、多くの行政庁においてこれらの書面の交付にかかる標準処理期間を定めていない。

そこで、類似の手続である風営法3条に規定された各種許可手続に必要な標準処理期間を参考とするべきである。同条の許可手続に関する標準処理期間に関しては、たとえば警察庁が55日間または60日間を目安として定めており[24]、本件異議申立てにおいても、同期間の経過を1つの基準とするべきであろう。

同標準処理期間はあくまで努力義務であるが、当該期間を過ぎても処分が下されない場合には、一般に同法の相当期間の要件を充足すると判断するべ

---

23 蕗山信『注解風営法Ⅱ』18頁以下、特に21頁以下参照。
24 警察庁ホームページ〈http://www.npa.go.jp/pdc/model/shinsa/index.htm〉参照（平成22年5月4日確認）。

きである。[25]

(イ) **訴訟手続**

(A) 訴訟の態様

不作為に対する異議申立てを提出した結果、公安委員会から本件通知書が交付された場合には、本件通知書の交付行為に対して、①交付処分の取消訴訟および②①に付随して届出確認書の交付の義務付け訴訟を提起することとなる。

(B) ①不許可処分の取消訴訟

処分性が認められることおよび届出確認書がなされるべきであることにつき、異議申立てにおける主張内容と同様である。

(C) ②届出確認書交付行為の義務付け訴訟

(a) 訴訟要件

X_8は、義務付け訴訟を提起できるだろうか。

X_8は、事例③-6における本件届出に対して不交付通知書の交付行為を受けているので、事例③-6においては行政事件訴訟法37条の3第1項2号に基づく義務付け訴訟の訴訟要件を検討することとなる。

事例③-6では、上記のとおり処分性は認められるべきであり、また原告適格（行訴37条の3第2項）が認められることは当然である。

では、事例③-6において、公安委員会が届出に対して何らの応答をしていないことは、行政事件訴訟法3条6項2号にいう「法令に基づく申請……がされた場合」に該当するであろうか。

この点、「法令上の申請権の有無は、処分性の有無と同列に考えられるものであるから、法令に基づく申請というか、処分性の問題というかは用語の問題と考える」[26]と考える説もあり、独立して検討する必要はないとも考えられるが、本件のようにそもそも処分性が認められるか否かに争いがあり、また法令上は申請権が明記されていない場合には、「法令上の申請」に該当す

---

25 さいたま地判平成21・10・14判例集未登載（平成20年（行ウ）37号）。
26 南博方ほか編『条解行政事件訴訟法〔第3版補正版〕』85頁（杉浦徳宏）。

るか否かについて問題となる可能性も否定できない。

そこで以下検討するに、本件通知書が法律上特別に規定されているために交付されるもので（風営法27条および同規則43条2項参照）、風俗営業者の届出とは独立した交付であることを重視して、届出自体は「法令に基づく申請」とはいえず、業者には申請権が認められないとする考えがある。

しかし、不交付通知書の通知が風営法27条の届出に対応したものとして規定されていることは明らかであり（風営法施行規則43条2項）、独立した処分とすることはできないと思われる。

この点、風営法3条6項2号における「法令に基づく申請」とは、同法3条5項のそれと同義と解されているところ、産業廃棄物最終処分場施設用地の土地売買の届出が「法令に基づく申請」に該当するかが争いとなった事件における裁判所の判断が参考となる。同事件において裁判所は、法令上、都道府県知事に届出に対して勧告または勧告をしないことの通知をすることが義務づけられていたものの、仮にいずれ措置もとらないまま日時が経過したとしても、届出人に不利益がないことを強調して、同届出は「法令に基づく申請」に該当しないと判示した。[27]

届出に対して何らの措置がとられないときに届出人に不利益があるか否かを基準として、「法令に基づく申請」に該当するか否かを判断する上記基準からすれば、風営法27条の届出に関しては、届出確認書が交付されなければ届出人は事実上営業ができず多大な不利益を受け、しかも上記不利益は法令上の効果といえるのであるから、本件届出は、上記産業廃棄物処分場施設用地の売買の届出と異なり、「法令に基づく申請」に該当すると考えるべきである。

以上より、本件においては義務付け訴訟（行訴37条の3第2項）の訴訟要件を充足すると考える。

(b) 事実誤認の違法主張

27　鹿児島地判平成6・6・17判自132号91頁。

義務付けが認められるためには、「訴えに係る請求に理由があると認められ、かつ、その義務付けの訴えに係る処分又は裁決につき、行政庁がその処分若しくは裁決をすべきであることがその処分若しくは裁決の根拠となる法令の規定から明らかであると認められ又は行政庁がその処分若しくは裁決をしないことがその裁量権の範囲を超え若しくはその濫用となると認められる」ことが必要である。

本件では、周辺に一切の営業にあたって距離制限の対象となる施設（以下、「特定施設」という）は存在せず、また、他に届出の適法性を疑わしめる事情は一切存在しないのであるから、事例③-6における届出確認書が交付されなければならないことは明らかである。そして、行政の担当者自身が、届出に対して本件通知書を交付する理由として、診療所が建設されるまでの時間稼ぎであることを明言し、行政庁自身も事実と異なる認定をしていたことを認めているのであるから、事例③-6における処分の違法性は明らかである。

よって、事例③-6においては、「行政庁がその処分若しくは裁決をすべきであることがその処分……の根拠となる法令の規定から明らかであると認められ」る場合であるから、義務付けが認められるべきである。

(2) 不許可処分に対する争訟方法

《事例③-7》

X_9が、ぱちんこ店の開業の許可処分を申請したところ、近隣に開設されていた診療所（以下、「本件診療所」という）が、風営法4条2項2号に基づき制定されたE県風営法施行条例における「診療所（医療法1条の5第2項に規定する診療所のうち患者の収容施設を有する診療所をいう）」に該当し、その周囲が営業禁止区域になるとして、不許可処分を受けた。

しかし、本件診療所は、X_9のぱちんこ店予定地（以下、「本件予定地」という）の隣のビルに別のぱちんこ店を営業する乙が、競合店となりうるX_9のぱちんこ店の開業を阻止すべく、急遽自身がぱちんこ店を経営するビルの別のフロアーに簡易ベッドを運び込み、入院患者を偽装する

などして有床診療所としての開設届けを提出したものであった。

本件予定地の周辺には、本件診療所を除き特定施設はなく、またX₉の営業計画も適法なものであった。現に、行政担当者は、本件診療所さえなければ、営業許可を出すことができると明言していた。

X₉が本件許可を得るためにいかなる手続をとるべきか。

(ア) 不服審査の手続

事例③-8における不許可処分の理由は本件診療所の存在に限られるため、争訟手続においては、当該診療所が特定施設たる「診療所」に該当しないことを主張することになる。しかし、上記のとおり、不服審査はあくまで身内の処分に対する判断であり、覆る可能性に乏しいことから、不服申立前置主義がとられていない本件においては、あえて不服審査手続をとる意義に乏しい。

そこで、以下訴訟の提起を検討する。

(イ) 行政訴訟の手続

(A) 訴訟の態様

①本件不許可処分の取消訴訟および、②①に付随して許可処分の義務付け訴訟を提起することとなる。

(B) ①取消訴訟

本事例診療所が特定施設たる「診療所」にあたらないことを主張する。

ここでいう診療所とは、風営法4条2項2号により都道府県施行条例に委任される営業地域制限の対象となる保護施設の1つである。たとえば、東京都の風俗営業等の規制及び業務の適正化等に関する法律施行条例では、3条1項2号において「診療所」（医療法1条の5第2項に規定する診療所のうち患者の収容施設を有する診療所をいう（同条例1条4号））の敷地の周囲100m以内の地域を、営業禁止区域として規定している。

この点、「患者の収容施設を有する診療所」といえるためには、「患者をその診療と治療のために入院させるか、又は一定時間その施設で安全に管理することのできる人的、物的な態勢が日常的に整えられていることを要すると

いうべきである[28]」とされており、営業妨害を目的として突発的に設置される診療所が、風営法4条2項2号における特定施設にあたらないことは明らかである。

　本事例における診療所は、本件許可申請がなされることを知った乙が、X₀のパチンコ営業を妨害するべく、急遽近隣の建物に簡易ベッドを運び込み、入院患者を偽装するなどして有床診療所としての開設届けを提出したものであるから、本件処分時において、上記E県施行条例にいう「診療所」には該当しない。

　したがって、本事例における処分は、本事例における土地が営業禁止区域に該当しないにもかかわらず、不許可処分を下したものであり、違法であり取り消されなければならない。

　なお、この点、仮に診療所の開設届（医療法8条）に処分性が認められる場合には[29]、いわゆる公定力が発生し、当該開設の違法性を争うためには、原則として取消訴訟を提起しなければならず、営業不許可処分取消訴訟の枠内で開設の違法性を争うには無効と認められるだけの重大かつ明白な違法事由を主張しなければならなくなることに注意が必要である。

　(C)　②義務付け訴訟

　義務付け訴訟は、司法が行政に対し権限の行使を命ずるものであるため、

28　京都地判平成14・1・25判例集未登載（平成12年（行ウ）37号）、最判平成8・4・11判例集未登載（平成6年（行ツ）102号）参照。

29　診療所の開設に処分性が認められるかについては争いがあるが、法律上特段の要件が規定されておらず、また行政の応答も何ら予定されていないこと（医療法8条等）、前掲京都地判（注28）においては、上記開設届に処分性が認められないことを前提としている攻防が行われていることなどから、処分性は認められないものと考えられる。なお、仮に当該診療所が医療法27条の許可を受けている場合には、別途検討が必要である。私見では、当該27条許可自体には処分性が認められると考えられるが、当該処分はあくまで構造設備に関する許認可であり、その公定力は、風営法の特定施設たる診療所に該当するか否かの判断には直接関与しないのではないだろうか。仮に影響するとすれば、構造設備の明白重大な違法性は認められず、取消し・義務付けが認められないことになるが、そうすると物的施設のみが充足していれば診療所と認められることになり、「人的・物的な態勢が日常的に取られていること」を判断基準とする上記京都地判と齟齬を来すと思われる。

三権分立との緊張関係が生じる。特に自由裁量行為についてはその傾向が強い。ぱちんこ店の許可に関しては、羈束裁量行為であるか自由裁量行為であるかにつき争いがある。

この点、規定によっては広い裁量を読み取れるものも多く（風営4条2項2号もその1つである）、また風営法の目的に反する具体的事情がある場合には許可をしないことも考えられるとされており、自由裁量と考える余地もできるが、風営法4条1項および同条2項は、「次のいずれかに該当する事由があるときは、許可をしてはならない」と不許可事由を定め、不許可事由が存在する場合は、許可してはいけないという文言となっており、この規定を反対解釈すれば、不許可事由がない以上、許可しなければならないと解釈できる。また、昭和59年改正の際に、政府委員がいわゆる羈束裁量であると考えている旨答弁していることもあわせ考慮すれば、風営法3条に定める許可は、講学上の羈束行為であると解するべきである[30]。

したがって、不許可要件が認められない場合には、行政庁に許可に関する裁量の余地はない。

そして、事例③-7においては、上記のとおり診療所設置の違法の程度が強く、乙の行為を明らかにできればその違法性は明白かつ重大なものとなるところ、診療所の設置さえなければ不許可要件がなくなり、行政庁は許可をしなければならなくなるのであるから、上記診療所設置の違法性を主張して、許可を義務づける旨の義務付け訴訟も提起するべきである。事後的な金銭賠償による救済ではなく、事前の迅速な許可処分が最も望ましいことからすれば、本件のような露骨な営業妨害行為がなされた場合には、義務付け判決がなされる可能性も決して低くはないと思われる。

(D) 参考：損害賠償訴訟

事例③-7のように、近隣の競合業者が、営業妨害的に特定施設の設置を偽装した場合には、当該業者に対して不法行為の損害賠償を提起することが

---

[30] 蔭山・前掲（注6）238頁以下参照。

できる。また、仮に行政庁が当該偽装施設の設立に関与している場合には、国家賠償訴訟の提起も検討しうる。近年、本件類似の事例において、妨害施設の設置主体である自治体や私人に対して、国家賠償訴訟や損賠賠償訴訟を提起し、勝訴している事案が散見される[31]。

【書式16】 訴状（ぱちんこ店営業不許可処分取消等請求事件）

```
                    訴     状

                              平成〇〇年〇月〇日
××地方裁判所　御中

              原告訴訟代理人弁護士　乙　川　二　郎　㊞

    〒000-0000  E県〇〇市〇町〇丁目〇番〇号
              原          告　株式会社〇〇〇
              上記代表者代表取締役　甲　野　太　郎
    （送達場所）
    〒000-0000  E県〇〇市〇町〇丁目〇番〇号
              同訴訟代理人弁護士　乙　川　二　郎
              電話　000-0000-0000　fax　000-0000-0000
    〒000-0000  E県〇〇市〇町〇丁目〇番〇号
              被          告　〇　〇　県
              上記代表者県知事　丁　田　四　郎
    （処分庁）
    同所
    E県公安委員会
```

---

[31] 最判平成19・3・20判時1968号124頁。

ぱちんこ店営業不許可処分取消等請求事件

　　訴訟物の価格　　金1,600,000円（＊訴額算定不能）
　　貼用印紙額　　　　13,000円

請求の趣旨

1　E県公安委員会が平成〇〇年〇月〇日付で、原告に対してなしたぱちんこ店営業不許可処分を取り消す。
2　E県公安委員会は、原告が平成〇〇年〇月〇日付で申請したぱちんこ店営業を許可せよ。
3　訴訟費用は被告の負担とする。
との判決を求める。

請求の原因

第1　請求の趣旨第1項関係（処分取消の訴え）
1　（当事者）
　　原告は、ぱちんこ店等の経営を業とする株式会社である。訴訟提起日現在、E県〇市内において、X店のぱちんこ店を営業している。
　　被告は、E県公安委員会が所属する地方公共団体である。
2　（本件届出）
　　原告は、〇市〇町〇丁目〇番〇号（以下「本件場所」という）において、新規にぱちんこ店を開業することを企図して、平成〇〇年〇月〇日、風俗営業等の規制及び業務の適正化等に関する法律（以下「風営法」という）第3条1項に基づき、〇市を管轄するE県公安委員会に、法律上必要な事項を記載した許可申請書（以下「本件申請書」という）を提出した（以下「本件申請」という）。
3　（違法事由）
　（1）処分庁の不許可処分
　　　風営法4条1項及び同条2項は、「次のいずれかに該当する事由があるときは、許可をしてはならない」と不許可事由を定め、不許可事由が存在する場合は許可してはいけないという規定となっている。

この規定を反対解釈すれば、不許可事由がない以上許可しなければならないと解釈できるのであるから、風営法3条に定める許可は講学上の覊束行為である。

従って、不許可要件が認められない場合、行政庁に許可するしないの裁量の余地はない。

(2) 本件不許可処分

本件申請は、風営法上必要なすべての要件を充足している（不許可要件が存在しない）にもかかわらず、E県公安委員会は、E県風営法施行条例○条○項○号により、診療所（医療法1条の5第2項に規定する診療所のうち患者の収容施設を有する診療所をいう）の敷地の周囲100m以内の地域が風営法4条2項2号に定める営業禁止区域と定められているところ、本件場所の隣のビルに同年○月○日に開設届が出された診療所（以下「本件診療所」という）があることを理由に、本件申請に対して不許可処分を下した（以下「本件不許可処分」という）。

(3) 本件不許可処分の違法性

本件不許可処分は、本件診療所があることを不許可処分の理由としているところ、本件診療所は、特定施設たる診療所にあたらないのであるから、本件不許可処分には理由がない。

すなわち、E県風営法施行条例○条○項○号に定める「患者の収容施設を有する診療所」といえるためには、「患者をその診療と治療のために入院させるか、又は一定時間その施設で安全に管理することのできる人的、物的な態勢が日常的に整えられていることを要するというべきである」（京都地判平成14・1・25平成12年（行ウ）第37号・判例集未登載事件）とされる。

本件診療所は、乙が、有床診療所としての開設届けを提出したものである。乙は、本件土地の隣地において、ぱちんこ店を営業するものであり、原告の同業競合者である。本件診療所は、乙のぱちんこ店の2階部分である。すわなち、本件許可申請がなされることを知った乙が、原告の新規営業を妨害するべく、急遽本件土地の隣のビルに簡易ベッドを運び込み、入院患者を偽装するなどして有床診療所としての開設届けを提出したものであって、「患者をその診療と治療のために入院させるか、又は一定時間そ

の施設で安全に管理することのできる人的、物的な態勢が日常的に整えられている」施設ではない。少なくとも本件処分時においては、上記E県施行条例にいう「診療所」には該当しない。

したがって、本件土地は風営法上の営業禁止区域に該当しない（不許可要件が存在しない）のであるから、許可しないこと、すなわち、本件不許可処分は違法な処分である。

そして、本件診療所を実際に確認すれば、何ら診療実態のない偽装された診療所であることは明らかであるところ、行政庁がそのような事実確認すらせずに本件診療所を特定施設として不許可処分を行ったことは、許可要件に関する重大な事実誤認があり、違法である事は論を待たない。

(4) 結論

以上より、本件不許可処分は取り消されるべきである。

第2 請求の趣旨第2項関係（義務付けの訴え）

1 本書面第1、1〜3項を援用する。

2 （処分をすべきこと）

既述したとおり、風営法3条に定める許可は、いわゆる覊束行為であり、不許可要件が存在しない以上、許可されて然るべきものである。

本件においては、第1で述べたとおり不許可要件は存在せず（本件争点である、診療所の問題以外に不許可要件に該当する事実はなく行政庁もその点争いはないものと思われる。）、行政庁（E県公安委員会）が本件許可をすべきであることは風営法の規定から明らかである（行訴法37条の3第5項）。

3 （結論）

以上より、本件申請は許可されて然るべきである。

第3 （まとめ）

よって、原告は、請求の趣旨記載の判決を求めるものである。

証拠方法

1 甲1
2 甲2
3 甲3
・

```
                      付属書類

  1  甲号証写し        各1通
  2  訴訟委任状        1通
  3  代表者事項証明書   1通
                                         以上
```

(浅野幸恵／井桁大介)

第4章

年金・介護保険・生活保護の給付申請

をめぐる許認可手続

第1節　年金・介護保険

I　申請手続

1　年金請求手続

(1)　国民年金――老齢基礎年金
(ア)　請求手続ができる条件

　20歳から60歳まで40年間、すべての期間、保険料を納めた者は、65歳から満額の老齢基礎年金が支給されるのが原則である（平成22年度年金額（満額）は、79万2100円）。例外として、60歳でも請求手続は可能であるが、支給割合は65歳時に支給される70％となり、70歳で請求手続を行った場合には、65歳時支給額の142％となる。

　老齢基礎年金を受けるためには、以下の期間を合わせた期間が25年（300月）以上必要となる。

①　国民年金保険料を納めた期間
②　厚生年金の期間のうち、20歳以上60歳未満の期間
③　共済組合（公務員）の期間のうち、20歳以上60歳未満の期間
④　第3号被保険者期間のうち、保険料納付済期間として認定された期間
⑤　国民年金保険料の全額免除期間
⑥　国民年金保険料の半額免除期間、4分の3免除期間、4分の1免除期間
⑦　合算対象期間（年金額に反映されないため「カラ期間」とよばれている）

　なお、⑦の合算対象期間（カラ期間）には、ⓐ昭和61年（1986年）3月以前に国民年金に任意加入できる者が任意加入しなかった期間、ⓑ平成3年（1991年）3月以前に、学生であるため国民年金に任意加入しなかった期間、ⓒ昭和36年（1961年）4月以降、海外に在住していた期間などがある。

また、保険料を全額免除された期間の年金額は2分の1となる。
保険料の未納期間は年金額の計算の対象期間にならない。

(イ) 老齢基礎年金の計算式

老齢基礎年金の計算式は、下記のとおりである。

> 792,100円×〔保険料納付月数＋（保険料全額免除月数×8分の4）＋（保険料4分の1納付月数×8分の5）＋（保険料半額納付月数×8分の6）＋（保険料4分の3納付月数×8分の7）〕／加入可能年数×12

(ウ) 請求手続に必要な書類

請求手続に必要な書類は年金請求書（国民年金・厚生年金保険老齢給付）のほか、年金請求書に記載のある［資料3］のとおりである。なお、申請手続を社会保険労務士などに代理・代行させることができる。

(2) 厚生年金保険──老齢厚生年金

(ア) 請求手続ができる条件

厚生年金の被保険者期間があり、老齢基礎年金を受けるのに必要な資格期間を満たした者が65歳になったときに、老齢基礎年金に上乗せして老齢厚生年金が支給される。

ただし、当分の間、60歳以上で、①老齢基礎年金を受けるのに必要な資格期間を満たしていること、②厚生年金の被保険者期間が1年以上あることにより受給資格を満たしている者には、65歳になるまで、特別支給の老齢厚生年金が支給される。

特別支給の老齢厚生年金の額は、報酬比例部分と定額部分を合わせた額となるが、昭和16年（女性は昭和21年）4月2日生まれの者からは、定額部分の支給開始年齢が引き上げられる。昭和24年（女性は昭和29年）4月2日生まれの者からは、報酬比例部分のみの額となる。

(イ) 請求手続に必要な書類

上記(1)(ウ)の書類と同じである。

(ウ) 年金請求書の提出先

第4章　第1節　年金・介護保険

【書式17】　年金請求書（国民年金・厚生年金保険老齢給付）

年金請求書（国民年金・厚生年金保険老齢給付）様式第101号

（老齢基礎年金・老齢年金／老齢厚生年金・特例老齢年金）

届書コード　7 1 1

年金コード　1 1 5 0

○ □ のなかに必要事項を記入してください。
（◆印欄には、なにも記入しないでください。）
○ フリガナはカタカナで記入してください。
○ 請求者が自ら署名する場合には、請求者の押印は不要です。

※基礎年金番号が交付されていない方は、❶、❸の「基礎年金番号」欄は記入の必要はありません。

請求者
- ❶ 基礎年金番号：1 2 3 4 5 6 7 8 9 0
- ❷ 生年月日：大・昭・平　3 ・5 ・7　2 0 0 2 2 2

配偶者
- ❸ 基礎年金番号：0 9 8 7 6 5 4 3 2 1
- ❹ 生年月日：大・昭・平　3 ・5 ・7　2 3 0 3 3 0

❺ 記録不要制度（厚）（船）（国）　送信
❻ 作成原因　01
❼ 進達番号
❽ 市区町村受付年月日　❽ 年金事務所受付年月日
❾ 船枝加　❿ 受付　⓫ 重　⓬ 未保　⓭ 支保　⓮ 配状
⓯ 沖縄　⓰ 基機　⓱ 厚機　⓲ 下支え障害　⓳ 旧令

⓴ 請求者の氏名
（フリガナ）コウノ　タロウ
（氏）甲野　（名）太郎
性別　男1 ・女2

㉑ 雇用保険被保険者番号（雇用保険被保険者証の交付を受けた方のみ左詰めで記入してください。）

㉒ 住所の郵便番号：1 0 0 2 3 4 5
㉓ 住所コード　◆
住所（フリガナ）　○○市区町村　□□町1丁目1番1号

請求者
過去に加入していた年金制度の年金手帳の記号番号で、基礎年金番号と異なる記号番号があるときは、その記号番号を記入してください。
- 厚生年金保険
- 船員保険
- 国民年金

配偶者
㉔ 配偶者の基礎年金番号欄を記入していない方は、あなたの配偶者について、次の1および2にお答えください。（記入した方は、回答の必要はありません）
1. 過去に厚生年金保険、国民年金または船員保険に加入したことがありますか。○で囲んでください。
「ある」と答えた方は、加入していた制度の年金手帳の記号番号を記入してください。　ある・ない
- 厚生年金保険
- 船員保険
- 国民年金

2. あなたと配偶者の住所が異なるときは、下欄に配偶者の住所および性別を記入してください。

住所の郵便番号　住所コード◆　（フリガナ）住所　市区町村　性別　男1・女2

受取機関
（いずれかを選んで記入してください。）

1 金融機関（ゆうちょ銀行を除く）
㉕ 金融機関コード
㉖ 銀行・金庫・信組　乙原　（フリガナ）○○○○　本店・支店・出張所
㉗ 預金通帳の口座番号　4 5 6 7 8 9 0
都道府県名　（フリガナ）　信連・農協・漁協・信漁連　本店・支店・本所・支所
金融機関の証明　証明印

2 ゆうちょ銀行（郵便局）
㉙ 支払局コード
㉚ 貯金通帳の口座番号　記号（左詰めでご記入ください。）―番号（右詰めでご記入ください。）
ゆうちょ銀行（郵便局）の証明　印

※口座をお持ちでない方や口座でのお受取りが困難な事情がある方は、お受取り方法について、「ねんきんダイヤル」又はお近くの年金事務所にお問い合わせください。

⑦ 配偶者
㉙ 氏名
（フリガナ）コウノ　ハナコ
（氏）甲野　（名）花子
連絡欄

子
（フリガナ）（氏）（名）
（フリガナ）（氏）（名）

㉛ 生年月日
昭・平 57　年月日
昭・平 57　年月日

障害の状態
障害の状態に　ある・ない
障害の状態に　ある・ない

㉜ 診◆

X線フィルムの送付　有・無　枚
X線フィルムの返送　年月日

(19.9)

Ⅰ 申請手続

⑦ あなたの配偶者は、公的年金制度等（表3参照）から老齢・退職または障害の年金を受けていますか。○で囲んでください。

1 老齢・退職の年金を受けている	② 障害年金を受けている	3 いずれも受けていない	4 請求中	制度名（共済組合名等）	年金の種類

受けていると答えた方は下欄に必要事項を記入してください（年月日は支給を受けることになった年月日を記入してください）。

制度名（共済組合名等）	年金の種類	年 月 日	年金証書の年金コードまたは記号番号等
厚生年金	障害	8.8.8	1357
		. .	
		. .	

㉚ 年金コードまたは共済組合等コード・年金種別

1	
2	
3	

「年金の種類」とは、老齢または退職、障害をいいます。

⑦ あなたは、現在、公的年金制度等（表3参照）から年金を受けていますか。○で囲んでください。

1 受けている	② 受けていない	3 請 求 中	制度名（共済組合名等）	年金の種類

受けていると答えた方は下欄に必要事項を記入してください（年月日は支給を受けることになった年月日を記入してください）。

制度名（共済組合名等）	年金の種類	年 月 日	年金証書の年金コードまたは記号番号等

㉛ 年金コードまたは共済組合等コード・年金種別

1	
2	
3	

㉞ 他年金種別

「年金の種類」とは、老齢または退職、障害、遺族をいいます。

㊅ 他制度満了年月　㊆ 合算対象記録 1　　2　　3

4　　5　㊇ 6　　7

8　　9　　10　㊈ 11

12　　13　　14　　15

㊉ 共済コード 共済記録 1　　2

3　㊊ 4

5　　6

㊋ 7　　8

9

老齢基礎 | ㊌ 受給権発生年月日 | ㊍ 停止事由 | 停 止 期 間 | ㊎ 条 文 | 失権事由 | 失権 年 月 日

老齢厚生 | ㊏ 受給権発生年月日 | ㊐ 停止事由 | 停 止 期 間 | ㊑ 条 文 | 失権事由 | 失権 年 月 日

㊒ 摘 要　　㊓ 追加区分　㊔ 請求者の住民票コード 1 3 5 7 9 2 4 6 8 0 1

★ 市区町村からの連絡事項

未納保険料の納付	有 昭和・平成　年　月分から
	無 昭和・平成　年　月分まで
保険料の追納	有 昭和・平成　年　月分から
	無 昭和・平成　年　月分まで
差額保険料の未納分の納付	有 昭和・平成　年　月分から
	無 昭和・平成　年　月分まで
検認票の添付	有 ・ 無

第4章　第1節　年金・介護保険

㋐	次の年金制度の被保険者または組合員となったことがあるときは、その番号を○で囲んでください。
	① 国民年金法　　② 厚生年金保険法　　3 船員保険法（昭和61年4月以後を除く） 4 国家公務員共済組合法　5 地方公務員等共済組合法　6 私立学校教職員共済法 7 農林漁業団体職員共済組合法　8 旧市町村職員共済組合法　9 地方公務員の退職年金に関する条例　10 恩給法

㋑	履　歴（公的年金制度加入経過）　　　　　電話番号　　（ 00 ）-(123)-(4567) 　※できるだけくわしく、正確に記入してください。　勤務先の電話番号　（ 00 ）-(987)-(6543 ）

	(1)事業所（船舶所有者）の名称および船員であったときはその船舶名	(2)事業所（船舶所有者）の所在地または国民年金加入時の住所	(3)勤務期間または国民年金の加入期間	(4)加入していた年金制度の種類	(5) 備　考
最初		□□市△△1-2-3	42・2・22から 44・3・31まで	①国民年金 2厚生年金保険 3厚生年金(船員)保険 4共済組合等	
2	AB不動産（株）	○○市□□2-4-5	44・4・1から 58・10・1まで	1国民年金 ②厚生年金保険 3厚生年金(船員)保険 4共済組合等	
3	CD商事（株）	●●市□△7-8-9	59・2・10から 平20・3・31まで	1国民年金 ②厚生年金保険 3厚生年金(船員)保険 4共済組合等	
4			・　・　から ・　・　まで	1国民年金 2厚生年金保険 3厚生年金(船員)保険 4共済組合等	
5			・　・　から ・　・　まで	1国民年金 2厚生年金保険 3厚生年金(船員)保険 4共済組合等	
6			・　・　から ・　・　まで	1国民年金 2厚生年金保険 3厚生年金(船員)保険 4共済組合等	
7			・　・　から ・　・　まで	1国民年金 2厚生年金保険 3厚生年金(船員)保険 4共済組合等	
8			・　・　から ・　・　まで	1国民年金 2厚生年金保険 3厚生年金(船員)保険 4共済組合等	
9			・　・　から ・　・　まで	1国民年金 2厚生年金保険 3厚生年金(船員)保険 4共済組合等	
10			・　・　から ・　・　まで	1国民年金 2厚生年金保険 3厚生年金(船員)保険 4共済組合等	
11			・　・　から ・　・　まで	1国民年金 2厚生年金保険 3厚生年金(船員)保険 4共済組合等	
12			・　・　から ・　・　まで	1国民年金 2厚生年金保険 3厚生年金(船員)保険 4共済組合等	

(6)	最後に勤務した事業所または現在勤務している事業所について記入してください。				
	1 事業所（船舶所有者）の名称を記入してください。	名称	CD商事（株）		
	2 健康保険（船員保険）の被保険者証の記号番号がわかれば記入してください。	記号	1234	番号	56

㋒	個人で保険料を納める第四種被保険者、船員保険の年金任意継続被保険者となったことがありますか。	1 はい　・　② いいえ
	「はい」と答えたときは、その保険料を納めた年金事務所（社会保険事務所）の名称を記入してください。	
	その保険料を納めた期間を記入してください。	昭和・平成　　年　　月　　日から昭和・平成　　年　　月　　日
	第四種被保険者（船員年金任意継続被保険者）の整理記号番号を記入してください。	記号　　　　　　番号

Ⅰ 申請手続

㋔ 現在、次の年金または恩給のいずれかを受けることができる人は、その番号を○で囲んでください。
1 地方公務員の恩給　　2 恩給法（改正前の執行官法附則第13条において、その例による場合を含む。）による普通恩給
3 日本製鉄八幡共済組合の老齢年金または養老年金　　4 旧外地関係または旧陸海軍関係共済組合の退職年金給付

㋕ ㋐欄の昭和61年3月までの期間において国民年金に任意加入しなかった期間が、次に該当するときはその番号を○で囲んでください。
1 配偶者が㋓欄（国民年金を除く。）に示す制度の被保険者、組合員または加入者であった期間
2 配偶者が㋓欄（国民年金を除く。）または㋔欄に示す制度の老齢年金または退職年金を受けることができた期間
3 本人または配偶者が㋓欄（国民年金を除く。）に示す制度の老齢年金または退職年金の受給資格期間を満たしていた期間
4 本人または配偶者が㋓欄（国民年金を除く。）または㋔欄に示す制度から障害年金を受けることができた期間
5 本人または配偶者が戦傷病者戦没者遺族等援護法の障害年金を受けることができた期間
6 本人が㋓欄（国民年金を除く。）または㋔欄に示す制度から遺族に対する年金を受けることができた期間
7 本人が戦傷病者戦没者遺族等援護法の遺族年金または未帰還者留守家族手当もしくは特別手当を受けることができた期間
8 本人または配偶者が都道府県議会、市町村議会の議員および特別区の議会の議員ならびに国会議員であった期間
9 本人が都道府県知事の承認を受けて国民年金の被保険者とされなかった期間

㋖ ㋐欄の国民年金に任意加入しなかった期間で、上に示す期間以外で次に該当するときはその番号を○で囲んでください。
1 本人が日本国内に住所を有さなかった期間
2 本人が日本国内に住所を有した期間であって日本国籍を有さなかったため国民年金の被保険者とされなかった期間
3 本人が学校教育法に規定する高等学校の生徒または大学の学生等であった期間
4 本人が昭和61年4月以後の期間で下に示す制度の老齢または退職を事由とする年金給付を受けることができた期間
　　ただし、ウからコに示す制度等の退職を事由とする年金給付であって年齢を理由として停止されている期間は除く。
　ア 厚生年金保険法　　　　　　イ 恩給法　　　　　　　　　　ウ 国家公務員共済組合法
　エ 地方公務員等共済組合法（クを除く）　オ 私立学校教職員共済法　カ 農林漁業団体職員共済組合法　キ 国会議員互助年金法
　ク 地方議会議員共済法　　　　ケ 地方公務員の退職年金に関する条例　コ 改正前の執行官法附則第13条

㋗ 国民年金、厚生年金保険または共済組合等の障害給付の受給権者で国民年金の任意加入をした方は、その期間について特別一時金を受けたことがありますか。	1 は い ・ 2 いいえ
㋘ 国民年金法に定める障害等級に該当する程度の障害の状態にありますか。	1 は い ・ 2 いいえ
㋙ 昭和36年4月1日から昭和47年5月14日までの間に沖縄に住んでいたことがありますか。	1 は い ・ 2 いいえ
㋚ 旧陸海軍等の旧共済組合の組合員であったことがありますか。	1 は い ・ 2 いいえ

生 計 維 持 証 明

生計同一関係	右の者は、請求者と生計を同じくしていたことを申し立てる。（証明する。） 平成 22 年 ○ 月 ○ 日 ・請求者（証明者）　住　所　○○市□□町1丁目1番1号 　　　　　　　　　氏　名　甲野　太郎　㊞ （請求者との関係）	配偶者および子	氏　名　甲野　花子　　続柄　妻

（注）1　この申立は、民生委員、町内会長、事業主、年金委員、家主などの第三者の証明に代えることができます。
　　　2　この申立（証明）には、それぞれの住民票の写しを添えてください。

収入関係	1 請求者によって生計維持していた者について記入してください。		※確認印	*年金事務所の確認事項
	(1) 配偶者について年収は、850万円未満(注)ですか。	は い・いいえ	（　）印	ア 健保等被扶養者（第三号被保険者）
	(2) 子(名：　　　)について年収は、850万円未満(注)ですか。	は い・いいえ	（　）印	イ 加算額または加給年金額対象者
	(3) 子(名：　　　)について年収は、850万円未満(注)ですか。	は い・いいえ	（　）印	ウ 国民年金保険料免除世帯
	(4) 子(名：　　　)について年収は、850万円未満(注)ですか。	は い・いいえ	（　）印	エ 義務教育終了前
	2 配偶者によって生計維持していた請求者について記入してください。			オ 高等学校等在学中
	年収は、850万円未満(注)ですか。	は い・いいえ	（　）印	カ 源泉徴収票・非課税証明等
	3 上記1および2で「いいえ」と答えた者のうち、その者の収入がこの年金の受給権発生当時以降おおむね5年以内に850万円未満(注)となる見込みがありますか。	は い・いいえ		

（注）平成6年1月8日までに受給権が発生している方は、「600万円未満」となります。　　平成　　年　　月　　日提出
※　請求者が申立てを行う際に自ら署名する場合は、請求者の押印は不要です。

第4章 第1節 年金・介護保険

◆年金事務所記入欄　　扶養親族等の内訳

　　平成　　年　　月　　日受付

該当年	申告書提出の有無	控除対象配偶者	扶養親族等							本人障害
			障害なし		普通障害者			特別障害者		
			特定を除く老人者	特定	老人	特定を除く老人者	特定	老人	特定を除く老人者	特定	老人	
当年 ㊁	年										
過年 ㊂	年										
㊃	年										
㊄	年										
㊅	年										
㊆	年										

公的年金等の受給者の扶養親族等申告書

提出年　平成　　年　　　　　　　　　　　　　　　1 1 5 0

1. ご本人の氏名、基礎年金番号、生年月日、住所等をご記入のうえ、**必ず押印**してください。

氏名	(フリガナ) コウノ　タロウ　　甲野　太郎　㊞	基礎年金番号 1 2 3 4 5 6 7 8 9 0	生年月日 明・大・㊄・1 3 年 2 0 月 0 2 日 2 2
住所	〒100-2345　○○市□□町1丁目1番1号		
電話番号	00 - 123 - 4567		
提出日	平成 22 年 ○ 月 ○ 日		

2. 上記の提出年の扶養親族等の状況についてご記入ください。
　　（ご本人に控除対象配偶者や扶養親族等がなく、ご本人自身が障害者に該当しない場合は、下記事項を記入する必要はありません。）

区分	氏名	続柄	生年月日	同居・別居の区分	障害	所得の種類・金額
㋐ 控除対象配偶者	甲野花子	夫・㊛ 老人	明・大・㊐・平 23年3月30日	㊤居・別居	㊍・特	0 万円
㋑ 扶養親族		特定 老人	明大昭平 　年　月　日	同居・別居	普・特	万円
		特定 老人	明大昭平 　年　月　日	同居・別居	普・特	万円
		特定 老人	明大昭平 　年　月　日	同居・別居	普・特	万円
㋒ 摘要				本人障害	普・特	

※提出年より前に年金が受けられる場合は、過去の年分の扶養親族等申告書をすべて提出していただくことになります。（申告書は、年金事務所に用意してあります。）

（年金の支払者）官署支出官　厚生労働省年金局事業企画課長

Ⅰ　申請手続

上記(1)(エ)参照のこと。

[資料3]　老齢年金請求に必要な書類

|この請求書に添えなければならない書類等|

1　すべての人が添えなければならない書類
 a　年金手帳、基礎年金番号通知書または被保険者証（添えることができないときはその事由書）
 b　あなたの生年月日について明らかにすることができる戸籍の謄本（戸籍の全部事項証明書）、戸籍の抄本（戸籍の個人事項証明書）、戸籍の記載事項証明書（戸籍の一部事項証明書）、住民票（コピー不可）、住民票の記載事項証明書のうち、いずれかの書類（⑩欄に住民票コードを記入して頂いた方は添付を省略できます。）
 c　雇用保険被保険者証またはその他の雇用保険被保険者番号を明らかにすることができる書類
  ただし、雇用保険被保険者証の交付を受けていない方は、その事由書

2　配偶者または子がいるときに添えなければならない書類
 ・配偶者とは、婚姻の届出はしていないが、事実上あなたと婚姻関係と同様の事情にある人を含みます。
 ・子とは、18歳到達日以後の最初の3月31日までの間にある子（昭和52年4月1日以前に生まれた子については18歳未満の子）、または国民年金法施行令別表に定める1級または2級の障害の状態にある20歳未満の子をいいます。

 a　配偶者または子の生年月日および子とあなたの身分関係を明らかにすることのできる戸籍の謄本（戸籍の全部事項証明書）、戸籍の抄本（戸籍の個人事項証明書）、戸籍の記載事項証明書（戸籍の一部事項証明書）のうち、いずれかの書類
  ※1のb、2のaの書類に代えて戸籍の謄本でも構いません。
  ※住民票ではこれらの書類に代えることはできません。
 b　障害の状態にある子については、医師または歯科医師の診断書（この用紙は年金事務所にあります。）
 c　障害の状態にある子の傷病が表2（略）に示すものであるときは、レントゲンフィルム

3　各欄の記入内容によって添えなければならない書類

記入欄	記入した内容	必要な書類
⑦欄 ⑰欄	「受けている」と答えた人	「表3　公的年金制度等」（略）に示すもののうち、ア～キ、ケ、シに該当する方は、年金証書ク、サに該当する方は、恩給証書コに該当する方は、年金額裁定通知スに該当する方は、年金証書または遺族給与金証書 ※コピーでも差し支えありません。

㊤欄	4から10までの番号を○で囲んだ人	その制度の管掌機関から交付された年金加入期間確認通知書（共済用）	
㊉欄	いずれかの番号を○で囲んだ人	その年金証書、恩給証書またはこれらに準ずる書類の写し	
㊯欄	1、3の期間のある人	配偶者との身分関係を明らかにすることができる市区町村長の証明書または戸籍の抄本	配偶者が被保険者にあっては年金加入期間確認請求書。また、組合員または加入者にあっては年金加入期間確認通知書（共済用）
	2の期間のある人		配偶者が年金を受けることができたことを証する年金証書の写し
	4、5の期間のある人		本人または配偶者が年金を受けることができたことを証する年金証書の写し
	6、7の期間のある人	本人が当該年金または手当を受けることができたことを証する年金証書または恩給証書の写し	
	8の期間のある人	それぞれの在職期間を明らかにすることができる書類	
	9の期間のある人	そのことを証する書類	
㊸欄	1の期間のある人	海外在住期間を明らかにすることができる書類（中国残留孤児等であったときは戸籍の抄本）	
	2の期間のある人	日本国内に住所を有していた期間を明らかにすることができる書類	
	3の期間のある人	在学期間を明らかにすることができる書類	
	4の期間のある人	当該年金を受けることができたことを証する年金証書または恩給証書の写し、および年齢を理由として停止されているものにあってはそのことを証する書類	
㊺欄	「1 はい」と答えた人	医師または歯科医師の診断書（この用紙は年金事務所にあります。）	
㊼欄	「1 はい」と答えた人	そのことを明らかにすることができる書類（戸籍の附票または住民票）	
㊾欄	「1 はい」と答えた人	履歴申立書（3部、この用紙は年金事務所にあります。）	
㊿欄	1および2で「はい」と答えた人	それぞれアからカまでのいずれかに該当することが確認できる書類	
	3で「はい」と答えた人	源泉徴収票等とその収入が850万円未満（注）となることを証明できる書類（例：会社等の就業規則など退職年齢を明らかにできる書類）	

（注）平成 6 年11月 8 日までに受給権が発生している方は、「600万円未満」となります。

(エ) 年金請求書の提出先

年金請求書の提出先は、年金請求書に下記のとおりの記載がある。

［資料 4 ］ 年金請求書の提出先

① 加入していた年金制度が国民年金だけの方は、住所地を管轄する年金事務

所に提出してください。ただし、国民年金の第1号被保険者期間のみ有する方は、市区町村の国民年金の担当窓口に提出してください。
② 複数の年金制度に加入していたが、最後に加入していた年金制度が国民年金または共済組合等の方は、住所地を管轄する年金事務所に提出してください。
③ 最後に加入していた年金制度が厚生年金保険の方は、最後に勤務した事業所を管轄する年金事務所に提出してください。
　なお、最後に勤務した事業所が一括適用事業所の方は、実際の勤務地を管轄する年金事務所に提出してください。
（注）　一括適用事業所とは、日本年金機構理事長の承認を得て、例えば、大阪の支店や工場に勤務していたが、厚生年金保険は東京の本社で一括して適用されているような事業所のことです。
※　年金請求書の受付は、上記の提出先にかかわらず全国どこの年金事務所および年金相談センターでも承っております。
　また、提出は郵送していただいても結構です。（郵送の場合、添付書類が揃っていることをご確認ください。）

(3)　国民年金——障害基礎年金

(ア)　請求手続ができる条件

　国民年金に加入している間に初診日（障害の原因となった病気やけがについて、初めて医師の診療を受けた日）のある病気やけがで、法令（国民年金法施行令別表）により定められた障害等級表（1級・2級）による障害の状態にある間は障害基礎年金が支給される。

　平成22年度年金額（定額）は、1級で99万100円、2級で、79万2100円である。

　また、18歳到達年度の末日までにある子（障害者は20歳未満）がいる場合、子の人数により加算が行われる。

　障害基礎年金を受けるためには、初診日のある月の前々月までの公的年金の加入期間の3分の2以上の期間について、保険料が納付または免除されていること、または初診日のある月の前々月までの1年間に保険料の未納がな

いこと（保険料納付要件）が必要である。

　(イ)　**請求手続に必要な書類**

　障害基礎年金の請求手続には年金請求書（国民年金・厚生年金保険障害給付）のほか、障害年金の年金請求書には以下の記載がある。なお、申請手続を社会保険労務士などに代理・代行させることができる。

　(ウ)　**年金請求書の提出先**

　障害基礎年金の請求先は、居住している市町村役場である。

　(4)　**厚生年金保険――障害厚生年金**

　(ア)　**請求手続ができる条件**

　厚生年金に加入している間に初診日のある病気やけがで障害基礎年金の1級または2級に該当する障害の状態になったときは、障害基礎年金に上乗せして障害厚生年金が支給される。

　また、障害の状態が2級に該当しない軽い程度の障害のときは3級の障害厚生年金が支給される。

　なお、初診日から5年以内に病気やけがが治り、障害厚生年金を受けるよりも軽い障害が残ったときには障害手当金（一時金）が支給されることになる。

　障害厚生年金・障害手当金を受けるためには、障害基礎年金の保険料納付要件を満たしていることが必要である。

　(イ)　**請求手続に必要な書類**

　上記、(3)(イ)に同じである。

　(ウ)　**年金請求書の提出先**

　障害厚生年金の請求先は、原則として最後に勤めた事業所（在職中の場合は現在勤めている事業所）を管轄する年金事務所である。

　ただし、すでに退職し、国民年金の被保険者である場合には、居住する住所地を管轄する年金事務所となる。

Ⅰ　申請手続

【書式18】　年金請求書（国民年金・厚生年金保険障害給付）

年金請求書（国民年金・厚生年金保険障害給付）

様式第104号

年金コード　13 30　5

430002　82

障害基礎年金
障害厚生年金・障害手当金

○○のなかに必要事項を記入してください。
（←）印欄には、なにも記入しないでください。
○フリガナはカタカナで記入してください。
○請求者自ら署名する場合は、押印は不要です。

年金事務所　受付年月日

※基礎年金番号が交付されていない方は、①、②の「基礎年金番号」欄は記入の必要はありません。

請求者	①請求者の基礎年金番号	1 2 3 4 5 6 7 8 9 0
	②配偶者の基礎年金番号	0 9 8 7 6 5 4 3 2 1
	③生年月日	(昭)5・平7　25年03月15日
	④氏名　(フリガナ) ヘイカワ サブロウ　(氏)丙川　(名)三郎　⑤性別 男 1
	⑥住所　住所の郵便番号 000-0000　○○市□□町△△1-1-1

課所符号	進達番号
厚年資格 10・20 21・22	船保資格 10・20 21・22	記録不要制度 (厚)(船)(国)	作成原因 02
船戦加重	未保	支保	配状

過去に加入していた年金制度の年金手帳の記号番号で、基礎年金番号と異なる記号番号があるときは、その記号番号を記入してください。

請求者
厚生年金保険　｜　国民年金
船員保険

「②配偶者の基礎年金番号」欄を記入していない方は、あなたの配偶者について、つぎの1および2にお答えください。（記入した方は、回答の必要はありません。）
1. 過去に厚生年金保険、国民年金または船員保険に加入したことがありますか。○で囲んでください。　　ある・ない
「ある」と答えた方は、加入していた制度の年金手帳の記号番号を記入してください。

配偶者
厚生年金保険　｜　国民年金
船員保険

2. あなたと配偶者の住所が異なるときは、下欄に配偶者の住所および性別を記入してください。

住所の郵便番号　住所　(フリガナ)　　　性別 男 1 女 2

⑦受取機関

1. 金融機関（ゆうちょ銀行を除く）
金融機関コード　　銀行 丁字 金庫 信組　○○　本店・支店・出張所　預金通帳の口座番号 13579
都道府県名　(フリガナ)　信連・農協　信漁連・漁協　本店・支所・本所・支所
金融機関の証明　印

2. ゆうちょ銀行（郵便局）
支払局コード　貯金通帳の口座番号
記号（左詰めでご記入ください）　番号（右詰めでご記入ください）
ゆうちょ銀行（郵便局）の証明　印

※口座をお持ちでない方や口座でのお受取りが困難な事情がある方は、お受取り方法について、「ねんきんダイヤル」又はお近くの年金事務所にお問い合わせください。

⑧	氏名	生年月日	連絡欄		
配偶者	(フリガナ) ヘイカワ ハナコ　(氏)丙川　(名)花子	大昭平 3 5 7　30年10月11日	障害の状態 診 ある・ない	X線フィルムの送付 有・無　枚
子	(フリガナ) ヘイカワ シロウ　(氏)丙川　(名)四郎	昭平 5 7　05年05月05日	障害の状態 ある・ない	X線フィルムの返送　年 月 日
	(フリガナ)　(氏)　(名)	昭平 5 7	障害の状態 ある・ない	

第4章 第1節 年金・介護保険

⑨ あなたの配偶者は、公的年金制度等（表1参照）から老齢・退職または障害の年金を受けていますか。○で囲んでください。

1.老齢・退職の年金を受けている	2.障害の年金を受けている	③いずれも受けていない	4.請求中	制度名（共済組合名等）	年金の種類

受けていると答えた方は下欄に必要事項を記入してください（年月日は支給を受けることになった年月日を記入してください）。

制度名（共済組合名等）	年金の種類	年 月 日	年金証書の年金コードまたは記号番号等

年金コードまたは共済組合コード・年金種別
1
2
3

「年金の種類」とは、老齢または退職、障害をいいます。

⑩ あなたは、現在、公的年金制度等（表1参照）から年金を受けていますか。○で囲んでください。

1.受けている	②受けていない	3.請求中	制度名（共済組合名等）	年金の種類

受けていると答えた方は下欄に必要事項を記入してください（年月日は支給を受けることになった年月日を記入してください）。

制度名（共済組合名等）	年金の種類	年 月 日	年金証書の年金コードまたは記号番号等

年金コードまたは共済組合コード・年金種別
1
2
3
他 年 金 種 別

	初診年月日	障害認定日	（外）傷病名コード	（上）傷病名コード	診断書
上・外 1 2	元号	元号			

（外）等級	（上）等級	有	有 年	三	差引
			元号		

基礎

受給権発生年月日	停止事由	停 止 期 間	条 文
元号 年 月	元号	年 月 元号 年 月	

失権事由	失権年月日
	元号 年 月

厚年

受給権発生年月日	停止事由	停 止 期 間	条 文
元号 年 月	元号	年 月 元号 年 月	

失権事由	失権年月日
	元号 年 月

船保上

受給権発生年月日	停止事由	停 止 期 間	条 文
元号 年 月	元号	年 月 元号 年 月	

失権事由	失権年月日	船舶所有者符号	最終記録
	元号 年 月		

共済コード	共済記録 1		2
	元号 年 月 日 元号 年 月 日		元号 年 月 日 元号 年 月 日

3		4
元号 年 月 日 元号 年 月 日		元号 年 月 日 元号 年 月 日

5		6
元号 年 月 日 元号 年 月 日		元号 年 月 日 元号 年 月 日

⑪請求者の住民票コード

Ⅰ　申請手続

⑫　次の年金制度の被保険者または組合員等となったことがあるときは、その番号を〇で囲んでください。
- ① 国民年金法
- ② 厚生年金保険法
- ③ 船員保険法（昭和61年4月以後を除く）
- 4. 国家公務員共済組合法
- 5. 地方公務員等共済組合法
- 6. 私立学校教員共済法
- 7. 農林漁業団体職員共済組合法
- 8. 旧市町村職員共済組合法
- 9. 地方公務員の退職年金に関する条例
- 10. 恩給法

⑬　履　歴（公的年金制度加入経過）
※できるだけくわしく、正確に記入してください。

請求者の電話番号（ 00 ）-（ 987 ）-（ 6543 ）
勤務先の電話番号（ 00 ）-（ 123 ）-（ 4567 ）

	(1) 事業所（船舶所有者）の名称および船員であったときはその船舶名	(2) 事業所（船舶所有者）の所在地または国民年金加入時の住所	(3) 勤務期間または国民年金の加入期間	(4) 加入していた年金制度の種類	(5) 備考
最初		〇〇市□□町△△ 1-1-1	45・03・15 から 47・03・31 まで	①国民年金（○） 2.厚生年金保険 3.厚生年金（船員）保険 4.共済組合等	
2	宝化学（株）	〇〇市△△町□□ 1-2-3	47・04・1 から 在職中 まで	1.国民年金 ②厚生年金保険（○） 3.厚生年金（船員）保険 4.共済組合等	
3			・・ から ・・ まで	1.国民年金 2.厚生年金保険 3.厚生年金（船員）保険 4.共済組合等	
4			・・ から ・・ まで	1.国民年金 2.厚生年金保険 3.厚生年金（船員）保険 4.共済組合等	
5			・・ から ・・ まで	1.国民年金 2.厚生年金保険 3.厚生年金（船員）保険 4.共済組合等	
6			・・ から ・・ まで	1.国民年金 2.厚生年金保険 3.厚生年金（船員）保険 4.共済組合等	
7			・・ から ・・ まで	1.国民年金 2.厚生年金保険 3.厚生年金（船員）保険 4.共済組合等	
8			・・ から ・・ まで	1.国民年金 2.厚生年金保険 3.厚生年金（船員）保険 4.共済組合等	
9			・・ から ・・ まで	1.国民年金 2.厚生年金保険 3.厚生年金（船員）保険 4.共済組合等	
10			・・ から ・・ まで	1.国民年金 2.厚生年金保険 3.厚生年金（船員）保険 4.共済組合等	

(6) 最後に勤務した事業所または現在勤務している事業所について記入してください。
(1) 事業所（船舶所有者）の名称を記入してください。
　(1) 名称：宝化学（株）

(2) 健康保険（船員保険）の被保険者証の記号番号がわかれば記入してください。
　(2) 記号　1234　　番号　56

⑭　個人で保険料を納める第四種被保険者、船員保険の年金任意継続被保険者となったことがありますか。　　1.はい　・　②いいえ

「はい」と答えた人は、保険料を納めた年金事務所（社会保険事務所）の名称を記入してください。

その保険料を納めた期間を記入してください。　昭和/平成　年　月　日から　昭和/平成　年　月　日

第四種被保険者（船員年金任意継続被保険者）の整理記号番号を記入してください。　（記号）　（番号）

⑮　障害の原因は第三者の行為によりますか。　　1.はい　・　②いいえ

障害の原因が第三者の行為により発生したものであるときは、その者の氏名および住所を記入してください。　氏名　　住所

第4章 第1節 年金・介護保険

⑮ 国民年金および厚生年金保険の障害給付を請求するときに記入してください。

(1) この請求は、左の頁にある「障害給付の請求事由」の1から3までのいずれに該当しますか。該当する番号を○で囲んでください。
① 障害認定日による請求　2. 事後重症による請求
3. 初めて障害等級の1級または2級に該当したことによる請求

「2」を○で囲んだときは右欄の該当する理由の番号を○で囲んでください。
1. 初診日から1年6月目の状態で請求した結果、不支給となった。
2. 初診日から1年6月目の症状は軽かったが、その後悪化して症状が重くなった。
3. その他（理由　　　　　　　　　　　　　　　　　　）

(2) 過去に障害給付を受けたことがありますか。　1. はい　②いいえ

「1. はい」を○で囲んだときは、その障害給付の名称と年金証書の基礎年金番号・年金コード等を記入してください。

	名　　称	
	基礎年金番号・年金コード等	

(3) 障害の原因である傷病について記入してください。

	1.	2.	3.
傷　病　名	**脳血栓**		
傷病の発生した日	昭和・平成 8年12月20日	昭和・平成　年　月　日	昭和・平成　年　月　日
初　診　日	昭和・平成 8年12月21日	昭和・平成　年　月　日	昭和・平成　年　月　日
初診日において加入していた年金制度	1.国年　②厚年　3.共済	1.国年　2.厚年　3.共済	1.国年　2.厚年　3.共済
現在傷病はなおっていますか。	1.はい・②いいえ	1.はい・2.いいえ	1.はい・2.いいえ
なおっているときは、なおった日	昭和・平成　年　月　日	昭和・平成　年　月　日	昭和・平成　年　月　日
傷病の原因は業務上ですか。	1.はい・2.いいえ		

この傷病について右に示す制度から保険給付が受けられるときは、その番号を○で囲んでください。請求中のときも同様です。
1. 労働基準法　　2. 労働者災害補償保険法
3. 船員保険法　　4. 国家公務員災害補償法
5. 地方公務員災害補償法
6. 公立学校の学校医、学校歯科医及び学校薬剤師の公務災害補償に関する法律

受けられるときは、その給付の種類の番号を○で囲み、支給の発生した日を記入してください。
1. 障害補償給付（障害給付）　　2. 傷病補償給付（傷病年金）
昭和・平成　年　月　日

⑯ 生計維持証明

右の者は、請求者と生計を同じくしていたことを申し立てる。
平成21年　○月　○日　（証明する。）
請求者　住所　○○市□□町△△1-1-1
（証明者）
氏名　丙川 三郎
（請求者との関係）　　印

配偶者および子	氏　名	続柄
	丙川　花子	妻
	丙川　四郎	長男

(注) 1. この申立は、民生委員、町内会長、事業主、年金委員、家主などの第三者の証明に代えることができます。
2. この申立（証明）には、それぞれの住民票の写しを添えてください。

収入関係

1. 請求者によって生計維持していた者について記入してください。

		※確認印	※年金事務所の確認事項
(1) 配偶者について年収は、850万円未満(注)ですか。	ⓗはい・いいえ	（　）印	ア．健保等被扶養者（第三号被保険者）
(2) 子（名：四郎）について年収は、850万円未満(注)ですか。	ⓗはい・いいえ	（　）印	イ．加算額または加給年金額対象者
(3) 子（名：　　）について年収は、850万円未満(注)ですか。	はい・いいえ	（　）印	ウ．国民年金保険料免除世帯
(4) 子（名：　　）について年収は、850万円未満(注)ですか。	はい・いいえ	（　）印	エ．義務教育終了前
			オ．高等学校等在学中
2. 上記1で「いいえ」と答えた者のうち、その者の収入がこの年金の受給権発生当時から概ね5年以内に850万円未満(注)となる見込みがありますか。	はい・いいえ		カ．源泉徴収票・非課税証明等

(注) 平成6年11月8日までに受給権が発生している方は「600万円未満」となります。
※請求者が申立てを行う際に自ら署名する場合は、押印は不要です。

平成　年　月　日提出

[資料5] 障害年金請求に必要な書類

この請求書に添えなければならない書類等
1 年金手帳、基礎年金番号通知書または被保険者証（添えることができないときはその事由書）
2 あなたの生年月日について明らかにすることができる、戸籍の謄本（戸籍の全部事項証明書）、戸籍の抄本（戸籍の個人事項証明書）、戸籍の記載事項証明書（戸籍の一部事項証明書）、住民票（コピー不可）、住民票の記載事項証明書のうち、いずれかの書類（⑪欄に住民票コードを記入して頂いた方は添付を省略できます。）
3 配偶者及び子がいるときは、次の書類等
　　この場合、配偶者及び子とは、あなたによって生計を維持されている次の人をいいます。
　・配偶者（婚姻の届出はしていないが、事実上あなたと婚姻関係にある人を含みます。）
　・18歳到達日以後の最初の3月31日までの間にある子（昭和52年4月1日以前に生まれた子については18歳未満の子）、または国民年金法施行令別表に定める1級または2級の障害の状態にある20歳未満の子。
　　ア　配偶者及び子の生年月日並びにあなたの身分関係を明らかにすることのできる、戸籍の謄本（戸籍の全部事項証明書）、戸籍の抄本（戸籍の個人事項証明書）、戸籍の記載事項証明書（戸籍の一部事項証明書）のうち、いずれかの書類
　　　※⑪欄に住民票コードを記入して頂いた方も添付が必要です。
　　　※戸籍の抄本または戸籍の記載事項証明書は、配偶者及び子とあなたのそれぞれの書類が必要となります。
　　　　なお、項番2と合わせて1通の戸籍謄本でも結構です。
　　　※住民票ではこれらの書類に代えることはできません。
　　イ　障害の状態にある子については、医師または歯科医師の診断書（この用紙は年金事務所にあります。）
　　ウ　障害の状態にある子の傷病が表2に示すものであるときは、レントゲンフィルム
4 ⑨⑩欄で「受けている」と答えた方で、「表1　公的年金制度等」のうち、

ア～オ、カ、キ、ケ、シに該当する方は、年金証書
　　ク、サに該当する方は、恩給証書
　　コに該当する方は、年金額決定（裁定）通知
　　スに該当する方は、年金証書または遺族給与金証書
　　※コピーでも差し支えありません。
5　⑫の4～10までの番号を○で囲んだ人は、その制度の管掌機関から交付された年金加入期間確認通知書（共済用）。
6　障害給付を受けるべき日の状態についての医師または歯科医師の診断書（この用紙は年金事務所にあります。）
7　傷病が表2に示すものであるときは、障害給付を受けるべき日に撮影したレントゲンフィルム（ないときはその近くの日のものでもかまいません。）
8　病歴・就労状況等申立書（この書類は年金事務所にあります。）
9　⑱欄の収入関係欄の1で「はい」と答えたときは、それぞれアからカまでのいずれかに該当することが確認できる書類、また、2で「はい」と答えたときは、源泉徴収票等とその収入が850万円未満(注)となることを証明できる書類（例、会社等の就業規則など退職年齢を明らかにできる書類）
　（注）　平成6年11月8日までに受給権が発生している方は「600万円未満」となります。

(5)　国民年金──遺族基礎年金

(ア)　請求手続ができる条件

　国民年金に加入中の者が死亡したとき、その者によって生計を維持されていた「18歳到達年度の末日までにある子（障害者は20歳未満）のいる妻」または「子」に遺族基礎年金が支給される。

　平成22年度では、子が1人の妻の場合には、102万円が支給されている。

　遺族基礎年金を受けるためには、亡くなった日のある月の前々月までの公的年金の加入期間の3分の2以上の期間について、保険料が納付または免除されていること、または亡くなった日のある月の前々月までの1年間に保険料の未納がないことが必要である。

　なお、加入者が死亡した場合でも、老齢基礎年金を受けるのに必要な資格

期間を満たしている場合は、支給される。
　(イ)　請求手続に必要な書類
　遺族基礎年金の請求手続には年金請求書（国民年金・厚生年金保険遺族給付）のほか、遺族年金請求書には、以下の記載がある。なお申請手続を社会保険労務士などに代理・代行させることができる。
　(ウ)　年金請求書の提出先
　遺族基礎年金の請求先は、居住している市町村役場である。

(6)　厚生年金保険──遺族厚生年金
　(ア)　請求手続ができる条件
　厚生年金に加入中の者が死亡したとき（加入中の傷病が基で初診日から5年以内に死亡したとき）、その者によって生計を維持されていた遺族（①配偶者または子、②父母、③孫、④祖父母の中で優先順位の高い者）に遺族厚生年金が支給される。子のある妻または子には、遺族基礎年金も合わせて支給される。なお、子は遺族基礎年金の受給の対象となる子に限る。遺族厚生年金を受けるためには、遺族基礎年金の保険料納付要件を満たしていることが必要である。加入者であった者が亡くなった場合でも、老齢厚生年金を受けるのに必要な資格期間を満たしている場合は、支給される。
　また、1級・2級の障害厚生年金を受けられる者が死亡した場合でも、支給される。30歳未満の子のない妻は5年間の有期給付となる。夫、父母、祖父母が受ける場合は55歳以上であることが条件であるが、支給開始は60歳からである。
　(イ)　請求手続に必要な書類
　上記(5)(イ)と同様である。
　(ウ)　年金請求書の提出先
　遺族厚生年金の請求先は、原則として最後に勤めた事業所（在職中であった場合は現在勤めている事業所）を管轄する年金事務所である。
　ただし、すでに退職し、国民年金の被保険者であった場合には、居住する住所地を管轄する年金事務所となる。

第4章　第1節　年金・介護保険

【書式19】　年金請求書（国民年金・厚生年金保険遺族給付）

I　申請手続

㋖ あなたは、現在、公的年金制度等（表1参照）から年金を受けていますか。○で囲んでください。

① 受けている	2 受けていない	3 請求中	制度名（共済組合等）	年金の種類

受けていると答えた方は下欄に必要事項を記入してください（年月日は支給を受けることになった年月日を記入してください）。

制度名（共済組合名等）	年金の種類	年　月　日	年金証書の年金コードまたは記号番号等
厚生年金	老齢	21.7.20	1357
		．．	

「年金の種類」とは、老齢または退職、障害、遺族をいいます。

㉝ 年金コードまたは共済組合等コード・年金種別

1				
2				
3				

㉞ 他年金種別

㉟ 上　外　　●（外）傷病名　　（上）傷病名　　㊱ 診断書　㊲ 有年数　㊲ 有年　㊳ 三
上・外　　元号
1・2

遺基　㊴ 受給権発生年月日　㊵ 停止事由　㊶ 停止期間　㊶ 条文　失権事由　失権年月日
　　　元号　年　月　日　　　　　　　元号　年　月　日　～　元号　年　月　日　　0 1 3 7 0 0 1　　　　年　月　日

遺厚　㊷ 受給権発生年月日　㊶ 停止事由　㊸ 停止期間　㊹ 条文　失権事由　失権年月日
　　　　　　　　　　　　　　　　　　　　　　　　　　　　　　　　　　　　　0 1 5 8 0 0 1

㊺ 他制度満了　㊻ 合算対象記録 1　　　　2　　　　3
元号　年　月　　元号　年　月　　元号　年　月　　元号　年　月

4　　　　5　　　　㊼ 6　　　　7
元号　年　月　元号　年　月　元号　年　月　元号　年　月

8　　　　9　　　　10　　　　㊽ 11

12　　　　13　　　　14　　　　15

㊾ 共済コード　共済記録 1　　　　　　　2
元号　年　月　日　元号　　　　元号　年　月　日　元号

3　　　　　　　㊿ 4

5　　　　　　　6

㊿ 7　　　　　　　8

9

㊾ 摘要　㊽ 追加区分　㊿ 請求者の住民票コード　送信

注）請求者が2名以上のときは、そのうちの1人についてこの請求書に記入してください。その他の人については、別紙の年金請求書（様式第106号）に記入し、この裁定請求書に添えてください。

第4章 第1節 年金・介護保険

記入上の注意
・国民年金・厚生年金保険の遺族給付を請求する人は⑦および⑨欄を記入してください。
・船員保険の遺族給付を請求する人は⑦および㋣欄を記入してください。

⑦ 必ず記入してください。	(1) 死亡した人の生年月日、住所	15 年 9 月 11 日	住所	○○市□□□1-1-1		
	(2) 死亡年月日		(3) 死亡の原因である疾病または負傷の名称		(4) 疾病または負傷の発生した日	
	平成22 年 1 月 20 日		急性心不全		平成22 年 1 月 19 日	
	(5) 疾病または負傷の初診日		(6) 死亡の原因である疾病または負傷の発生原因		(7) 死亡の原因は第三者の行為によりますか。	
	平成22 年 1 月 20 日				1 はい ・ 2 いいえ	
	(8) 死亡の原因が第三者の行為により発生したものであるときは、その者の氏名および住所		氏名			
			住所			
	(9) 請求する人は、死亡した人の相続人になれますか。				1 ㊁はい ・ 2 いいえ	
	(10) 死亡した人は次の年金制度の被保険者、組合員または加入者となったことがありますか。あるときは番号を○で囲んでください。					
	① 国民年金法　　　　　　　　　　　② 厚生年金保険法　　　　　　　　3 船員保険法(昭和61年4月以後を除く)					
	4 国家公務員共済組合法　　　　　　5 地方公務員等共済組合法　　　　　6 私立学校教職員共済法					
	7 農林漁業団体職員共済組合法　　　8 旧市町村職員共済組合法　　　　　9 地方公務員の退職年金に関する条例　　　10 恩給法					
	(11) 死亡した人は、⑩欄に示す年金制度から年金を受けていましたか。	① ㊁はい　2 いいえ	受けていたときは、その制度名と年金証書の基礎年金番号および年金コード等を記入してください。	制度名 厚生年金	年金証書の基礎年金番号および年金コード等 1234-567890-2468	

⑨ 国民年金・厚生年金保険の遺族給付を請求するときに記入してください。	(1) 死亡した人が次の年金または恩給のいずれかを受けることができたときは、その番号を○で囲んでください。
	1 地方公務員の恩給　　2 恩給法(改正前の執行官法附則第13条において、その例による普通恩給
	3 日本製鉄八幡共済組合の老齢年金または養老年金　　4 旧外地関係または旧陸海軍関係共済組合の退職年金給付
	(2) 死亡した人が昭和61年3月までの期間において国民年金に任意加入しなかった期間が、次に該当するときはその番号を○で囲んでください。
	1 死亡した人の配偶者が⑦の⑩欄(国民年金を除く。)に示す制度の被保険者、組合員または加入者であった期間
	2 死亡した人の配偶者が⑦の⑩欄(国民年金を除く。)および(1)欄に示す制度の老齢年金または退職年金を受けることができた期間
	3 死亡した人または配偶者が⑦の⑩欄(国民年金を除く。)に示す制度の老齢年金の受給資格期間を満たしていた期間
	4 死亡した人または配偶者が⑦の⑩欄(国民年金を除く。)および(1)欄に示す制度から障害年金を受けることができた期間
	5 死亡した人または配偶者が戦傷者戦没者遺族等援護法の障害年金を受けることができた期間
	6 死亡した人または配偶者が⑦の⑩欄(国民年金を除く。)および(1)欄に示す制度から遺族に対する年金を受けることができた期間
	7 死亡した人が戦傷病者戦没者遺族等援護法の遺族年金または未帰還者留守家族手当もしくは特別手当を受けることができた期間
	8 死亡した人または配偶者が都道府県議会、市町村議会の議員および特別区の議会の議員ならびに国会議員であった期間
	9 死亡した人が都道府県知事の承認を受けて国民年金の被保険者とされなかった期間
	(3) 死亡した人が国民年金に任意加入しなかった期間が、上に示す期間以外で次に該当するときはその番号を○で囲んでください。
	1 死亡した人が日本国内に住所を有さなかった期間
	2 死亡した人が日本国内に住所を有していた期間であって日本国籍を有さなかったため国民年金の被保険者とされなかった期間
	3 死亡した人が学校教育法に規定する高等学校の生徒または大学の学生等であった期間
	4 死亡した人が昭和61年4月以後の期間において下に示す制度の老齢または退職を事由とする年金給付を受けることができた期間
	ただし、エからサに示す制度の退職を事由とする年金給付であって年齢を理由として停止されている期間は除く。
	ア 厚生年金保険法　　　　　　　　イ 船員保険法(昭和61年4月以後を除く)　　ウ 恩給法　　　　　　　エ 国家公務員共済組合法
	オ 地方公務員等共済組合法(ケを除く)　カ 私立学校教職員共済法　　キ 農林漁業団体職員共済組合法　ク 国会議員互助年金法
	ケ 地方議会議員共済法　　　　　　　コ 地方公務員の退職年金に関する条例　　サ 改正前の執行官法附則第13条
	(4) 死亡した人は国民年金に任意加入した期間について特別一時金を受けたことがありますか。　　　1 はい ・ 2 ㊁いいえ
	(5) 昭和36年4月1日から昭和47年5月14日までの間に沖縄に住んでいたことがありますか。　　　　1 はい ・ 2 ㊁いいえ
	(6) 旧陸海軍等の旧共済組合の組合員であったことがありますか。　　　　　　　　　　　　　　　　1 はい ・ 2 ㊁いいえ
	(7) 死亡の原因は業務上ですか。　　(8) 労災保険から給付が受けられますか。　　(9) 労働基準法による遺族補償が受けられますか。
	1 はい ・ 2 ㊁いいえ　　　　　　　1 はい ・ 2 ㊁いいえ　　　　　　　　　　1 はい ・ 2 ㊁いいえ

Ⅰ　申請手続

(10)	遺族厚生年金を請求する人は、下の欄の質問に答えてください。その結果、アからエのいずれかに「はい」と答えた人で、オまたはカについても「はい」と答えた人は、そのうち1つを選んでください。それにより決定します。	選んだ記号を記入してください。
ア	死亡したとき死亡した人は、厚生年金保険の被保険者でしたか。	1　は　い　・　2　いいえ
イ	死亡の原因となった疾病または負傷が昭和61年3月31日以前の発生であるとき ○死亡した人が厚生年金保険（船員保険）の被保険者の資格を喪失した後に死亡したときであって、厚生年金保険（船員保険）の被保険者であった間に発した疾病または負傷が原因で、その初診日から5年以内に死亡したものですか。	1　は　い　・　2　いいえ
ウ	死亡の原因となった疾病または負傷が昭和61年4月1日以後の発生であるとき ○死亡した人が厚生年金保険の被保険者の資格を喪失した後に死亡したときであって、厚生年金保険の被保険者であった間に初診日のある疾病または負傷が原因で、その初診日から5年以内に死亡したものですか。	1　は　い　・　2　いいえ
エ	死亡したとき死亡した人は障害厚生年金（2級以上）または旧厚生年金保険（旧船員保険）の障害年金（2級相当以上）を受けていましたか。	1　は　い　・　2　いいえ
オ	死亡した人が大正15年4月1日以前の生まれのとき ○死亡した人は旧厚生年金保険（旧船員保険）の老齢年金・通算老齢年金の受給権者でしたか、または受給資格期間を満たしていましたか。	1　は　い　・　2　いいえ
カ	死亡した人が大正15年4月2日以後の生まれのとき ○死亡した人は老齢厚生年金または旧厚生年金保険（旧船員保険）の老齢年金・通算老齢年金の受給権者でしたか、または受給資格期間を満たしていましたか。	1　は　い　・　2　いいえ
(11)	死亡した人が共済組合等に加入したことがあるときは、下の欄の質問に答えてください。	
ア	死亡の当時は、共済組合等に加入していましたか。	1　は　い　・　2　いいえ
イ	死亡の原因は、公務上の事由によりますか。	1　は　い　・　2　いいえ
ウ	請求者は同一事由によって共済組合等から遺族給付を受けられますか。	1　は　い　・　2　いいえ

生計維持・同一証明

(エ) 生計同一関係

右の者は死亡者と生計を同じくしていたこと、および配偶者と子が生計を同じくしていたことを申し立てる。
―(証明する。)―

平成 22 年 3 月 2 日

請求者　住　所　○○市□□□1-1
―(証明者)―　氏　名　乙山 うめ　㊞
　　　　　　　　（請求者との関係）

	氏　名	続柄
請求者	乙山 うめ	妻

(注)　1　この申立は、民生委員、町内会長、事業主、年金委員、家主などの第三者の証明に代えることができます。
　　　2　この申立（証明）には、それぞれの住民票の写しを添えてください。

(オ) 収入関係

1　この年金を裁定請求する人は次に答えてください。

		※確認印	＊年金事務所の確認事項
(1) 請求者(名：うめ　)について年収は、850万円未満ですか。	は　い・いいえ	（　）印	ア　健保等被扶養者（第三号被保険者）
(2) 請求者(名：　　　)について年収は、850万円未満ですか。	は　い・いいえ	（　）印	イ　加算額または加給年金額対象者
(3) 請求者(名：　　　)について年収は、850万円未満ですか。	は　い・いいえ	（　）印	ウ　国民年金保険料免除世帯
2　上記1で「いいえ」と答えた者のうち、その者の収入がこの年金の受給権発生当時以降おおむね5年以内に850万円未満となる見込みがありますか。	は　い・いいえ		エ　義務教育終了前 オ　高等学校等在学中 カ　源泉徴収票・非課税証明書

平成　　　年　　月　　日提出

(注)　平成6年11月8日までに受給権が発生している方は「600万円未満」となります。
※　請求者が申立てを行う際に自ら署名する場合は、請求者の押印は不要です。

第4章　第1節　年金・介護保険

⑦ 履　歴（公的年金制度加入経過）　　　　　　　　　請求者の電話番号（　　　）-（　　　）-（　　　）
※できるだけくわしく、正確に記入してください。

	(1) 事業所(船舶所有者)の名称および船舶であったときはその船舶名	(2) 事業所(船舶所有者)の所在地または国民年金加入時の住所	(3) 勤務期間または国民年金の加入期間	(4) 加入していた年金制度の種類	(5) 備　考
最初		○○市□□町△△1-2-3	47・7・20から 50・3・20まで	①国民年金 2 厚生年金保険 3 厚生年金(船員)保険 4 共済組合等	
2	幸印刷(株)	□□市××町2-4-6	50・3・21から 55・7・1まで	1 国民年金 ②厚生年金保険 3 厚生年金(船員)保険 4 共済組合等	
3		○○市□□□1-1-1	55・7・2から 21・7・20まで	①国民年金 2 厚生年金保険 3 厚生年金(船員)保険 4 共済組合等	
4			・・から ・・まで	1 国民年金 2 厚生年金保険 3 厚生年金(船員)保険 4 共済組合等	
5			・・から ・・まで	1 国民年金 2 厚生年金保険 3 厚生年金(船員)保険 4 共済組合等	
6			・・から ・・まで	1 国民年金 2 厚生年金保険 3 厚生年金(船員)保険 4 共済組合等	
7			・・から ・・まで	1 国民年金 2 厚生年金保険 3 厚生年金(船員)保険 4 共済組合等	
8			・・から ・・まで	1 国民年金 2 厚生年金保険 3 厚生年金(船員)保険 4 共済組合等	
9			・・から ・・まで	1 国民年金 2 厚生年金保険 3 厚生年金(船員)保険 4 共済組合等	
10			・・から ・・まで	1 国民年金 2 厚生年金保険 3 厚生年金(船員)保険 4 共済組合等	
11			・・から ・・まで	1 国民年金 2 厚生年金保険 3 厚生年金(船員)保険 4 共済組合等	
12			・・から ・・まで	1 国民年金 2 厚生年金保険 3 厚生年金(船員)保険 4 共済組合等	
13			・・から ・・まで	1 国民年金 2 厚生年金保険 3 厚生年金(船員)保険 4 共済組合等	

(6) 死亡した人が最後に勤務した事業所について記入してください。
1 事業所(船舶所有者)の名称を記入してください。

名　称	幸印刷(株)	
記　　号		番　　号

2 健康保険(船員保険)の被保険者証の記号番号がわかれば記入してください。

④ 死亡した人が退職後、個人で保険料を納める第四種被保険者、船員保険の年金任意継続被保険者となったことがありますか。　　　1　は　い　・　②　いいえ

「はい」と答えたときは、その保険料を納めた年金事務所(社会保険事務所)の名称を記入してください。

その保険料を納めた期間を記入してください。　　昭和 平成　年　月　日から　昭和 平成　年　月　日

第四種被保険者(船員年金任意継続被保険者)の整理記号番号を記入してください。　(記号)　　(番号)

[資料６]　遺族年金請求に必要な書類

> この請求書に添えなければならない書類等

1. 死亡した人の年金手帳、基礎年金番号通知書または被保険者証（添えることができないときはその事由書）
2. 請求する人および加算額の対象となる人と死亡した人との身分関係を明らかにすることのできる戸籍の謄本（戸籍の全部事項証明書）、戸籍の抄本（戸籍の個人事項証明書）、戸籍の記載事項証明書（戸籍の一部事項証明書）のうち、いずれかの書類
3. 死亡診断書、死体検案書または検視調書等に書いてあることについての市区町村長の証明書またはそれに相当する書類
   - (ｱ)　失踪宣告によって死亡したとみなされた人にかかる年金の請求については失踪宣告を受けたことを明らかにすることができる書類
   - (ｲ)　被保険者または被保険者であった人が船舶または飛行機に乗っていて行方不明となっているときは行方不明となっている事実を、死亡の事実がわかっていて死亡日がわからないときは死亡した事実を、それぞれ明らかにすることができる書類
4. 請求する人が婚姻の届出はしていないが、死亡した人と事実上婚姻関係と同様の事情にあった人であるときは、その事実を明らかにすることができる書類
5. 請求する人が妻、60歳以上の夫・父母・祖父母以外の人で厚生年金保険法施行令に定める１級または２級の障害の状態にある人は、医師または歯科医師の診断書（この用紙は年金事務所にあります。）
6. 障害の状態にある人で傷病が表２に示すものであるときは、レントゲンフィルム
7. ⑦欄で「１受けている」と答えた方で、「表１　公的年金制度等」のうち、
   ア〜キ、ケ、シに該当する方は、年金証書
   ク、サに該当する方は、恩給証書
   コに該当する方は、年金額裁定通知
   スに該当する方は、年金証書または遺族給与金証書
   ※コピーでも差し支えありません。
8. ①の(7)欄に「１はい」と答えた人は、第三者行為事故状況届（この用紙は

9 ㋐の(10)欄の4から10までの番号を○で囲んだ人は、その制度の管掌機関から交付された年金加入期間確認通知書（共済用）。ただし、船員保険の遺族給付のみを請求するときは必要ありません。
10 ㋐の欄および㋒の欄で受けていたと答えた人は、その制度の年金証書、恩給証書またはこれらに準ずる書類の写し
11 ㋒の(2)欄の期間のある人は、それぞれ次の書類
　ア　1、3の期間のある人……配偶者が被保険者にあっては年金加入期間確認請求書。また、組合員及び加入者にあっては年金加入期間確認通知書（共済用）
　イ　2の期間のある人……配偶者が年金を受けることができたことを証する年金証書の写し
　ウ　4、5の期間のある人……死亡した人または配偶者が年金を受けることができたことを証する年金証書の写し
　エ　6、7の期間のある人……死亡した人が当該年金または手当を受けることができたことを証する年金証書または恩給証書の写し
　オ　8の期間のある人……それぞれの在職期間を明らかにすることができる書類
　カ　9の期間のある人……そのことを証する書類
　　◎　上記ア、イ、ウに該当する者については、上記書類以外に配偶者との身分関係を明らかにすることができる市区町村長の証明書または戸籍の抄本
12 ㋒の③欄の期間のある人は、それぞれ次の書類
　ア　1の期間のある人…………海外在住期間を明らかにすることができる書類（中国残留孤児等であったときは戸籍の抄本）
　イ　2の期間のある人…………日本国内に住所を有していた期間を明らかにすることができる書類
　ウ　3の期間のある人…………在学期間を明らかにすることができる書類
　エ　4の期間のある人…………当該年金を受けることができたことを証する年金証書または恩給証書の写し、および年齢を理由として停止されているものにあってはそのことを証する書類

13　㋺の(5)欄に「1はい」と答えた人は、そのことを明らかにすることができる書類（戸籍の附票または住民票）
14　㋺の(6)欄に「1はい」と答えた人は、履歴申立書（この用紙は年金事務所にあります。）
15　㋺の欄のウで「1はい」と答えた人は、その年金証書の写し
16　㋺欄の収入関係欄の1で「はい」と答えたときは、年金請求する人についてそれぞれアからカまでのいずれかに該当することが確認できる書類。また、2で「はい」と答えたときは、源泉徴収票等とその収入が850万円未満(注)となることを証明できる書類（例：会社等の就業規則など退職年齢を明らかにできる書類）
　（注）　平成6年11月8日までに受給権が発生している方は「600万円未満」となります。

2　介護保険手続

(1)　被保険者としての要介護、要支援の申請手続

　介護保険は、市区町村を保険者とする保険制度であり、第1号被保険者（65歳以上）、第2号被保険者（40歳以上65歳未満）に分けられている。

　保険給付を受けるためには、要介護、要支援の認定を受けることが必要となる。

　要介護認定の申請は市区町村に対して行い、市区町村担当者の訪問調査結果、主治医の意見を基にして、介護認定審査会により、非該当（自立）、要支援1、2、要介護1〜5の8段階のどれかに該当するかが判定される。

　申請にあたっては、申請書（【書式20】）のほか、第1号被保険者の場合（65歳以上）、介護保険被保険者証を、第2号被保険者の場合（40〜64歳までの医療保険加入者）の場合は、医療保険被保険者証（コピー）を添付する必要がある。

　東京都にある市区町村が行った、要介護認定、介護保険料の徴収等、介護保険に関する行政処分に不服があるときは、介護保険法および行政不服審査法等に基づき、東京都介護保険審査会に対して審査請求することができる。

【書式20】 介護保険要介護認定・要支援認定申請書（例）

介護保険 [要介護認定・要支援認定 / 要介護更新認定・要支援更新認定] 申請書

○○市長　様

次のとおり申請します。

申請年月日	平成　年　月　日
申請者氏名	甲野　花子
本人との関係	長男の妻
提出代行者 名称	該当に○（地域包括支援センター・居宅介護支援事業者・指定介護老人福祉施設・介護老人保健施設・指定介護療養型医療施設）　○○○指定居宅介護支援事業所　印
申請者住所	〒100-1111　東京都○○区□□町1-1-1　電話番号 03（1234）5678

被保険者

被保険者番号	1 2 3 4 5 6 7 8 9 0
フリガナ	オツ　ヤマ　ジ　ロウ
氏名	乙山　次郎
生年月日	明・(大)・昭 9年3月1日
性別	(男)・女
住所	〒000-1234　○○市□□1-2-3　電話番号 01（234）9876
前回の要介護認定の結果等	要介護状態区分　1　2　3　4　5　　要支援状態区分　1　2
*要介護・要支援更新認定場合のみ記入	有効期間　平成　年　月　日　から　平成　年　月　日まで
介護保険施設等入所入院の有無	(有)　入所(入院)施設名　○○○○病院　所在地　東京都○○区□□町4-5-6　期間 ○○年○月○日～○○年○○月○○日　無

主治医

主治医の氏名	丙川　三郎	医療機関名	○○○○病院
所在地	〒100-2222　東京都○○区□□町4-5-6	電話番号	03（9876）5432

2号被保険者(40歳から64歳の医療保険加入者)のみ記入

医療保険者名		保険者番号		保険種別		記号番号	
特定疾病名				資格取得日	昭・平　年　月　日		

1. 三親等以内の親族から請求があったときは、要介護認定・要支援認定にかかる個人情報をこの親族に提供することに同意します。
2. 介護サービス計画又は介護予防サービス計画を作成するために必要があるときは、要介護認定・要支援認定にかかる調査内容、介護認定審査会による判定結果・意見、及び主治医意見書を、地域包括支援センター、居宅介護支援事業者、居宅サービス事業者、介護保険施設の関係人、主治医意見書を記載した医師又は認定調査に従事した調査員に提示することに同意します。

本人氏名　乙山　次郎

受付者	対象者コード番号	入力者	調査表	意見書	資格証	被保証	その他
	2 0 1　0 0 0						

在宅・施設　／　新規・継続　　　　診断命令

Ⅰ　申請手続

【書式21】　介護保険サービス事業者指定（許可）申請書（例）

第1号様式

	受付番号	

指定居宅サービス事業所
指定介護予防サービス事業所
指定居宅介護支援事業所　　指定（許可）申請書
介護保険施設

〇年〇〇月〇〇日

〇〇県知事　　様

　　　　　　　　　所在地　〇〇県〇〇市□□町1-1-1　三角ビル2階
　　　　　　　　　申請者　株式会社　乙山商事
　　　　　　　　　名　称　代表取締役　甲野　太郎　　　　　印

　介護保険法に規定する事業所（施設）に係る指定（許可）を受けたいので、下記のとおり、関係書類を添えて申請します。

		事業所所在地市町村番号		

<table>
<tr><td rowspan="8">申請者</td><td>フリガナ
名称</td><td colspan="4">カブシキカイシャオツヤマショウジ
株式会社　乙山商事</td></tr>
<tr><td>主たる事務所
の所在地</td><td colspan="4">(郵便番号123-4567)
　〇〇県〇〇市□□町1-1-1
(ビルの名称等) 三角ビル2階</td></tr>
<tr><td>連絡先</td><td>電話番号</td><td>000-123-4567</td><td>FAX番号</td><td>000-123-4568</td></tr>
<tr><td>法人の種別</td><td colspan="2">株式会社</td><td colspan="2">法人所轄庁</td></tr>
<tr><td rowspan="2">代表者の職・
氏名・生年月日</td><td>職名</td><td>代表取締役</td><td>フリガナ　コウノ　タロウ</td><td rowspan="2">生年月日
昭和45.4.4</td></tr>
<tr><td></td><td></td><td>氏名　　甲野　太郎</td></tr>
<tr><td>代表者の住所</td><td colspan="4">(郵便番号123-5678)
　〇〇県〇〇市△△1-2-3
(ビルの名称等)</td></tr>
<tr><td>事業所等の所在地</td><td colspan="4">(郵便番号　　-　　)
　　　県　　　　郡市
(ビルの名称等)</td></tr>
</table>

	同一所在地において行う事業等の種類	実施事業	指定（許可）申請をする事業等の事業開始予定年月日	既に指定等を受けている事業等の指定（許可）年月日	様式
指定（許可）を受けようとする事業所	訪問介護	◎	平成〇〇年〇月〇日		付表1
	訪問入浴介護				付表2
	訪問看護				付表3
指定居宅サービス	訪問リハビリテーション				付表4
	居宅療養管理指導				付表5
	通所介護				付表6
	通所リハビリテーション				付表7
	短期入所生活介護				付表8
	短期入所療養介護				付表9
	特定施設入居者生活介護				付表10
	福祉用具貸与				付表11
	特定福祉用具販売	〇		平成〇〇年〇月〇日	付表12
	居宅介護支援事業				付表13

第4章 第1節 年金・介護保険

施設の種類	施設	介護老人福祉施設				付表14
		介護老人保健施設				付表15
		介護療養型医療施設				付表16
	指定介護予防サービス	介護予防訪問介護	◎	平成○○年○月○日		付表1
		介護予防訪問入浴介護				付表2
		介護予防訪問看護				付表3
		介護予防訪問リハビリテーション				付表4
		介護予防居宅療養管理指導				付表5
		介護予防通所介護				付表6
		介護予防通所リハビリテーション				付表7
		介護予防短期入所生活介護				付表8
		介護予防短期入所療養介護				付表9
		介護予防特定施設入居者生活介護				付表10
		介護予防福祉用具貸与				付表11
		特定介護予防福祉用具販売	○		平成○○年○月○日	付表12
介護保険事業所番号				(既に指定又は許可を受けている場合)		
医療機関コード等						

備考 1 「受付番号」「事業所所在地市町村番号」欄には記載しないでください。
    2 「法人の種別」欄は、申請者が法人である場合に、「社会福祉法人」「医療法人」「株式会社」等の別を記入してください。
    3 「法人所轄庁」欄、申請者が認可法人である場合に、その主務官庁の名称を記載してください。
    4 「実施事業」欄は、今回申請するもの及び既に指定等を受けているものについて、該当する欄に「○」を記入してください。
    5 「指定(許可)申請をする事業等」は、該当する欄に事業等の開始(開設)予定年月日を記載してください。
    6 「既に指定等を受けている事業等」欄は、介護保険法による指定事業者又は介護保険施設として指定(許可)された年月日(法第71条又は法第72条に基づき指定があったものとみなされたときは、保健医療機関等の指定を受けた年月日、施行法第4条、第5条、第7条及び第8条の規定に基づき指定(許可)があったものとみなされたものについては、「12．4．1」)を記載してください。
    7 保険医療機関、保健薬局、老人保健施設又は老人訪問看護ステーションとして既に医療機関コード等が付番されている場合には、そのコードを「医療機関コード等」欄に記載してください。複数のコードを有する場合には、適宜様式を補正して、そのすべてを記載してください。
    8 既に介護給付のサービス事業所の指定を受けている事業者が、介護予防サービス事業者の指定を受ける場合において、届出事項に変更がないときには、「事業所の名称及び所在地」「申請者の名称及び主たる事務所の所在地並びにその代表者の氏名、生年月日、住所及び職名」「当該申請に係る事業の開始の予定年月日」「当該申請に係る介護予防サービス費の請求に関する事項」「欠格事由に該当しないことを誓約する書面」「役員の氏名、生年月日及び住所」「介護支援専門員の氏名及び登録番号」「その他指定に関し必要と認める事項」を除いて届出を省略できます。また、既に介護予防サービス事業所の指定を受けている事業者が、介護給付のサービス事業所の指定を受ける場合においても同様に届出を省略できます。

なお、要介護・要支援申請、審査請求ともに本人・家族のほか、介護保険法27条1項で定められている指定居宅介護支援事業者などの申請代行、司法書士、行政書士、社会福祉士などの成年後見人、弁護士、社会保険労務士などが行うことがある。

(2) 事業者としての介護保険事業者指定申請手続

介護保険事業者として活動するためには、都道府県、市町村等に申請し、指定をとらなければならない。

申請にあたっては、申請書（【書式21】）のほか、以下の書類が必要となる（訪問介護事業所・介護予防訪問介護事業所の指定申請の場合）。なお、申請手続を社会保険労務士などに代理・代行させることができる。

① 申請者の定款、寄附行為等およびその登記簿謄本または条例等
② 従業者の勤務体制および勤務形態一覧表（就業規則の写し、組織体制図、資格証の写し）
③ 事業所の管理者の経歴書
④ 事業所のサービス提供責任者の経歴に係る書類
⑤ 事業所の平面図（外観および内部の様子がわかる写真）
⑥ 運営規程
⑦ 利用者からの苦情を処理するために講ずる措置の概要
⑧ 申請に係る資産の状況（資産の目録、事業計画書、収支予算書、損害保険証書写し等）
⑨ 介護保険法70条2項各号の規定に該当しない旨の誓約書
⑩ 役員名簿
⑪ 介護保険法115条2項各号の規定に該当しない旨の誓約書
⑫ 介護給付費算定に係る体制等状況一覧表

［資料7］ 訪問介護事業の申請の流れ（東京都の例）

```
○指定スケジュール　　指定の前々月の1日～末日→毎月1日指定日
○申請から指定までの流れ
〈窓口〉
財団法人東京都福祉保健財団　事業者支援部　事業者指定室
〒162－0823
東京都新宿区神楽河岸1番1号　セントラルプラザ13階
```

電話：03―5206―8752
① 事前相談
　必ずしも行う必要はないが、行う場合は予約が必要。指定に係る基準の説明、事業者の事業計画の確認等を行う。
② 申　請
　事前予約のうえ、来庁する必要あり。
　ⓐ　人員、設備基準等：指定事業者は、厚生労働省令で定める人員、設備、運営基準に従い、サービス提供しなければならない。
　ⓑ　法人格の必要性：介護保険の各事業を申請するには原則として法人格を有する必要がある。
　ⓒ　定款について：申請時に、定款の目的に申請される事業が記載されており、法人の行う事業として位置付けられていることが必要である。
　ⓓ　登記簿謄本について：申請する事業目的が記載された3カ月以内発行の登記簿謄本（履歴事項全部証明書）が必ず必要となる。
　ⓔ　事業所の準備体制の整備について：工事中、備品等未納入の場合は申請書の受理はできない。
③ 受　理
　・申請受付期間内に指定申請書類が受理されなければならない。
　・記入漏れや書類の不備があった場合、受理できない。
　・指定申請書を受理した際、「受理証」を交付する。
④ 審査（現地調査を含む）
　・申請内容が人員、設備、運営基準等を満たしているかどうか審査を行う。
　・必要な事業所には、現地調査を行う。
⑤ 指　定（有効期間は6年間）
　・毎月1日付けで指定を行う。
　・指定通知書等を事業所あてに普通郵便で送付する。
⑥ 情報提供・公示
　・「WAM―NET」、「東京都介護サービス情報」で指定事業者の情報提供を行う。
　・新規指定事業者について「東京都公報」に登載する。

〈参考図書など〉
- 社会保険研究所『社会保険のてびき』
- 日本年金機構ホームページ〈http://www.nenkin.go.jp/〉
- 「介護保険事業者指定のガイドブック」（東京都福祉保健局のホームページ〈http://www.fukushihoken.metro.tokyo.jp/kourei/hoken/kaigo_lib/guidebook/index.html〉よりダウンロード可）

II　法的問題点

1　社会保険に関する行政不服審査制度の概要

(1)　不服審査前置主義

　社会保険に関する不服申立制度としては、通常の行政処分に対する不服申立手続を規定する行政不服審査法の特別法として社会保険審査官及び社会保険審査会法による不服申立ての審査制度が設けられている。

　これにより、社会保険に対する行政不服申立ては、この特別法による不服審査を経た後でなければ、訴訟提起できない。

　社会保険行政において、このように不服審査前置主義がとられているのは以下の理由による。

① 社会保険給付の支給・不支給等の処分は、被保険者の権利救済を簡易・迅速な手続で行う必要があること
② 社会保険行政は、高度の行政裁量を要するため、専門性が高い機関が処理する必要があること

　このような理由から、社会保険における不服審査は、社会保険審査会の裁決で実質的判断がなされる。

　裁決に対する不服申立手段としては裁判があるが、裁判においては、違法性の判断はできても妥当性の判断までは困難であるので、社会保険のような高度の行政裁量を要する処分については、裁決が覆される場合は少ない。

(2) 不服審査手続

社会保険の被保険者資格や保険給付に関しての不服申立手段としては、社会保険審査官に対する審査請求および社会保険審査会に対する再審査請求がある。なお、国民年金・厚生年金の脱退一時金、厚生年金・健康保険料の不服に関しては社会保険審査会に対する一審制がとられている。

㈦ 社会保険審査官

社会保険給付に関して不服がある場合、まず、地方厚生支局におかれた社会保険審査官に審査請求をする（審査会法3条）。この申立ては書面もしくは口頭でする（同法5条）。

審査請求は、審査請求人が保険給付の支給・不支給等の不服の対象となる行政処分があったことを知った日の翌日から起算して60日以内にしなければならない。ただし、正当な事由によりこの期間内に審査請求をすることができなかったことを疎明したときはこの限りではない（審査会法4条1項）。また、被保険者もしくは加入員の資格、標準報酬または標準給与に関する処分に対する審査請求は、原処分があった日の翌日から起算して2年を経過したときは、することができない（同条2項）。審査請求は、代理人によってもすることができる（同法5条の2）。

審査請求がなされた場合でも、原処分の執行は停止されない。ただし、審査官は、原処分の執行により生ずることのある償うことの困難な損害を避けるため緊急の必要があると認めるときは、職権でその執行を停止することができる（審査会法10条1項）。

申立てがなされた場合、審査官は、審査請求が適法なものであるか否か判断し、不適法な場合、補正を命じまたは却下しなければならない（審査会法6条、7条）。審査官は、審理を終えたときは、審査請求の全部または一部を認容し、または棄却する決定をしなければならない（同法13条）。

もっとも、上記不服申立てについて、社会保険審査官に対する請求をしてから60日を経過してもこれに対する処分がなされないときは、審査請求を棄却する決定があったものとみなし、社会保険審査会に対し再審査請求をする

(イ)　社会保険審査会

　上記社会保険審査官の決定に対して不服がある場合は、厚生労働大臣の所轄下設置の社会保険審査会に再審査請求をする（審査会法19条）。

　審査請求は、審査請求人が不服の対象となる処分があったことを知った日の翌日から起算して60日以内にしなければならない。

　社会保険審査会は３名の構成員からなる合議体であり（審査会法27条）、議事は原則として審査員の過半数をもって決定される（同法27条の３第２項）。

　社会保険審査会に対する再審査請求においても、原処分の執行が停止されないのは、社会保険審査官に対する審査請求の場合と同様である（審査会法35条）。

　社会保険審査会の審理は原則として公開しなければならず（審査会法36条）、これは審理の公正・公平を期するためである。もっとも、審査会の合議は非公開で行われる（同法42条）。

　社会保険審査会は審理の結果、原処分の取消し（容認）もしくは棄却の採決をする。

　　(ウ)　訴　訟

　社会保険審査会の裁決に対して不服があるときは、原処分の取消しおよび審査請求棄却の裁決の取消しを求めて行政事件訴訟法に基づく抗告訴訟を提起することができる。

　抗告訴訟は、既述のように、取消訴訟、無効等確認訴訟、不作為の違法確認訴訟、義務付け訴訟がある。たとえば、行政処分がなされないことについて不服がある場合、不作為の違法確認を求める審査請求をすることはできない。したがって、行政処分がなされないことを不服とする場合は、不作為違法確認請求をすることになる。

　また、取消訴訟は、実効性の点から、裁決の取消しではなく、原処分すなわち支給処分・不支給処分の取消しを求めて提起する。

　不服審査前置主義の下では原則として、審査請求に対する裁決を経た後で

なければ訴訟提起できない。

　もっとも、例外的に、①審査請求があった日から3カ月を経過しても裁決がないとき、②処分、処分の執行または手続の続行により生ずる著しい損害を避けるため緊急の必要があるとき、③その他裁決を経ないことにつき正当な理由があるときは、裁決を経ないで訴訟提起できるとされている（行訴8条2項、38条4項）。

　そして、不服審査請求と訴訟提起が並行してなされた場合でも、各手続は別々に進行し、判決が先に出た場合、審査請求は却下または訴え取下げとなる。

2　事例からの検討

> 《事例④-1》
>
> 　B子は、平成10年4月にX株式会社に入社し、営業事務の仕事をしていたが、残業や上司との軋轢からめまい・嘔吐等を繰り返すようになり、病院へ行ったところ、うつ病であると診断された。B子は、障害厚生年金の支給を申請した。その際、B子は、幻聴、情緒不安定、自殺企画等の症状があったことから、障害厚生年金1級に該当すると思い申請したところ、処分庁から3級の障害厚生年金にしか該当しないとの判断が下された。
>
> 　B子としては、不服申立てを行うこととした。

(1)　障害基礎年金の受給資格

　障害基礎年金は、①疾病にかかり、または負傷し、かつ、その疾病または負傷およびこれらに起因する疾病（以下、「傷病」という）について初めて医師または歯科医師の診察を受けた日において、ⓐ被保険者であること、またはⓑ被保険者であったものであって、日本国内に住所を有し、かつ、60歳以上65歳未満であること（国民年金法30条1項）、②当該診療を受けた日から起算して1年6カ月を経過した日（その期間内にその傷病が治った場合において

は、その治った日(その症状が固定し治療の効果が期待できない状態に至った日を含む)。以下、「障害認定日」という)において、その傷病により、国民年金法施行令の別表に定める(同条2項、同法施行令4条の6)障害等級に該当する程度の障害の状態にあること(国民年金法30条1項・2項)、③一定の保険料納付の要件を満たしていること(同条1項ただし書)の各要件を満たす者に対し、支給される。

(2) 障害等級の内容とその判断基準

現在のところ障害年金給付に関する不服申立てにおいては、等級認定に対する不服が最も多い。給付の対象となる障害の程度は、障害厚生年金の場合、3級まで支給されるが、障害基礎年金の場合、障害等級は1級および2級に限られる。

基本的には、障害等級1級の障害は、日常生活の用を弁ずることを不能ならしめる程度のもの、障害等級2級の障害は、日常生活が厳しい制限を受ける程度のもの、障害等級3級の障害は、労働が著しい制限を受ける程度のものということができる。

具体的な判定基準としては、社会保険庁(現日本年金機構)が国民年金法上の障害の程度を認定する基準として「国民年金・厚生年金保険障害認定基準」(昭和61年庁保発第15号)を定めており、社会保険審査会も基本的にはこの認定基準に準拠して障害の等級を判定し裁決を行っている。

この社会保険庁(現日本年金機構)の定める「国民年金・厚生年金保険障害認定基準」によると、精神の障害については、障害の程度の判定にあたっては、「日常生活の用を弁ずることを不能ならしめる程度のもの」を1級に、「日常生活が著しい制限を受けるか又は日常生活に著しい制限を加えることを必要とするもの」を2級に認定するとされている。

精神の障害は、「精神分裂症(統合失調症の旧呼称)、分裂病型障害及び妄想性障害」、「気分障害」(以下、「そううつ病」という)、「症状性を含む器質性精神障害」、「てんかん」、「知的障害(精神遅滞)」に区分される。

精神分裂病による障害で2級に該当するものの例示として、「残遺状態又

は病状に基づく人格変化、思考障害、その他妄想・幻覚等の異常体験があるため、日常生活が著しい制限を受けるもの」があげられ、そううつ病については、1級に該当するものの例示として「高度の気分、意欲・行動の障害及び思考障害の病相期があり、かつ、これが持続したり又はひんぱんに繰り返したりするため、常時の介護が必要なもの」、2級に該当するものの例示として「気分、意欲・行動の障害及び思考障害の病相期があり、かつ、これが持続したり又はひんぱんに繰り返したりするため、日常生活が著しい制限を受けるもの」がそれぞれあげられている。

そして、日中生活能力等の判定にあたっては、身体的機能および精神的機能、特に、知情意面の障害も考慮のうえ、社会的な適応性の程度によって判断するよう努めることとされている。

(3) B子の場合

B子が障害基礎年金の被保険者資格を満たしていた場合、本件においては、障害等級認定が問題となる。B子の症状としては、幻聴、情緒不安定、自殺企画等があるとされているがこのような症状から一概に判断することはできない。障害等級1級と認定されるためには、日常生活の用を弁ずることを不能ならしめる程度の障害であることが必要であるが、幻聴が長時間続く、リストカット等の自殺企画が頻繁に繰り返される、他人との意思伝達が困難である、1人では日常生活における飲食等も困難等の事情を総合的に考慮して判断することになる。この場合、家族や介護人の観察に基づき被保険者の症状を医師とともに慎重に判断する必要がある。

B子としては、処分庁の判断についてまずは社会保険審査官に不服審査請求を申し立てることになるが、その場合、当初の申請時には提出していなかった医師や医療機関作成の診断書等があれば提出することが望ましいといえる。

(4) 裁決例

(ア) 平成19年1月31日裁決（平成18国166号）

請求人は、境界型パーソナリティ障害、持続的人格変化により障害の状態

にあるとして、社会保険庁長官（当時）に対し、いわゆる事後重症請求として障害基礎年金の裁定を請求した。これに対して、社会保険庁（当時）は、裁定請求日における請求人の当該傷病による障害の状態は、国民年金法施行令別表に掲げる障害の程度に該当しないとの理由により、請求人に対し障害基礎年金の支給をしない旨の処分をしたため、請求人がこれを不服とし、社会保険審査官に対する審査請求を経て、社会保険審査会に再審査請求をしたが、再審査請求も棄却された。

この事案では、請求人は、抑うつ状態（思考・運動制止、刺戟性、興奮、憂うつ気分、自殺企画、希死念慮）、人格変化（情緒不安定）が認められ、日常生活能力の判定は、「他人との意志伝達及び対人関係」が自発的にはできないが、援助があればできるとされているものの、「適切な食事摂取」および「身辺の清潔保持」が自発的にできるが援助が必要、「金銭管理と買い物」、「通院と服薬」および「身辺の安全保持及び危機対応」がおおむねできるが援助が必要とされ、家庭内での単純な日常生活はできるが、時に応じて援助が必要であり、一般企業での就労は困難と判断され、当該障害の状態は2級の例示に相当しているとは認められないとした。

(イ) 平成17年1月31日裁決（平成15（国）194）

請求人は、うつ病および心的外傷後ストレス障害（PTSD）による障害の状態が国民年金施行令別表に定める1級の程度に該当するとして、障害基礎年金の支給を受けていたが、その後社会保険庁（当時）が、当該傷病が上記別表に定める障害の程度に該当しなくなったとして障害基礎年金の支給を停止する処分をしたため、請求人がこれを不服とし、社会保険審査官に対する審査請求を経て、社会保険審査会に再審査請求をし、原処分が取り消された。

この事案では、請求人の障害の状態として、抑うつ状態で憂うつ気分があるものの、穏やかに自分の主張を述べるとともに、相手の話も、じっくりと共感しながら傾聴できるようになってきたとされる等病状の改善が認められ、日常生活能力の程度は「精神症状を認め、日常生活における身のまわりのことも、多くの援助が必要である」とされているところ、具体的には、「金銭

管理と買い物」が自発的にできないが援助があればできるとされ、日常生活の基本動作である「適切な食事摂取」および「身辺の清潔保持」が自発的にできるが援助が必要とされ、その余の日常生活動作がおおむねできるが援助が必要な程度であるとされており、この障害の状態として前記基準によると1級の例示に相当するというのは困難であるが、2級の例示に相当すると判断された。

　(5)　その他

　障害認定等級以外の不服申立要素としては、初診日に関するもの、被保険者の資格要件に関するもの、障害の程度を認定する基準となる障害認定日に関するものも問題となる。

　㈎　初診日に関するもの

　初診日は実際に医師または歯科医師の診療を受けた日である。

　この点、障害厚生年金は、その障害の原因となった傷病（その障害の直接の原因となった傷病が他の傷病に起因する場合は、当該他の傷病を含む）の初診日において、厚生年金保険の被保険者であることが資格要件となっているが、慢性腎不全により障害の症状にあるとして、障害給付の裁定を請求した事例について、請求人の慢性腎不全は、その原因が糖尿病であることは医学的に明らかであり、初診日は糖尿病の診察を受けた日とするのが相当であり、当該初診日において、厚生年金保険の被保険者であるが、保険料納付要件を満たさないので、障害給付を支給しない旨の原処分は妥当と判断した（平成16年4月30日裁決）。

　㈑　被保険者の資格要件に関するもの

　障害年金を受給するためには、保険料の納付あるいは免除に関する一定の要件（保険料納付要件）を満たしている必要がある。

　上記平成16年4月30日裁決においても初診日に保険料納付要件を満たさないことから障害給付を不支給とした原処分が妥当とされた。

　㈒　障害認定日に関するもの

　原則として、初診日から1年6カ月を経た日であるが、その間に症状が治

癒した場合もしくは症状が固定した場合はその日となる。

　国民年金法30条1項にいう「症状が固定し治癒の効果が期待できない状態」の意義は、症状が固定し、長期にわたってその疾病の固定性が認められ、医療効果が期待し得ない状態で、かつ、残存する症状が自然的経過により到達すると認められる最終の状態に達した時をいうと解されているとした（平成14年1月31日裁決・裁決集691頁）。

（中村恭章／白井由里）

第2節　生活保護

I　申請手続

1　申請手続の流れ

(1)　生活保護制度の要件の概要

　生活保護の制度は、憲法25条に規定する理念に基づいて、生活に困窮している国民に、その困窮の程度に応じ、必要な保護を行い、その最低限度の生活を保障するとともに、その自立の助長を図ることを目的とするものである（生活保護1条）。

　この生活保護は、現に生活が困窮している者の自助努力やその者の生活を支えるべき義務を負う者の援助をもってしても、最低限度の健康で文化的な生活水準を維持できないときに行われるものである。すなわち、生活に困窮する者が、その利用し得る資産、稼働能力などの能力その他あらゆるものを、その最低限の生活の維持のために活用し、また、民法に定められた扶養義務者による扶養や各種の社会保障施策による支援を行ってもなお、生活に困窮する状況にあることが生活保護の要件になっている（生活保護4条、補足性）。

困窮に至った理由は問われない。

　生活保護の決定および実施をするのは、都道府県知事、市長等であり（生活保護19条1項）、その管理に属する行政庁にその事務の一部を委任することができる（同条4項、20条）。実際には、事務の委任を受けた福祉事務所長がその事務を取り扱っている（以下、保護の決定および実施機関は、「福祉事務所長」とする）。

　また、生活保護は、原則として、生活が困窮し保護を必要とする者（要保護者。生活保護6条2項）、その扶養義務者またはその他の同居親族の申請によって開始されることになっている（同法7条）。申請者は、申請に際し、保護を必要とする者が、現に生活が困窮していることとともに、前記保護の補足性を充足していることを示す必要がある。

(2) 申請手続の流れ

　生活保護の受給は、困窮状態にある要保護者またはその他の申請権者である申請希望者の申請手続により開始される（生活保護7条、申請保護の原則。なお、急迫した状況にあるときは、同法25条による職権による開始もあるが、ここでは取り上げない）。生活保護の申請は、前述のとおり、生活保護の決定および実施の事務が福祉事務所長に委任されていることから、困窮者の住所地を管轄する福祉事務所の福祉事務所長が相手方となり、申請事務の窓口は福祉事務所となる。

　生活保護の申請を行う場合、申請希望者は、通常の実務では、生活保護の決定を担っている福祉事務所との事前の相談を行い、生活保護制度の説明を受けるとともに、生活福祉資金、障害者施策等の各種の社会保障制度の枠組みにより生活の維持が可能かどうかの検討をすることになる。福祉事務所の検討の結果、生活保護による生活維持が必要と思料され、要保護者の申請意思が確認されれば、保護の申請を行うことになる。

　生活保護の申請が受け付けられると、福祉事務所長の調査権が発生し、申請に係る要保護者に関し、実際に生活保護の適用が可能かどうか、生活保護の内容および程度（保護金品。多くは金額）はどうなるのかについての調査

が行われる。福祉事務所長は、その調査結果に応じて、保護の要否、種類、程度および方法を決定することになる（生活保護24条1項）。調査は、訪問調査（同法28条1項、同法施行規則4条）、検診命令（生活保護28条1項）、官公署に対する調査の嘱託・金融機関等に対する照会（同法29条）といった方法により、保護の補足性という観点から、①要保護者の有する現金・預貯金、保険（解約返戻金）、不動産等の資産内容の調査、②扶養義務者による扶養が可能かどうかの調査、③年金等の社会保障給付や現に稼働し得ている収入等の調査、④現に稼働していない場合に就労し収入を得ることの可能性の調査が行われる。そして、保護の要否の判定および支給される保護費の内容については、厚生労働大臣が定める基準で測定される最低生活費と収入を比較して、収入が最低生活費に満たない場合に初めて保護が適用されることとなり、保護費としては、最低生活費から収入を差し引いた差額が支給されることになる（同法8条）。

　生活保護の開始決定または申請却下の処分は、原則として、申請のあった日から14日以内に行われるが、特別な理由があると30日以内にされる（生活保護24条3項）。30日以内に何らの処分がされなかったときは、申請者は申請が却下されたものとみなすことができる（同条4項）。

　ところで、行政書士は、法令による制限のない限り、他人の依頼を受け、官公署に提出する書類その他権利義務または事実証明に関する書類を作成し、この作成した書類を官公署に提出する手続の代理をすることができる（行政書士法1条の2、1条の3）ところ、保護の申請をすること自体には、いまだ申請者と保護の決定および実施者との間に紛争性はないものと考えられるから、弁護士法72条が禁止する、法律事件に関して法律事務を取り扱うことにはならず、行政書士において、申請権者の依頼を受けて生活保護の申請書類を作成し、その代理人として書類の提出を行うことができる。

　そうすると、生活保護申請の書類作成等の依頼を受けた行政書士としては、適式な申請書類を作成するとともに、申請書類に添付すべき生活保護法4条の保護の補足性を証するに足りる書類等を収集するという作業を行うことに

なる。この際、生活扶助基準の例を調査するとともに、添付書類を点検し、両者を照らし合わせて、生活保護の適用可能性や決定される保護の内容を検討したうえで、予想される保護の内容を依頼者に教示し、それらを踏まえたうえでの申請意思の有無をあらためて確認しておくことが必要である。要保護者において資産の処分等をしなければならなくなるなどの不利益を被る可能性があるためである。

2 申請書および添付書類

生活保護の申請に際しては、一例として、後掲の「生活保護申請書」(【書式22】)およびその別添書類である「資産申告書」(【書式23】)、「収入申告書」(【書式24】)、「同意書」(【書式25】)のような書類を申請書類として提出することになる（書式は鹿児島県ホームページより引用〈http://www.pref.kago-shima.jp/kenko-fukushi/syogai-syakai/seiho/d0301.html〉)。実際上は、申請窓口となる福祉事務所等に備付けの定型書式を利用することになる。以下、これらの書類の内容について、補足的な説明をしたい。

(1) 申請書

「申請書」(【書式22】)の記載事項について、用紙の上部からみていくこととする。

(ア) 現住所およびその居住期間

保護の実施責任（管轄）を確認するために記載が要求される。居住不動産の所有ないし賃借関係を確認する手がかりでもある。

(イ) 世帯員・別居家族の状況

個々の困窮者に保護の請求権があるが、その者に保護が必要か、またどの程度の保護が必要かは、その者が属する世帯の状態を基準に判断される（生活保護10条、世帯単位の原則）ため、世帯員の状況の記載が要求される。世帯であるかどうかは、住民登録ではなく生活実態により判断される。この記載は、一定額が上積みされる各種加算（妊産婦加算、障害者加算等）の要件に該当するかどうかの確認にも使用される。

また、世帯員・別居家族の記載は、次の(ｳ)の記載とあわせて、民法の扶養義務者の把握とその援助の可能性を調査する資料にもなる。

　(ｳ)　援助してくれる者の状況

　生活保護は、民法に定める扶養義務者の扶養義務の履行（民法877条）を尽くして、なお生活に困窮する場合に行われるものである（生活保護4条2項）。この扶養義務者の調査を行うために、この記載が要求されている。

　(ｴ)　保護を申請する理由

　生活保護の申請者が困窮状態にあることを記載する。

　記入欄には、それほどスペースがないため、簡潔にその困窮の状況を記載するにとどまるが、その後の相談や調査の段階では、申請書の記載、資産申告書・収入申告書の記載、添付書類の内容と整合するように記載することが必要である。

　(ｵ)　申請する扶助の理由

　生活保護の種類には、生活扶助（日常生活費が対象）、教育扶助（学校給食費、通学交通費、教材代を含む義務教育の必要費用が対象）、住宅扶助（地代・家賃等が対象）、医療扶助（医療費が対象）、介護扶助（介護サービスを受けるために必要な費用が対象）、出産扶助（出産のための費用が対象）、生業扶助（技能修得、就職準備のための費用が対象。高等学校就学者の諸費用も含む）および葬祭扶助（葬祭のための費用が対象）の8種類がある（生活保護11条）ため、まずは、いずれの扶助を受けたいのかの意思確認をする必要があることから、記載を求めるものである。

　(ｶ)　申請者の住所・氏名および保護を受けようとする者との関係

　申請者の住所・氏名は、生活保護法施行規則2条1項において記載が要求されている。また、保護を受けようとする者との関係は、当該申請者に申請権（生活保護7条）があるかどうかを確認するための記載である。

　(ｷ)　申請先

　生活保護を決定しそれを実施する機関は、都道府県知事、市長、社会福祉法に規定する福祉に関する事務所を管理する町村長である（生活保護19条柱

書、社会福祉法人法14条)。もっとも、実際は、前述のとおり、これらの実施機関から委任を受けた「福祉事務所長」がその大部分の事務を行っており(生活保護19条4項)、その管轄は、要保護者の居住地または現在地によって定まることになる(同条1項1号・2号)。

「居住地」とは、要保護者の居住事実のある場所、または現に居住していなくても一定の期限到来後、起居が継続していくことが期待される場所をいう。居住地がないか、もしくは明らかではないときは、その者の「現在地」が管轄となる。ホームレスの場合、住居はないが、実際に相談に訪れている福祉事務所の所在地が現在地となり、当該福祉事務所が生活保護の実施責任を負うと考えられる。

(2) 別添書類(資産申告書、収入申告書、同意書)

生活保護は、前述したように、現に生活が困窮している者の自助努力やその者の生活を支えるべき義務を負う者の援助をもってしても、最低限度の健康で文化的な生活水準を維持できないときに行われるものである。この困窮者の自助努力の内容として、困窮者が保有し利用できる資産の活用が求められるのであり、その内容を確認するための書類が「資産申告書」(【書式23】)である。同様に、生活困窮者の現実の収入関係や稼働能力の有無を示す状況、民法に定められた扶養義務者による扶養や各種の社会保障施策による支援の内容を確認するための書類が「収入申告書」(【書式24】)である。そして、「同意書」(【書式25】)は、福祉事務所長において、「申請書」、「資産申告書」、「収入申告書」の記載内容について、それが正確なものかどうかを調査し、確認することを可能とするために、官公署に対する調査嘱託や、金融機関、雇用主その他の関係者に対する照会を行うことに同意するものである。これらの調査権限は、生活保護法29条により、すでに福祉事務所長に付与されているものであるが、要保護者の同意を徴求することにより、申請内容の真正を期待するとともに、後日の紛議をあらかじめ防止することを期待するものであろう。

3書類のうち、「資産申告書」、「収入申告書」の主要な記載事項に関して、

留意すべき点について補足的にふれておく。㋐ないし㋓は資産申告書の記載事項であり、㋔は収入申告書の記載事項である。

　㋐　不動産（土地・建物）

　不動産も資産の1つとして、本来は、売却しその代価を生計の資にあてるべきともいえるが、要保護者の生活の場である不動産については、別途の考慮を要する。自己所有の土地・建物であっても、要保護者が居住するものについては、処分価値が利用価値に比して著しく大きいと認められる場合でなければ、その保有が認められる。ただし、ローン付の物件は、原則として処分すべきものとなる。ローンの支払いをしなければ物件を喪失するであろうし、支払いをすることは資産形成の実質を有することになるため、そのような事態があること自体が生活保護制度の趣旨にもとるからである。

　㋑　現金、預貯金、有価証券等

　生活保護の申請の際に保有できる現金・預貯金は、最低生活費の1カ月分以下（半分程度）だとされている。

　生命保険については、解約のうえ、解約返戻金を資産として活用させるのが原則である。

　㋒　その他の資産

　自動車については、原則として保有が認められていない。例外的に、申請者に障害があり、その者が通院、通所および通学のために必要な場合や、申請者が山間僻地に居住しており、通勤のための交通手段として必要とする場合には、自動車の保有が認められることがある。

　㋓　負　債

　生活保護の各種給付は、要保護者の負債の返済原資にあてられるべきものではない。生活扶助の扶助額では、返済原資を取り分けたうえで生活を維持することは困難であろうから、自己の資産により負債の整理をする必要がある。負債の整理をしても負債が残存するときは、破産手続開始の申立て（破産法18条）および免責許可の申立て（同法248条）をして最終的に免責許可決定（同法252条、253条）を得ておく必要があろう。

なお、この負債の整理手続は、法律事件に関して法律事務を取り扱うことになるため、行政書士が取り扱うことはできない。要保護者をして、保護の実施機関に対する相談（生活保護27条の2）をさせることで、保護の実施機関による指導または指示（同法27条1項）に委ねることになる。

　㈹　恩給・年金等による収入

　生活保護は、各種の社会保障施策による支援を受けてなお不足する場合に受給できるものであることから、他の法律により受け得るすべての年金・手当類を受給すべきことになる。すでに受給している他法による他施策の内容を把握し、受給漏れの制度を把握するための記載である。

(3)　添付書類

　生活保護申請に必要な添付書類としては、①年金証書および年金支払通知書（直近の通知書）、②各種手当（老人福祉、障害者福祉、児童扶養、特別児童扶養、児童手当など）の支払通知書（直近の通知書）、③預貯金通帳（直近まで記帳されていること）、④保険の証書（生命保険、簡易保険）、⑤土地・家屋賃貸契約書および地代・家賃の領収書、⑥光熱水道費領収書（直近のもの）、⑦健康保険証、⑧老人医療証、心身障害医療証その他の医療証、⑨ひとり親家庭医療証、⑩診断書、⑪医療費支払いの領収書、⑫給与の明細書、⑬源泉徴収票、確定申告書、⑭雇用保険受給資格者証、⑮傷病手当金の通知書、⑯固定資産税納税通知書または納税証明書、⑰身体障害者手帳、愛の手帳、⑱日雇手帳、⑲印鑑、⑳その他の指示に係る書類があげられる。

　これらの添付書類は、前記(1)、(2)の申請書や別添書類を作成するための資料ともなる。したがって、申請書の作成を受任した段階から、行政書士において、依頼人に収集を指示することになる。

　なお、これらの書類は、通常であれば要保護者自身が所持しているはずのものである。しかし、仮に紛失をしている場合には、要保護者自身に再発行手続をとらせるなどして収集する必要があり、受任した行政書士としては、再発行手続等のアドバイスを求められる場合もあると思われる。プロとして的確なアドバイスが求められるであろう。ここでは、紙幅の関係から一例の

みあげるにとどめる。

　たとえば、①の年金証書を紛失している場合には、最寄りの年金事務所または年金相談センターに対し、「年金証書再交付申請書」を年金番号がわかるもの（年金支払通知書等）を持参しながら提出することにより、再交付の手続をとることになる。また、年金支払通知書については、申請が真実急速を要する場合であれば、ゆうちょ銀行の窓口において、「送金通知書亡失届書」に必要事項を記入するとともに、印鑑および年金番号がわかるもの（年金証書等）を持参し、手続をとることになる。

(4) 書類作成上の留意点

　以上の説明に係る申請書・申告書、添付書類の多くは、資産や収入の有無を調査し、保護の補足性を確認するための書類である。この保護の補足性の要件により、仮に、資産や収入が確認された場合、最低限度の資産を残して、その余の資産を換価処分しその売却収入を生活にあて、これらを使い尽くした後に、初めて保護適用となること、就労による収入、年金等社会保障の給付、親族による援助、交通事故の補償等が収入として認定されることから、要保護者等の依頼者に対し、生活保護制度の内容とこれらの書類の意味を依頼者に十分説明し、理解を得ておく必要がある。また、プロの資格者として申請書類を作成し提出するのであるから、意図的に資産や収入を隠すことのないように説得することも必要である。近時、たとえば、金融機関等の関係先調査の強化、暴力団員に対する生活保護の不適用、年金担保貸付利用者への対応、不正受給事案の告訴等の強化といった濫給防止の施策が強化されていることにも留意する必要があろう。

　なお、不実の申請その他不正な手段により保護を受け、または他人をして受けさせた者には刑事罰が科せられるのであり（生活保護85条）、仮に、行政書士が、自ら後段の行為をすれば刑事罰の対象になる。また、行政書士が、これらの行為に加功すれば、懲戒事由にもあたることになる（行政書士法10条、14条）。

第4章　第2節　生活保護

【書式22】　生活保護申請書

第11号様式（第4条関係）

生　活　保　護　申　請　書　　㊞新規
　　　　　　　　　　　　　　　　　変更

現在住んでいる場所					現在の場所に住み始めた時期			※事務所受付年月日
○○県○○市○○1丁目1番1号				明大昭平	○○年○月○日			

世帯員の状況

人員	氏名	続柄	性別	年齢	生年月日	最終学歴	職業	健康状態
1	甲野　花子	世帯主	女	76	昭和9年○月○日	○大学卒	無職	悪い
2								
3								
4								
5								
6								
7								
8								

※町村役場受付年月日

家族のうち別な場所に住んでいる者があるときは、その氏名と住んでいる場所

援助をしてくれる者の状況

	資産の状況（別添1）	収入の状況（別添2）	関係先照会への同意（別添3）
世帯員との関係	氏名	住所	今まで受けた援助及び将来の援助の見込み
長女	乙山京子	○○県○○市○○町1－2－3	なし

保護を申請する理由（具体的に記入して下さい。）
　　年をとってしまい、また、持病のため働けなくなり、
　　お金もないので、生活保護を受けたい。

申請する扶助の理由　　生活・住宅・教育・介護・医療・生業・出産・葬祭

上記のとおり相違ないので、生活保護法による保護を申請します。
　平成○○年○月○日
　　　　　　　　　申請者の住所　○○県○○市○○1丁目1番1号
　　　　　　　　　氏名　甲野　花子　印
　　　　　　　　　保護を受けようとする者との関係

　○○○福祉事務所長　殿

注1　※印欄には記入しないで下さい。
　2　申請者と保護を受けようとする者が異なる場合には、別添の書類は保護を受けようとする者に記入してもらって下さい。
　3　変更申請の場合は、変更に係る事項を記入し、別添1から別添3までの書類の提出については、地域振興局長又は支庁長の指示に従ってください。
　4　不実の申請をして不正に保護を受けた場合には、生活保護法第85条又は刑法の規定によって処罰されることがあります。

Ⅰ 申請手続

【書式23】 資産申告書

(別添1)

資産申告書

○○○福祉事務所長 殿

平成　○○年○月○日

氏　名　**甲野　花子**　印

現在の私の世帯の資産の保有状況は、次のとおり相違ありません。

1　不動産

区　分		延面積	所有者氏名	土地の地番
(1)宅　　地	有・無			
(2)田　　畑	有・無			
(3)山　林その他	有・無			

区　分		延面積	所有者氏名	所在地
建物	(1)居住用　持家・貸家・貸間（いずれかを○で囲んでください）			
	(2)その他　有・無			（家賃　20,000円）

2　現金、預貯金、有価証券等

現　　金	有・無	10,000円			
預　貯　金	有・無	預貯金先	口座番号	口座名義	預貯金額
		○○銀行△△支店	1234567	甲野花子	60,000円
有価証券	有・無	種　　類		額　　面	概算評価額

（記入に当たっては、裏面の注意をよく読んでください。）

(裏)

生命保険	有・無	契約先	契約金額	保険料 （月額又は年額）
その他の保険	有・無		円	円

3　その他の資産

1　自動車 2　単車 3　耕運機 4　船 5　その他 (該当するものを○で囲んでください。)	有・無	使用状況	所有者氏名	車　種	排気量	年　式
貴　金　属	有・無	品　名				
その　他 高価なもの	有・無					

4　負債（借金）

	金　　額	借　入　先
有・無	円	

注
1　この申告書は、保護を受けようとする者が記入してください。
2　資産の種類ごとにその有無について○で囲んでください。土地については貸地等の場合も記入してください。
3　有を○で囲んだ資産については、次によって記入してください。
　(1) 同じ種類の資産を複数保有している場合は，そのすべてを記入してください。
　(2) 家族以外の者の名義であっても、実際に保持又は使用しているものについては、そのすべてを記入してください。
　(3) 有価証券は、例えば「株券、国債」等と記入し、その評価概算額は現在売却した場合のおおよその金額を記入してください。
　(4) 貴金属は、例えば「ダイヤの指輪」等と記入してください。
4　書ききれない場合は、余白に記入するか又は別な任意の様式に記入の上添付してください。
5　不実の申請をして不正に保護を受けた場合には、生活保護法第85条又は刑法の規定によって処罰されることがあります。

【書式24】 収入申告書

(別添2)

収入申告書

○○○福祉事務所長　殿

平成○○年○月○日

氏　名　**東京　花子**　印

　私の世帯の総収入は、次のとおり相違ありません。

1　働いて得た収入

働いている者の氏名	仕事の内容勤め先（会社名）等	区　分	当月分見込額	前3か月分		
				月分	月分	月分
		収　入	円	円	円	円
		必要経費①				
		就労日数	日	日	日	日
		収　入	円	円	円	円
		必要経費②				
		就労日数	日	日	日	日
		収　入	円	円	円	円
		必要経費③				
		就労日数	日	日	日	日

必要経費（前月分）の主な内容	①
	②
	③

2　恩給・年金等による収入（受けているものを○で囲んでください。）

有・無	国民年金、厚生年金、恩給、児童手当児童扶養手当、特別扶養児童手当、雇用保険、傷病手当金、その他（　　　　）	収入額	年　額	円

3　仕送り等による収入（前3か月間の合計額を記入してください。）

有・無		内容		仕送りした者又は現物援助をした者の氏名
	仕送り等による収入		円	

	現物援助による収入	米、野菜、魚介 （もらったものを○で囲んでください。）	

（記入に当たっては、裏面の注意をよく読んでください。）

4　その他の収入（前3か月間の合計額を記入してください。）

有・無	種　類	内　　容	収　　入
	生命保険等の給付金		円
	財産収入 （土地、家屋の賃貸料等）		円
	その他		円

5　その他将来において見込みのある収入（上記1～4に記入したものを除く。）

有・無	内　　容	収入見込額
		円

6　働いて得た収入のない者（義務教育終了前の者については記入する必要はありません。）

氏　　名	働いて得た収入のない理由
甲野　花子	身体の具会が悪く働けない。年金もない。

注
1　この申告書は、保護を受けようとする者が記入してください。
2　「1　働いて得た収入」は、給与、日雇、内職、農業、事業等による収入の種類ごとに記入してください。
3　農業収入については過去1年間の総収入を当月分の欄に記入してください。
4　必要経費欄には収入を得るために必要な交通費、材料代、仕入代、社会保険料等の経費の総額を記入してください。
5　2～5の収入は、その有無について○で囲んでください。有を○で囲んだ収入については、その右欄にも記入してください。
6　書ききれない場合は、余白に記入するか又は別な任意の紙に記入の上添付してください。
7　収入のうち証明書等の取れるもの（例えば勤務先の給与証明書等、各種保険支払通知書等）は、この申告書に必ず添付してください。
8　不実の申告をして不正に保護を受けた場合には、生活保護法第85条又は刑法の規定により処罰されることがあります。

【書式25】 同意書

```
(別添3)

                    同 意 書

 保護の決定又は実施のために必要があるときは、私及び私の世帯員の資産並
びに収入の状況について、貴福祉事務所長が官公署に調査を嘱託し、又は銀行、
信託会社、私若しくは私の世帯員の雇主その他の関係人に報告を求めることに
同意します。

   平成○○年○月○日

                住  所  ○○県○○市○○1丁目1番1号
                氏  名  甲野 花子 ㊞

 ○○○福祉事務所長  殿
```

3 申請が却下された場合の行政書士としての対応

 生活保護の受給手続を受任した行政書士は、適法な申請権者の依頼を受け、保護の補足性を充足する資料を添付した申請書を提出することになる。そして、申請内容が生活保護の要件を充足する限り、生活保護が適用されることになるが、場合によっては、保護の実施機関が決定した内容が、所期のものと異なることもあり得る。この場合に、依頼者がこれに対する不服申立てを意図した場合、この段階から、保護申請の案件は、弁護士法72条が禁止する、法律事件に関して法律事務を取り扱うことになると考えられる。この場合、依頼人の意思を確認したうえで、速やかに提携関係にあるなどの弁護士に案件の引き継ぎを行い、あるいは依頼者に対して、不服申立てを自ら行うか、弁護士に委任すべきことを説明し助言することになる。

〈参考文献〉
・生活保護手帳編集委員会編『生活保護手帳〔2009年度版〕』
・『保護の手引き〔平成14年版〕』
・日本弁護士連合会生活保護問題緊急対策委員会編『生活保護法的支援ハンドブック』
・岡部卓『福祉事務所ソーシャルワーカー必携』
・矢野輝雄『生活保護獲得ガイド』
・生活保護問題対策全国会議事務局編著『法律家・支援者のための生活保護申請マニュアル〔2008年版〕』

II 法的問題点

《事例④-2》

　非正規社員であったAは、半年前、折からの不況により解雇を余儀なくされた。失業保険の要件も満たさず、収入が全く途絶えてしまった。解雇と同時に会社の社宅も追い出され、ボランティアの施設やマンガ喫茶等を転々とするようになり、野宿する日も少なくない。最近では、心身の体調を崩し病院での治療を求めるも、国民健康保険料滞納のため病院を受診できないでいる。また、積極的に就職活動をしているが、Aの現在の住環境と健康状態から、これもままならない状況である。当然、貯蓄もない。いよいよ生活に窮したAは、Aが前日寝泊まりした地を所管するX市の福祉事務所所長に対し、生活保護開始の申請をした。しかし、1カ月を経過しても何ら応答がない。Aにはどのような権利救済手段があるか。

1 給付行政に対する手続保障と権利救済

(1) 給付行政

　行政作用の分類の1つに、規制（侵害）行政と給付行政がある。前者は、

国民（企業）の活動を制限することにより秩序の維持等の目的を達成する行政作用をいい、後者は国民に便益を提供する行政作用をいう。本章で問題となっている生活保護給付、公的年金給付、介護保険給付等はいわゆる給付行政にあたる。

　給付行政の違法・不当な運用は、規制行政のそれと違い、行政権の規制（侵害）を排除するだけでは権利の保障は十分ではない。行政権に対し、国民が本来受け取るべき便益（給付）を請求できなければ意味がないからである。このように、給付行政に対する権利救済は、行政権の規制（侵害）の排除に加え、行政権に対し便益を提供させるなどの作為を請求する点に特色がある（原田尚彦『行政法要論〔全訂第7版〕』94頁以下）。

(2) 給付行政に対する事前の手続保障

　平成5年11月、行政運営における公正の確保と透明性の向上を図ることを目的として行政手続法が公布された（行手1条）。同法によれば、生活保護給付などの申請に対する処分について、行政庁は、審査基準および標準処理期間を定め、かつ、これらを公表する義務を負っている（同法5条1項・3項、6条）。また、行政庁は、申請が到達したら遅滞なく審査を開始し、かつ、応答しなければならず（同法7条）、拒否処分に対しては理由を提示することになっている（同法8条。もっとも、地方公共団体の機関が条例・規則に基づいて行う処分については適用が除外される（同法3条3項））。

　各給付制度においては、個別の立法でも事前の手続保障が規定されていることがあり、この場合、原則として当該個別法が行政手続法に優先して適用される。たとえば、生活保護法においては、保護の実施機関（都道府県知事、市長等。上記Ⅰ1(1)参照）は、保護開始申請に対して、保護の要否、種類、方法等を決定し、理由を付した書面をもって、申請のあった日から14日以内に通知をしなければならないなどの規定がある（生活保護24条1項～3項）。

(3) 給付行政に対する事後の権利救済

㈦ 給付行政に対する事後の権利救済

　生活保護などの給付行政において行政庁等が違法・不当な行政処分をした

場合、事後的な権利救済として2つの争い方がある。

1つは行政内部で救済を求める行政不服申立手続（審査請求。審査請求の行政不服審査法上の位置づけおよびその他詳細については第1章参照）と、もう1つは違法な行政処分の取消し、無効確認および不作為についての違法確認等を求める訴訟（抗告訴訟）である（抗告訴訟の行政事件訴訟法上の位置付けおよびその他詳細については第1章参照）。

(イ) **審査請求と抗告訴訟の関係**

行政事件訴訟法では、原則として審査請求前置主義を採用していないが（行訴8条1項本文）、特別法に定めがある場合には審査請求前置主義となる（同条1項ただし書）。

この点、生活保護法を例にあげれば、保護の実施機関が行った処分について審査請求前置主義を定めていることから、当該処分についての審査請求に対する裁決等を経てからでないと処分の取消訴訟を出訴できない[1]（生活保護69条）。

ただし、次のいずれかの場合には、審査請求の裁決を経ないで直ちに出訴できる（行訴8条2項2号・3号、生活保護65条）。

① 審査請求があってから50日を経過しても裁決がないとき（生活保護65条）

② 処分、処分の執行または手続の続行により生ずる著しい損害を避けるため緊急の必要があるとき（行訴8条2項2号）

③ その他裁決を経ないことにつき正当な理由があるとき（行訴8条2項3号）

(4) **給付行政に対する不服申立手続**

(ア) **審査請求の対象となる処分**

生活保護開始申請においては、保護の実施機関による生活保護の決定もしくは実施に関する処分または不作為に対して不服がある場合には、審査請求

---

[1] 不作為に関しては、不作為の違法確認訴訟に審査請求前置主義を定める法律は存在しないことから、審査請求前置主義が適用されることはない（行訴38条4項、8条）。

することとなる。[2]

また、生活保護法には、保護の実施機関が30日以内に決定の通知をしない場合には、申請を却下処分したものとみなす規定があるが（生活保護24条1項・3項）、右処分に対しても審査請求することができる。

さらに、保護の実施機関は被保護者に対し、保護の目的達成に必要な指導または指示をすることができるが（生活保護27条1項）、かかる指導指示も行政処分にあたると考えられ、審査請求の対象となりうる（行政処分性を認めた判例として、秋田地判平成5・4・23判時1459号48頁参照）。

(イ) 再審査請求

審査請求についての裁決に不服がある場合には、厚生労働大臣に対して再審査請求することができる場合がある（行審53条、56条、生活保護66条1項）。[3]

(ウ) 執行停止

審査請求には、たとえば、保護実施機関の保護停止処分を不服とする審査請求をしても、請求自体にはこれを停止する効力がないことから、審査請求時に執行停止の申立てをすることができる（行審34条）。

(5) 給付行政に対する抗告訴訟

抗告訴訟とは、「行政権の公権力の行使に関する不服の訴訟」をいう（行訴3条1項）。抗告訴訟には、①処分または裁決の取消しの訴え（取消訴訟。行訴3条2項・3項）、②無効等確認の訴え（同条4項）、③不作為の違法確認の訴え（同条5項）、④義務付けの訴え（同条6項）、⑤差止めの訴え（同条7項）がある。

前述のとおり、給付行政に対する権利救済は、国民が行政庁に対し、何ら

---

2 生活保護法24条1項に定める生活保護の決定は、いわゆる1号法定受託事務である（地自別表1）。したがって、同法255条の2により、都道府県知事が処分庁の場合は厚生労働大臣に、市町村長の場合は、都道府県知事に対し、審査請求ができることとなる。さらに生活保護法64条により、市町村長が保護の決定等に関する事務をその管理に属する行政庁に委任した場合（同法19条4項）は、都道府県知事に対し審査請求ができることとなる。いずれの場合であれ、法律上審査請求ができる場合であり、異議申立てはできない（行審6条）。

3 市町村長が保護の決定等に関する事務をその管理に属する行政庁に委任した場合（生活保護19条4項）であって、都道府県知事の裁決に不服のある場合に再審査請求が許されている。

かの作為（給付）を請求する点に特徴がある。とすれば、行政庁の処分や裁決に対し、単にこれを取り消すだけでは不十分で、さらに給付そのものを行政庁に義務付ける手段が必要となる。また、給付に関する処分は、必然的に予算を伴うことから、往々にして処分そのものが先送りされる傾向にある（不作為）。

これらからすれば、給付行政に対する権利救済は、拒否処分に対する①取消訴訟、②不作為に対する不作為の違法確認訴訟に加え、③義務付け訴訟がより重要な救済手段となるのである。

以下、順次みていくこととする。

　㋐　**取消訴訟**

取消訴訟の手続一般については第１章で既述している。ここでは、給付行政における行政庁の処分・裁決に対する取消訴訟という特性に絞って説明する。

生活保護を例にあげれば、保護開始申請の却下処分、保護費減額などの変更または停廃止処分などに対して、これらの処分の取消しを求めて取消訴訟を提起することができる。

前者の処分に関しては、これを取り消しうるとするだけでは権利救済として不十分である（たとえば、取消訴訟で勝訴しても、判決の拘束力は当該判決で違法とされた理由にしか及ばないから、行政庁は別の理由で却下処分を繰り返すことを妨げられないと一般に解されている。そうすると、原告は再び却下処分の取消訴訟を提起しなければならなくなる）。そこで、給付行政に対する権利救済を実効あらしめるため、後述するように、平成16年行政事件訴訟法改正により、義務付け訴訟が法定された（行訴３条６項）。取消訴訟を提起する際、同時に義務付け訴訟も加えて提起できることとなった（同法37条の３第３項２号）。

　㋑　**無効等確認訴訟**

行政事件訴訟法は、無効の瑕疵がある行政処分もしくは裁決に基づく処分について、無効確認訴訟を提起できるとする（行訴36条）。

無効等確認訴訟は、取消訴訟と比べて、審査請求前置主義の適用および出訴期間の制限がない点で存在意義がある（行訴38条、8条、14条）。[4]

　無効等確認訴訟と義務付け訴訟の関係であるが、行政処分の無効を確認するのみでは権利救済として不十分である。そこで、給付行政に対する権利救済を実効あらしめるため、無効等確認訴訟を提起する際、同時に義務付け訴訟もあわせて提起できることとした（行訴37条の3第3項2号）。

(ウ)　不作為の違法確認訴訟

　不作為の違法確認訴訟とは、「行政庁が法令に基づく申請に対し、相当の期間内に何らかの処分又は裁決をすべきであるにかかわらず、これをしないことについての違法の確認を求める訴訟」をいう（行訴3条5項）。

　処分または裁決についての申請をした者に限り、原告適格が認められる（行訴37条）。したがって、申請権があっても現実に申請をしなければ原告適格を認められない（名古屋高金沢支判昭和49・9・29判時646号12頁）。しかし、申請が適法であることまでは要しない（東京地判昭和56・7・16行裁集32巻7号1082頁）。申請制度は、行政庁に対し、不適法な申請に対しても拒否処分を行うことを義務付けているからである。

　法令に基づく申請の「法令」の意義については、必ずしも明文で規定された法令に限らず、要項、要領、内規等の行政通達も含まれると解されている（京都地判昭和50・3・14判時785号55頁等、芝池義一『行政救済法講義〔第2版補訂〕』119頁）。

　不作為が違法になるのは、「相当の期間」経過したときである。この「相当の期間」の意義について、判例は「相当の期間経過の有無は、その処分をなすのに通常必要とする期間を基準として判断し、通常の所用期間を経過した場合には原則として被告の不作為は違法となり、ただ右期間を経過したこ

---

[4]　ただし、無効等確認訴訟の補充性に留意する必要がある。無効等確認訴訟は、予防訴訟（当該処分等により損害を受けるおそれがある者）と補充訴訟（法律上の利益を有する者で当該処分等の効力の有無を前提とする現在の法律関係に関する訴えによって目的を達することができないもの）の2形態のみが認められ、無条件に出訴できるものではない。

とを正当とするような特段の事情がある場合には違法たることを免れるものと解するのが相当である」と判示している（東京地判昭和39・11・4 行裁集15巻11号2168頁。なお、「特段の事情」について述べた判例として東京地判昭和52・9・21行裁集28巻9号973頁）。

義務付け訴訟との関係であるが、行政庁の不作為の違法確認をするだけでは権利救済として不十分である（たとえば、不作為の違法確認訴訟で勝訴しても、違法確認判決の拘束力により行政庁が義務付けられるのは、何らかの処分をすることであり、申請を許可することを義務付けられるわけではない。行政庁は拒否処分をする可能性もあり、その場合、あらためて拒否処分の取消訴訟をしなければならなくなる）。そこで、給付行政に対する権利救済を実効あらしめるため、不作為の違法確認訴訟を提起する際、同時に義務付け訴訟もあわせて提起できることとした（行訴37条の33項1号）。

(エ)　義務付け訴訟

(A)　義務付け訴訟

　義務付け訴訟とは、行政庁がその処分または裁決すべき旨を命ずることを求める訴訟をいう（行訴3条6項本文）。平成16年行政事件訴訟法改正により法定された。そこでは2つの類型が法定された。1つは、私人が処分または裁決を申請する権利があることを前提として、申請が拒否されたり、不作為状態が係属している場合に、直接に申請を認容することの義務付けを求める訴訟（申請型、同項2号）、もう1つは申請権の存在を前提とせずに主として第三者に対する規制制限の発動を求める場合に用いられる訴訟（非申請型、同項1号）である（宇賀克也『行政法概説Ⅱ』295頁以下）。以下では、事例としてよく問題となる申請型について説明していくことにする。

申請型には、さらに、申請についての不作為に対する義務付け訴訟（行訴37条の3第1項1号）と、申請に基づく拒否処分に対する義務付け訴訟（同条1項2号）がある。これらは、上述のとおり、取消訴訟、無効確認訴訟および不作為の違法確認訴訟では救済されない場合に、より実効的な救済手続として法定されたものである（前掲秋田地判平成5・4・23、前掲京都地判昭和

50・3・14、芝池・前掲119頁）。

申請型義務付け訴訟には次の要件が必要である。

① 訴訟要件
　ⓐ 法令に基づく申請または審査請求（以下、「申請等」という）に対し相当の期間内に何らかの処分または裁決がなされないこと、もしくは、申請等を却下または棄却する処分または裁決が違法または無効もしくは不存在であること（行訴37条の3第1項1号）
　ⓑ 申請等をした者であること（行訴37条の3第2項）
　ⓒ 不作為の違憲確認訴訟、取消訴訟または無効確認訴訟を併合提起すること（行訴37条の3第3項。併合提起された裁判は原則として分離してはならない（同条4項）。ただし、迅速な解決に資する場合には、ⓒに掲げる訴訟についてのみ終局判決ができる。その場合、その手続が完了するまで義務付け訴訟手続を中止できる（同条6項）。併合提起の要件から、取消訴訟との併合提起の場合には、取消訴訟の出訴期間の制限を受ける。また、取消訴訟について審査請求前置主義がとられている場合には、当然、当該取消訴訟と併合提起する義務付け訴訟もこれに従うことになる（宇賀・前掲296頁））。

② 原告本案勝訴要件（行訴37条の5）
　ⓐ 訴訟要件を満たすこと
　ⓑ 不作為の違憲確認訴訟、取消訴訟または無効確認訴訟に理由が認められること
　ⓒ 行政庁がその処分等をすべきことがその根拠法令の規定から明らかであると認められること、または、行政庁がその処分等をしないことが裁量権の範囲を超えもしくはその濫用と認められること

上記ⓐないしⓒを具備すれば裁判所は義務付け判決をすることになる（申請に基づく拒否処分が裁量の範囲を超えまたは裁量権の濫用にあたるとして、保育園入園承諾義務付け判決を認容した判例（東京地判平成18・10・25判時1965号62頁））。

(B)　仮の義務付け

　平成16年の行政事件訴訟法改正では、「仮の義務付け」も法定された（行訴37条の5第1項）。仮の義務付けは、義務付け訴訟の本案判決を待っていたのでは償うことができない損害を生ずるおそれがある場合に、迅速かつ実効的な権利救済を可能にするために、一定の要件の下で、裁判所が行政に対し、本案判決をする前に、処分等をすることを仮に義務付けるとする仮の救済制度である（改正前は、仮の救済として執行停止（行訴25条2項）の制度が設けられていたが、執行停止を求めても何ら処分のない状態に戻るだけで申立ての利益がないとされていた）。義務付け訴訟の利点は、まさに、仮の義務付けを申し立てることができることにあるといえる。

　仮の義務付けが認められるには、次の要件を満たす必要がある（行訴37条の5第1項）。

① 　義務付け訴訟の提起があること
② 　償うことのできない損害を避けるため緊急の必要があること
③ 　本案について理由があるとき

　前述のように、義務付け訴訟は取消訴訟との併合提起が要件とされているので、結局、取消訴訟、義務付け訴訟および仮の義務付け申立ては、同時に提起されることになる。

2　事例の検討

(1)　事案の分析

　生活保護開始申請がなされると、保護実施機関は、原則として申請のあった日から14日以内に保護の要否および種類等の通知をしなければならない（生活保護24条1項・3項本文）。ただし、特別の理由がある場合には、これを30日までのばすことができる（同法24条3項ただし書）。

　本問では、保護の実施機関であるＸ市の福祉事務所所長が、Ａの生活保護開始申請に対し、1カ月以上も通知を放置している事案なので、不作為の事案にあたる（行訴3条5項）。

(2) 法的対応

保護実施機関の不作為に対しては、まず、行政不服審査を請求することができる。[5]

なお、かつては、生活保護は国家の貧困者に対する慈恵的な給付であって、貧困者の権利ではないと解されていた。かかる解釈の下では不作為に対する不服申立ても認められなかった。しかし、朝日判決（最判昭和42・5・24民集21巻5号1043頁）により保護受給権の権利性が確認された現在では、行政庁の不作為に対する不服申立ては当然認められ、生活保護法でも明文されるに至っている（生活保護64条）。

(3) 取消訴訟の提起

次に、生活保護法には、保護の「申請をしてから30日以内に通知がないときは、申請者は、保護の実施機関が申請を却下したものとみなすことができる」との、いわゆる「みなし却下規定」がある（生活保護24条4項）。そこで、本事例の場合には、不作為が30日以上続いているので、申請者が、保護実施機関が当該申請を却下したものとみなし、かかる却下処分に対し取消訴訟を提起することができる（行訴3条2項・3項）。この点、審査請求と取消訴訟の関係については、審査請求前置主義が採用されているので、原則として審査請求を先に請求することになる（行訴8条1項。生活保護法上の行政不服審査は、原則として都道府県知事に請求することになる（生活保護64条））。

(4) 行政庁への違法確認訴訟

行政庁の不作為に対しては、不作為の違法確認訴訟を提起することができる（行訴3条5項、37条）。

本事例では、保護開始決定を1カ月以上も放置していることから、処分をなすのに通常必要とする期間を経過したと考えられる。したがって、福祉事務所長の不作為は違法である。

加えて、生活保護法では、保護実施機関に対し、要保護者が急迫した状況

---

[5] 不作為に対する不服申立手段としては、上級庁に対する審査請求または処分庁に対する異議申立てのいずれも認められる（行審7条）。

第4章　第2節　生活保護

にある場合には速やかに職権をもって保護を適用しなければならないことを義務付けている（生活保護25条1項）。本事例のAは、体調不良を訴えているが病院で受診する所持金がなく、かつ、住む場所も有していない。とすれば、Aが急迫した状況にあることは明らかであることから、速やかに保護の開始決定をしなかった福祉事務所長の不作為は違法であるといえる。

以上より、Aは不作為の違法確認訴訟を提起することができる。なお、この場合、審査請求前置主義は適用されない（行訴38条4項、8条）。

(5) 義務付け訴訟

さらに、事例④-2は、Aの法令（生活保護法）に基づく申請に対して、相当の期間内に処分がなされていない事例なので、Aは義務付け訴訟を提起することができる（行訴37条の3第1項1号）。この場合、上記取消訴訟もしくは不作為違法確認訴訟との併合提起が義務付けられる（同条3項）。

また、事例④-2でのAの急迫状況に鑑みると、Aが生活保護の要件を満たしていることが明らかな事情があれば、仮の義務付けを申し立てることもできよう（行訴37条の5第1項）。この仮の義務付けの申立ては、義務付け訴訟の提起があった場合でなければできない。

(6) まとめ

以上、事例④-2において、Aのとり得る権利救済手段をひととおり検討したが、事例④-2では、「みなし却下規定」（生活保護24条4項）が適用される場面なので、審査請求をした後、みなし却下処分に対する取消訴訟と義務付け訴訟を併合提起して、これらと同時に仮の義務付けの申立てをすることが最も実効性ある権利救済となろう。なお、この場合、取消訴訟の出訴期間の制限を受けることになる（1(5)(エ)(A)参照）。

【書式26】　訴状（行政庁の処分に対する取消訴訟）

訴　状

平成22年7月30日

××地方裁判所　御中

　　　　　　　　　　　　　原告訴訟代理人弁護士　乙　川　二　郎　印

住所不明
（最後の住所）
〒000-0000　○○市県X・・・・・・
　　　　　　　　　　　原　　　告　　　A
（送達場所）
〒000-0000　○○県X市・・・・・・
　　　　　　　　　　同訴訟代理人弁護士　甲　野　太　郎
　　　　　　　　　　電話00-0000-0000　fax00-0000-0000
〒000-0000　○○県X市・・・・・・
　　　　　　　　　　　被　　　告　　　X　　　市
　　　　　　　　　　上記代表者市長　乙　川　二　郎
（処分をした行政庁）
〒000-0000　○○県X市・・・・・・
　　　　　　　　　　X市福祉事務所長　丙　山　三　郎

生活保護開始申請却下取消等請求事件
訴訟物の価格　　金1,600,000円（算定不能）
貼用印紙額　　　　　13,000円（注）

請求の趣旨

1　処分行政庁が原告に対しなした、原告の平成22年3月31日付生活保護開始申請に対するみなし却下処分を取り消す。
2　処分行政庁は、原告に対し、平成22年3月31日付で生活保護を開始し、同月から毎月末日限り金○○円及びこれらに各支払期日の翌月から支払い済みまで年5分の割合による金員を支払え。
3　訴訟費用は被告の負担とする。
との判決並びに第2及び第3項について仮執行宣言を求める。

請求の原因

第1 請求の趣旨第1項関係（処分取消しの訴え）

1 当事者

　原告は、リストラにより社宅を追われ、現在居住するところもなく、それが為に就職活動すらできない、要保護者である（生活保護法6条2項）。

2 本件申請

　原告は、生活に困窮したため、平成22年3月31日、X市福祉事務所所長に対し、生活保護法2条及び27条に基づき、生活保護開始申請をした（以下「本件申請」という）（甲1）。

3 本件処分

　処分行政庁は、本件申請から30日以上経過したにもかかわらず、原告に対し、何らの処分通知をしない。したがって、原告は、生活保護法24条4項により、行政処分庁が本件申請を却下したものとみなす（以下「本件却下処分」という）。

4 審査請求

　原告は、平成22年5月15日、本件却下処分について、行政不服審査法及び生活保護法64条に基づき、○○県知事に対し、審査請求をした（甲2）。

　しかるに、○○県知事は、審査請求申立て後、50日を経過したにもかかわらず何らの裁決をしない為、同年7月4日の経過を以て、当該審査請求を棄却したものとみなす（生活保護法65条2項）。

　従って、本件訴訟提起は、裁決後の訴訟提起である、訴訟要件（行政事件訴訟法8条1項）を満たす。

5 本件処分の違法性

(1) 原告は、失業により社宅を追われ、現在、住居を有していない。原告には助けを求める身寄りもない。就職を希望するも住居がないことから就職が決まらない。貯蓄は底を尽き日々の食事もままならない。このような劣悪な環境の中、心身の体調を崩してしまった。しかし、収入がなく国民健康保険料を滞納していることから病院で治療も受けることができないでいる。

　このように、原告は収入も生活保護費の支給もないことから、憲法25条

で謳われる健康で文化的な最低限度の生活が保障されない生活を余儀なくされている。すなわち、原告は、生活保護を受給する要件を満たしているのである。
(2) （略）
(3) （略）
(4) 以上のように、原告の本件申請に理由があるにもかかわらず、処分行政庁が本件申請を30日以上も放置し、その結果、本件却下処分となった点については、裁量権の逸脱、濫用の違法が認められる。

第2 請求の趣旨第2項関係（義務付けの訴え）
1 本書面、第1を援用する
2 裁判所による義務付けの必要性
　処分行政庁の本件申請に対する不作為及びこれに対する本件却下処分について、原告が取消訴訟により取り消したとしても、これだけでは原告の最低限度の生活が保障されない。裁判所による具体的給付の義務付けによるほかには適切な方法はない。
3 本案勝訴要件
　本件においては、……との事情が認められ、他の生活保護開始決定を受けた者あるいは処分庁の内部基準からすれば、当然に生活保護開始決定がなされて然るべき事案である。しかるに、行政庁が法定期間内に開始の決定を行わず、漫然とこれを放置し、みなし却下としたことは、平等原則に違反し、裁量権限の逸脱、濫用によるものであることは明白であって、本案勝訴要件は優に認められる（行政事件訴訟法37条の3第5項）。
4 必要な生活保護費用額
　　月額金〇〇円

第3 結論
　　よって、原告は、処分行政庁に対し、請求の趣旨記載のとおりの処分の取消し及び支払いを求める。

証拠方法

(略)

付属書類

1　甲号証写し　各1通
2　資格証明書　　1通
3　訴訟委任状　　1通

以上

(注)　ただし、民事訴訟法83条の訴訟上の救助の決定を得た場合は0円。

(樋口晴美／片野田志朗)

第5章

公益法人の設立手続・移行手続をめぐる許認可手続

第5章　公益法人の設立手続・移行手続をめぐる許認可手続

I　申請手続

1　公益認定申請

　公益目的事業を行う一般社団法人または一般財団法人は、行政庁の公益認定を受けることにより、公益社団法人または公益財団法人となることができる（公益法人4条）。公益認定の申請を受けた行政庁は、公益目的事業を行うことを主たる目的とするかどうかなど、公益認定の基準を満たすかどうかを判断することになる（同法5条各号）。

【書式27】　公益認定申請書

```
                                              ○年○月○日
    ○○県知事　甲野　太郎　殿

                            ○○法人○○○会
                            設立代表者　乙山　二郎　㊞

                    公益認定申請書

　公益社団法人及び公益財団法人の認定等に関する法律第5条に規定する公益
認定を受けたいので、同法第7条第1項の規定により、下記のとおり申請しま
す。

                        記

1　主たる事務所の所在場所
   ○○県□□市△△町1－1（注1）

2　従たる事務所の所在場所
   なし（注1）

3　公益目的事業を行う都道府県の区域
```

　　　　○○県（注2）

　　4　公益目的事業の種類及び内容
　　　　別紙2のとおり（注3）

　　5　収益事業等の内容
　　　　別紙2のとおり（注3）

（注1）　登記済みの主たる事務所と従たる事務所の所在場所を登記のとおり記載する。
（注2）　定款に記載された公益目的事業の活動区域（全国または活動している都道府県名）を記載する。
（注3）　事業計画書および収支予算書

(1)　公益目的事業

　公益目的事業とは、「学術、技芸、慈善その他の公益に関する別表各号に掲げる種類の事業であって、不特定かつ多数の者の利益の増進に寄与するもの」をいう（公益法人2条4号）。別表には、23種類の事業が掲げられている（〈表5〉参照）。

〈表5〉　公益目的事業として示されている23の事業の種類（公益法人法別表（第2条関係））

一　学術及び科学技術の振興を目的とする事業
二　文化及び芸術の振興を目的とする事業
三　障害者若しくは生活困窮者又は事故、災害若しくは犯罪による被害者の支援を目的とする事業
四　高齢者の福祉の増進を目的とする事業
五　勤労意欲のある者に対する就労の支援を目的とする事業
六　公衆衛生の向上を目的とする事業
七　児童又は青少年の健全な育成を目的とする事業
八　勤労者の福祉の向上を目的とする事業
九　教育、スポーツ等を通じて国民の心身の健全な発達に寄与し、又は豊かな

人間性を涵養することを目的とする事業
十　犯罪の防止又は治安の維持を目的とする事業
十一　事故又は災害の防止を目的とする事業
十二　人種、性別その他の事由による不当な差別又は偏見の防止及び根絶を目的とする事業
十三　思想及び良心の自由、信教の自由又は表現の自由の尊重又は擁護を目的とする事業
十四　男女共同参画社会の形成その他のより良い社会の形成の推進を目的とする事業
十五　国際相互理解の促進及び開発途上にある海外の地域に対する経済協力を目的とする事業
十六　地球環境の保全又は自然環境の保護及び整備を目的とする事業
十七　国土の利用、整備又は保全を目的とする事業
十八　国政の健全な運営の確保に資することを目的とする事業
十九　地域社会の健全な発展を目的とする事業
二十　公正かつ自由な経済活動の機会の確保及び促進並びにその活性化による国民生活の安定向上を目的とする事業
二十一　国民生活に不可欠な物資、エネルギー等の安定供給の確保を目的とする事業
二十二　一般消費者の利益の擁護又は増進を目的とする事業
二十三　前各号に掲げるもののほか、公益に関する事業として政令で定めるもの

(2)　公益認定の申請

㋐　申請先

　公益認定の申請は、申請書および必要な添付書類を行政庁に提出して行う（公益法人7条）。行政庁は、所定の区分に従い内閣総理大臣または都道府県知事である（同法3条）。

㋑　申請書の記載事項（公益法人7条1項1号～4号）

　内閣府令で定めるところにより、次の各事項について記載することとなる（【書式27】参照）が、各自治体で独自の様式を用意している場合があるので、

各自治体のホームページ等を確認するとよい。
① 名称および代表者の氏名
② 公益目的事業を行う都道府県の区域(定款に定めがある場合に限る)並びに主たる事務所および従たる事務所の所在場所
③ その行う公益目的事業の種類および内容
④ その行う収益事業等の内容

　(ウ)　添付書類(公益法人7条2項1号〜6号、公益規5条2項)

公益認定の申請にあたり、下記書類を申請書に添付する必要がある。
① 定款
② 事業計画書および収支予算書
③ 事業計画書および収支予算書に記載された予算の基礎となる事実を明らかにする書類
④ 事業を行うにあたり法令上行政機関の許認可等を必要とする場合においては、当該許認可等があったことまたはこれを受けることができることを証する書類
⑤ 公益目的事業を行うのに必要な経理的基礎を有することを明らかにする財産目録、貸借対照表およびその附属明細書
⑥ その他公益目的事業を行うのに必要な経理的基礎を有することを明らかにする書類
⑦ 役員等の報酬等の支給の基準を記載した書類
⑧ 申請法人の登記事項証明書
⑨ 理事等の氏名、生年月日および住所を記載した書類
⑩ 公益社団法人及び公益財団法人の認定等に関する法律(以下、「公益法人法」という)5条各号に掲げる基準に適合することを説明した書類
⑪ 理事等が公益法人法に定められた欠格事由のいずれにも該当しないことを説明した書類
⑫ 公益法人法に定められた欠格事由のいずれにも該当しないことを説明した書類

⑬ 滞納処分に係る国税および地方税の納税証明書
⑭ その他行政庁が必要と認める書類

(3) 公益認定の審査基準

(ア) 公益認定の基準（公益法人5条1号～18号）

　行政庁は、〈表6〉に掲げる基準に適合すると認めるとき、および不特定かつ多数の者の利益の増進に寄与する当該法人について公益認定をする。

〈表6〉 公益認定を受けるための要件（公益法人法5条各号）

一　公益目的事業を行うことを主たる目的とするものであること。
二　公益目的事業を行うのに必要な経理的基礎及び技術的能力を有するものであること。
三　その事業を行うに当たり、社員、評議員、理事、監事、使用人その他の政令で定める当該法人の関係者に対し特別の利益を与えないものであること。
四　その事業を行うに当たり、株式会社その他の営利事業を営む者又は特定の個人若しくは団体の利益を図る活動を行うものとして政令で定める者に対し、寄附その他の特別の利益を与える行為を行わないものであること。ただし、公益法人に対し、当該公益法人が行う公益目的事業のために寄附その他の特別の利益を与える行為を行う場合は、この限りでない。
五　投機的な取引、高利の融資その他の事業であって、公益法人の社会的信用を維持する上でふさわしくないものとして政令で定めるもの又は公の秩序若しくは善良の風俗を害するおそれのある事業を行わないものであること。
六　その行う公益目的事業について、当該公益目的事業に係る収入がその実施に要する適正な費用を償う額を超えないと見込まれるものであること。
七　公益目的事業以外の事業（以下「収益事業等」という。）を行う場合には、収益事業等を行うことによって公益目的事業の実施に支障を及ぼすおそれがないものであること。
八　その事業活動を行うに当たり、第15条に規定する公益目的事業比率が100分の50以上となると見込まれるものであること。
九　その事業活動を行うに当たり、第16条第2項に規定する遊休財産額が同条第一項の制限を超えないと見込まれるものであること。
十　各理事について、当該理事及びその配偶者又は3親等内の親族（これらの

者に準ずるものとして当該理事と政令で定める特別の関係がある者を含む。）である理事の合計数が理事の総数の3分の1を超えないものであること。監事についても、同様とする。

十一　他の同一の団体（公益法人又はこれに準ずるものとして政令で定めるものを除く。）の理事又は使用人である者その他これに準ずる相互に密接な関係にあるものとして政令で定める者である理事の合計数が理事の総数の3分の1を超えないものであること。監事についても、同様とする。

十二　会計監査人を置いているものであること。ただし、毎事業年度における当該法人の収益の額、費用及び損失の額その他の政令で定める勘定の額がいずれも政令で定める基準に達しない場合は、この限りでない。

十三　その理事、監事及び評議員に対する報酬等（報酬、賞与その他の職務遂行の対価として受ける財産上の利益及び退職手当をいう。以下同じ。）について、内閣府令で定めるところにより、民間事業者の役員の報酬等及び従業員の給与、当該法人の経理の状況その他の事情を考慮して、不当に高額なものとならないような支給の基準を定めているものであること。

十四　一般社団法人にあっては、次のいずれにも該当するものであること。

　イ　社員の資格の得喪に関して、当該法人の目的に照らし、不当に差別的な取扱いをする条件その他の不当な条件を付していないものであること。

　ロ　社員総会において行使できる議決権の数、議決権を行使することができる事項、議決権の行使の条件その他の社員の議決権に関する定款の定めがある場合には、その定めが次のいずれにも該当するものであること。

　　社員の議決権に関して、当該法人の目的に照らし、不当に差別的な取扱いをしないものであること。

　　社員の議決権に関して、社員が当該法人に対して提供した金銭その他の財産の価額に応じて異なる取扱いを行わないものであること。

　ハ　理事会を置いているものであること。

十五　他の団体の意思決定に関与することができる株式その他の内閣府令で定める財産を保有していないものであること。ただし、当該財産の保有によって他の団体の事業活動を実質的に支配するおそれがない場合として政令で定める場合は、この限りでない。

十六　公益目的事業を行うために不可欠な特定の財産があるときは、その旨並

> びにその維持及び処分の制限について、必要な事項を定款で定めているものであること。
> 十七　第29条第1項若しくは第2項の規定による公益認定の取消しの処分を受けた場合又は合併により法人が消滅する場合（その権利義務を承継する法人が公益法人であるときを除く。）において、公益目的取得財産残額（第30条第2項に規定する公益目的取得財産残額をいう。）があるときは、これに相当する額の財産を当該公益認定の取消しの日又は当該合併の日から1箇月以内に類似の事業を目的とする他の公益法人若しくは次に掲げる法人又は国若しくは地方公共団体に贈与する旨を定款で定めているものであること。
> 　イ　私立学校法（昭和24年法律第270号）第3条に規定する学校法人
> 　ロ　社会福祉法（昭和26年法律第45号）第22条に規定する社会福祉法人
> 　ハ　更生保護事業法（平成7年法律第86号）第2条第6項に規定する更生保護法人
> 　ニ　独立行政法人通則法（平成11年法律第103号）第2条第1項に規定する独立行政法人
> 　ホ　国立大学法人法（平成15年法律第112号）第2条第1項に規定する国立大学法人又は同条第3項に規定する大学共同利用機関法人
> 　ヘ　地方独立行政法人法（平成15年法律第118号）第2条第1項に規定する地方独立行政法人
> 　ト　その他イからヘまでに掲げる法人に準ずるものとして政令で定める法人
> 十八　清算をする場合において残余財産を類似の事業を目的とする他の公益法人若しくは前号イからトまでに掲げる法人又は国若しくは地方公共団体に帰属させる旨を定款で定めているものであること。

(イ)　欠格事由

公益認定の基準（5条各号。〈表6〉参照）に適合する場合でも、公益法人法6条1号から6号に該当する一般社団法人または一般財団法人は、公益認定を受けることができない。

(4)　公益認定の審査手続

(ア)　公益認定に関する意見聴取

行政庁は、公益認定をしようとするときは、所定の事由の区分に応じ、当

該事由の有無について、許認可等行政機関、警察庁長官等、国税庁長官等の意見を聴くものとされている（公益法人8条）。

　　(イ)　公益認定等委員会

　内閣府に、独立にその職務を行う委員（公益法人33条）からなる、公益認定等委員会がおかれ（同法32条1項）、公益認定の申請について、内閣総理大臣は、公益認定等委員会に諮問しなければならないとされている（同法43条1項1号）。

　(5)　**公益認定の効果**

　　(ア)　**名称等**

　公益認定を受けた一般社団法人または一般財団法人は、その名称中の一般社団法人または一般財団法人の文字をそれぞれ公益社団法人または公益財団法人と変更する定款の変更をしたものとみなされ（公益法人9条1項）、名称の変更の登記が必要とされる（同条2項）。

　公益社団法人または公益財団法人は、その種類に従い、その名称中に公益社団法人または公益財団法人という文字を用いなければならず（公益法人9条3項）、不正の目的をもって、他の公益社団法人または公益財団法人であると誤認されるおそれのある名称または商号を使用してはならない（同条5項）。

　　(イ)　**公益認定の公示**

　行政庁は、公益認定をしたときは、内閣府令で定めるところにより、その旨を公示する（公益法人10条）。

2 移行手続における公益認定申請

【書式28】 移行認定申請書

〇年〇月〇日

〇〇県知事　甲野　太郎　殿

〇〇法人〇〇〇会
設立代表者　乙山　二郎　㊞

移行認定申請書

　一般社団法人及び一般財団法人に関する法律及び公益社団法人及び公益財団法人の認定等に関する法律の施行に伴う関係法律の整備等に関する法律第44条の規定による認定を受けたいので、同法第103条の規定に基づき、下記のとおり申請します。

記

1　主たる事務所の所在場所
　〇〇県□□市△△町1－1（注1）

2　従たる事務所の所在場所
　なし（注1）

3　公益目的事業を行う都道府県の区域
　〇〇県（注2）

4　公益目的事業の種類及び内容
　別紙2のとおり（注3）

5　収益事業等の内容
　別紙2のとおり（注3）

```
    6  認定を受けた後の法人の名称
       ○○法人○○○会

    7  旧主務官庁の名称
       ○○県
```

(注1) 登記済みの主たる事務所と従たる事務所の所在場所を登記のとおり記載する。
(注2) 定款に記載された公益目的事業の活動区域（全国または活動している都道府県名）を記載する。
(注3) 事業計画書および収支予算書

【書式29】 公益目的支出計画（モデル例）

```
1  公益目的支出計画の策定
(1) 公益目的財産額の算定
         《貸借対照表》              《公益目的財産額及びその計算を記載した書類》

    （資産）     （負債）          （資産）        （負債）
   預金  3000万円  借入金 5000万円   預金   3000万円  借入金 5000万円
   不動産 1000万円  （純資産）        不動産※ 1億円   （純資産）
                  純資産 －1000万円                純資産 8000万円

                          ※当該評価額は時価評価したもの（簿価は1000万円）
                                     ⇒ 公益目的財産額＝8000万円

(2) 公益目的支出計画に記載する事業の決定
【移行前の事業】
① 博物館の運営〔現行の公益事業〕    赤字額＝ 800万円
 （費用） 維持管理費  1270万円    （収益） 入場料      780万円
        減価償却費   310万円
② 特産品講習会〔現行の公益事業〕    黒字額＝  30万円
 （費用） 運営費     160万円    （収益） 受講料収入    190万円
③ 会議室等の貸出〔収益事業〕       黒字額＝1500万円
 （費用） 維持管理費   900万円    （収益） 賃貸料収入   2400万円
⇒公益目的支出計画に記載する事業として**博物館の運営**を選択
```

2　公益目的支出計画の実施

《損益計算書》

（費用）			（収益）	
事業費				
	博物館の運営	1580万円	入場料	780万円
	特産品講習会	160万円	受講料収入	190万円
	会議室等の貸出	900万円	賃貸料収入	2400万円
管理費		630万円		
利　益		100万円		
計		<u>3370万円</u>	計	<u>3370万円</u>

⇒**公益目的のための支出＝800万円**
⇒**計画の実施期間＝公益目的財産額8000万円÷公益目的のための支出800万円＝10年**

※計画の実施期間中は、計画に沿って事業を実施しているか等を毎年行政庁（内閣総理大臣又は都道府県知事）に報告。計画どおり公益目的のための支出を完了すれば、行政庁からの監督は終了。

(1)　特例法人の移行手続

　旧民法の規定により設立された社団法人や財団法人は、一般社団法人及び一般財団法人に関する法律（以下、「一般法人法」という）の施行により、特例社団法人または特例財団法人（以下、「特例法人」という）となる（整備40条1項、42条1項・2項）。

　この特例法人は、5年の移行期間内に、①行政庁の公益認定を受けることにより「公益社団法人」「公益財団法人」へと移行する（整備44条）か、②行政庁の認可を受けて「一般社団法人」「一般財団法人」に移行する（同法45条）かを選択することになる。

　5年の移行期間内に、上記いずれかの認定を受けなかった特例法人は、移行期間満了の日に解散したものとみなされる（整備46条）。

　なお、特例法人は、行政庁の認可を受けるまでは、それまでの名称がそのまま利用でき、従来の主務官庁の監督が行われるとともに、従来の公益法人

と同等の税制措置が適用される。
(2) 特例法人から一般法人への移行手続
(ア) 申請手続
(A) 申請書類と申請先

申請書類は、内閣府令で定めるところにより、①名称および代表者の氏名、②主たる事務所および従たる事務所を記載した申請書を、行政庁（内閣総理大臣または都道府県知事（整備47条））に提出する（同法120条1項）。

(B) 添付書類

申請にあたっては、下記書類を添付する（整備120条2項）。

① 定款
② 認可申請法人において必要な手続を経た定款変更案
③ 公益目的財産額およびその計算を記載した内閣府令（整備規29条）で定める書類
④ 財産目録、貸借対照表その他の認可申請法人の財務内容を示す書類として内閣府令（整備規30条）で定めるもの
⑤ 必要に応じて公益目的支出計画書
⑥ その他内閣府令（整備規31条）で定める書類

(C) 公益目的支出計画書の作成

一般法人への認可を受けようとする特例法人の財産のうち公益目的事業財産については、その類似する目的のために処分しなくてはならない。これは、旧民法72条の下における公益法人としての財産であったことから、認可後も公益目的事業の財産として使用されるべきであるからである。

そのため、公益目的支出計画書（【書式29】）を作成し、旧民法法人として保有していた公益目的事業財産を公益のために適正に支出する旨を明らかにしなくてはならず（整備119条1項）、一般法人移行後も公益目的財産がゼロになるまで、毎年公益目的支出計画実施報告書を作成し、監督官庁に提出することになる（整備123条、124条、127条）。

公益目的支出計画書には、下記の事項の記載が必要である。

① 公益目的事業のための支出
② 公益法人法5条17号に規定する者に対する寄附
③ 一般社団法人及び一般財団法人に関する法律及び公益社団法人及び公益財団法人の認定等に関する法律の整備等に関する法律（以下、「整備法」という）45条の認可を受けた後も継続して行う不特定かつ多数の者の利益の増進に寄与する目的に関する事業のための支出（②に掲げるものを除く）その他の内閣府令で定める支出
④ 公益目的財産額に相当する金額から①から③の支出の額（当該支出をした事業に係る収入があるときは、内閣府令で定めるところにより、これを控除した額に限る）を控除して得た額がゼロになるまでの各事業年度ごとの同号の支出に関する計画
⑤ ④のほか、①から③の支出を確保するために必要な事項として内閣府令で定める事項

(D) 最初の評議員の認定方法（財団法人の場合）

　一般財団法人を設立するに際しては、評議員の選任について一般法人法152条1項8号によることとなるが、特例財団法人には同趣旨の規定が存在しない（整備89条2項・4項）。このため特例財団法人の場合は、最初の評議員を選任するには、旧主務官庁の認可を受けて、理事が定めることになっている（同法92条）。評議員の選任によって定款を変更することとなるが、これにあわせて、監事非設置特例財団法人の場合は、評議員会、理事会および監事をおく旨の定款変更（同法91条2項）が、監事設置特例財団法人の場合は、評議員会および理事会をおく旨の定款変更（同条3項）が必要となる。

　最初の評議員を選任するには、①特例財団法人が移行認定の申請をする前に、（新制度上の）評議員をおく方法と、②特例財団法人が、移行期間中に、（新制度上の）評議員をおかず、移行と同時に（新制度上の）評議員をおく方法がある。

　①の場合には、理事が定め、旧主務官庁の認可を受けた選任方法に従って評議員を選任することとなり、②の場合には、理事が定め、旧主務官庁の認

可を受けた選任方法に従って、評議員候補者を選任し、定款の変更の案（整備102条）に評議員候補者の氏名を「最初の評議員」として直接記載することになる。

移行認定申請の際には、最初の評議員の選任方法に係る旧主務官庁の認可書の写しを添付することが必要となる。

(ｲ) 　申請後の登記

移行の認可後2週間以内（従たる事務所の所在地においては3週間以内）に、①特例法人の解散の登記と、②一般法人の設立登記をすることになる（整備121条1項、106条1項。なお、159条1項参照）。

(3) 　特例法人から公益法人への移行手続

(ｱ) 　申請手続

特例法人から公益法人への移行にあたっては、上記1における手続のほか、申請を受けた行政庁による認定の判断の旧主務官庁への通知（整備105条）が必要となる。

(ｲ) 　添付書類

申請にあたっては、上記申請書のほか下記書類を添付する。

① 　定款（整備103条2項1号、公益法人7条2項1号）および必要な手続を経た定款変更案（整備103条2項2号）

② 　事業計画書（整備103条2項1号、公益法人7条2項2号）

③ 　収支予算書（整備103条2項1号、公益法人7条2項2号）

④ 　必要に応じて事業について行政機関の許認可等を証明する書類（整備103条2項1号、公益法人7条2項3号）

⑤ 　財産目録（整備103条2項1号、公益法人7条2項4号）

⑥ 　貸借対照表（整備103条2項1号、公益法人7条2項4号）

⑦ 　公益目的事業を行うのに必要な経済的基礎を有することを明らかにする内閣府令で定める書類（整備103条2項1号、公益法人7条2項4号、公益規5条2項）

⑧ 　役員報酬等の支給基準を記載した書類（整備103条2項1号、公益法人

7条2項5号)

⑨　その他内閣府令で定める書類（整備103条2項3号、整備規11条3項）

(ウ)　**移行認定の基準**

行政庁は、①整備法103条2項2号の定款の変更の案の内容が一般法人法および公益法人法並びにこれらに基づく命令の規定に適合するものであること、②公益法人法5条各号に掲げる基準に適合するもの、である場合に、公益法人への移行を認定する（整備100条）。

(エ)　**公益認定基準**

上記1(3)(ア)と同様である。

(オ)　**欠格事由**

公益法人法6条1号から6号に該当する欠格事由のほか、整備法95条に基づく旧主務官庁の監督上の命令に違反している特例法人は、公益認定を受けることができない（整備101条）。

(カ)　**定款変更案**

特例法人から公益法人への移行にあたっての公益認定申請においては、添付書類として定款変更案（整備103条2項2号）が求められる。これは、旧民法下において公益認定を受けた定款を公益法人法に対応させる必要があるからである。よって、公益法人法5条に定められる公益認定の基準を満たす定款に改める必要がある。

(キ)　**最初の評議員の認定方法（財団法人の場合）**

財団法人の場合には、最初の評議員の認定が必要となるが、これは、上記(2)(ア)(D)と同様である。

II　法的問題点

1　公益法人制度改革による新制度への移行とその内容

(1)　新しい社団法人・財団法人制度

㋐　旧公益法人制度

　公益法人とは、民法制定の明治29年から100年以上もの間存続してきた制度で、改正前民法34条に基づき主務官庁の「許可」を得て設立され、学術、技芸、慈善、祭祀、宗教その他公益に関する事業を行い、非営利を目的とする社団法人と財団法人を指す（以下、これらを総称して「旧公益法人」という）。平成18年10月1日現在で、2万4893の旧公益法人が存在していた（総務省「公益法人に関する年次報告概要〔平成19年度〕」1頁参照）。

　すなわち、改正前民法においては、公益を目的とする社団または財団のみが、主務官庁の許可によって法人格を取得できることとなっており、法人格の取得と公益性の判断は不即不離の関係にあったといえる（総務省「平成19年度　公益法人に関する年次報告概要」1頁参照）。

㋑　旧公益法人制度の問題点

　もっとも、旧公益法人については、以下のような問題点があった。
① 　主務官庁の許可主義によって法人格の取得と公益性の判断が一体となっていたため、法人設立が簡便ではなかった。
② 　公益性判断を時代に即して柔軟に見直すしくみがなく、また公益性の判断基準自体が不明確であった。
③ 　公益性を失い営利事業を営んでいる法人であっても、公益法人として存続していた。

㋒　新しい社団法人・財団法人制度の制定と特色

　そこで、平成12年の行政改革大綱により、国から検査・認定・資格付与等の委託や推薦を受けている公益法人の見直しが始まったことを皮切りに、政

府が「簡素で効率的な政府を実現するため」の行政改革の1つとして公益法人制度改革を位置づけることとなった。この改革においては、「官から民へ」のスローガンの下、民間の団体に公の活動の一部を代わって担わせることが企図されていた。

そうした流れを受けて制定されたのが新しい社団法人・財団法人制度である。同制度では、大きく分けて2つの改正がなされた。

① 許可主義から準則主義へ

　旧公益法人は、主務官庁の「許可」がなければ設立できないこととなっていたが、そのような許可主義を改め、法人格の取得と公益性の判断を区別することとし、公益性の有無にかかわらず、登記によって法人設立が可能となった（許可主義から準則主義への転換）。

② 主務官庁制の見直し

　各官庁が裁量により公益法人の設立許可等を行う主務官庁制を大幅に見直し、民間有識者からなる委員会（公益認定等委員会の名称で内閣府に設置される）の意見に基づき、一般的な非営利法人について目的、事業等の公益性を判断するしくみとした。

そして、関係法令として、

　ⓐ　一般法人法

　ⓑ　公益法人法

　ⓒ　整備法

が平成18年6月2日に公布され、平成20年12月1日から施行された。

　(エ)　**新しい社団法人・財団法人制度の概要**

(A)　2つの法人制度

新制度においては、大別して2つの法人が認められている。

第1は、公益性の有無にかかわらず、準則主義（一般法人22条、163条）により、登記のみによって簡便に設立できる一般社団法人と一般財団法人である。

第2は、上記一般社団法人・一般財団法人の中から、申請に基づいて、内

閣総理大臣または都道府県知事が、公益認定の基準を満たしているかどうかを判断する公益社団法人と公益財団法人である。

(B)　旧公益法人の取扱い

新制度施行時点で存在している旧公益法人については、平成20年12月1日の一般法人法、公益法人法施行から5年間を移行期間として、公益社団法人・公益財団法人への移行の認定の申請をするか（整備法44条）、または一般社団法人・一般財団法人への移行の認可の申請をしなくてはならない（同法45条）。移行期間中に申請をしなかった法人は、移行期間満了の日に解散したものとみなされるので注意が必要である（同法46条1項本文）。

旧公益法人は、移行期間中には、一般法人法の規定による一般社団法人または一般財団法人として存続する（整備40条第1項）。もっとも、法律上の呼称は、一般社団法人・一般財団法人と区別するため、特例社団法人または特例財団法人となる（同法42条1項）。

2　新しい公益法人制度

(1)　公益認定とは

一般社団（財団）法人のうち、公益目的事業を行うものは、行政庁の認定（公益認定）を受けることができる（公益法人4条）。行政庁は「公益目的事業を行うことを主たる目的とするものであること」（公益法人5条1号）など、〈表6〉に掲げる公益法人5条1号ないし18号に定める基準にいずれも適合すると認めるときは、当該法人について公益認定をしなければならず、行政庁の裁量の範囲は非常に狭くなっている（公益法人5条柱書）。

公益認定の具体的運用に関しては、平成20年4月11日に内閣府公益認定等委員会より出された「公益認定等に関する運用について（公益認定等ガイドライン）」〈http://www.j-smeca.jp/attach/koueki/gaidorain001%20080520.pdf〉（以下、「ガイドライン」という）に運用基準が示されており、今後の実務もこれに従って運用されていくものと思われる（ガイドラインは行政手続法5条を受けて制定されているものである）。なお、公益目的事業に該当するかどうか

の判断基準については、後記の想定紛争事例の解説を参照されたい。

(2) 公益認定の効果

公益認定を受けた一般社団（財団）法人は、その種類に従い、公益社団（財団）法人という名称を付すことになるので（公益法人9条3項）、公益法人という名称によって社会的信用を得やすくなる。また、税制上、公益社団（財団）法人は優遇措置を受けることができる（同法58条）。

一方、公益法人は、ガバナンス（理事会設置（公益法人5条14号ハ）、一定の要件の下での会計監査人の設置（同法5条12号）等）および情報開示の強化（財産目録等の提出および公開（同法22条）等）が求められるうえ、行政庁の監督対象となり（同法27条～31条）、場合によっては公益認定を取り消される可能性もある（同法29条1項・2項）。公益法人法が平成20年12月1日に施行されて時間があまり経っていないことから、現在のところ、公益認定の取消事例は存在しないが、今後、行政庁の命令に従わなかった公益社団（財団）法人等について、公益認定取消処分が下される可能性はあるといえよう（同条1項3号、28条3項）。

(3) 公益認定等委員会

新制度の下での特徴的組織が公益認定等委員会である。

同委員会は、内閣府に属し（公益法人32条）、一定の場合に内閣総理大臣から諮問を受け（同法43条）、その諮問に対する答申を行い（同法44条参照）、また、一定の場合に、勧告・命令・公益認定取消し等の措置をとることについて内閣総理大臣に勧告することができる（同法46条1項）。

公益認定申請に対する処分を行う際には、原則として公益認定等委員会の諮問を受けなければならない（公益法人43条1項1号）。

同委員会のような組織が設けられた趣旨は、公益性に関する専門的知見を有する合議制の第三者機関が公益認定、監督処分等の手続に関与するしくみを設けることで、内閣総理大臣の知見を補完し、実態に即した適切な判断を行い、かつ、各省庁の意向に左右されることなく適切に裁量を行使することにより、内閣総理大臣が行う公益認定、監督処分等の客観性、透明性を担保

し、公益認定制度に対する信頼性を確保するという点にある（新公益法人制度研究会編『一問一答公益法人関連三法』225頁）。

3　新公益法人制度の下で想定される紛争事例とその処理

　上記のとおり、新公益法人制度は施行から間もないため、具体的な紛争は生じていないところではあるが、今後、紛争が生じ得る分野である。そこで、以下では想定される紛争事例を設定したうえ、そのような場合に考えられる争訟手段と争い方について検討することとする。

(1)　想定紛争事例

《事例⑤-1》

　Aは、大学を卒業して日本有数の総合商社に勤めて20年になるが、商社という職業柄、多くの職業の人とのつながりがある。Aは大学3年生の就職活動の際に、商社という職業の内容について初めて知ったものであるが、今では、もっと以前より商社のことを知り、勉強しておけばよかったとの後悔を抱いている。

　そこで、Aは、自分のそうした後悔を現代の若者に伝えるべく、半年ほど前から、仕事のかたわら、仲間数人とともに、以下のような社会貢献事業を行ってきた。

　それは、さまざまな職業の詳細・実情を高校生に伝えることで、高校生のうちから自分の将来について具体的に考えてもらい、ひいては自己啓発を促進することを目的として、「キャリア体験授業」と称して、さまざまな業種の職業についての授業（具体的には、ある業界に精通した講師が高校生に対して当該業界の話をしたり、当該業界の会社その他の団体を高校生が訪問したりするといった授業）を実施する、というものである。

　Aらは、団体の形態としては、平成20年12月1日に施行された一般法人法に基づく一般社団法人の形をとり、「一般社団法人キャリア教育センター」との名称を称してきた。

　そうした中で、今般、公益性を世間一般にアピールし、税制上の優遇

措置も受けられる公益法人法上の公益社団法人となるべく、行政庁たる内閣総理大臣に対して、同法上の公益認定申請（公益法人4条）を行った。

Aは申請にあたり、公益法人法7条1項に従い申請書を作成し、同条2項に従い添付書類を添付して申請を行った。

【ケースA】

しかし、Aが申請書に必要な添付書類を添えて行政庁の窓口に提出に赴いたところ、窓口担当者は、「とりあえず受け取るが、事業の内容が明確でないのでまだ受理したとはいえない」と言って申請書を正式に受理してくれなかった。この場合、Aはいかなる争訟手段をとることができるか。

【ケースB】

ケースAと異なり、担当者は申請書を受理してくれたが、内閣総理大臣からは事業の内容が公益目的事業（公益法人2条4号）に該当しないという理由で、公益不認定処分が下された(注)。

Aとしては、上記不認定処分に対し不満をもち、ぜひ「キャリア教育センター」を公益社団法人にしたいと考えている。上記不認定処分に対する争訟手段および争い方としてはどのようなものが考えられるか。

(注)　平成21年9月18日現在、不認定処分が下されたことはないので、上記例はあくまで想定事例であるが、今後は、法人が事業の内容等からみて個別の認定基準を満たさないことを理由とする不認定処分が出てくることもあり得る。平成21年9月18日、公益認定等委員会事務局「公益認定等委員会だより（その1）」3頁参照。

(2)　ケースAの場合（考えられる争訟手段）

⑺　行政庁の審査応答義務

事例⑤-1におけるAの申請は、公益法人法7条に基づくものであり、行政庁たる内閣総理大臣には応答義務があるから、行政手続法第2章「申請に対する処分」が適用される（行手2条3号）。

したがって、行政庁は、申請がその事務所に到達したときは遅滞なく当該申請の審査を開始しなければならず、かつ、法令に定められた申請の形式上の要件に適合しない申請については速やかに申請者に対し相当の期間を定めて当該申請の補正を求め、または当該申請により求められた許認可等を拒否しなければならない（行手 7 条。この審査応答義務は申請権がある限りいわば当然のことではある。しかし、わが国の行政運営においては、ときに行政指導に相手方が従わない場合に、申請の受理を拒否したり、申請書を返戻したりする等が行われ、これによって、申請の審査が遅らされて相手方が損害を被ることがあった。審査応答義務はかかる行政運営を排除するために確認的に規定されていると同時に、形式要件不適合に際しての行政庁の措置義務を定めたものである。塩野宏『行政法Ⅰ〔第 5 版〕』294 頁）。

申請に対する審査応答義務違反に関しては、直ちにこれを直接攻撃する方法はないが、この義務が存在すること、つまり、申請に対する審査要求権が申請者にあることから、受理拒否、返戻等の行政庁の行為はこれを無視して、不作為の違法の期間の算定は申請の到達時から起算されることとなる（塩野・前掲297頁）。

実務的には、Ａとしては、下記(イ)ないし(エ)のような法的手続に出る前に、行政手続法 7 条の規定を持ち出して、行政庁にあてて書面により応答を請求することが適当である。行政庁が、書面による請求をあえて無視して何らの応答もしないことは通常考えられず、不必要な訴え等の提起に至らずに済むことがある（日本弁護士連合会行政訴訟センター編『書式 行政訴訟の実務』219頁）。

(イ) **不作為に対する異議申立て**

Ａが上記(ア)で述べた書面による申入れをしたにもかかわらず、行政庁が所定の標準処理期間（行政手続法 6 条により、行政庁は標準処理期間を定める努力義務がある）もしくはこれが定められていない場合には通常要すべき標準的な期間が経過しても、行政庁が何らの応答もしない場合には、Ａは「相当の期間」が経過したとして、行政不服申立てとして、不作為についての異

議申立てをすることができる[1]（行審7条）。

　(ウ)　**不作為の違法確認の訴えと国家賠償請求**

　また、(イ)の場合には、Ａは不作為の違法確認の訴えを提起することもできる（【書式30】参照。行訴3条5項。行政手続法第6条に定める「標準処理期間」を経過したからといって、その経過が直ちに不作為の違法を構成するものではないが、裁判所の判断における1つの考慮要素とはなる。塩野・前掲294頁参照）。Ａが行政不服審査法上の異議申立てをするか、行政事件訴訟法上の不作為の違法確認の訴えを先に提起するかは、Ａの自由であるし、両方同時に行っても問題ない（自由選択主義。行訴38条4項、8条1項本文）。

　さらに、不作為によって公益認定処分が遅延したことによる国家賠償法1条1項に基づく損害賠償請求訴訟を提起することもできる（不作為が違法である場合に、その違法が直ちに国家賠償法における違法にあたるかという点について、判例は「不作為の違法とは処分をすべき行政手続上の作為義務に違反していることを確認する」ものであって、これが直ちに不法行為によって侵害される「法的利益に向けた作為義務」を意味するものではないとし、「客観的に処分庁がその処分のために手続上必要と考えられる期間内に処分できなかったことだけでは足りず、その期間に比してさらに長期間にわたり遅延が続き、かつ、その間、処分庁として通常期待される努力によって遅延を解消できたのに、これを回避するための努力を尽くさなかったことが必要である」としている（最判平成3・4・26民集45巻4号653頁））。

　なお、不作為の違法確認の訴えの係属中に、申請に対する何らかの処分がなされ不作為状態が解消された場合には、訴えの利益が失われ、訴訟要件を欠くとして却下されることになる（日本弁護士連合会行政訴訟センター・前掲221頁）。この場合、不作為の違法確認の訴えを処分の遅延に基づく損害賠償請求に交換的に変更することができる（行訴38条1項、21条1項）。

---

[1]　不作為に対する不服申立手段としては、上級庁に対する審査請求または処分庁に対する異議申立てのいずれも認められるが（行審7条）、事例⑤-1の場合、不作為庁は内閣総理大臣であり、直近上級行政庁が存在しないため、異議申立てのみ認められる。

【書式30】 訴状（ケースAの場合の不作為の違法確認の訴え）

訴　　　状

平成○年○月○日

××地方裁判所　御中

　　　　　　原告訴訟代理人弁護士　乙　川　二　郎　印
　　　　〒00-0000　○○県○○市○町○丁目○番○号
　　　　　原　　　　　告　一般社団法人キャリア教育センター
　　　　　上記代表者代表理事　甲　野　太　郎
　　　（送達場所）
　　　　〒00-0000　○○県○○市○町○丁目○番○号
　　　　　○○法律事務所　電話00-0000-0000　fax 00-0000-0000
　　　　　同訴訟代理人弁護士　乙　川　二　郎
　　　　〒00-0000　東京都千代田区霞が関1丁目1番1号
　　　　　被　　　　　告　国
　　　　　上　記　代　表　者　法務大臣　丙　山　三　郎
　　　（処分をした行政庁）
　　　　　内　閣　総　理　大　臣　戌　木　四　郎

不作為の違法確認の訴え

請求の趣旨

1　原告が平成○年○月○日付でなした公益認定申請について、内閣総理大臣が何らの処分をしないことが違法であることを確認する。
2　訴訟費用は被告の負担とする。
との判決を求める。

請求の原因

1　（当事者）
　　原告は、主に中学生及び高校生を対象とした職業教育事業を実施すること

第5章　公益法人の設立手続・移行手続をめぐる許認可手続

を目的とした一般社団法人である。（＊定款記載の目的を記載）
　　内閣総理大臣は、公益社団法人及び公益財団法人の認定等に関する法律（以下「公益認定法」という。）に基づき、一般社団法人及び一般財団法人の公益認定をなす権限を有するものである（公益認定法第4条、第3条第2号）。
2　（本件申請と申請書の不受理）
　　原告は、平成○年○月○日に設立され、○○県下の高等学校の生徒に対し、「キャリア体験授業」と称して、多種多様な職種についての授業を実施してきた。授業の具体的な内容は、ある職種の第一線で活躍する者を講師として、その者の体験を生徒に講演して聞かせたり、業界をリードする代表的な企業の事務所や工場を見学したりする、といったものである。
　　原告は、現在まで、計○校の高等学校において、計○回の授業を行ってきた。
　　今般、原告は、公益認定を受けるべく、内閣総理大臣に対し、平成○年○月○日、公益認定法に基づく公益認定の申請書（以下「本件申請書」という。）を提出し、公益認定を申請した。
　　しかしながら、原告代表理事であるAが本件申請書を○○県の受付窓口に提出した際、窓口担当者は、「事業の内容が明確でないので、まだ受理したとはいえない。」として、本件申請書を受け取るだけで、正式に受理しなかった。
3　（本件不作為）
　　そうして、原告が本件申請書を提出した平成○年○月○日以降、○○県知事が事務処理をするに相当な期間が経過したにもかかわらず、内閣総理大臣は、本件申請書を正式に受理せず、行政処分を留保しているものである。
　　かかる内閣総理大臣の不作為は明らかに違法である。
4　よって、請求の趣旨記載の判決を求めるため、本件訴えに及んだ。

証拠方法

　　　　甲第1号証　本件申請書及び添付書類
（以下略）

```
              附属書類
        1  甲号証写し    各2通
        2  証拠説明書    2通
        3  資格証明書    1通
        4  訴訟委任状    1通
                                            以上
```

(エ) 義務付けの訴え

　不作為の違法確認の訴えを認容する判決は行政庁を拘束するから（行訴38条1項、33条1項）、そのような判決が出た場合には、当該行政庁には何らかの応答義務が法律上生じるといえる。

　しかし、違法を確認するだけでは、認定処分が下されたのと同じ効果を得られず、救済として不十分な場合がある。

　そこで、Aとしては、直ちに認定処分を受けるべく、義務付けの訴えを提起することも考えられる。

　事例⑤-1の場合、行政庁が申請に対し処分を下していないのであるから、いわゆる「申請型」の義務付けの訴えを提起することになる（行訴3条6項2号、37条の3第1項1号）。

　義務付けの訴えは、不作為の違法確認の訴えと併合提起しなければならず（行訴37条の3第3項1号）、弁論および判決は原則として分離してなすことができない（同条4項）。

　また、義務付けの訴えの本案勝訴要件は、不作為の違法確認の訴えに係る請求に理由があると認められることのほか、以下のように比較的厳格な要件が必要である（行訴37条の3第5項）。

　① 当該義務付けの訴えに係る処分につき、行政庁がその処分をすべきであることがその処分の根拠となる法令の規定から明らかであると認められること

または

② 行政庁がその処分をしないことがその裁量権の範囲を超えもしくはその濫用となると認められること

(オ) **各手段の比較**

不作為に対する異議申立てのような行政上の不服申立てのメリットとしては、

① 簡易迅速な手続で行うことができること
② 行政部内の自己統制であることから、適法・違法の問題だけでなく、当・不当の問題に踏み込んで判断してもらえること

があげられ、一方、デメリットとしては、

① 行政上の不服申立てにおいては、判断機関が行政機関であることから、裁判所に比べると第三者性が弱く、公平の観点からの信頼性は裁判所よりも劣ること
② 事実認定については裁判所ほど厳格なルールによらないので事実の解明について限度があること

があげられる。行政訴訟（不作為の違法確認の訴え、義務付け訴訟）についてはこれと逆のメリット・デメリットがあるといえる（塩野宏『行政法Ⅱ〔第5版〕』9頁）。

そして、行政訴訟の中でも、義務付け訴訟は認容された場合の効果がより直接的であるというメリットがある一方、本案勝訴要件が比較的厳格であるというデメリットがある。逆に不作為の違法確認の訴えは、本案勝訴要件は比較的厳格ではないというメリットがある一方、認容された場合の効果が確認にとどまるというデメリットがある（西川知一郎編『行政関係訴訟』19頁）。

法的手続に出る場合には、各手段のメリット・デメリットを考えたうえで、適切な手段を選択することが必要である。

(3) **ケースBの場合**

(ア) **考えられる争訟手段**

(A) 処分性

前記2(1)で述べたとおり、公益認定を受けるためには、行政庁の認定処分

が必要であるが、ケースBにおける不認定処分は、「公権力の主体たる国または公共団体が行う行為のうち、その行為によって、直接国民の権利義務を形成しまたはその範囲を確定することが法律上認められている」(最判昭和39・10・29民集18巻8号1809頁)といえるので、行政処分に該当する(行訴3条2項参照)。

(B) 不認定処分に対する異議申立て

まず、Aとしては、内閣総理大臣に対して行政不服審査法に基づく異議申立て(行審6条1号)を行うことができる。この場合、異議申立ては、処分があったことを知った日の翌日から起算して60日以内に行わければならない(同法45条)。

なお、前記のとおり、内閣総理大臣は、Aの異議申立てに対する決定を行おうとする場合には、原則として公益認定等委員会に諮問しなければならない(公益法人43条3項)。

(C) 不認定処分の取消訴訟

次に、Aとしては、不認定処分の取消訴訟(行訴3条2項)を提起することもできる。この場合、正当な理由がない限り、処分があったことを知った日(最判昭和27・11・20民集6巻10号1038頁は、「当該処分が処分の相手方の了知し得る状態におかれたことだけでは足りず、相手方において現実に了知することを要する」と判示している)から6カ月以内、処分の日から1年以内に取消訴訟を提起しなければならない(同法14条1項・2項)。

ケースAの場合と同様、Aが行政不服審査法上の異議申立てをするか、行政事件訴訟法上の取消訴訟を先に提起するかは、Aの自由であるし、両方同時に行っても問題ない(自由選択主義。行訴8条1項本文。同条項の「審査請求」の意義につき同法3条3項参照)。ただし、処分についての異議申立てを先にした場合には、原処分または異議申立てに対する決定を対象とする取消訴訟は、異議申立てに対する決定のあったことを知った時から6カ月の経過または当該決定の日から1年の経過をもって出訴期間が徒過することになる(行訴14条3項。同条項の「審査請求」「裁決」の意義につき同法3条3項参

照。適法な手続で救済を求めている間に当該原処分等の取消訴訟の出訴期間が進行することは、訴訟による救済の機会を不当に奪うものである、との配慮に基づく。日本弁護士連合会行政訴訟センター・前掲128頁）。

(D) 義務付けの訴え

また、Aとしては、取消訴訟にとどまらず、より直接的な効果をもたらす義務付け訴訟を提起することも考えられる。この場合、ケースAの場合と同様比較的厳格な勝訴要件が求められており、取消訴訟との併合提起が必要である（行訴3条6項2号、37条の3第1項2号・3項2号・4項・5項）。

(E) 各手段の比較

ケースAで述べたことと同じことがいえる。

(ｲ) **争い方**

事例⑤-1では、公益不認定処分の理由は、事業の内容が公益目的事業（公益法人2条4号）に該当しないというものであるから、法的手続においては、公益目的事業に該当すると主張して争っていくこととなる。

(A) 公益目的事業の意義

公益目的事業とは、①学術、技芸、慈善その他の公益に関する〈表5〉に掲げる種類の事業であって、②不特定かつ多数の者の利益の増進に寄与するものをいう（公益法人2条4号）。

(B) 本件事業が①学術、技芸、慈善その他の公益に関する〈表5〉記載の事業に該当するかどうか

事例⑤-1では、Aは「キャリア教育事業」と称して、高校生に対して、さまざまな業種の職業について話をする事業を行っているのであるから、「一般社団法人キャリア教育センター」の事業は〈表5〉の第9号の「教育、スポーツ等を通じて国民の心身の健全な発達に寄与し、又は豊かな人間性を涵養することを目的とする事業」に該当することになる。

仮にAが申請書において、このような事業に該当することを明確にできておらず、それがゆえに事業の内容が公益目的事業と判断されずに不認定処分を受けたのであれば、法的手続の中で、上記事業に該当することを明確に

主張していく必要がある。

　もっとも、実務上は、行政庁のほうから、申請書に関する照会などが入り、不認定処分を受ける前に上記の点は補正される場合が多いであろう。

(C)　事例⑤-1における事業が②不特定かつ多数の者の利益の増進に寄与するかどうか

　上記のように、申請書においては、補正などの活用により、いずれの公益事業に該当するかは明らかである場合が多いであろうから、現実の紛争としては、Ａが行う事業が不特定かつ多数の者の利益の増進に寄与しないことを根拠に、公益目的事業に該当しないと判断され、不認定処分が下されたというケースが多いと思われる。このような場合、Ａとしては、不特定かつ多数の者の利益の増進に寄与するかどうかの判断基準を頭に入れたうえ、争うのが肝要である。

　(a)　不特定かつ多数の者の利益の増進に寄与するかどうかの判断基準

　ある事業が不特定かつ多数の者の利益の増進に寄与するかどうかについて、法律上明確な判断基準が示されているわけではないが、今後の実務上参考になるものとして、前記ガイドライン中の「【参考】公益目的事業のチェックポイントについて」（以下、「チェックポイント」という）がある。

　ガイドラインのチェックポイントにおいては、典型的な事業区分ごとに、「不特定かつ多数の者の利益の増進に寄与するかどうか」の認定にあたっての留意点を示すとともに、非典型的な事業に関しても一般的な留意点が示されている。

　事例⑤-1でＡが行っている事業については、ガイドラインのチェックポイント「(4)体験活動等」に該当すると考えられ、同事業については、以下の3点がチェックポイントとして示されている。

①　当該体験活動等が不特定多数の者の利益の増進に寄与することを主たる目的として位置づけ、適当な方法で明らかにしているか。

②　公益目的として設定されたテーマを実現するためのプログラムになっているか（たとえば、テーマで謳っている公的目的と異なり、業界団体の販

売促進や共同宣伝になっていないか)。
　③　体験活動に専門家が適切に関与しているか。
　(b)　事例⑤-1における事業が不特定かつ多数の者の利益の増進に寄与することの争い方

　事例⑤-1における事業においては、内閣総理大臣の諮問機関である公益認定等委員会（公益法人32条1項、43条1項1号）において、前記①ないし③のチェックポイントを基礎に、Ａの事業が不特定かつ多数の者の利益の増進に寄与しないと判断され、内閣総理大臣もそれに従い不認定処分を下したと考えられる。したがって、不服申立てにあたっては、前記①ないし③のチェックポイントを参考にして争うことになる（この点について参考となる文献として、福島達也『新公益法人になるための公益認定完全ガイド』54頁）。

　具体的には、①に関しては、公益目的として、「高校生の段階からの職業意識の醸成、ひいては早期からの自己啓発」といった公益目的を掲げ、それをホームページやパンフレット等で外部に明らかにしている、といった事実を主張する必要がある。証拠としては、ホームページやパンフレット、プレゼンテーション資料などが考えられる。

　次に②に関しては、体験授業においては、ある一企業の職業のみを学ぶというものではなく、その職種全体の理解を深めるため競合他社の状況についても並行して教えていること、また、当該職業の利点だけでなく欠点についても教示し、いたずらに特定の職種への就職をよびかけていないこと、といった事実を主張していくことになる。授業に参加するための費用をとっている場合には、その額が同種の営利事業と比べて低廉であるといったことも主張する必要があろう。証拠としては、授業のプレゼンテーション資料、授業後のアンケート、同種事業の料金が明らかとなる資料、当該授業の料金が明らかとなる資料などが考えられる。

　最後に、③に関しては、体験授業の講師となる者が当該業界での専門的経験を十分に積んでいること、同人が専門的資格を有していること、授業内容について当該業界の熟練者の意見が十分に反映されていること、といった事

実を主張していくことになろう。証拠としては、講師の履歴書、経歴書、資格証明書類などが考えられる。

(4) 実務上の対応

事例⑤-1におけるケースBでは、不認定処分に対して、法的な争訟手段を行使するケースを想定したが、実務上は、不認定処分が下る前に、申請内容の確認のため、さまざまな照会や追加資料の提出を求められることになる（行政手続法7条においては補正を求める場合があることが明記されている）。申請者としては、行政庁からそうした要請があった際に適切な対応をとれば、突然予期せずに不認定処分が下るというケースはあまり生じないであろう。

なお、特定の認定基準への適合性が問題となる案件の場合、当該一般社団（財団）法人が自主的に事業の内容等を変更した結果、問題なく認定基準に適合すると認められた例（具体的には、資格付与を行う事業について、従前は対象者を会員および会員施設の勤務者等に限定していたが、これを見直して会員等に限定を行わないこととしたことにより、問題なく公益目的事業と認められたケース）があるようである（公益認定等委員会事務局・前掲3頁参照）。

4　非営利活動法人と公益社団（財団）法人

公益社団（財団）法人と類似したものとして、非営利活動法人（NPO法人）がある。

【書式31】 NPO法人設立認証申請書

〇年〇月〇日

〇〇県知事　甲野　太郎　殿

申請者　〒〇〇—〇〇〇〇
住　所　〇〇県□□市△△町1—1
氏　名　乙山　二郎　㊞
電話番号　00—123—4567
FAX番号　00—123—4568

特定非営利活動法人設立認証申請書

　特定非営利活動促進法第10条第1項の規定により、下記のとおり特定非営利活動法人を設立することについて認証を受けたいので、申請します。

記

1　（フリガナ）特定非営利活動法人の名称	特定非営利活動法人〇〇〇〇
2　（フリガナ）特定非営利活動法人の代表者の氏名	オツヤマ　ジ　ロウ 乙　山　次　郎
3　主たる事務所の所在地	〒〇〇—〇〇〇〇 住　所　〇〇県□□市△△町1—1 電話番号　00(123)4567　FAX番号　00(123)4568
4　定款に記載された目的	この法人は、〇〇〇〇〇という現状を踏まえ、〇〇〇〇〇という見地から〇〇〇〇の実現に寄与することを目的とする。

(1)　NPO法人制度創設の目的

　昨今においては、社会のさまざまな分野において、ボランティア活動をはじめとした民間の非営利団体による社会貢献活動が活発化し、その重要性が

認識されている。

これら団体の中には、法人格をもたない任意団体として活動しているところも多数ある。そのような場合、銀行口座の開設、事務所の賃借、不動産登記等の場面で、団体の名で法律行為を行うことができないといった不都合が生じる。

NPO法人制度は、上記のような団体が簡易な手続で法人格を取得する道を開くための法人格付与制度である（特定非営利活動促進法（以下、「NPO法」という）第1条参照）。

(2) NPO法人とは

NPO法人とは、特定非営利活動を行うことを主たる目的とし、NPO法2条2項各号に該当する団体であって、同法の定めるところにより設立された法人を指す（NPO 2条2項）。ここで、「特定非営利活動」とは、〈表7〉に掲げる活動に該当する活動であって、不特定かつ多数のものの利益の増進に寄与することを目的とするものをいう（NPO 2条1項）。内閣府によれば、特定非営利活動は、単なる例示ではなく、限定列挙であるが、〈表7〉の各項目の解釈・運用にあたっては、できる限り広く解釈・運用されることが期待され、これに該当するか否かは、法人が行う個別事例の具体的な内容に基づいて所轄庁が判断するとのことである（内閣府NPOホームページ「特定非営利活動促進法FAQ（回答一覧）」Q12〈http://www.npo-homepage.go.jp/about/new_npo/doc_faq_2.html〉）。

〈表7〉　特定非営利活動に該当する活動（NPO法別表（第2条関係））

一　保健、医療又は福祉の増進を図る活動
二　社会教育の推進を図る活動
三　まちづくりの推進を図る活動
四　学術、文化、芸術又はスポーツの振興を図る活動
五　環境の保全を図る活動
六　災害救援活動
七　地域安全活動

> 八　人権の擁護又は平和の推進を図る活動
> 九　国際協力の活動
> 十　男女共同参画社会の形成の促進を図る活動
> 十一　子どもの健全育成を図る活動
> 十二　情報化社会の発展を図る活動
> 十三　科学技術の振興を図る活動
> 十四　経済活動の活性化を図る活動
> 十五　職業能力の開発又は雇用機会の拡充を支援する活動
> 十六　消費者の保護を図る活動
> 十七　前各号に掲げる活動を行う団体の運営又は活動に関する連絡、助言又は援助の活動

　ある団体がNPO法人となるためには、所轄庁（NPO9条）から設立の認証を受け（同法10条1項）、設立の登記をする必要がある（同法13条1項）。
　この点は、準則主義により認証を要しない一般社団（財団）法人と異なる。

(3) 公益社団（財団）法人とNPO法人の比較

　ある社会貢献事業を営む団体が、法人化をめざす場合、選択肢としては、一般社団（財団）法人、公益社団（財団）法人、NPO法人があるということになるが、当該団体の活動の内容に照らして、法人の種類を選択していくことになり、一概にどの法人形態が望ましいということはいえない。
　一般にNPO法人を設立するメリットは、
① 所轄庁の認証を受けることにより一定の社会的信用を得ることができる（NPO10条1項）
② 設立手続は所轄庁の認証後に登記をするものであるから比較的容易（NPO13条1項）
③ 収益事業に課税される以外は原則として非課税（NPO46条1項、法人税法2条6号、7条）
④ 社会貢献活動を行っているというプラスのイメージがある

といった点があげられ、一方デメリットとしては、

① 所轄庁の監督を受ける（NPO41条〜43条の3）
② 情報公開のために一定の書類を所轄庁に提出する必要がある（NPO10条、29条等）
③ 所轄庁の認証を受ける必要があるために、一般社団（財団）法人の設立と比較して設立期間が長い
④ 常に公益のための活動を行わなければならない

といった点があげられる（小町谷育子ほか『Q&A 一般法人法・公益法人法解説』11頁）。

一方、公益社団（財団）法人のメリットは、

・税制の優遇措置がある（公益法人58条）

という点があるが、デメリットとして、

① 同一団体役員の制限がある（公益法人5条11号）
② 公益性の認定基準をクリアすることが難しい（公益法人5条各号。〈表6〉参照）
③ 行政庁の監督が厳しい（公益法人27条〜31条）
④ 情報開示を求められる度合いが強い（公益法人21条1項等）

という点があげられる。

たとえば、規模が小さく、情報開示や監督措置の負担をせずに活動したい場合にはNPO法人を選択することになるし、規模が大きく、寄附金が収入の大半を占める団体であれば、公益社団（財団）法人を選択するということになる（もちろん、公益社団（財団）法人を選択する場合には、前提として一般社団（財団）法人を設立しておかねばならない）。

結局、当該団体の趣旨、目的、収支の状況や今後の展望などを踏まえて個別事案に即して法人の形態を選択していくことになるが、法律上のメリット・デメリットを精緻に比較する必要がある場合には、専門家に相談するなどして満足のいく法人形態を模索することが必要になろう。

（鬼頭政人）

第6章

外国人をめぐる許認可手続

第6章 外国人をめぐる許認可手続

> 《事例⑥-1》
>
> 外国人女性（G）が、「留学」の在留資格で来日して専門学校に通っていたが、日本人男性（A氏）と結婚した。そのため、専門学校は中退し、「日本人の配偶者等」の在留資格に変更して生活していたところ、夫（A氏）が行方不明になったため、在留期間更新許可が下りず、そのまま不法残留（オーバーステイ）となった。その後、飲食店で働いていたところ、別の日本人男性（B氏）と知り合い、内縁関係になったことから、在留特別許可を希望して入国管理局に出頭した。

I 申請手続

1 入国・在留手続

(1) 在留資格

　事例⑥-1のように外国人が日本に入国し在留するためには、出入国管理及び難民認定法（以下、「入管法」という）に定められた在留資格を有していなければならない（入管2条の2第1項）。

　在留資格とは、外国人が日本に入国・在留して特定の活動を行うことができる法的地位、もしくは外国人が有する地位に基づいて日本において活動を行うことができる法的地位をいう。

　在留資格の種類としては、調理師などとして働くために必要な「技能」や、通訳として働くために必要な「人文知識・国際業務」、日本の大学に留学するために必要な「留学」などのように、日本において特定の活動を行うことができる地位としての在留資格（入管別表第1）と、日本人の配偶者が取得できる「日本人の配偶者等」、法務大臣が特別な理由を考慮し一定の在留期間を指定して居住を認める「定住者」などのように、外国人が有する一定の地位に基づいて取得できる在留資格（入管別表第2）がある。在留資格の種

Ⅰ 申請手続

【書式32】 在留資格変更許可申請書（日本人、永住者等との婚姻関係、親子関係に基づく本邦での居住）

別記第三十号様式（第二十条関係）

申請人等作成用 1　　　　　　　　　　　　　　　　　　　　　　　　　日本国政府法務省
For applicant, part 1　　　　　　　　　　　　　　　　　　Ministry of Justice, Government of Japan

在 留 資 格 変 更 許 可 申 請 書
APPLICATION FOR CHANGE OF STATUS OF RESIDENCE

東京 入国管理局長　殿
To the Director General of　Regional Immigration Bureau

出入国管理及び難民認定法第20条第2項の規定に基づき、次のとおり在留資格の変更を申請します。
Pursuant to the provisions of Article 20, Paragraph 2 of the Immigration-Control and Refugee-Recognition Act, I hereby apply for a change of status of residence.

1　国籍 Nationality: **X国**
2　生年月日 Date of birth: **19XX** 年　月　日
3　氏名（漢字）Name in Chinese character: ―　　（英字）Name in English: Family name **ABC**　Given name **XYZ**
4　性別 Sex: 男・**(女)** Male/Female
5　出生地 Place of birth: **X国**
6　配偶者の有無 Marital status: **(有)**・無 Married / Single
7　職業 Occupation: **飲食業**
8　本国における居住地 Home town/city: **X国 P市**
9　日本における居住地 Address in Japan: **東京都○○区○○町 1-1**
　電話番号 Telephone No.: **03-0000-XXXX**　　携帯電話番号 Cellular phone No.: **090-0000-XXXX**
10　旅券(1)番号 Passport Number: **A12345678**　(2)有効期限 Date of expiration: **20XX** 年　月　日
11　現に有する在留資格 Status of residence: **留学**　　在留期間 Period of stay: **2年**
　在留期限 Date of expiration: **20XX** 年 △ 月 △ 日
12　外国人登録証明書番号 Alien registration certificate number: **B 第 012345678 号**
13　希望する在留資格 Desired status of residence: **日本人の配偶者等**　在留期間 Period of stay: **3年毎更新**
　（審査の結果によって希望の期間とならない場合があります。）(It may not be as desired after examination.)
14　変更の理由 Reason for change of status of residence: **日本人との婚姻のため**
15　犯罪を理由とする処分を受けたことの有無（日本国外におけるものを含む。） Criminal record (in Japan and overseas): 有・**(無)** Yes / No
　（具体的内容 Detail: 　　　　　　　　）
16　在日親族（父・母・配偶者・子・兄弟姉妹など）及び同居者
　Family in Japan (Father, Mother, Spouse, Son, Brother, Daughter, Sister or others) or co-residents

続柄 Relationship	氏名 Name	生年月日 Date of birth	国籍 Nationality	同居 Residing with applicant or not	勤務先・通学先 Place of employment/school	外国人登録証明書番号 Alien registration certificate number
				はい・いいえ Yes / No		
				はい・いいえ Yes / No		
				はい・いいえ Yes / No		
				はい・いいえ Yes / No		
				はい・いいえ Yes / No		
				はい・いいえ Yes / No		

（注）裏面参照の上、申請に必要な書類を作成して下さい。
Note : Please fill in forms required for application. (See notes on reverse side.)

第6章 外国人をめぐる許認可手続

申請人等作成用2　T（「日本人の配偶者等」・「永住者の配偶者等」・「定住者」）
For applicant, part 2 T ("Spouse or Child of Japanese National" / "Spouse or Child of Permanent Resident" / "Long Term Resident")　　在留期間更新・在留資格変更用
For extension or change of status

17 身分又は地位　Personal relationship or status
- ☑ 日本人の配偶者　Spouse of Japanese national
- ☐ 日本人の実子　Biological child of Japanese national
- ☐ 日本人の特別養子　Child adopted by Japanese nationals in accordance with the provisions of Article 817-2 of the Civil Code (Law No.89 of 1896)
- ☐ 永住者又は特別永住者の配偶者　Spouse of Permanent Resident or Special Permanent Resident
- ☐ 永住者又は特別永住者の実子　Biological child of Permanent Resident or Special Permanent Resident
- ☐ 日本人の実子の配偶者　Biological child of biological of Japanese national
- ☐ 日本人の実子又は「定住者」の配偶者　Spouse of biological child of Japanese national or "Long Term Resident"
- ☐ 日本人・永住者・特別永住者の配偶者・永住者又は「定住者」の未成年で未婚の実子　Biological child who is a minor of Japanese, "Permanent Resident", "Special Permanent Resident", Spouse of Japanese national, Spouse of Permanent Resident or "Long Term Resident"
- ☐ 日本人・永住者・特別永住者又は「定住者」の6歳未満の養子　Adopted child who is under 6 years old of Japanese, "Permanent Resident", "Special Permanent Resident" or "Long Term Resident"
- ☐ その他（　　　　　　　　　　　　　　　　　　　　　　　　　　　　　）Others

18 婚姻，出生又は縁組の届出先及び届出年月日　Authorities where marriage, birth or adoption was registered and date of registration
- (1) 日本国届出先　Japanese authorities　**東京〇〇区役所**　届出年月日 Date of registration　**20XX** 年 Year　〇 月 Month　〇 日 Day
- (2) 本国等届出先　Foreign authorities　**X国P市庁舎**　届出年月日 Date of registration　**20XX** 年 Year　〇 月 Month　〇 日 Day

19 申請人の勤務先等　Place of employment or organization to which the applicant belongs
- (1) 名 Name　**レストランQ**　支店・事業所名 Name of branch
- (2) 所在地 Address　**東京都□□区〇〇町 1-1**　電話番号 Telephone No.　**03-0000-XXXX**
- (3) 年 収 Annual income　**300万** 円 Yen

20 滞在費支弁方法　Method of support
- ☑ 本人負担 Self　☐ 親族負担 Relatives　☐ 外国からの送金 Remittance from abroad　☐ 身元保証人負担 Guarantor　☐ その他（　　　）Others

21 扶養者（申請人が扶養を受ける場合に記入）Supporter (Fill in the followings when the applicant is being supported)
- (1) 氏 名 Name
- (2) 生年月日 Date of birth　年 Year　月 Month　日 Day　(3) 国 籍 Nationality
- (4) 外国人登録証明書番号 Alien registration certificate number
- (5) 在留資格 Status of residence　(6) 在留期間 Period of stay　(7) 在留期限 Date of expiration　年 Year　月 Month　日 Day
- (8) 申請人との関係（続柄）Relationship with the applicant
  - ☐ 夫 Husband　☐ 妻 Wife　☐ 父 Father　☐ 母 Mother
  - ☐ 養父 Foster father　☐ 養母 Foster mother　☐ その他（　　　）Others
- (9) 勤務先名称 Place of employment　支店・事業所名 Name of branch
- (10) 勤務先所在地 Address　電話番号 Telephone No.
- (11) 年 収 Annual income　円 Yen

22 在日身元保証人又は連絡先　Guarantor or contact in Japan
- (1) 氏 名 Name　**甲野太郎**　(2) 職 業 Occupation　**飲食業**
- (3) 住 所 Address　**東京都〇〇区〇〇町 1-1**　電話番号 Telephone No.　**03-0000-XXXX**

23 代理人（法定代理人による申請の場合に記入）Proxy (in case of legal representative)
- (1) 氏 名 Name　(2) 本人との関係 Relationship with the applicant
- (3) 住 所 Address
- 電話番号 Telephone No.　携帯電話番号 Cellular Phone No.

以上の記載内容は事実と相違ありません。
I hereby declare that the statement given above is true and correct.
申請人（法定代理人）の署名
Signature of applicant (legal representative)　**ABC XYZ**　**20XX** 年 Year　〇 月 Month　〇 日 Day

24 代理人・申請取次者等（申請取次者・弁護士・行政書士等による申請の場合に記入）
Proxy, agent or other (in case of an agent, lawyer, administrative scrivener or other)
- (1) 氏 名 Name　**乙山次郎**　(2) 住 所 Address　**東京都〇〇区〇〇町 1-1**
- (3) 所属機関等（親族等については，本人との関係）Organization to which the agent belongs (in case of a relative, relationship with the applicant)　電話番号 Telephone No.
- **東京都行政書士会**　**03-0000-XXXX**

類については、入管法別表第1、第2を参照されたい。

「技能」や「人文知識・国際業務」のように入管法別表第1記載の在留資格で日本に在留する外国人は、特別に資格外活動許可（入管19条2項）を得ない限り、その在留資格で定められた活動以外の収入などを受ける活動を行うことはできないが、「日本人の配偶者等」や「定住者」のように入管法別表第2の在留資格で日本に在留する外国人は、入管法上、活動に制限はない。

そのため、本事例の外国人女性は、当初、「留学」の在留資格で在留したため、特別に資格外活動許可を受けない限り、アルバイトなどをすることはできないが、「日本人の配偶者等」の在留資格で在留している間は、入管法上、日本で行うことができる活動に制限はないため、違法なものでない限り、どのようなアルバイト・仕事もできることになる。

在留期間は、入管法施行規則別表第2で定められており、その在留期間が経過する前に、在留期間更新許可を受けなければならない（入管21条）。本事例で問題となった「留学」の在留期間は2年または1年とされ、「日本人の配偶者等」の在留期間は3年または1年とされている。

(2) 入国・在留関係の申請手続

(ア) 外国人の上陸審査

外国人が日本に上陸しようとする場合には、査証（いわゆるビザ。入国許可申請証明の一部）を免除されている場合を除き、日本国領事官等の査証を受けた旅券を所持し、かつ、空港等で入国審査官に対し上陸の申請をしなければならない（入管6条、7条）。[1]

入国審査官は、上陸の申請を受けたときは、旅券および査証が有効であること、入管法で定められた在留資格、在留期間に適合することを審査し（入管7条）、上陸の条件に適合していると判断したときは、その外国人の旅券に上陸許可の証印をする（同法9条）。

---

[1] 入管法上、「上陸」と「入国」の概念を使い分けており、「入国」とは、日本の領域内に入ること、すなわち、海岸線（基線）から12海里の範囲内の海・陸・空に入ることを指し、「上陸」とは陸に上がることを意味する。

(イ) 在留資格認定証明書交付申請

　外国人が日本国領事官等に査証の申請をする場合には、外国にある日本の大使館や領事館で行う必要があるが、一定の場合には、その大使館や領事館は、日本の外務省・法務省に判断を求めることになる。ただ、この手続は時間と手間がかかる。

　そのような手間をできる限り軽減させるため、在留資格認定証明という制度がある（入管7条の2）。すなわち、外国人が査証の申請をする前に、その外国人または代理人が日本の法務省に対して、入管法で定められた在留資格、在留期間に適合することの審査を求め、法務省が適合すると認めた場合には、在留資格認定証明書を発行し、その証明書を持参して査証の申請をすれば、容易に査証を取得できるようにしたのである。

　たとえば、日本の料理店が外国人の調理師を「技能」の在留資格で入国・在留させたい場合、在留資格認定証明制度を利用すれば、その外国人を呼び寄せたい日本の料理店が、その外国人の代理人として、必要書類を添付して在留資格認定証明書交付の申請をして証明書の交付を受け、外国にいる外国人に証明書を郵送し、その証明を持参して査証の申請をすれば、その外国人の在留資格、在留期間適合性の判断が容易になる。

　このように在留資格認定証明制度は、日本にいる外国人ないし企業が、外国にいる外国人（配偶者、労働者）を日本に入国・在留させたい場合に利用される制度である。

　在留資格認定証明書の交付申請の方法は、入国管理局で様式を定めている在留資格認定証明書交付申請書、身元保証書、その他入国管理局から提出を求められている資料（たとえば、調理師の場合は、母国での在職証明書、日本での労働契約書等、日本の会社の登記事項証明書など）を地方入国管理局に提出する。提出資料の詳細は、入国管理局のホームページ<http://www.immi-moj.go.jp/tetuduki/index.html>を参考にするとよい。

　なお、弁護士・行政書士は、弁護士会や行政書士会を通して各地方入国管理局に届出をして届出済証明書を受けると、代理人として在留資格認定証明

申請を行うことができる。

　(ウ)　在留期間更新許可申請

　在留資格を得て適法に日本に入国・在留したとしても、各在留資格には、それぞれ在留期間が定められている（入管2条の2第3項、同法施行規則3条、同法施行規則別表第2）。本事例では、「留学」の在留期間は2年または1年とされ、「日本人の配偶者等」の在留期間は3年または1年とされている。この期間を経過すると不法残留（いわゆるオーバーステイ）となり、退去強制事由に該当する（入管24条4号ロ）。

　そのため、在留資格を得て適法に日本に在留している外国人も、在留期間が経過する前に在留期間更新許可申請をしなければならない（入管21条）。

　在留期間更新許可申請の方法は、入国管理局で様式が定められた在留期間更新許可申請書、その他入国管理局から提出を求められている日本での活動内容に応じた資料（たとえば、「日本人の配偶者等」の在留資格の場合、配偶者の戸籍謄本、納税証明書、身元保証書、住民票）を地方入国管理局に提出する。提出資料の詳細は、在留資格認定証明書の交付申請の場合と同じく、前記入国管理局のホームページを参考にするとよい。

　また、弁護士・行政書士は、届出済証明書があれば代理人として申請できることも、在留資格認定証明書の交付申請の場合と同様である。

　事例⑥-1では、夫（A氏）が行方不明になったため在留期間更新許可が下りず、そのままオーバーステイとなっているが、それは、夫（A氏）が行方不明になったために、在留期間更新許可申請の際に提出を求められている配偶者の戸籍謄本、納税証明書、身元保証書、住民票を提出することができなかったからである。

　(エ)　在留資格変更許可申請

　事例⑥-1では、外国人女性は「留学」の在留資格で日本に在留していたが、日本人（A氏）と結婚したことから「日本人の配偶者等」の在留資格に変更している。外国人女性は、専門学校を中退したために、このままでは「留学」の在留資格を更新することができないため、「日本人の配偶者等」の

在留資格に変更する必要があった。また、たとえ専門学校を中退していなかったとしても、「留学」の在留資格では、日本での収入を伴う活動に制限があるため、制限のない「日本人の配偶者等」の在留資格に変更することが一般的である。

　このように在留資格の変更を求める外国人は、在留資格変更申請をしなければならない（入管20条2項）。その際には、当然、その外国人が変更を受ける在留資格に適合していることが必要である。なお、観光などの「短期滞在」の在留資格で在留している外国人は、たとえ、他の在留資格に適合していたとしても、やむを得ない特別の事情がなければ他の在留資格への変更は認められない（同項ただし書）。

　在留資格変更申請の方法は、入国管理局で様式が定められた在留資格変更許可申請書（【書式32】）、その他入国管理局から提出を求められている日本での活動内容に応じた資料を地方入国管理局に提出する。提出資料の詳細は、在留資格認定証明書の交付申請の場合と同じく、入国管理局のホームページを参考にするとよい。

　また、弁護士・行政書士は、届出済証明書があれば代理人として申請できることも、在留資格認定証明書の交付申請の場合と同様である。

2　退去強制手続と在留特別許可

(1)　出頭申告

　事例⑥-1では、オーバーステイになった外国人女性が在留特別許可（入管50条1項3号）を希望して入国管理局に出頭している。

　すでにオーバーステイになっている外国人が日本人と結婚するなどして将来的に在留特別許可が得られる見込みがある場合、オーバーステイを摘発され、収容されてから在留特別許可を求めるよりも、自ら入国管理局に出頭して在留特別許可を求めるほうが在留特別許可が認められやすい（後掲［資料8］在留特別許可に係るガイドライン参照）。

　また、出頭申告した場合には、仮放免（入管54条）により、収容されるこ

Ⅰ 申請手続

〔図5〕 退去強制手続の流れ

退去強制手続及び出国命令手続の流れ

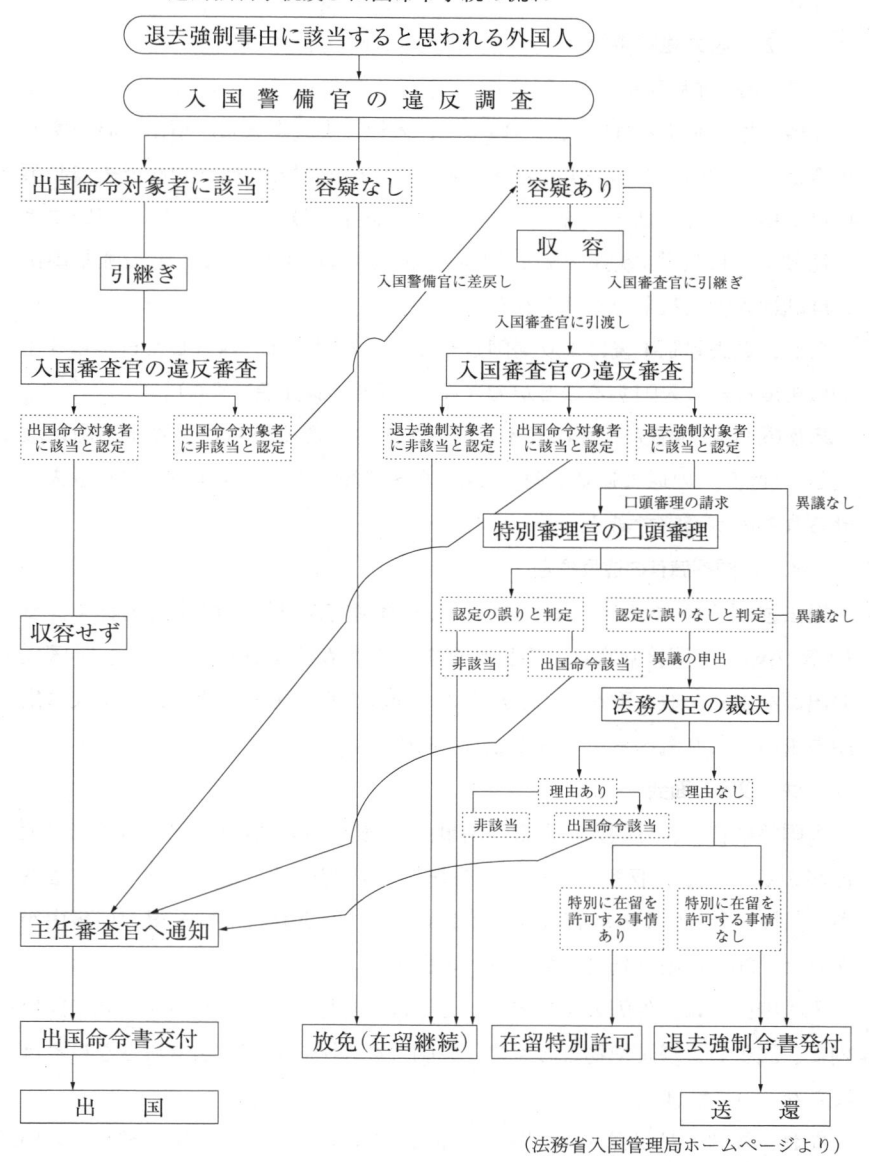

```
                退去強制事由に該当すると思われる外国人
                        │
                入 国 警 備 官 の 違 反 調 査
        ┌───────────────┼───────────────┐
    出国命令対象者に該当    容疑なし         容疑あり
        │                                  │
      引継ぎ              入国警備官に差戻し   収 容
        │                                 入国審査官に引継ぎ
        │                    入国審査官に引渡し
        │                                  │
    入国審査官の違反審査                入国審査官の違反審査
    ┌─────┬─────┐        ┌────────┬────────┬────────┐
  出国命令対象者  出国命令対象者  退去強制対象者  出国命令対象者  退去強制対象者
  に該当と認定   に非該当と認定  に非該当と認定  に該当と認定   に該当と認定
                                                            │
                                                       口頭審理の請求    異議なし
                                                    特別審理官の口頭審理
                                              ┌─────────┬─────────┐
                                          認定の誤りと判定         認定に誤りなしと判定  異議なし
                                          ┌────┬────┐              │
                                        非該当  出国命令該当        異議の申出
                                                              法務大臣の裁決
                                                        ┌─────────┬─────────┐
                                                      理由あり              理由なし
                                                    ┌────┬────┐           │
                                                  非該当  出国命令該当
                                                                    ┌────────┬────────┐
                                                               特別に在留を       特別に在留を
                                                               許可する事情      許可する事情
                                                                  あり              なし
        │
      収容せず
        │
    主任審査官へ通知
        │
    出国命令書交付         放免（在留継続）    在留特別許可    退去強制令書発付
        │                                                        │
      出 国                                                     送 還
```

（法務省入国管理局ホームページより）

となく手続を進めることが可能であることもオーバーステイの外国人にとって有利である。

(2) 退去強制手続

(ア) 退去強制事由

在留資格を有する外国人についても、入管法上、退去強制事由に該当する場合は、日本からの退去を強制される（入管24条各号）。典型的な退去強制事由は、事例⑥-1のようなオーバーステイ（同条4号ロ）や、一定の犯罪により懲役または禁錮に処せられた場合（同条4号の2）がある。退去強制事由の詳細は入管法24条を参照されたい。

なお、退去強制手続により帰国させられた外国人は、退去した日から5年間は再度日本に入国することができない（入管5条1項9号ロ）。

事例⑥-1の外国人女性は、オーバーステイであるから退去強制事由に該当し、〔図5〕の退去強制手続（入管27条～55条）により日本から強制退去させられるのが通常である。

(イ) 入国警備官の違反調査

退去強制手続においては、まず、入国警備官が外国人の違反調査を行う（入管27条）。入国警備官は、違反調査をするため必要があるときは、外国人の出頭を求め、取り調べることができ（同法28条、29条）、さらに、証人の出頭を求め、取り調べることもできる（同法30条）。

(ウ) 収容と面会

入国警備官は、外国人が退去強制事由に該当すると疑うに足りる相当の理由があるときは、収容令書により外国人を収容することができる（入管39条）。収容令書による収容は、期間が30日以内とされ、やむを得ない事由があれば、30日に限り延長ができる（同法41条）。

入国警備官は、外国人を収容したときは、身体を拘束した時から48時間以内に、調書および証拠物とともに、外国人を入国審査官に引き渡さなければならない（入管44条）。

なお、外国人が収容された場合、外部の者は収容された入国管理局におい

て面会ができる。一般人は時間制限があるが、弁護士の場合は時間制限なく面会できるのが通常である。

　(エ)　**入国審査官の違反審査**

　入国審査官は、入国警備官から外国人の引渡しを受けたときは、退去強制対象者に該当するかどうかを速やかに審査し調書を作成しなければならず（入管45条）、外国人が退去強制対象者に該当すると認定したときは、速やかに理由を付した書面をもって、主任審査官および外国人にその旨を知らせるとともに、外国人に対し、口頭審理の請求をすることができる旨を知らせなければならない（同法47条3項・4項）。

　外国人がその認定に服したときは、主任審査官は、口頭審理の請求をしない旨を記載した文書に署名させ、速やかに退去強制令書を発付しなければならない（入管47条5項）。

　なお、弁護士・行政書士としては、収容されている外国人と面会して、外国人の帰国の意思を確認したうえ、帰国の意思がない場合には、口頭審理の請求をしない旨を記載した文書に安易に署名しないように助言することが重要である。

　(オ)　**特別審理官の口頭審理と証拠の提出**

　外国人は、口頭審理の請求をすることができる旨の通知を受けた日から3日以内に、口頭をもって、特別審理官に対し口頭審理の請求をすることができる（入管48条1項）。入国審査官は、口頭審理の請求があったときは、調書その他の関係書類を特別審理官に提出しなければならず（同条2項）、特別審理官は、外国人に対して口頭審理を行い（同条3項・4項）、入国審査官の認定に誤りがないと判定したときは、速やかに主任審査官および外国人にその旨を知らせるとともに、外国人に対し、法務大臣に対して異議を申し出ることができる旨を知らせなければならない（同条8項）。

　なお、口頭審理の請求は収容されている外国人が口頭で行うことで足り、弁護士や行政書士が書面等で行う必要はない。

　また、外国人の親族、知人は特別審理官の口頭審理に立ち会うことができ

(入管48条5項、10条4項)、外国人または代理人は証拠を提出することができる(同法48条5項、10条3項)。入管法上、在留特別許可は法務大臣が行うが、実際上は、特別審理官が口頭審理を行った時点の資料によって判断される。そのため、弁護士・行政書士としては、口頭審理の日時を確認し、口頭審理までに在留特別許可が認められるような資料を証拠として提出し、口頭審理に立ち会うべきである。

㋕ 法務大臣の裁決

外国人は、特別審理官の判定に異議があるときは、異議を申し出ることができる旨の通知を受けた日から3日以内に、不服の事由を記載した書面を主任審査官に提出して、法務大臣に異議を申し出ることができる(入管49条1項)。

法務大臣は、異議の申出を受理したときは、異議の申出に理由があるかどうかを裁決して、その結果を主任審査官に通知しなければならず、主任審査官は、法務大臣から異議の申出に理由がないと裁決した旨の通知を受けたときは、速やかに外国人に対し、その旨を知らせるとともに、退去強制令書を発付しなければならない(入管49条3項・6項)。

法務大臣は、異議の申出が理由がないと認める場合でも、「法務大臣が特別に在留を許可すべき事情があると認めるとき」は、その者の在留を特別に許可することができる(入管50条1項3号)。これが在留特別許可の制度であり、退去強制手続上は退去強制事由に該当し強制退去されなければならないが、特別に在留を許可すべき事情があると法務大臣が認めれば、特別に在留資格が付与されるのである。

㋖ 出国命令制度

退去強制事由に該当する外国人であっても、「速やかに本邦から出国する意思をもって自ら入国管理官署に出頭した」など一定の条件を満たす場合には、収容令書が発付されず、退去強制令書によることなく、簡易な手続によって出国できる(入管24条の3、55条の2から55条の6まで)。これが出国命令制度である。出国命令制度による場合、帰国後の上陸拒否期間も5年間では

なく1年間になる（同法5条1項9号ニ）。

(3) 在留特別許可

外国人に退去強制事由が認められても、法務大臣による在留特別許可（入管50条1項3号）が認められれば、外国人は、「日本人の配偶者等」や「定住者」などの在留資格を与えられ、日本で在留を続けることができる。

事例⑥-1の外国人女性は、行方不明になった夫（A氏）との離婚手続をせず、オーバーステイとなっていたが、その後、他の日本人（B氏）と内縁関係になった。そのため、他の日本人（B氏）と実質的には婚姻関係にあったと認められれば、その後、行方不明になった夫（A氏）との離婚手続を行い、他の日本人（B氏）との婚姻手続をすることにより「日本人の配偶者等」の在留資格が認められる可能性はある。

また、事例⑥-1では出頭申告しているが、たとえ摘発により入国管理局に収容されたとしても、内縁関係が長く実質的には婚姻関係にあったことが証拠上明らかになれば、収容されている間に夫（A氏）との離婚手続と、他の日本人（B氏）との婚姻手続をすることにより、「日本人の配偶者等」の在留資格で在留特別許可が認められる可能性はある。

そのため、弁護士・行政書士としては、特別審理官の口頭審理までの間に、内縁関係であっても実質的には婚姻関係にあった事実を基礎づける証拠を提出するべきである（在留特別許可に申請権はなく、【書式33】のような理由書を提出する）。具体的には、2人で旅行に行ったときの写真や住居の間取図、賃貸住宅の場合の契約書、居住地に来た外国人あての手紙、夫の嘆願書などがあれば、2人が同居して実質的には夫婦として生活していたことが証明で

---

2 出国命令制度が適用されるための条件は入管法24条の3に記載されているが、その概要を示すと、①速やかに本邦から出国する意思をもって自ら入国管理官署に出頭したこと、②入管法24条3号（他人の不法上陸等のための文書偽造等を行った者）、同条4号ハからヨまで（人身取引、不法入国幇助、売春直接関連業務従事者、一定の犯罪による有罪判決確定者など）、同条8号、9号（出国命令の出国期限を徒過した者、出国命令を取り消された者）に該当しないこと、③財産犯、粗暴犯等による有罪判決確定者でないこと、④過去に本邦からの退去を強制されたこと、または出国命令により出国したことがないこと、⑤速やかに本邦から出国することが確実と見込まれること、が条件となる。

きる。また、夫の面会回数によって2人の愛情も明らかになるので、夫にはできる限り多く面会に行くことを伝えることも重要である。

他方、たとえ正式に婚姻関係にあっても、同居の事実が認められないとか、夫の面会回数が極端に少ないなどの事情が認められれば、偽装結婚とみなされ、在留特別許可は認められない。

【書式33】在留特別許可理由書

平成22年5月25日

理　由　書

東京入国管理局　御中

東京都〇〇区〇〇1-1-1
G

1　はじめに

　私は、現在、オーバーステイで東京入国管理局に収容されておりますが、以下の理由により在留特別許可を希望致します。

2　オーバーステイに至る経緯

　私は、1990年に「留学」の在留資格で日本に入国し専門学校に通っていましたが、アルバイト先で知り合った日本人男性Aと知り合い、交際するようになりました。交際をして1年がたち、私たちは結婚しました。私は、Aと同居して家事などに時間をとられるようになったことから、次第に専門学校に通わなくなり、結局専門学校を中退してしまいました。そのため、私は、在留資格を「留学」から「日本人の配偶者等」に変更しました。

　Aと結婚して2年がたった頃から、私とAはよく夫婦喧嘩をするようになりました。そして、あるときからAは家に戻ってこなくなり、行方不明になってしまいました。

　私は、在留資格「日本人の配偶者等」の更新をしなければならないのですが、Aが行方不明のため、在留期間更新に必要な資料を集めることができず、そのままオーバーステイになってしまいました。

3　内縁関係に至る経緯

　私は、生活のために、外国人が働くキャバレーで仕事をするようになりま

した。そのとき、現在の内縁の夫であるBがお客としてお店に遊びに来るようになり、交際するようになりました。交際して1ヶ月後には私たちはBの家で同棲するようになりました。私は、キャバレーで働くのをやめて、Bのために家事を行い、昼間は清掃の仕事を行っていました。

　Bと一緒に生活していたときは、よく旅行にも行きました。そのときの写真がありますので資料として提出したいと思います。また、私の友人からBと一緒に生活しているアパートに手紙が来ていましたので、その手紙も資料として提出したいと思います。

4　Bについて

　Bはとても優しい夫で、私が入管に収容されてからは、毎日のように面会に来てくれます。また、今まで内縁関係だったけれど、これを機会に婚姻手続を進めてくれるということで、現在、婚姻に向けて活動しています。

5　最後に

　私は、Bとは内縁関係にありますが、近いうちに正式に結婚することになっています。このまま強制退去になってBと離ればなれになってしまうことは耐えられません。そのため、是非とも在留特別許可を認めて頂けるようお願い申し上げます。

以上

II　法的問題点

1　在留資格取得・変更手続上の法律上の問題点

(1)　外国人に在留の権利が保障されているか

　事例⑥-1の外国人女性は、「留学」の在留資格から「日本人の配偶者等」の在留資格変更を受け、長い間、日本での在留を継続し社会生活を維持形成していたにもかかわらず、「日本人の配偶者等」の在留期間更新許可を受けることができなくなっている。では、そもそも日本に在留する外国人は在留を継続する権利が保障されていないのか。

この点、入管法上、在留期間の更新について、「法務大臣は、当該外国人が提出した文書により在留期間の更新を適当と認めるに足りる相当の理由があるときに限り、これを許可することができる」（入管21条3項）と規定しており、法務大臣の広範な裁量によるとされている。

判例上も、「憲法上、外国人は、わが国に入国する自由を保障されているものでないことはもちろん、所論のように在留の権利ないし引き続き在留することを要求しうる権利を保障されているものでもない」、「更新事由の有無の判断を法務大臣の裁量に任せ、その裁量権の範囲を広汎なものとする趣旨からである」（最判昭和53・10・4民集32巻7号1223頁〔マクリーン事件〕）と判断し、在留期間を更新するかどうかは法務大臣の広汎な裁量であるとし、外国人に在留を継続する権利などは認めていない。

そのため、日本に在留する外国人は、たとえ在留期間が長いとしても、当然に引き続き日本に在留する権利が認められることはなく、在留期間を更新するかどうかは法務大臣の広汎な裁量によることとなる。

(2) 法務大臣の裁量は無制限か

では、在留期間更新が法務大臣の広汎な裁量によるとしても、その裁量に制限はないのか。

この点、前掲最判昭和53・10・4は、「裁判所は、法務大臣の右判断についてそれが違法となるかどうかを審理、判断するにあたつては、右判断が法務大臣の裁量権の行使としてされたものであることを前提として、その判断の基礎とされた重要な事実に誤認があること等により右判断が全く事実の基礎を欠くかどうか、又は事実に対する評価が明白に合理性を欠くこと等により右判断が社会通念に照らし著しく妥当性を欠くことが明らかであるかどうかについて審理し、それが認められる場合に限り、右判断が裁量権の範囲をこえ又はその濫用があつたものとして違法であるとすることができるものと解するのが、相当である」と判断し、法務大臣の裁量権も、①事実誤認がある場合、②事実に対する評価が合理性を欠く場合には、裁量権の範囲の逸脱・濫用があるとし違法となるとする。

すなわち、在留期間更新について法務大臣の裁量が広汎に認められるとしても、法務大臣が認定した在留期間更新不許可を基礎づける事実が間違っているか、当然考慮すべき事実を考慮しない場合、もしくは、在留期間更新不許可を基礎づける事実に対する評価を誤っている場合には、法務大臣の裁量を逸脱濫用したものとして、在留期間更新不許可処分は取り消される。

(3) 在留期間更新不許可処分に対する争い方

在留期間更新不許可処分を争う場合には、上記のように法務大臣が裁量を逸脱濫用したかどうかが問題になる。外国人は、行政訴訟において、法務大臣が①事実誤認をした、あるいは②事実に対する評価を誤ったことを主張する必要がある。

訴訟における請求の趣旨は、①在留期間更新不許可処分取消し[3]（行訴3条2項、8条以下）を求めることになる。在留期間更新不許可処分が訴訟において取り消された場合には、入国管理局は、同様の理由で再び不許可処分を行うことはできないので（同法33条1項）、不許可処分取消しが認められれば、その後、在留期間更新が許可されることになるのが一般である。

また、不許可処分取消しを求めるのと同時に、②在留期間更新許可処分義務付け[4]（行訴3条6項1号、37条の2）を求めることもできる。その際、義務付けの訴えの判決が出る前に在留期間を経過してしまうと、その外国人は不法残留となってしまい、理論上、退去強制手続を進めることが可能となってしまうことから（入管24条4号ロ）、在留期間更新を仮に義務づけることを申し立てることができる（行手37条の5第1項）。

(4) 「日本人の配偶者等」の在留資格の要件

本事案の外国人女性は、日本人と婚姻関係にあったが、配偶者と連絡がとれなくなっていることから、実質的には婚姻関係は破綻しているといえる。

---

[3] この場合の請求の趣旨の記載例は、「東京入国管理局長が平成22年5月25日付けで原告に対してした在留期間の更新を許可しない旨の処分を取り消す」となる。

[4] この場合の請求の趣旨の記載例は、「東京入国管理局長は、原告に対し、在留資格を『定住者』、在留期間を3年とする在留期間更新許可処分をせよ」となる。

そのような場合でも、外国人は「日本人の配偶者等」の在留期間の更新を受けることができるのか。仮に、形式的な婚姻関係さえあれば「日本人の配偶者等」の在留資格を得られるのであれば、事案⑥-1 の外国人女性は、「日本人の配偶者等」の在留資格の要件を満たしていることになり、在留期間更新不許可処分をした法務大臣は、事実の評価を誤ったとして裁量の逸脱濫用になることから問題となる。

この点、判例は、「外国人が日本人の配偶者の身分を有する者として『日本人の配偶者等』の在留資格をもって本邦に在留するためには、単にその日本人配偶者との間に法律上有効な婚姻関係にあるだけでは足りず、当該外国人が本邦において行おうとする活動が日本人の配偶者の身分を有する者としての活動に該当することを要するものと解するのが相当である」、「日本人との間に婚姻関係が法律上存続している外国人であっても、その婚姻関係が社会生活上の実質的基礎を失っている場合には、その者の活動は日本人の配偶者の身分を有する者としての活動に該当するということはできないと解するのが相当である」（最判平成14・10・17民集56巻8号1823頁）と判断し、「日本人の配偶者等」の在留資格の要件としては、形式的な婚姻関係だけではなく、実質的な婚姻関係まで必要であるとした。

そのため、本事例では、配偶者と連絡がとれなくなっていること等から判断して、実質的には婚姻関係が破綻しているといえる場合には、「日本人の配偶者等」の在留期間更新が不許可となっても、法務大臣が裁量権を逸脱濫用したものとはいえないことになる。

2　在留特別許可の法律上の問題点

(1)　在留特別許可の性質

事例⑥-1 の外国人女性は、オーバーステイになった後、再び日本人男性（B氏）と知り合って同居し、内縁関係になったことから、在留特別許可を希望して入国管理局に出頭申告したが、外国人には在留特別許可を求める権利があるのか。

この点、法律上、在留特別許可は、「法務大臣が特別に在留を許可すべき事情があると認めるとき」に「法務大臣は（中略）その者の在留を特別に許可することができる」（入管50条1項）とされており、外国人に在留特別許可を申請する権利を認めてはいない。実務上も、在留特別許可を希望する外国人は、在留特別許可申請書を提出するのではなく、特別審理官が行う口頭審理に際し、在留特別許可に向けた証拠の提出を行うことになる（同法48条5項、10条3項）。

　判例上も、「国際慣習法上、国家は外国人を受け入れる義務を負うものではなく、特別の条約がない限り、外国人を自国内に受け入れるかどうか、また、これを受け入れる場合にいかなる条件を付するかはもっぱら当該国家の立法政策に委ねられている。在留特別許可をすべきか否かの判断は、法務大臣の極めて広範な裁量に委ねられている」（東京高判平成13・12・12判時1777号43頁）、「在留特別許可を付与するか否かは法務大臣の自由裁量であり、その裁量権の範囲は在留期間更新の場合よりさらに広範である」（東京高判平成12・6・28訟月47巻10号3023頁）と判断し、在留特別許可が法務大臣の広範な裁量であることを認めている。

(2) 法務大臣の裁量逸脱濫用

　では、在留特別許可に関して法務大臣の裁量には制限はないのか。この点、判例は、「在留特別許可を与えるか否かの法務大臣の裁量権は広範であるが、無制限ではなく、社会通念に照らし著しく妥当性を欠くときは、裁量権の範囲を逸脱し違法となる」（東京地判昭和61・9・4判時1202号31頁）、「その判断が極めて例外的に違法となりうる場合があるとしても、それは、法律上当然に退去強制されるべき外国人について、なおわが国に在留することを認めなければならない積極的な理由があったにもかかわらず、これが看過された場合など、在留特別許可の制度を設けた法の趣旨に明らかに反するなど極めて特別な事情が認められる場合に限られるというべきである」（前掲東京高判平成12・6・28）、「在留特別許可を与えるか否かは、諸般の事情を総合的に考慮したうえで決定されるべきことがらであり、法務大臣の広範な自由裁量に

委ねられているが、在留特別許可を与えないことが、裁量権の範囲を逸脱しまたは裁量権を濫用してされたものと認められる場合には、在留特別許可を与えないことは違法というべきである」（大阪地判昭和59・7・19判時1135号40頁）と判断し、法務大臣の広範な裁量を認めながらも、一定の場合には裁量権の逸脱濫用として違法になることを認めている。

(3) 在留特別許可が認められない場合の争い方

在留特別許可は、法務大臣に対する異議の申出の際に判断されるものであり、退去強制手続の最後の段階でなされるものである。そのため、在留特別許可が認められない場合には、その外国人に対して退去強制令書の発付がなされることになる（入管49条1項・6項、50条）。

そのため、在留特別許可が認められない場合の争い方は、訴訟において、①異議の申出に理由がないとする法務大臣の裁決の取消しを求め（入管49条3項）、同時に、②退去強制令書発付処分の取消しを求めることになる（同条6項）。[5]

その際、退去強制令書発付処分取消しの訴えを提起しても、退去強制令書の執行（強制送還）を差し止める効果はないことから（行手25条1項）、訴訟提起と同時に、退去強制令書執行停止の申立て（【書式34】参照）[6]も行う必要がある（同条2項）。[7,8]

---

5 この場合の請求の趣旨の記載例は、「1　東京入国管理局長が原告に対して平成22年5月25日付けでした出入国管理及び難民認定法第49条1項に基づく原告からの異議の申出は理由がない旨の裁決を取り消す　2　東京入国管理局主任審査官が原告に対して平成22年5月25日付けでした退去強制令書発付処分を取り消す」となる。

6 この場合の申立ての趣旨の記載例は、「東京入国管理局主任審査官が原告に対して平成22年5月25日付けでした退去強制令書発付処分の執行を本案訴訟の第1審判決言渡しまで停止する」となる。申立書では、行政事件訴訟法25条2項の要件である①重大な損害を避けるための緊急の必要性、②公共の福祉に重大な影響を及ぼすおそれの不存在について、主張することになる。

7 訴訟以外にも、明文にはない制度として、「再審情願」という制度も存在する。再審情願とは、退去強制令書発付処分の後に発生した新事情がある場合、法務大臣に対して再審情願の申立てを行い、在留特別許可の付与について再度検討を求める制度である。

8 退去強制令書の発布のがなされた後で処分取消しの訴えおよび執行停止を行ったとしても時間的に強制送還に間に合わない可能性がある。退去強制令書の発付の蓋然性が高い場合（具体

【書式34】 執行停止申立書

執行停止申立書

平成○年○月○日

××地方裁判所　御中

　　　　　　　　　原告訴訟代理人弁護士　乙　川　二　郎　印
　　　　　　　　　〒000-0000　○○県○○市○町○丁目○番○号
　　　　　　　　　申　　立　　人　　　　G
（送達場所）
　　　　　　　　　〒000-0000　○○県○○市○町○丁目○番○号
　　　　　　　　　同代理人弁護士　乙　川　二　郎
　　　　　　　　　電話00-0000-0000　fax00-0000-0000
　　　　　　　　　〒000-0000　東京都千代田区霞が関１丁目１番１号
　　　　　　　　　相　　手　　方　　　　国
　　　　　　　　　上記代表者法務大臣　丁　田　四　郎
（処分をした行政庁）
東京都港区港南５―５―30
東京入国管理局主任審査官　戌　山　五　郎

申立の趣旨

　処分行政庁が申立人に対し平成○年○月○日付で発付した外国人退去強制令書に基づく執行は、本案（御庁平成○年（行ウ）第○号事件）判決が確定するまでこれを停止する。
との判決を求める。

申立ての原因

1　（当事者）

的には法務大臣に対する異議の申出に対する裁決において、異議の申出に理由がないとの裁決が予想される場合）、退去強制処分差止めの訴えおよび仮の差止めの申立てを行うべきであろう。

① 申立人は、××国籍、年齢○歳の女性であり、平成○年○月○日、出入国管理及び難民認定法（以下「法」という。）別表第一、四に規定する「留学」の在留資格で本邦への上陸を許可された（甲1）
② その後、平成○年○月○日、日本人男性Ａと婚姻し、在留資格を法別表第二に規定する「日本人の配偶者等」の在留資格に変更して生活していた。
③ ところが、Ａが行方不明となったため在留資格更新許可が下りなかったため、いわゆる不法残留状態となったが、その後、日本人男性Ｂと知り合い、事実婚の状態となったことら、在留特別許可を希望して入国管理局に出頭した。
2　（退去強制令書の発付）
① 東京入国警備官は、申立人に対する違反事実の調査を行い、申立人が法24条4号ロに該当すると疑う相当の理由があるとして、申立人につき、同入国管理審査官から収用令書の発付を受け、同令書を執行して東京入管収容所に申立人を収容した。
② 東京入管入国審査官は、申立人に対し、違反審査を実施し、申立人が不法在留に当たる旨を申立人に通知した。
③ 申立人は口頭審理を請求したが、特別審査官は口頭審理の結果、入国審査官の認定には誤りがない旨判示した。
④ 申立人は、法49条に基づき、法務大臣に異議を申し立てたが、法務大臣は「異議に理由がない」旨の裁決を出し、処分行政庁に通知し、処分行政庁は、平成○年○月○日、申立人に対し、退去強制令書を発付した（甲2・以下「本件処分」という。）
3　（取り消し訴訟の提起）
申立人は、平成○年○月○日、本件処分に対し、処分取消の訴えを提起し、御庁平成○年（行ウ）第○号事件として係属している。
4　（本件処分の違法性）
在留特別許可を与えるか否かの法務大臣の裁量は無制限ではなく、社会通念に照らし著しく妥当性を欠くときは、裁量権の範囲を逸脱し違法となる（東京地裁昭和61．9．4判時1202号31頁）。
本件において、法務大臣が在留特別許可を認めず、本件処分を行ったことは、以下の事情（甲3）からして、その裁量権を逸脱濫用した違法がある。

(以下概略である)
① (不法在留状態となったのはAの行方不明が原因で、更新許可ができなかっただけであり、申立人に帰責性がない。)
② (Bと事実婚状態にあり、日本人の配偶者としての実質がある。)
③ (申立人ないしBとの生活基盤が崩れる。)
④ (申立人は、不法残留以外は、違法なことをしたこともなく平穏に生活していた。)

5 (重大な損害を受ける虞及び緊急性)
(事案に応じ、退去強制によって生じうる重大な損害とそれを避けるため緊急の必要性があることを書く。)

6 (公共の福祉に重大な影響のないこと)
(以下概略である)
(申立人は、不法残留以外は、違法なことをしたこともなく平穏に生活していた。公共の福祉には何ら重大な影響はない。)

7 (まとめ)
よって、申立人は、申立の趣旨記載の裁判を求め、本申立に及ぶ。

証拠方法

甲1 在留資格認定証明書
甲2 退去強制令書
甲3 申立人の陳述書

付属書類

1 甲号証写し 各1通
2 訴訟委任状 1通

以上

(4) 在留特別許可がなされる基準

在留特別許可がなされる基準については、法律上は、「法務大臣が特別に在留を許可すべき事情があると認めるとき」(入管50条1項3号)と定めるのみであり、具体的な基準は定められていない。しかし、入国管理局では、平

成18年に「在留特別許可に係るガイドライン」(平成21年7月改訂)［資料8］を作成したうえで、在留特別許可がなされた事例をホームページ上で公開するようになった(<http://www.moj.go.jp/NYUKAN/nyukan25.html>参照)。

［資料8］ 在留特別許可に係るガイドライン

在 留 特 別 許 可 に 係 る ガ イ ド ラ イ ン

平成18年10月
平成21年7月改訂
法務省入国管理局

第1 在留特別許可に係る基本的な考え方及び許否判断に係る考慮事項

　　在留特別許可の許否の判断に当たっては、個々の事案ごとに、在留を希望する理由、家族状況、素行、内外の諸情勢、人道的な配慮の必要性、更には我が国における不法滞在者に与える影響等、諸般の事情を総合的に勘案して行うこととしており、その際、考慮する事項は次のとおりである。

積極要素

　積極要素については、入管法第50条第1項第1号から第3号（注参照）に掲げる事由のほか、次のとおりとする。
1　特に考慮する積極要素
　(1)　当該外国人が、日本人の子又は特別永住者の子であること
　(2)　当該外国人が、日本人又は特別永住者との間に出生した実子（嫡出子又は父から認知を受けた非嫡出子）を扶養している場合であって、次のいずれにも該当すること
　　ア　当該実子が未成年かつ未婚であること
　　イ　当該外国人が当該実子の親権を現に有していること
　　ウ　当該外国人が当該実子を現に本邦において相当期間同居の上、監護及び養育していること
　(3)　当該外国人が、日本人又は特別永住者と婚姻が法的に成立している場合

（退去強制を免れるために、婚姻を仮装し、又は形式的な婚姻届を提出した場合を除く。）であって、次のいずれにも該当すること
　ア　夫婦として相当期間共同生活をし、相互に協力して扶助していること
　イ　夫婦の間に子がいるなど、婚姻が安定かつ成熟していること
(4) 当該外国人が、本邦の初等・中等教育機関（母国語による教育を行っている教育機関を除く。）に在学し相当期間本邦に在住している実子と同居し、当該実子を監護及び養育していること
(5) 当該外国人が、難病等により本邦での治療を必要としていること、又はこのような治療を要する親族を看護することが必要と認められる者であること

2　その他の積極要素
(1) 当該外国人が、不法滞在者であることを申告するため、自ら地方入国管理官署に出頭したこと
(2) 当該外国人が、別表第二に掲げる在留資格（注参照）で在留している者と婚姻が法的に成立している場合であって、前記1の(3)のア及びイに該当すること
(3) 当該外国人が、別表第二に掲げる在留資格で在留している実子（嫡出子又は父から認知を受けた非嫡出子）を扶養している場合であって、前記1の(2)のアないしウのいずれにも該当すること
(4) 当該外国人が、別表第二に掲げる在留資格で在留している者の扶養を受けている未成年・未婚の実子であること
(5) 当該外国人が、本邦での滞在期間が長期間に及び、本邦への定着性が認められること
(6) その他人道的配慮を必要とするなど特別な事情があること

消極要素

消極要素については、次のとおりである。
1　特に考慮する消極要素
(1) 重大犯罪等により刑に処せられたことがあること
　〈例〉
　　・　凶悪・重大犯罪により実刑に処せられたことがあること

- 違法薬物及びけん銃等、いわゆる社会悪物品の密輸入・売買により刑に処せられたことがあること
(2) 出入国管理行政の根幹にかかわる違反又は反社会性の高い違反をしていること
〈例〉
- 不法就労助長罪、集団密航に係る罪、旅券等の不正受交付等の罪などにより刑に処せられたことがあること
- 不法・偽装滞在の助長に関する罪により刑に処せられたことがあること
- 自ら売春を行い、あるいは他人に売春を行わせる等、本邦の社会秩序を著しく乱す行為を行ったことがあること
- 人身取引等、人権を著しく侵害する行為を行ったことがあること

2　その他の消極要素
(1) 船舶による密航、若しくは偽造旅券等又は在留資格を偽装して不正に入国したこと
(2) 過去に退去強制手続を受けたことがあること
(3) その他の刑罰法令違反又はこれに準ずる素行不良が認められること
(4) その他在留状況に問題があること
〈例〉
- 犯罪組織の構成員であること

第2　在留特別許可の許否判断
　　　在留特別許可の許否判断は、上記の積極要素及び消極要素として掲げている各事項について、それぞれ個別に評価し、考慮すべき程度を勘案した上、積極要素として考慮すべき事情が明らかに消極要素として考慮すべき事情を上回る場合には、在留特別許可の方向で検討することとなる。したがって、単に、積極要素が一つ存在するからといって在留特別許可の方向で検討されるというものではなく、また、逆に、消極要素が一つ存在するから一切在留特別許可が検討されないというものでもない。

　　　主な例は次のとおり。

〈「在留特別許可方向」で検討する例〉
- 当該外国人が、日本人又は特別永住者の子で、他の法令違反がないなど在留の状況に特段の問題がないと認められること
- 当該外国人が、日本人又は特別永住者と婚姻し、他の法令違反がないなど在留の状況に特段の問題がないと認められること
- 当該外国人が、本邦に長期間在住していて、退去強制事由に該当する旨を地方入国管理官署に自ら申告し、かつ、他の法令違反がないなど在留の状況に特段の問題がないと認められること
- 当該外国人が、本邦で出生し10年以上にわたって本邦に在住している小中学校に在学している実子を同居した上で監護及び養育していて、不法残留である旨を地方入国管理官署に自ら申告し、かつ当該外国人親子が他の法令違反がないなどの在留の状況に特段の問題がないと認められること

〈「退去方向」で検討する例〉
- 当該外国人が、本邦で20年以上在住し定着性が認められるものの、不法就労助長罪、集団密航に係る罪、旅券等の不正受交付等の罪等で刑に処せられるなど、出入国管理行政の根幹にかかわる違反又は反社会性の高い違反をしていること
- 当該外国人が、日本人と婚姻しているものの、他人に売春を行わせる等、本邦の社会秩序を著しく乱す行為を行っていること

（注）　出入国管理及び難民認定法（抄）
（法務大臣の裁決の特例）
第50条　法務大臣は、前条第３項の裁決に当たって、異議の申出が理由がないと認める場合でも、当該容疑者が次の各号のいずれかに該当するときは、その者の在留を特別に許可することができる。
一　永住許可を受けているとき。
二　かつて日本国民として本邦に本籍を有したことがあるとき。
三　人身取引等により他人の支配下に置かれて本邦に在留するものであるとき。
四　その他法務大臣が特別に在留を許可すべき事情があると認めるとき。

2，3　（略）

別表第二

在留資格	本邦において有する身分又は地位
永　住　者	法務大臣が永住を認める者
日本人の配偶者等	日本人の配偶者若しくは民法（明治二十九年法律第八十九号）第八百十七条の二の規定による特別養子又は日本人の子として出生した者
永住者の配偶者等	永住者の在留資格をもって在留する者若しくは特別永住者（以下「永住者等」と総称する。）の配偶者又は永住者等の子として本邦で出生しその後引き続き本邦に在留している者
定　住　者	法務大臣が特別な理由を考慮し一定の在留期間を指定して居住を認める者

　それによると、在留特別許可の許否の判断にあたっては、個々の事案ごとに、在留を希望する理由、家族状況、素行、内外の諸情勢、人道的な配慮の必要性、さらにはわが国における不法滞在者に与える影響等、諸般の事情を総合的に勘案して行うこととされている。

　その際、積極要素および消極要素として在留特別許可に係るガイドラインに掲げている各事項について、それぞれ個別に評価し、考慮すべき程度を勘案したうえ、積極要素として考慮すべき事情が明らかに消極要素として考慮すべき事情を上回る場合には、在留特別許可の方向で検討することとしている。したがって、単に、積極要素が1つ存在するからといって在留特別許可の方向で検討されるというものではなく、また、逆に、消極要素が1つ存在するから一切在留特別許可が検討されないというものでもない。詳細については、［資料8］「在留特別許可に関するガイドライン」を参照されたい。

（鈴木康徳／南淵　聡）

第7章

人材派遣
をめぐる許認可手続

第 7 章　人材派遣をめぐる許認可手続

I　申請手続

1　労働者派遣法の基本的視点

　労働者派遣事業の適正な運営の確保及び派遣労働者の就業条件の整備に関する法律（以下、「労働者派遣法」という）は、その目的として、「労働力の需給の適正な調整」と「派遣労働者の雇用の安定その他福祉の増進」を掲げている（労派 1 条）。

　労働者派遣法によれば、労働者派遣とは、「自己の雇用する労働者を、当該雇用関係の下に、かつ、他人の指揮命令を受けて、当該他人のために労働に従事させることをいい、当該他人に対し当該労働者を当該他人に雇用させることを約してするものを含まないもの」と定義されている（労派 2 条 1 号）が、これは、通常の雇用契約に比べると、派遣元との間に雇用関係を残しつつ派遣先の指揮命令に服するという点において、極めて特殊な雇用形態であるということができる。

　すなわち、通常の雇用に比べて、派遣労働者が、派遣元事業主と派遣先事業主との双方の間に関係を生ずるがゆえに、派遣労働者の地位が不安定になりやすいといえる。このため、労働基準法等関係法令の遵守をどのように図るかが課題となる。

　また、労働形態が一時的であるため、会社との関係が希薄になりやすく、この点においては、派遣労働者の数が増大すれば、社会問題ともなる契機を含んでいる。

　労働者派遣法は、労働者の特殊な労働形態に関する規制であり、法適合性の確保を図るとともに、当該規制により、派遣労働者が路頭に迷うことのないような配慮をすることもまた必要となるというべきであろう。

2　労働者派遣事業の種類

労働者派遣事業の種類には、次の2種類がある（労派2条4号・5号、5条以下、16条以下）。

(1)　一般労働者派遣事業

特定労働者派遣事業以外の労働者派遣事業をいい、たとえば登録型や臨時・日雇の労働者を派遣する事業がこれに該当する。

一般労働者派遣事業を行うには、厚生労働大臣の許可を受けなければならない。

(2)　特定労働者派遣事業

常用雇用労働者だけを労働者派遣の対象として行う労働者派遣事業をいう。特定労働者派遣事業を行うには、厚生労働大臣に届出をしなければならない。

3　労働者派遣事業の禁止

〈表8〉の業務については、労働者派遣事業は禁止されている（労派4条、労派令1条、2条）。

〈表8〉　労働者派遣事業を行うことを禁止されている業務

①　港湾運送業務
②　建設業務
③　警備業務
④　病院等における医療関係の業務
⑤　人事労務管理関係のうち、派遣先において団体交渉または労働基準法に規定する協定の締結等のための労使協議の際に使用者側の直接当事者として行う業務
⑥　弁護士、外国法事務弁護士、司法書士、土地家屋調査士、公認会計士（一部業務は除く）、税理士（一部業務は除く）、弁理士（一部業務は除く）、社会保険労務士（一部業務は除く）または行政書士（一部業務は除く）の業務
⑦　建築士事務所の管理建築士の業務

また、労働者派遣にあたっては、原則として派遣受入期間が設けられ、これを超えて派遣業務の提供を受けてはならないこととなっている（労派40条の2第1項）。しかし、以下の業務で労働者派遣を行う場合は、派遣受入期間の制限を受けない（同条カッコ書き、労派令4条）。

<表9>　派遣受入期間の制限を受けない業務（労派令4条）

> 情報処理システム開発（1号）／機械設計（2号）／放送機器操作（3号）／放送番組等の制作（4号）／機器操作（5号）／通訳、翻訳、速記（6号）／秘書（7号）／ファイリング（8号）／調査（9号）／財務（10号）／貿易（11号）／デモンストレーション（12号）／添乗（13号）／建築物清掃（14号）／建築設備運転等（15号）／受付・案内、駐車場管理等（16号）／研究開発（17号）／事業の実施体制の企画、立案（18号）／書籍等の制作・編集（19号）／広告デザイン（20号）／インテリアコーディネーター（21号）／アナウンサー（22号）／OAインストラクション（23号）／テレマーケティングの営業（24号）／セールスエンジニアの営業、金融商品の営業（25号）／放送番組等における大道具・小道具（26号）

4　一般労働者派遣事業の許可

(1) 許可申請

(ア) 添付書類

一般労働者派遣事業を行おうとする場合は、次に掲げる書類を事業主の主たる事務所を管轄する都道府県労働局（以下、「事業主管轄労働局」という）を経由して厚生労働大臣に提出しなければならない（労派5条）。

① 一般労働者派遣事業許可申請書（様式第1号）【書式35】3通（正本1通、写し2通）

② 一般労働者派遣事業計画書（様式第3号）【書式36】3通（正本1通、写し2通）

③ 法人の場合は、下記ⓐ～ⓕに掲げる添付書類2通（正本1通、写し1

通)
　　ⓐ　定款または寄附行為
　　ⓑ　登記事項証明書
　　ⓒ　役員の住民票（本籍地の記載のあるもの。外国人にあっては、外国人登録証明書）の写しおよび履歴書
　　ⓓ　貸借対照表および損益計算書
　　ⓔ　法人税の納税申告書（別表1および4）の写し
　　ⓕ　法人税の納税証明書（その2所得金額）
④　個人の場合は、下記ⓐ〜ⓕに掲げる添付書類2通（正本1通、写し1通）
　　ⓐ　住民票（本籍地の記載のあるもの。外国人にあっては、外国人登録証明書）の写し
　　ⓑ　所得税の納税申告書の写し
　　ⓒ　所得税の納税証明書（その2所得金額）
　　ⓓ　預金残高証明書
　　ⓔ　不動産の登記事項証明書
　　ⓕ　固定資産税評価額証明書（資産）
⑤　事業所の使用権を証する書類（賃貸借契約書等）2通（正本1通、写し1通）
⑥　派遣元責任者の住民票の写しおよび履歴書2通（正本1通、写し1通）
⑦　個人情報適正管理規程2通（正本1通、写し1通）
　なお、②および⑤〜⑦は、一般労働者派遣事業を行う事業所ごとに作成・提出する必要がある。

第7章　人材派遣をめぐる許認可手続

【書式35】　一般労働者派遣事業許可申請書

様式第1号（第1面）　　　　　　　　　　　　　　　　　　　　　　（日本工業規格A列4）

※	許　可　番　号			
※	許　　　可 許可有効期間更新	年月日	年　　月　　日	

一般労働者派遣事業 許　可／~~許可有効期間更新~~ 申請書

　　　　　　　　　　　　　　　　　　　　平成××年　×月　　　日

厚　生　労　働　大　臣　殿

　　　　　　　　　　　　　　　株式会社××××
　　　　　　　　　　　　申請者　代表取締役　××××　㊞

労働者派遣事業の適正な運営の確保及び派遣労働者の就業条件の整備等に関する法律 第5条第1項／~~第10条第2項~~ の規定により
下記のとおり 許　可／~~許可有効期間更新~~ を申請します。
　申請者（法人にあっては役員を含む。）は、労働者派遣事業の適正な運営の確保及び派遣労働者の就業条件の整備等に関する法律第6条各号（個人にあっては第1号から第5号まで）のいずれにも該当せず、同法第36条の規定により選任する派遣元責任者は、未成年者に該当せず、かつ、同法第6条第1号から第4号までのいずれにも該当しないことを誓約します。

（ふりがな）	かぶしきがいしゃ　×××××		
1　氏名又は名称	株　式　会　社　×××××		
2　住　　　所	〒（×××－××××） ××県××市××区×一丁目×番×号 　　　　　　　　　　　　（×××）×××－××××・××××		
3　役員の氏名、役名及び住所（法人の場合）			
（ふりがな） 氏　　名	役　名	住　　所	
代表者	×××　××× ××　××	代表取締役	××県××市××区×一丁目×番×号

収入印紙
（消印しては
ならない。）

様式第1号(第2面) （日本工業規格A列4）

4 一般労働者派遣事業を行う事業所に関する事項				
①事業所の名称（ふりがな）		②事業所の所在地		
かぶしきがいしゃ　××××× 株　式　会　社　　××××		〒(×××－××××) ××県××市××区×一丁目×番×号×××ビル×階×××号 （×××）×××－××××・×××		
③派遣元責任者の氏名、職名及び住所				
氏　名（ふりがな）	職　名	住　所		備考
××× ××× ×××	業務課長	××県××市××区×一丁目×番×号		
④特定製造業務への労働者派遣の実施の有無		有	(無)	
⑤備考 　　　　××××：平成××年×月××日　東京都にて派遣元責任者講習受講				
※				
①事業所の名称（ふりがな）		②事業所の所在地		
		〒(　　　　　　) （　　　　　　）－		
③派遣元責任者の氏名、職名及び住所				
氏　名（ふりがな）	職　名	住　所		備考
④特定製造業務への労働者派遣の実施の有無		有	無	
⑤備考				
※				
5 許可年月日	年　　月　　日		6 許可番号	
7 事業開始予定年月日	平成××年××月　1日			
その他 　　　　　　　（担当）××××：　　　　　　連絡先（　）－　　FAX（　）－				

323

第7章 人材派遣をめぐる許認可手続

【書式36】 一般労働者派遣事業計画書

様式第3号(第1面) （日本工業規格A列4）

一般労働者派遣事業
~~特定労働者派遣事業~~ 計画書

1 事業所の名称　　株式会社××××
2 計画対象期間　　平成××年　××月　1日から　平成××年　3月　31日まで
3 派遣労働者雇用等計画

① 派遣労働者の数（人）	常用雇用労働者	0	常用雇用労働者以外の労働者	30（100）
② 雇用保険及び社会保険の加入の状況	㊂雇用保険　㊂健康保険　㊂厚生年金保険		③ 労働保険番号	1234567890

4 労働者派遣計画

① 労働者派遣の役務の提供を受ける者の確保の対象地域及び労働者派遣に関する料金	対象地域	神奈川・東京 埼玉・千葉	平均的な1人1日（8時間）当たりの額（円）	12,000円
② 海外派遣の予定の有無	有　㊂無			
③ 指揮命令の系統	社長 → 派遣元責任者 → 派遣元責任者の代行者 → 派遣従業員／登録者			
④ 派遣元責任者の職務代行者の氏名	×× ××		⑤ 登録者関係従事者数（人）	2

5 派遣労働者等教育訓練計画
　(1) 教育訓練に用いる施設、設備等の概要
　　当事業所にて実施、ＰＣ×台
　(2) 教育訓練に係る責任者の氏名
　　×　×　×　×
　(3) 教育訓練計画の内容

① 教育訓練の種類	② 対象者	③ 実施予定人員（人）	④ 方法 OJT	④ 方法 Off-JT	⑤ 実施主体 派遣元事業主	⑤ 実施主体 他の教育訓練機関への委託	⑤ 実施主体 その他	⑥ 実施予定期間	⑦ 派遣労働者の費用負担の有無	備考
			（賃金支給の状況）							
派遣労働入門研修	新規登録者	5	○／有給 ㊂無給		○			4時間	有 ㊂無	
パソコン基本研修	新規登録者	5	○／有給 ㊂無給		○			6時間	有 ㊂無	
パソコン応用研修	登録者および派遣従業員	5	○／有給 ㊂無給		○			12時間	有 ㊂無	

Ⅰ　申請手続

様式第3号(第2面)			(日本工業規格A列4)
6　事業所の床面積（㎡）		××.××㎡	

7　資産等の状況

区分		価　額　（円）	摘　要
資産	現金・預金		
	土地・建物		
	その他		
	計		
負債	計		

8　株主の状況

	氏名又は名称	所有株式数	割合（％）
1	××××	×××株	××.××％
2	××××	×××株	××.××％
3	××××	×××株	××.××％
4	××××	××株	×.××％
5	××××	××株	×.××％
その他の株主（　0　名）			×.××％
合　　計（　5　名）		×××株	100％

9　民営職業紹介事業との兼業の有無　　　有　　㊺無

10　特定労働者派遣事業／一般労働者派遣事業　の実施の有無　　有　　㊺無

(イ)　添付書類に関する留意事項

　まず、上記(ア)③ⓒ④ⓐおよび⑥の住民票の写しの交付を市区町村長に請求する場合には、必ず請求事由として、労働者派遣事業実施のために必要である旨を記載する（外国人は、外国人登録証明書が住民票の写しに相当する）。

　また、上記(ア)③ⓒおよび⑥の履歴書には、氏名、生年月日、現住所、職歴（雇用管理歴がある場合には、雇用管理歴を記載）、役職員への就任解任の状況、賞罰について記載する。

　なお、派遣元責任者は、許可の申請に先立って、派遣元責任者講習を受講しなければならない。

　許可申請書には、手数料（［12万円＋5万5000千円×（一般労働者派遣事業を行

325

う事業所数−1)］）としての収入印紙および登録免許税（9万円）の納付に係る領収証書を貼付する必要がある。（登録免許税法3条、同法別表第1第81号）。

(2) 許可の基準

下記に掲げる㋐から㋖までのすべてに適合していると認められれば、一般労働者派遣事業の許可がなされる（労派7条1項）。

㋐ 当該事業がもっぱら労働者派遣の役務を特定の者に提供することを目的として行われるものでないこと

まず、労働者派遣法48条2項の勧告の対象とならないものであること、すなわち、「当該事業が専ら労働者派遣の役務を特定の者に提供することを目的として行われるもの（雇用の機会の確保が特に困難であると認められる労働者の雇用の継続等を図るために必要であると認められる場合として厚生労働省令で定める場合において行われるものを除く。）」でないことが必要である。

「専ら労働者派遣の役務を特定の者に提供することを目的とする」とは、特定の者に対してのみ当該労働者派遣を行うことを目的として事業運営を行っているものであって、それ以外の者に対して労働者派遣を行うことを目的としていない場合である。また、「厚生労働省令で定める場合」とは、当該労働者派遣事業を行う派遣元事業主が雇用する派遣労働者のうち、10分の3以上の者が60歳以上の者（他の事業主の事業所を60歳以上の定年により退職した後雇い入れられた者に限る）である場合である。

なお、「専ら労働者派遣の役務を特定の者に提供することを目的として行うものではないこと」を、一般労働者派遣事業の許可条件として付することに留意する必要がある。

㋑ 申請者が当該事業の派遣労働者に係る雇用管理を適正に行うに足りる能力を有するものであること

派遣労働事業においては、派遣労働者を雇用する者と指揮命令する者が分離するという特性を有することから、事業者に対して派遣労働者に対する適切な雇用管理能力を要求し、派遣労働者の保護および雇用の安定を図る必要があることから、本要件を求めている。

「派遣労働者に係る雇用管理を適正に行うに足りる能力」とは、具体的には、以下の判断を経てその要件を満たしているかを判断される。
(A) 派遣元責任者に関する判断
派遣元責任者には、以下の2要件が満たされているかが判断される。
① 派遣元責任者として雇用管理を適正に行い得る者が所定の要件および手続に従って適切に選任、配置されていること
具体的には、下記ⓐ～ⓚの要件を満たす必要がある。
　ⓐ 労働派遣法36条の規定により未成年者でなく、同法6条1号から4号までに掲げる欠格事由のいずれにも該当しないこと
　ⓑ 労働派遣法施行規則29条で定める要件、手続に従って派遣元責任者の選任がなされていること
　ⓒ 住所および居所が一定しない等生活根拠が不安定なものでないこと
　ⓓ 適正な雇用管理を行ううえで支障がない健康状態であること
　ⓔ 不当に他人の精神、身体および自由を拘束するおそれのない者であること
　ⓕ 公衆衛生または公衆道徳上有害な業務に就かせる行為を行うおそれのない者であること
　ⓖ 派遣元責任者となり得る者の名義を借用して、許可を得ようとするものでないこと
　ⓗ 成年に達した後、3年以上の雇用管理の経験を有する者（「雇用管理の経験」とは、人事または労務の担当者（事業主（法人の場合はその役員）、支店長、工場長その他事業所の長等労働基準法41条2号の「監督若しくは管理の地位にある者」を含む）であったと評価できること、または労働者派遣事業における派遣労働者もしくは登録者等の労務の担当者（労働者派遣法施行前のいわゆる業務処理請負業における派遣的労働者の労務の担当者を含む）であったことをいう）であること
　ⓘ 職業安定局長に開催を申し出た者が実施する「派遣元責任者講習」を受講（許可の申請の受理の日前3年以内の受講に限る）した者である

こと
- ⓙ 外国人にあっては、原則として、出入国管理及び難民認定法別表第1の1および2の表並びに別表第2の表のいずれかの在留資格を有する者であること
- ⓚ 派遣元責任者が苦情処理等の場合に、日帰りで往復できる地域に労働者派遣を行うものであること
- ② 派遣元責任者が不在の場合の臨時の職務代行者があらかじめ選任されていること

(B) 派遣元事業主に関する判断

派遣元事業主（法人の場合はその役員を含む）には、派遣労働者の福祉の増進を図ることが見込まれる等適正な雇用管理を期待し得ることを要する。

下記①〜⑥が満たされれば、この要件を充足するものといえる。
- ① 労働保険、社会保険の適用等派遣労働者の福祉の増進を図ることが見込まれるものであること
- ② 住所および居所が一定しない等生活根拠が不安定なものでないこと
- ③ 不当に他人の精神、身体および自由を拘束するおそれのない者であること
- ④ 公衆衛生または公衆道徳上有害な業務に就かせる行為を行うおそれのない者であること
- ⑤ 派遣元事業主となり得る者の名義を借用して許可を得るものではないこと
- ⑥ 外国人にあっては、原則として、入管法別表第1の2の表の「投資・経営」もしくは別表第2の表のいずれかの在留資格を有する者、または資格外活動の許可を受けて派遣元事業主としての活動を行う者であること

なお、海外に在留する派遣元事業主については、この限りではない。

(C) 教育訓練に関する判断

「派遣労働者に係る雇用管理を適正に行うに足りる能力」とは、派遣労働

者に対する教育訓練も含まれる。これは、以下の要件が満たされることによって充足される。

① 派遣労働者（登録者を含む）に対する能力開発体制（適切な教育訓練計画の策定、教育訓練の施設、設備等の整備、教育訓練の実施についての責任者の配置等）が整備されていること

当該要件を満たすためには、次のいずれにも該当することが必要である。

　ⓐ 派遣労働者に係る教育訓練に関する計画が適切に策定されていること
　ⓑ 教育訓練を行うに適した施設、設備等が整備され、教育訓練の実施について責任者が配置される等能力開発体制の整備がなされていること

② 派遣労働者に受講を義務づけた教育訓練について費用を徴収するものでないこと

　㈦ **個人情報を適正に管理し、派遣労働者等の秘密を守るために必要な措置が講じられていること**

業務の過程で得た派遣労働者等の個人情報を管理する能力を要求することにより、派遣労働者等の個人情報を適正に管理し、秘密を守るため、次のような事項につき判断する。

(A) 個人情報管理の事業運営に関する判断

派遣労働者となろうとする者および派遣労働者（以下、「派遣労働者等」という）の個人情報を適正に管理するための事業運営体制が整備されていることを要する。

当該要件を満たすためには、次のいずれにも該当し、これを内容に含む個人情報適正管理規程を定めていることが必要である。

① 派遣労働者等の個人情報を取り扱う事業所内の職員の範囲が明確にされていること
② 業務上知り得た派遣労働者等に関する個人情報を業務以外の目的で使用したり、他に漏らしたりしないことについて、職員への教育が実施さ

れていること
③　派遣労働者等から求められた場合の個人情報の開示または訂正（削除を含む。以下同じ）の取扱いに関する事項についての規定があり、かつ当該規定について派遣労働者等への周知がなされていること
④　個人情報の取扱いに関する苦情の処理に関する派遣元責任者等による事業所内の体制が明確にされ、苦情を迅速かつ適切に処理することとされていること

　③における開示しないこととする個人情報としては、当該個人に対する評価に関する情報が考えられる。また、④においては、苦情処理の担当者等取扱責任者を定めることを要する。
　個人情報適正管理規程については、以下の点に留意するものとする。
　　ⓐ　派遣元事業主は、①から④までに掲げる規程を含む個人情報適正管理規程を作成するとともに、自らこれを遵守し、かつ、その従業者にこれを遵守させなければならないものとする。
　　ⓑ　派遣元事業主は、本人が個人情報の開示または訂正の求めをしたことを理由として、当該本人に対して不利益な取扱いをしてはならないものとする。

　ⓑの「不利益な取扱い」とは、具体的には、たとえば、以後派遣就業の機会を与えないこと等をいう。
　派遣元事業主が、個人情報の収集、保管および使用するに際しては、以下の点に留意する必要がある。
　まず、派遣元事業主は、派遣労働者となろうとする者の登録をする際には当該労働者の希望および能力に応じた就業の機会の確保を図る範囲内で、派遣労働者として雇用し労働者派遣を行う際には当該派遣労働者の適正な雇用管理を行う目的の範囲内で、派遣労働者等の個人情報（以下、㈦において単に「個人情報」という）を収集することとし、①人種、民族、社会的身分、門地、本籍、出生地その他社会的差別の原因となるおそれのある事項（たとえば、家族の職業、収入、本人の資産等の情報（税金、社会保険の取扱い等労務

管理を適切に実施するために必要なものを除く）や容姿、スリーサイズ等差別的評価につながる情報等）、②思想および信条（たとえば、関係人生観、生活信条、支持政党、購読新聞・雑誌、愛読書）、③労働組合への加入状況（関係労働運動、学生運動、消費者運動その他社会運動に関する情報）等の個人情報を収集してはならない。ただし、特別な業務上の必要性が存在することその他業務の目的の達成に必要不可欠であって、収集目的を示して本人から収集する場合はこの限りではない。

　「業務の目的の達成に必要な範囲」については、雇用することを予定する者を登録する段階と、現に雇用する段階では、異なることに留意する必要がある。前者においては、たとえば、労働者の希望職種、希望勤務地、希望賃金、有する能力・資格など適切な派遣先を選定するうえで必要な情報がこれにあたり、後者においては、給与事務や労働・社会保険の手続上必要な情報がこれにあたるものである。

　なお、一部に労働者の銀行口座の暗証番号を派遣元事業主が確認する事例がみられるが、これは通常、「業務の目的の達成に必要な範囲」に含まれるとは解されない。

　次に、派遣元事業主は、個人情報を収集する際には、本人から直接収集し、または本人の同意の下で本人以外の者から収集する等適法かつ公正な手段によらなければならないものとする。なお、この「等」には本人が不特定多数に公表している情報から収集する場合が含まれる。

　また、派遣元事業主は、高等学校もしくは中等教育学校または中学校の新規卒業予定者である派遣労働者となろうとする者から応募書類の提出を求めるときは、職業安定局長の定める書類（全国高等学校統一応募用紙または職業相談票（乙））により提出を求めるものとされる。

　当該応募書類は、新規卒業予定者だけでなく、卒業後1年以内の者についてもこれを利用することが望ましい。

　さらに、個人情報の保管または使用は、収集目的の範囲に限られる。なお、派遣労働者として雇用し労働者派遣を行う際には、労働者派遣事業制度の性

質上、派遣元事業主が派遣先に提供することができる派遣労働者の個人情報は、労働者派遣法35条の規定により派遣先に通知すべき事項のほか、当該派遣労働者の業務遂行能力に関する情報に限られるものであるものとする。ただし、他の保管または使用の目的を示して本人の同意を得た場合または他の法律に定めのある場合は、この限りではない。

(B)　個人情報管理の措置に関する判断

派遣労働者等の個人情報を適正に管理するための措置が講じられていることを要する。この要件を満たすためには、下記①～④のいずれにも該当することが必要である。

① 個人情報を目的に応じ必要な範囲において正確かつ最新のものに保つための措置が講じられていること
② 個人情報の紛失、破壊および改ざんを防止するための措置が講じられていること
③ 派遣労働者等の個人情報を取り扱う事業所内の職員以外の者による派遣労働者等の個人情報へのアクセスを防止するための措置が講じられていること
④ 収集目的に照らして保管する必要がなくなった個人情報を破棄または削除するための措置が講じられていること

④の措置の対象としては、本人からの破棄や削除の要望があった場合も含むものである。

「適正管理」といえるためには、派遣元事業主は、その保管または使用に係る個人情報に関し適切な措置（上記①から④まで）を講ずるとともに、派遣労働者等からの求めに応じ、当該措置の内容を説明しなければならず、派遣元事業主等が、派遣労働者等の秘密に該当する個人情報を知り得た場合には、当該個人情報が正当な理由なく他人に知られることのないよう、厳重な管理を行わなければならない。

「個人情報」とは、個人を識別できるあらゆる情報をいうが、このうち「秘密」とは、一般に知られていない事実であって（非公知性）、他人に知ら

れないことにつき本人が相当の利益を有すると客観的に認められる事実（要保護性）をいうものである。具体的には、本籍地、出身地、支持・加入政党、政治運動歴、借入金額、保証人となっている事実等が秘密にあたりうる。

　(エ)　(イ)および(ウ)のほか、**申請者が当該事業を的確に遂行するに足りる能力を有するものであること。**

　一般労働者派遣事業を的確、安定的に遂行するに足りる財産的基礎、組織的基礎や当該事業に適した事業所の確保等一定以上の事業遂行能力を要求することにより、労働者派遣事業を労働力需給調整システムの1つとして適正かつ有効に機能させ、派遣労働者の保護および雇用の安定を図るため、次のような事項につき判断する。

　(A)　財産的基礎に関する判断（事業主（法人または個人）単位で判断）

　財産的基礎については、下記①～③の要件を満たした場合に充足するものとする。

①　資産（繰延資産および営業権を除く）の総額から負債の総額を控除した額（2000万円以上、以下、「基準資産額」という）に当該事業主が一般労働者派遣事業を行う（ことを予定する）事業所の数を乗じた額以上であること

　これは、厚生労働省令により提出することとなる貸借対照表または一般労働者派遣事業計画書（様式第3号）の「7　資産等の状況」欄により確認される。

　「繰延資産」とは、会社計算規則106条3項5号に規定する繰延資産をいい、「営業権」とは、無形固定資産の1つである会社計算規則第2編第2章第2節の「のれん」をいう。

　上記により算定される基準資産額について、事業主から増加する旨の申し立てがあったときは、ⓐ市場性のある資産の再販売価格の評価額が、基礎価額を上回る旨の証明があった場合（たとえば、固定資産税の評価額証明書等による）、ⓑ公認会計士または監査法人による監査証明を受けた中間決算による場合、ⓒ増資等があったことが証明された場合に限り、

当該増加後の額を基準資産額とする。
② 基準資産額は、負債の総額の7分の1以上であること
③ 事業資金として自己名義の現金・預金の額（1500万円以上）に当該事業主が一般労働者派遣事業を行う（ことを予定する）事業所の数を乗じた額以上であること

　これは、厚生労働省令により提出することとなる貸借対照表または一般労働者派遣事業計画書（様式第3号）の「7 資産等の状況」欄により確認される。

　事業主から自己名義の現金・預金の額が増加する旨の申し立てがあったときは、提出された預金残高証明書により普通預金、定期預金等に当該残高を確認できた場合（複数の預金残高証明書を用いる場合は、同一日付のものに限る）に限り、当該増加後の額を自己名義の現金・預金の額として認められる。

職業安定法45条に規定する厚生労働大臣の許可を受け、労働者供給事業を行う労働組合等から供給される労働者を対象として、一般労働者派遣事業を行うことを予定する場合については、①において「1千万円」を「500万円」と、②において「800万円」を「400万円」と読み替えて適用する。

(B) 組織的基礎に関する判断

人材派遣事業を行うにあたっては、一般労働者派遣事業に係る指揮命令の系統が明確であり、登録者数に応じた適当な数の職員が配置される等組織体制が整備されていることを要する。この要件を満たすためには、次のいずれにも該当することが必要である。

① 一般労働者派遣事業に係る組織における指揮命令の系統が明確であり、指揮命令に混乱の生ずるようなものではないこと
② 登録制を採用している場合にあっては、登録者数（1年を超える期間にわたり雇用されたことのない者を除く）300人あたり1人以上の登録者に係る業務に従事する職員が配置されていること

②にいう「職員」とは、派遣元責任者と兼任であっても差し支えない。

(C) 事業所に関する判断

事業所について、事業に使用し得る面積がおおむね20m²以上あるほか、その位置、設備等からみて、一般労働者派遣事業を行うのに適切であることを要する。この要件を満たすためには、次のいずれにも該当することが必要である。

① 風俗営業等の規制及び業務の適正化等に関する法律（以下、「風営法」という）で規制する風俗営業や性風俗特殊営業等が密集するなど事業の運営に好ましくない位置にないこと
② 事業に使用し得る面積がおおむね20m²以上あること

(D) 適正な事業運営に関する判断

一般労働者派遣事業を当該事業以外の会員の獲得、組織の拡大、宣伝等他の目的の手段として利用しないこと、登録に際しいかなる名義であっても手数料に相当するものを徴収しないこと等法の趣旨に沿った適切な事業運営を行うものであることを要する。この要件を満たすためには、下記①～⑥いずれにも該当することが必要である。

① 労働者派遣事業において事業停止命令を受けた者が、当該停止期間中に、許可を受けようとするものではないこと
② 法人にあっては、その役員が、個人事業主として労働者派遣事業について事業停止命令を受け、当該停止期間を経過しない者ではないこと
③ 一般労働者派遣事業を当該事業以外の会員の獲得、組織の拡大、宣伝等他の目的の手段として利用するものではないこと

　　許可申請関係書類として提出された定款または寄附行為および登記簿の謄本については、その目的の中に「一般労働者派遣事業を行う」旨の記載があることが望ましいが、当該事業主の行う事業の目的中の他の項目において一般労働者派遣事業を行うと解釈される場合においては、一般労働者派遣事業を行う旨の明示的な記載は要しないとされている。

　　なお、定款または寄附行為および登記簿の謄本の目的の中に適用除外業務について労働者派遣事業を行う旨の記載がある場合については、そ

のままでは許可ができないものであるので留意が必要である。
④ 登録制度を採用している場合において、登録に際し、いかなる名義であっても手数料に相当するものを徴収するものではないこと
⑤ 自己の名義をもって、他人に一般労働者派遣事業を行わせるために、許可を得ようとするものではないこと
⑥ 労働者派遣法25条の規定の趣旨に鑑み、人事労務管理業務のうち、派遣先における団体交渉または労働基準法に規定する協定の締結等のための労使協議の際に使用者側の直接当事者として行う業務について労働者派遣を行おうとするものではないこと

なお、当該業務について労働者派遣を行おうとするものではないことを一般労働者派遣事業の許可条件として付するものであることに留意が必要である。

(オ) **民営職業紹介事業と兼業する場合の許可の要件**

一般労働者派遣事業と民営職業紹介事業の許可の要件をともに満たす限りにおいて兼業が認められるものであるが、同一の事業所内において兼業を行おうとする場合は、上記に加え、事業運営の区分に関する判断につき、派遣労働者に係る個人情報と求職者に係る個人情報が別個に管理されること等事業運営につき明確な区分がなされていることを要し、当該要件を満たすためには、次のいずれにも該当することが必要である。

① 労働者の希望に基づき個別の申込みがある場合を除き、同一の者について労働者派遣に係る登録と求職の申込みの受付を重複して行わず、かつ、相互に入れ換えないこと
② 派遣の依頼者または求人者の希望に基づき個別の申込みがある場合を除き、派遣の依頼と求人の申込みを重複して行わず、かつ、相互に入れ換えないこと
③ 派遣労働者に係る個人情報と求職者に係る個人情報が別個に作成され別個に管理されること
④ 派遣の依頼者に係る情報と求人者に係る情報が別個に管理されること

⑤ 労働者派遣の登録のみをしている派遣労働者に対して職業紹介を行わないこと、かつ求職申込みのみをしている求職者について労働者派遣を行わないこと
⑥ 派遣の依頼のみを行っている者に対して職業紹介を行わないこと、かつ求人申込みのみをしている求人者について労働者派遣を行わないこと
⑦ 紹介予定派遣を行う場合を除き、求職者に対して職業紹介する手段として労働者派遣をするものではないこと

(カ) 海外派遣を予定する場合の許可の要件

海外派遣業務を行う場合には、上記(ア)から(エ)までに掲げる要件のほか、さらに次の事項につきあわせて判断すること（これは労働者派遣法7条1項各号の要件に基づくものである）。

① 派遣元責任者が派遣先国の言語および労働事情に精通するものであること

派遣先国の言語とは、派遣先国で一般的に通用する言語（例、英語、仏語等）を含み、必ずしも派遣先の現地語に限られない。

② 海外派遣に際し派遣労働者に対してガイダンスを実施すること、**海外の事業所との連絡体制が整備されていること**等派遣労働者の海外における適正な就業のための体制が整備されていること

海外の事業所とは派遣先の事業所をいう。

(キ) 労働政策審議会への諮問

一般労働者派遣事業の許可申請については、労働政策審議会（労働力需給制度部会）へ諮問のうえ、許可または不許可の処分を行うこととなるが（労派5条5項）、同審議会は原則として毎月1回開催することとしているため、これに応じて、前月末までに本省に到達した許可申請は、当月の労働政策審議会（労働力需給制度部会）へ諮問する。

(3) **許可および不許可処分**

許可申請の許可を行ったときは、一般労働者派遣事業許可証（様式第4号）を作成し事業主管轄労働局を経由して、一般労働者派遣事業を行う事業所の

数に応じ申請者に交付する（労派8条1項、同法施行規則2条）。

　許可申請につき、不許可としたときは、遅滞なく、次の様式による一般労働者派遣事業不許可通知書を作成し、事業主管轄労働局を経由して申請者に交付する（労派7条2項）。許可および不許可に際しては、あわせて一般労働者派遣事業許可申請書（様式第1号）の写しおよび一般労働者派遣事業計画書（様式第3号）の写しそれぞれ1通を申請者に控えとして交付する。

5　派遣元事業主が法律違反を行った場合

(1)　許可の取消しまたは事業停止命令等を受ける場合

　次の場合、許可の取消し、事業廃止命令または事業停止命令を受けることがある。

① 　欠格事由に該当するとき
② 　労働者派遣法または職業安定法に違反したとき
③ 　許可条件に違反したとき

　また、労働関係法に違反した場合には、改善命令を受ける場合がある（労派49条1項）。さらに、派遣労働者の適正な就業を確保するために、必要に応じ指導、助言を受けることがある（同法48条1項）。また、もっぱら特定の者に役務の提供を行うことを目的として労働者派遣事業を行うときには、目的または内容の変更について勧告を受けることがある（派遣労働者に占める60歳以上の定年退職者が、3割以上である場合には勧告の対象とはならない。同条2項）。

　なお、許可を受けずまたは届出をせずに労働者派遣事業を行ったときは、罰則の対象となる（労派59条、60条）。

　また、派遣先が派遣受入期間の制限に違反した場合には、派遣先への是正のための指導、雇入れ勧告、公表の制度がある（労派49条の2）。

(2)　取消事例

　人材派遣事業においては、その許可取消し事例は非常に少ない。これは、特定派遣業であれば、派遣労働者は、通常の労働者に復帰できるが、一般派

遣業では、別の派遣事業者に登録しなおさなければならず、派遣労働者が路頭に迷う危険や労働者の保護を考慮した結果等を考慮したものではないかと思われる。

　(ア)　許可取消事例①

　平成16年12月から平成18年8月までの間、従業員3人への残業代を支払わなかったところ、労働基準法違反（割増賃金の未払いの禁止）の罪で福岡簡易裁判所から罰金の略式命令を受けたことにより、一般労働者派遣事業の許可が取り消された。

　(イ)　許可取消事例②

　平成17年10月から平成18年10月にかけ、警備会社と派遣契約を結び、登録労働者を計9回派遣、スーパーなどで駐車場の交通誘導業務に従事させたことにより、労働者派遣法が禁止している警備業への労働者派遣で罰金刑を受けたことにより、許可が取り消された。

II　法的問題点

《事例⑦-1》

　甲社は、厚生労働大臣より、一般労働者派遣事業の許可（コンピュータ・プログラマーの派遣）を取得し、労働者派遣事業を営んでいたが、同社の乙営業所において労働基準法違反が発覚したため、厚生労働大臣より、管轄労働局経由で、廃止届出書を提出するようにとの行政指導を受けた。

　しかし甲社は、問題となった労働基準法違反については、軽微なものであり、また再発防止のための社内における是正措置も講じたとして、廃止届出書を出すつもりはないとの態度を表明したところ、許可の取消処分を行うことになるとの通告を受けた。

　甲社は、許可の取消しを行わないよう要請したが、認められそうもない。そこで、甲社としては、許可の取消処分が行われないようにするた

めに、いかなる法的手段をとることができるか。

参考判例：東京地判平成18・10・20判例集未登載（平成18（行ウ）145）

1 差止めの訴え

(1) 許可の取消し

㈠ 行政処分としての許可の取消し

甲社のような一般派遣元事業主が、労働者派遣法に違反する行為をした場合、許可の取消し（労派14条1項）、事業停止命令（同条2項）および改善命令（同法49条1項）などの行政処分の対象になり、許可の取消しにあたっては聴聞がなされる。

労働者派遣事業の許可は、複数の事業所があっても事業所ごとではなく、事業主ごとになされるものであり、許可の取消処分がなされると、以後、すべての事業所において労働者派遣事業を行うことはできず、これを無視して労働者派遣事業を行えば、1年以下の懲役または100万円以下の罰金の対象になる（労派59条2号）。

㈣ 許可の取消しがなされる場合

厚生労働大臣は、一般派遣元事業主が次のいずれかに該当するときに許可を取り消すことができる（労派14条1項）。

① 許可の欠格事由（労派6条各号（4号を除く））

② 労働者派遣法（第3章第4節を除く）または職業安定法に違反したとき

③ 許可条件（労派9条1項）の違反

①の許可の欠格事由には、一般派遣元事業主が禁固以上の刑や、法や労働に関する法律の規定であって政令で定める規定などに違反して罰金に処せられた場合などがあり、この違反事由には、派遣元事業主が割増賃金を支払わなかった場合や派遣先において派遣労働者に労働時間・休憩時間、年少者の深夜業などの労働基準法違反の労働をさせた場合も含まれる（労派令3条1

(ウ) 講学上の「撤回」の意味

労働者派遣事業の許可の取消しは、「取消し」という用語が使われているが、講学上、「撤回」としての意味である。

ここで行政行為の「撤回」とは、有効に成立した行政行為の効力を、その後に生じた事情を理由として行政庁が将来的に失わせることをいうのに対し、行政行為の「取消し」とは、違法または不当の瑕疵を有するが一応は有効な行政行為から、その成立当初に存在した瑕疵を理由として、遡及的に効力を失わせることをいい、両者は、行政行為の効果の喪失の効果を遡及させるかどうかで異なる。

労働者遣業法の許可の取消しは、将来的に効力を失わせるものであるから、講学上の「撤回」にあたる。

(エ) 許可取消処分の事前予防策

事例は労働基準法違反があるケースであるが、違法性の程度が軽微であれば改善命令がまず考えられる。

労働者派遣事業の許可の取消しは、平成16年4月以降2件（社員への割増賃金の不払いで罰金刑、派遣が禁止されている警備業の労働者派遣で罰金刑）しかなく、特定労働者派遣事業の事業廃止命令2件、事業停止命令10件、改善命令36件となっている（厚生労働省ホームページ〈http://www.mhlw.go.jp/bunya/koyou/dl/shobun0903.pdf〉（平成21年12月25日）参照）。

そこで、厚生労働大臣を相手に、許可の取消処分を行わないようにする旨の差止訴訟（行訴37条の4）を提起することが考えられる。

(2) 差止訴訟の訴訟要件

事例では、甲社について労働基準法違反で罰金刑が確定していない段階であれば、「刑に処せられた」（労派6条1号）わけではなく、許可取消事由は生じていない。このような段階で許可の取消処分がなされないことを求める差止訴訟が認められるか。

差止めの訴えは、「行政庁が一定の処分又は裁決をすべきでないにもかか

わらずこれがされようとしている場合において、行政庁がその処分又は裁決をしてはならない旨を命ずることを求める訴訟」（行訴3条7項）であり、訴訟要件として、①一定の処分または裁決、②蓋然性、③原告適格、④重大な損害が生ずるおそれ、⑤損害を避けるため他に適当な方法がないこと（補充性）が必要であり（同法37条の4第1項・3項）、これらのいずれかを欠けば訴えは却下される。

本件は、一般労働者派遣事業主が労働者派遣事業の許可の取消処分の違法性を争うことから、①一定の処分または裁決、および③原告適格が肯定されることは明らかであるから、②蓋然性、④重大な損害が生ずるおそれおよび⑤補充性について以下検討する。

(3) 処分の蓋然性
(ア) 要件・判断基準

処分の蓋然性の要件については、差止訴訟の要件を定める行政事件訴訟法37条の4において明示的に規定されていないが、差止訴訟が「行政庁が一定の処分又は裁決をすべきでないにもかかわらずこれがされようとしている場合において、行政庁がその処分又は裁決をしてはならない旨を命ずることを求める訴訟」（行訴3条7項）であることから、行政庁が一定の処分または裁決を行う蓋然性（訴えの利益）が認められることが必要とされている。

蓋然性が認められる典型的な場合として、同一処分が反復継続して行われている場合や法定の事前手続（行政手続法上の聴聞、弁明の機会の付与）が履践された場合などがある（園部逸夫＝芝池義一編『改正行政事件訴訟法の理論と実務』198頁（高安秀明））。

蓋然性の判断基準について明確に述べた裁判例は見あたらない。学説には「目前急迫性まではないが、他方、単に行われるおそれがあるだけの行政処分の差止訴訟は訴えの利益を欠く」（芝池義一『行政救済法講義〔第3版〕』153頁）、「行政方が処分要件の外形的充足を認識していれば足りるという程度でよく、高度なものを要求すべきではない。これに関連して、行政実定法上、処分をするために告知聴聞手続、公聴会、審議会の諮問等の行政手続が要求

されている場合、このような行政手続が履践されなければ、蓋然性の要件を満たさないことになるのではないかとの疑問も生じ得ないではないが、上記のとおり、蓋然性の要件を重くとらえるべきでなく、否定すべきであろう」（南博方＝高橋滋『条解行政事件訴訟法〔第3版補正版〕』662頁）や、「紛争の成熟性及び原告の事前救済の必要性の観点から実質的に判断すべきである。訴訟提起時において既に処分の前提要件を充足している場合には、たとえ当該処分を行うか否かが行政庁の裁量に属するものであっても、行政庁が当該処分を行わないであろうとの事情が存在しない限り、この要件を認めるべきではないか」（園部＝芝池・前掲198頁（高安秀明））とする見解などがある。

(イ) 裁判例

(A) 肯定した裁判例：東京地判平成18・10・20判例集未登載

一般労働者派遣事業者が、18歳に満たない者を深夜業に使用したとして労働基準法61条（少年の深夜労働の禁止）違反で起訴され、家庭裁判所で有罪判決を受けた労働者派遣事業者が、許可取消処分を行わせないよう差止めを求めた事案において、

① 刑事事件の第1審において有罪判決を受け、控訴審においても控訴棄却の判決を受けていること、
② 有罪判決を受けたことが労働者派遣法の一般労働者派遣事業の許可取消事由に該当すること（労派14条1項1号、6条1号）、
③ 処分行政庁の所部担当者において、有罪判決が確定すれば、許可取消処分を必ず行う方針であると説明していること、
④ 処分行政庁にあっては、労働者派遣法14条1項1号に該当する場合には、覊束処分として、必要的許可取消しを行わなければならないとの解釈をとっていることから、刑事事件が上告中で未確定であることや、判決確定後許可取消処分を行う前に聴聞の手続が予定されていることは、処分の蓋然性を否定する理由にならないこと、

などを理由に、有罪判決の確定前において、近い将来、処分行政庁が許可取消処分を行う相当の蓋然性を認めている。

(B) 否定した裁判例：青森地判平成19・6・1判例集未登載

砂利採取計画認可申請の添付書類である採石権設定契約書は偽造されたもので申請者には採取権限がないことなどを理由に土地所有者が砂利採取計画認可に係る採取期間以降の認可の差止めを求めた事案において、

① 砂利採取法には、私法上の権利関係である申請の採取権限の有無を審査する義務があることを定めた規定がないこと、
② 認可処分がされたからといって、私法上の採取権限が新たに設定されるものではないことはもちろん、公権的に確定されるものではないこと、
③ 申請者に採取権限を示す添付書類を要求する趣旨は、採取権限がない者またはこれを取得する見込みのない者を可能な限り排除して、無用な認可処分のされることを防止しようとすることにあるにすぎず、採取権限のない者による違法な採取行為の防止を直接の目的とする趣旨とは解されないこと、

などを理由として、「認可処分当時何らかの事由により申請者に実体上採取権限のないことを知っているなど特段の事情がない限り、更に進んで実体に立入って審査する義務はないと解されるとともに、他面において、上記特段の事情がある場合等には、単に書面の記載のみによることなく、当該土地の現実の利用状況や申請者の操業をめぐる紛争の有無等従前の経緯を考慮に入れることも何ら妨げられるものではない」としたうえで、「本件においては被告も本件採石権設定契約書が偽造であるという原告の上記主張には相応の根拠のあることを認めており、青森県知事から権限を委任されている上北地域県民局長においても、現時点においては、申請者に実体上採取権原がないことをうかがわせる特段の事情があることを認識しているものと推認されるところ、申請者が今後も継続的に本件土地について砂利採取計画の認可申請をしたとしても直ちに認可を得られるということはない旨を被告に明言しているのであるから、上北地域県民局長においても上記認可をする蓋然性があるとはいえないものと認めるのが相当である」としている。

以上のとおり、前掲東京地判平成18・10・20が、有罪判決は未確定ではあ

るものの、第1審および控訴審において有罪判決を受けており、許可取消処分の要件をほぼ充足しているといえるのに対し、前掲青森地判平成19・6・1は、今後認可申請が行われたとしても、申請者に実体上採取権限のないことをうかがわせる特段の事情（採石権設定契約書が偽造であること）があることを処分行政庁が認識しており、砂利採取計画認可の要件を充足していないのであって、両者は処分要件の充足の有無について積極・消極の正反対に大きく分かれており、このことが処分の蓋然性の有無の判断にも大きく影響していると考えられる。これらの2つのケースの裁判例は、いずれも処分についての処分行政庁の認識にふれているが、あくまでも処分要件の充足の有無についての認識を前提としたものである。処分要件の充足の有無とは無関係に、処分行政庁の処分意思のみで処分の蓋然性の有無を判断していると解すべきではない。なお、これら2つのケースは、上記学説によっても同様の結論が導かれよう。

(ウ) 事例⑦-1へのあてはめ

そこで、上記学説を前提として事例を考えてみるに、処分行政庁の担当者が許可取消処分を行うとの通告がなされているが、許可取消事由がなければ許可取消処分が行われることはないので、処分行政庁の上記通告も罰金刑である有罪判決が確定した場合を念頭においていることは明らかである。

本件においては刑事処分の状況は明らかではないが、起訴後有罪判決を受けている場合には、控訴審で争っている場合であっても、前掲東京地判平成18・10・20に照らし、許可取消処分を行う蓋然性が認められると考える。

これに対し、起訴前あるいは起訴後判決前の場合は、罰金刑の言渡しがない以上、許可取消事由を欠き、許可取消処分を行う蓋然性があるとはいえないと考える。

(4) 重大な損害を生ずるおそれ

(ア) 「重大な損害を生ずるおそれ」の判断基準

次に、差止めの訴えは、一定の処分または裁決がなされることにより「重大な損害を生ずるおそれがある場合に限り」提起することができる（行訴37

条の4第1項本文）とされ、重大な損害を生ずるか否かを判断するにあたっては、「損害の回復の困難の程度を考慮するものとし、損害の性質及び程度並びに処分又は裁決の内容及び性質をも勘案するものとする」（同条2項）とされている。

重大な損害を生ずるおそれが認められる典型的な場合として、行政庁が一定の制裁処分を課したときはその旨を公表すべきことが法律上定められているために、制裁処分がなされるとその旨が公表され、それによって名誉や信用等に重大な損害を生ずるおそれがある場合などがある（園部＝芝池・前掲200頁（高安秀明））。

では、事例において重大な損害を生ずるおそれがあると認められるだろうか。

(イ) 裁判例

(A) 肯定した裁判例：東京地判平成18・9・21判タ1228号88頁

都立学校の教職員らが入学式、卒業式等の式典において国家斉唱等を拒絶することを理由としてなされる不利益処分の差止めを求めた事案において、侵害される権利が思想、良心の自由等の精神的自由権にかかわる権利であり、処分取消請求、慰謝料請求等の事後的救済にはなじみにくい権利であること、毎年繰り返されること、国家斉唱等の職務命令の拒否を続けることにより懲戒免職処分となる可能性もあり、その不利益は看過しがたいものがあることなどを理由に、事後的救済では回復しがたい重大な損害を被るおそれがあるとしている。

これは精神的自由権であって、事後的な救済が困難であるという権利の性質に着目していることがわかる。

(B) 肯定した裁判例：前掲東京地判平成18・10・20

本件は、労働者派遣事業であり、事業者の営業の自由に関するものであり、上記(A)の裁判例とは侵害される権利が異なる。この点、前掲東京地判平成18・10・20は、事業者の社会的評価および信用、特に取引先・派遣労働者との契約関係の維持に着目して、重大な損害が生じるおそれを認めている点に

注目すべきである。

すなわち、前掲東京地判平成18・10・20は、

① 平成 9 年に一般労働者派遣事業の許可を取得して以降、主として同事業を営み、全国に14カ所の支店、70カ所の営業所を有し、約300名の従業員、派遣労働者として登録を受けている者約 2 万名（このうち企業に派遣されて実際に労働している者約3000名）を擁していること

② 年間純利益 1 億5000万円以上を得ており、そのほとんどが上記事業によるものであり、派遣先として登録されている企業は約6700社であること

などを認定したうえで、

「この規模・態様によって、平成 9 年ころから、一般労働者派遣事業を中心に営んでいることに照らせば、社会的評価や信用がその重要な経営上の前提となっているということができる。そうすると、許可取消処分が行われるならば、その営業の基盤に甚大な影響が生じ、事後的に、処分が取り消され、あるいは、その執行停止が認められたとしても、さらには、金銭賠償が行われたとしても、それによって有形・無形の損害を完全に填補した上、従前と同じ規模・態様で営業活動を行うことができないおそれが存在するだけではなく、営業活動を再開・継続することそれ自体が不可能となるおそれも存在するとみることができる」として、重大な損害を生じるおそれを認め、加えて「社会的評価及び信用の失墜は、刑事処分を受けたことのみならず、許可取消処分を受けて一般労働者派遣事業を行うことが不可能となり、取引先・派遣労働者等との間で契約関係を維持できなくなることによっても生じ得るところであり、与える打撃はむしろ後者によるものの方がより大きなものともなり得る」と指摘している。

この前掲東京地判平成18・10・20の「取引先・派遣労働者等との間で契約関係を維持できなくなること」との指摘は、一般派遣元事業主側の視点に立って表現されているが、他方、一般労働者派遣事業ができなくなることの結果として、取引先の経営や派遣労働者の生活などに直接の影響を生じさせる

ことになる。労働者派遣法の趣旨が派遣労働者の保護、雇用の安定にあることからすれば、「重大な損害が生じるおそれ」の判断にあたっては派遣労働者らの利益をも考慮に入れて判断していくことが一般労働者派遣事業の特殊性に配慮した判断につながると考える。

(C) 事例⑦-1 へのあてはめ

事例においても、許可取消処分により一般派遣労働事業を行えなくなるので、以後、取引先・派遣労働者との契約関係を維持することはできず、事業者に対する社会的評価および信用を失墜するため、当該事業の規模や態様によっては、取消訴訟で事後的に許可取消処分が取り消されたとしても、その後、同様の規模・態様での営業活動を行うことは困難である場合がほとんどであり、さらには営業活動の再開すら困難な場合も出てくると思われる。

したがって、甲社としては、社会的評価や信用の根底にある事業規模や態様などを強調していくことが有用であり、これにより重大な損害が生ずるおそれがあると認められると考える。

(D) 取消訴訟の執行停止との関係

差止訴訟の要件は、取消訴訟によらずに差止訴訟を認めるための基準であるから、取消訴訟の提起を待っていたのでは「重大な損害が生じるおそれ」があるときに差止訴訟を許容する趣旨といえる。ところで差止訴訟の要件である「重大な損害が生じるおそれ」と後記の取消訴訟の執行停止の要件である「重大な損害が生じるおそれ」（行訴25条2項）とが同一文言を用いていることから、処分により損害を生ずるおそれがある場合でも、当該損害が処分取消しの訴えを提起して執行停止を受けることにより避けることができるような性質であれば、差止訴訟の要件である「重大な損害が生じるおそれ」は認められない、とする議論がある（小林久起『行政事件訴訟法』189頁）。

この点、前掲東京地判平成18・10・20においても「事後的に、処分が取り消され、あるいは、その執行停止が認められたとしても、さらには、金銭賠償が行われたとしても、」とあることから、許可取消処分を受けた後に、取消訴訟を提起して執行停止や金銭賠償によって回復されるときは、差止訴訟

の要件である重大な損害を生ずるおそれが否定されることを前提としているように思える。この基準は他の裁判例においてもみられ、たとえば、産業廃棄物処分業の許可処分の差止めに関する大阪地判平成18・2・22判タ1221号238頁が、「許可処分がされた後にその取消訴訟を提起して執行停止の申立てをすることによって損害を避けうるので」重大な損害を生ずるおそれが認められないとしたものや、保険医療指定機関取消処分および保険医登録取消処分の差止めに関する大阪地判平成20・1・31判タ1268号125頁が、「かかる処分がされれば直ちに信用失墜により重大な損害が生ずるおそれがあり、処分がされた後において取消訴訟を提起し執行停止が認められたとしても、信用の回復が困難であるとして」重大な損害を生ずるおそれを認めているものなどがある。

しかし、行政処分の違法性を確実に認識できる場合に差止訴訟を制限すべき理由は乏しいから、重大な損害の要件を緩やかに解すべきであるとする見解（芝池・前掲154頁）や上記基準によれば、差止訴訟の係属裁判所が執行停止の要件を満たしていると判断して差止めの訴えを認めなかったとしても、取消訴訟の係属裁判所が同様の判断をするとは限らず、現実に執行停止される保障はない以上、国民の権利救済の見地から差止訴訟の本案審理を行うべきであるとする見解（園部＝芝池・前掲204頁（高安秀明））など、上記基準に批判的な見解も少なくない。

また、そもそも執行停止や金銭賠償では回復できない重大な損害が生じるおそれがあるか否かの判断はあくまで裁判所の事後的判断であり、許可取消処分の違法性を争う派遣元事業主の立場から裁判所がどのような判断をするかは不明である。

そこで、甲社としては、取消訴訟の執行停止や金銭賠償では回復できない重大な損害が生じるおそれがあると主張して、積極的に差止め訴訟を提起すべきであると考える。

(5) その損害を避けるため他に適当な方法があるとき

差止めの訴えは、「その損害を避けるため他に適当な方法があるときは、

この限りではない」（行訴37条の4第1項ただし書）とされている。

　ここでいう「他に適当な方法があるとき」とは、個別法において一定の処分を猶予する特別の救済手段を定めている場合（たとえば、国税徴収法90条3項、国家公務員法108条の3第8項、地方公務員法53条8項、職員団体等に対する法人格の付与に関する法律8条3項など）に限られ、たとえ許可取消処分を受けた後に、処分取消訴訟を提起して執行停止の申立てが認められるような場合であっても、「他に適当な方法があるとき」には該当しない（園部＝芝池・前掲204頁（高安秀明）、斎藤浩『行政訴訟の実務と理論』287頁）。

　したがって、本件が「他に適当な方法があるとき」に該当しないことは明らかである。

(6) 差止訴訟の本案勝訴要件

　差止めの訴えは、「その差止めの訴えに係る処分又は裁決につき、行政庁がその処分若しくは裁決をすべきでないことがその処分若しくは裁決の根拠となる法令の規定から明らかであると認められ」るとき、または「行政庁がその処分若しくは裁決をすることがその裁量権の範囲を超え若しくはその濫用となると認められるときは、」裁判所は、行政庁がその処分または裁決をしてはならない旨を命ずる判決をするとされている（行訴37条の4第5項）。

　この条項は、前者は羈束行為の場合であって、行政庁に裁量の余地がないため、法令の規定に事実をあてはめることによって明らかに処分または裁決をしてはならないと認められる場合に、後者は裁量行為であって、法令で行政庁に行政裁量が認められている場合に、具体的な事実関係の下でその処分または裁決をすることが、その裁量権の範囲を超えまたは濫用と認められる場合に、本案勝訴判決となることを定めている（園部＝芝池・前掲207頁（高安秀明）、宇賀克也『行政訴訟法概説Ⅱ〔第2版〕』334頁）。

(7) 労働者派遣事業の許可取消事由は必要的（羈束行為）か、裁量的（裁量行為）か

(ア) 裁判例

(A) 風営法8条による許可取消し：東京高判平成11・3・31判時1689号51

頁

　風営法 8 条による許可取消しに関する事案において、「行政処分の撤回（法文上は「取消し」）がどのような場合に許されるか、またその撤回が必要的か裁量的かなどについては、それぞれの法令の規定、趣旨、目的に従って判断されるべきである」との判断基準を示したうえで、

① 　一般的に、労働者派遣法26条により一営業所についての許可取消しがされる場合でも、それぞれの違反事由ごとに営業者の悪性の程度、同一の違反が他の営業所においても繰り返されることの危険性は異なる場合があり得るし、許可後の取消し（撤回）の場合には、当初の許可を前提として新たな法律秩序が次々と形成されているから、違反行為の性質、取消し（撤回）による相手方への影響の程度も比較衡量のうえ、取消し（撤回）の是非を判断するのが相当であること、

② 　風営法 8 条の「取り消すことができる」との規定ぶりは公安委員会の権限を示すのみではなくその裁量の余地を示した規定とみることが相当であること

などを理由に、風営法 8 条の許可取消しを裁量的取消しであるとしている。

　(B)　労働者派遣法14条 1 項の許可取消し：前掲東京地判平成18・10・20

　では、事例における許可取消しは羈束行為であろうか、裁量行為であろうか。

　前掲東京地判平成18・10・20は、「労働者派遣法14条 1 項 1 号に該当する場合において、必要的に同法 5 条 1 項の許可を取り消さなければならないと解するのは適当ではなく、むしろ、同法 6 条 1 項 1 号の趣旨に照らして、当該欠格事由に該当することは十分に考慮し、原則として取り消す姿勢で臨むべきであるとしても、処分行政庁は、個々の事案ごとに、刑罰に処せられた行為の性質・態様、当該業者が労働者派遣事業を継続した場合の弊害発生のおそれ、許可が取り消された場合の当該業者その他利害関係人の被る不利益等を総合的に勘案した上、例外的に許可を取り消さないことをその裁量に基づいて決し得るものとするのがより合理的な解釈というべきである」として、

羈束的な許可取消事由ではないとしている。

なお、上記判断においても、「例えば、許可を受けた役員が業務と無関係に暴行を働き罰金刑に処せられた場合にも許可取消処分に至り、一律に一般労働者派遣事業を廃業せざるを得ない事態を招くことになり、事業の継続期間、規模等に応じて、当該法人の損失にとどまらず、雇用労働者や取引先との関係における社会的影響との比較において、均衡を欠き不相当な結果が生ずる場合があることは否定できない」として、雇用労働者や取引先の利益について配慮している。

　(イ)　事例⑦-1へのあてはめ

事例⑦-1においては、甲社としては、前掲東京地判平成18・10・20に従い、労働者派遣法14条1項1号は裁量的な許可取消事由であることを前提として主張をしていくことになる。

(8)　裁量権の範囲の逸脱または濫用

　(ア)　行政庁の裁量の範囲

労働者派遣法14条1項1号が裁量的な許可取消事由を定めたものである場合、前述のとおり、差止めの訴えが認められるためには、処分行政庁が許可取消処分をすることがその裁量権の範囲を超えまたはその濫用となると認められなければならない（行訴37条の4第5項後段）。

裁量権の範囲の逸脱または濫用の判断は、行政事件訴訟法30条と同様の規定であることから、同条の判断基準に準じて考えられる（小林・前掲193頁）。

　(イ)　裁判例

前掲東京地判平成18・10・20は、本件犯罪事実自体、労働基準法という労働条件を定める基本法令に違反するものであるうえ、その態様においても、担当者の規範意識の乏しさが顕著であることがうかがわれる悪質なものであること、同様の違反事例も多数に上るものであること、さらには、18歳未満の者の深夜労働以外にも労働者派遣法等の法令違反の事実を重ねて指摘され是正指導を受けていることをも考えあわせると、本件犯罪事実をもって軽微な法令違反とみるのは相当ではないとして、処分行政庁が、原告に対し、許

可取消処分を行うことが、その裁量権の範囲を超えまたはその濫用となるとはいえないとしている。

　前掲東京地判平成18・10・20の事案は、具体的な事情として、
① 　原告の営業所係長Ｂは、夜間の就業を希望するＣを取引先に派遣するために、同人の実際の年齢が16歳であることを知りながら、履歴書の年齢の記載を18歳に書き直させるなどしたうえで、本件犯罪に及んだこと、
② 　原告が年少者を深夜業に従事させた事例は、本件犯罪のみにとどまらず、平成16年11月から平成17年7月までの期間に限っても、延べ回数1079回、実際に深夜業に従事していた年少者の数457人という多数回に上ったこと、
③ 　東京労働局長は、平成17年9月30日、労働者派遣事業改善命令書を発し、本件犯罪のほか、北関東支店所沢営業所において18歳未満の者2名につき同年3月18日の深夜の時間帯に労働者派遣を行っていたこと、そのほかにも、複数の営業所において同様の労働者派遣を行っていたこと、平成16年2月17日に労働者派遣法違反等に対して改善指導を行ってきた（前記の年少者深夜営業従事に対する是正措置のうち、飯田橋公共職業安定所が行ったもの）にもかかわらず、法令が遵守されず、常態的に違法な労働者派遣事業を行っていること等を理由にして、18歳未満の者を深夜の時間帯に就労させることの即時中止、労働者派遣契約の締結時に作成する書面の記載事項の適正化等について措置を講ずることを命じたこと、上記の是正指導のほか、平成16年2月から平成18年2月までの間、ⓐ労働者派遣契約書および就業条件明示書の記載の不備、派遣先への通知の未実施、派遣元管理台帳の未作成、面接調査票に不適切な質問項目があること、ⓑ労働者派遣の実態があるのに請負契約として取り扱っていたこと、ⓒ適用除外業務である建設業務について労働者派遣を行っていたこと、ⓓ無届けの営業所で営業を行い、また、廃止の届出をした営業所において営業を続けていたこと等の事実に基づいて、処分行政庁の各地の地方部局から是正指導を受けたこと

などの事情があり、極めて悪質かつ違法性の高い事例であったということができる。

　　(ウ)　事例⑦-1へのあてはめ
　甲社としては、本件の労働基準法違反の軽微性、再発防止の措置および法令遵守の徹底を図っていることなどを理由に、裁量権の逸脱または濫用にあたることを主張していくことになる。

2　仮の差止めの申立て

(1)　差止判決を実効化するための仮の差止め

　差止訴訟の判断が出る前に、許可取消処分がなされてしまうと、取消訴訟において処分の違法性を争うことはできるものの、取消訴訟の提起には執行停止効がないため（行訴25条1項、執行不停止の原則）、当該事業者は事業を継続することができなくなり、後記3のとおり、たとえ執行停止の申立てをしても執行停止の決定が出るまでの間に、取引先や派遣労働者との契約関係は維持できず事業者の社会的評価や信用は毀損されてしまい、以後、同規模の事業を再開することは不可能になることが予想される。そこで、差止訴訟の本案訴訟の判断が出るまで、許可取消処分をさせない方法として、仮の差止めの申立てをしておくべきである。

　仮の差止めとは、差止めの訴えの提起があった場合に、その訴えに係る処分または裁決がされることにより生ずる償うことのできない損害を避けるため緊急の必要があり、かつ、本案について理由があるとみえるときに、裁判所が行政庁に対して、仮に処分または裁決をしてはならない旨を命ずることをいい（行訴37条の5第2項）、差止訴訟の本案判決がなされる前に、暫定的に差止めを命ずることにより、私人の権利利益の救済の実効性を確保しようとするものである。

　活用方法として、たとえば、弁護士に対する除名処分のように、当該処分がなされると信用を失墜し、依頼者を喪失するおそれが大きいような場合があげられる（宇賀・前掲334頁）。

(2) 仮の差止めの要件

仮の差止めの積極要件として、①差止訴訟の提起、②償うことのできない損害を避けるため緊急の必要があること、③本案について理由があるとみえること、また消極要件として、④公共の福祉に重大な影響を及ぼすおそれがないことが必要とされる（行訴37条の5第2項・3項）。

なお、④の消極要件については、通常適用されることが少ない要件であって、被申立人である行政庁がその存在を疎明すべきであり（日本弁護士連合会行政訴訟センター編『実務解説行政事件訴訟法』154頁）、③の積極要件については、申立人が本案訴訟である差止めの訴えに関して主張する事実が、法律上差止めの判決をする理由となる事情に該当すると一応認められ、かつ、その主張する事実が一応認められることについて疎明することになる。

(3) 「償うことのできない損害を避けるための緊急の費用」

これまでに仮の差止めが認められた裁判例は、最高裁判所ホームページをみてもわずかであり、「償うことのできない損害を避けるための緊急の必要」が否定される例が多い。

㋐ 裁判例

(A) 否定した裁判例：東京地決平成19・2・13判例集未登載

健康保険法に基づき保険医の登録を受けている医師が診療報酬の不正請求を理由とする保険医登録取消処分について仮の差止めを求めた事案において、「償うことのできない損害」とは、処分の差止めの訴えの要件である「一定の処分又は裁決がされることにより重大な損害を生ずるおそれがある場合」および処分の執行停止の要件である「処分、処分の執行又は手続の続行により生ずる重大な損害」よりも損害の回復の困難の程度が著しい場合をいうものと解すべきであり、このような見地から、金銭賠償が不可能な損害が発生する場合のほか、社会通念に照らして金銭賠償のみによることが著しく不相当と認められるような場合を指し、その損害の有無の判断は、損害の性質、程度を考慮するとともに、処分の内容、性質をも勘案するのが相当であるとして、同事案について、

① 同医師は医師免許を取り消されるわけではなく、また経営する医療法人に他の保険医もおりその経営が困難になるとまではいいがたいこと、
② 仮の差止めが認められると診療報酬の不正請求が継続して健康保険診療制度の適正な運用が広く害される

などとして、「償うことのできない損害を避けるための緊急の必要」を否定している。

(B) 肯定した裁判例

これに対し、「償うことのできない損害」の判断基準については上記判例と同様の基準を用いつつ、「償うことのできない損害」を肯定したものとして、次の2例がある。

(a) 神戸地決定平成19・2・27賃金と社会保障1442号57頁

市立保育所に入所していた児童およびその保護者らが、同保育所を廃止して民間の社会福祉法人に運営を移管することを内容とする条例の制定は、保育所選択権等を侵害し違法であるとして、条例の制定の仮の差止めを求めた事案において、わずか5日程度の共同保育およびその他の書面等による引き継ぎにより、個々の児童の個性等を把握し、その生命、身体の安全等に危険が及ばない体制を確立することができるとは考えられないこと、児童らの生命、身体等に重大な危険が生ずるばかりか、前記児童および保護者らの保育所選択に関する法的利益を侵害することなどから、社会通念に照らして金銭賠償のみによることが著しく不相当であるとして「償うことのできない損害」を認めている。

(b) 大阪高決平成19・3・1賃金と社会保障1448号58頁

住民基本台帳8条に基づく職権による消除によって住民票を消除されようとしている者が選挙における投票が困難になるとして消除処分の仮の差止めを求めた事案において、「選挙権又はその行使を制限することが原則として許されない国民の重要な権利であるにとどまらず、これを行使することができなければ意味がないものといわざるを得ず、侵害を受けた後に争うことによっては権利行使の実質を回復することができない性質であることなどを理

由として「償うことのできない損害を避けるために緊急の必要がある」としている。

(イ) 事例⑦-1へのあてはめ

事例⑦-1においては、一般派遣労働事業を行えなくなれば、以後、取引先・派遣労働者との契約関係を維持することはできず、社会的評価および信用の失墜によって、同規模・態様での営業活動を再開・継続することは困難である場合が多く、金銭賠償のみによることは社会通念上著しく不相当であるといえる可能性は十分にあると考えられる。

したがって、差止訴訟の提起とともに仮の差止めの申立てをする意味は大きいと考える。

3　執行停止

(1)　次善の策としての執行停止

仮の差止めが認められない場合や、仮の差止めを求めていなかった場合に、差止請求訴訟をしている間に許可取消処分がなされる場合もある。この場合、許可取消処分の違法については、差止訴訟を取消訴訟に訴えを変更して争うことができる（この点、差止訴訟は許可取消処分によって訴えの利益がなくなるが、広島地決平成20・2・29判時2045号98頁は「本件埋立免許がなされた場合、直ちに差止訴訟を取消訴訟に変更し、それと同時に執行停止の申立てをし、本件埋立てが着工される前に執行停止の申立てに対する許否の決定を受けることが十分に可能である」として、差止訴訟を取消訴訟に変更する可能性を前提としている）が、取消訴訟には執行停止の効力がないため、事業の毀損を回避するためには、別途許可取消処分の効力の執行停止の申立てをすることが考えられる。

執行停止とは、処分の取消しの訴えの提起があった場合に、処分、処分の執行または手続の続行により生ずる重大な損害を避けるため緊急の必要があるときに、裁判所が処分の効力、処分の執行または手続の全部または一部の停止をすることをいう（行訴25条2項）。

(2) 執行停止の要件

執行停止の積極要件として、①取消訴訟の提起、②重大な損害を避けるため緊急の必要があること、また消極要件として、③公共の福祉に重大な影響を及ぼすおそれがないこと、④本案について理由がないとみえないことが要求される（行訴25条2項・4項）。

なお、④の「本案について理由がないとみえないこと」の要件は、仮の差止めの訴えでは積極要件であるのに対し、執行停止では消極要件となっているので、被申立人である行政庁が本案について理由がないことを疎明する必要があり、疎明できなければ④の要件を満たさない。また、上記積極要件および消極要件を満たした場合であっても、例外的に、内閣総理大臣の異議があると執行停止の決定をすることができず、また、すでになされている執行停止についてはこれを取り消さなければならないとされているが（行訴27条4項）、違憲の議論もあり、今日まで久しく利用されていない。

(3) 「重大な損害を避けるため緊急の必要があるとき」

㋐ 「重大な損害を避けるため緊急の必要があるとき」とは

ここで「重大な損害を避けるため緊急の必要があるとき」とは差止訴訟と同様の要件であり、仮の差止めの要件である「償うことのできない損害を避けるため緊急の必要があるとき」よりも緩やかな要件である。この重大な損害を生ずるか否かを判断するにあたっては、損害の回復の困難の程度を考慮するものとし、損害の性質および程度並びに処分の内容および性質をも勘案するものとされている（行訴25条3項）。

㋑ 裁判例

介護保険法に基づく指定居宅サービス事業者に係る指定取消処分の効力停止および仮の差止めを求めた事案において、仮の差止めの申立てが却下されたものの、執行停止は認められたものがある。

(A) 仮の差止めに関する佐賀地決平成20・12・1判例集未登載

事業所の入居者が直ちに退去を余儀なくされるわけではないことや本案の審理において取消処分には数カ月の猶予期間を設ける予定である旨を主張し

ており、猶予期間のうちに近隣の同様の事業所の利用に移行することが不可能ではないことを理由に「償うことのできない損害」は認められないとして仮の差止めの申立を却下している。

(B) 執行停止に関する佐賀地決平成21・1・19判例集未登載

処分により単に収入額が一部減少する程度にとどまるものではなく、事業全体が破綻し、事業所が閉鎖の事態に至ることも推認できるところ、いったん事業が破綻し、事業所が閉鎖されると、利用者は、当然に他の事業者の事業所を利用することとなり、仮に本案の第1審判決によって処分が取り消されたとしても、利用者を再び獲得することは困難となり、事業の継続という独立した利益が失われることを理由に、「重大な損害を避けるため緊急の必要がある」として、執行停止の申立てを認めている。

(ウ) 事例⑦-1へのあてはめ

事例⑦-1においても、一般派遣労働事業を行えなくなれば、以後、取引先・派遣労働者との契約関係を維持することはできず、社会的評価および信用の失墜によって、同規模・態様での営業活動を再開・継続することは困難である場合が多く、「重大な損害を避けるため緊急の必要があるとき」にあたる場合が多いと思われる。

(4) 問題点

執行停止が認められた場合には、許可取消処分の取消訴訟の本案判決が確定するまでの間、許可取消処分の効力が停止する。

しかし、執行停止の判断が出るまでの間は、事業を継続することはできないため、執行停止が出た段階ではすでに労働者派遣事業については取引先・派遣労働者の契約関係が破綻している可能性も十分にある。労働者派遣事業の許可は、風営法の許可とは異なり、営業所ごとの許可ではなく、法人ごとの許可であることから、乙営業所のみならず甲社の全営業所での労働者派遣事業ができなくなるので、その影響は大きい。したがって、許可取消処分を受けないように対応することが重要になる。

4 その他の対応策

(1) 法令遵守

　労働者派遣業の許可取消処分を受けないようにするためには、許可取消事由（許可の欠格事由、労働者派遣法や職業安定法違反など）に該当しないことが必要であり、そのためには、労働者派遣法、労働基準法、職業安定法をはじめとする法令を遵守した適正な事業運営を確保することが何よりも重要である。

　労働者派遣業の許可にあたっては、雇用管理経験3年以上ある者で、派遣元責任者講習を許可申請受理日前3年以内に受講した者を派遣元責任者として定めることが要件の1つとされており、雇用管理の適正、派遣労働者の保護が重視されている。派遣元事業主としては、派遣元責任者を筆頭として、許可・更新等手続マニュアル、労働者派遣事業関係業務取扱要領などの内容を正確に理解し、法令遵守の徹底に取り組むべきである。労働者派遣業の禁止されている警備業などへの派遣は、直ちに許可取消処分となっているなど正確な理解が不可欠となる。また、許可の有効期間の更新基準も平成22年4月1日以降厳しくなっており既存の事業主として十分な注意が必要である。

(2) 是正指導、改善命令の遵守

　労働者派遣事業の許可取消処分は平成16年4月以降2件しかないが、前掲東京地判平成18・10・20の事案も最終的には事業廃止届を提出するに至っており、このように許可取消処分に至らずに廃業しているケースも少なくなく、その結果、取引先の経営や派遣労働者の生活を侵害する結果となっている。許可取消処分や事業廃止届に至る以前に、違反行為の是正のための行政指導や改善命令がなされているのがむしろ通常であり、その段階で適切に対処していくことこそが、派遣元事業主の事業の安定のみならず、取引先や派遣労働者の保護につながることを肝に銘じる必要がある。

(3) 派遣労働者の保護

　しかし、現実に許可取消処分を受ける可能性が高まった段階では、派遣労

働者の保護の観点からは、別会社を設立して派遣労働者の受け皿としたり、関係会社に移管するなどの時間的猶予を確保すべく、許可取消処分の効力発生を先延ばしにすることを交渉することなども考えられる。事情の詳細は不明であるが、許可取消処分の1つのケースでは許可取消通知日から許可取消日までの間に約40日間もあり、もう1つのケースがわずか10日であるのと比べれば、その間に何らかの対応をとることも可能であったと思われる。

(4) 義務付け訴訟など

不許可処分や不更新処分をめぐる裁判例が散見されないことからすれば、許可基準を満たしていないと判断する場合には、許可申請等の取下げを促しているといった事情があるのかもしれない。しかし、申請者がこれを争う場合には、不許可処分や不更新処分がなされることになる。この場合には、当該処分についての異議申立てまたは処分の取消しの訴えや義務付け訴訟で対応していくことになる。

（工藤康博／千葉克彦）

第8章

産業廃棄物処理業
をめぐる許認可手続

第 8 章　産業廃棄物処理業をめぐる許認可手続

> 《事例⑧-1》
> 1　産業廃棄物の最終処分場を設置し、産業廃棄物の収集運搬と処分を業として行おうと考え、知事の許可を得ようとしたところ、申請の前に、事前手続が必要だとのことで、その中で、周辺住民との合意書の提出を求められたが、協議が整わず、合意書が提出できなかったため、事前手続を打ち切られた。
> 2　事前協議の中で、市町村との間で、使用期限の定めを含む公害防止協定を結ばされ、最終処分場設置の許可を得た。その使用期限が到来した時に、協定に基づく義務の履行として、本件土地を本件処分場として使用することの中止を求められた。

I　申請手続

1　産業廃棄物処理の許可の種類

　廃棄物の処理及び清掃に関する法律（以下、「廃棄物処理法」という）では、都道府県知事または政令市（政令指定都市と中核市）長から許可を受けた者が、廃棄物処理を業として行うことができるものとされている。

　たとえば、産業廃棄物（以下、「産廃」ともいう）の最終処分場を新設して、産廃処理業を営もうとする場合、廃棄物処理法の定めるところにより、産廃処理業の許可だけでなく、産廃処理施設設置の許可を得る必要がある。許可には、後掲〈表14〉の種類がある。

2　廃棄物の定義

　廃棄物は、廃棄物処理法において、「ごみ、粗大ごみ、燃え殻、汚泥、ふん尿、廃油、廃酸、廃アルカリ、動物の死体その他汚物又は不要物であって、固形状又は液状の物（放射性物質及びこれによって汚染された物を除く）をい

う」と規定されている（廃棄物2条1項）。

「不要物」とは、自ら利用しまたは他人に有償で譲渡することができないために事業者にとって不要になった物をいい、これに該当するか否かは、その物の性状、排出の状況、通常の取扱い形態、取引価値の有無および事業者の意思等を総合的に勘案して判断される（最判平成11・3・10刑集53巻3号339頁）。

廃棄物処理法2条1項において「固形状又は液状の物」とされていることから、工場や自動車から排出される排ガス等の気体状の物は廃棄物には該当しない。

廃棄物は、排出される場所や種類などによって次のように産業廃棄物と一般廃棄物に分類される。

〔図6〕 廃棄物の種類

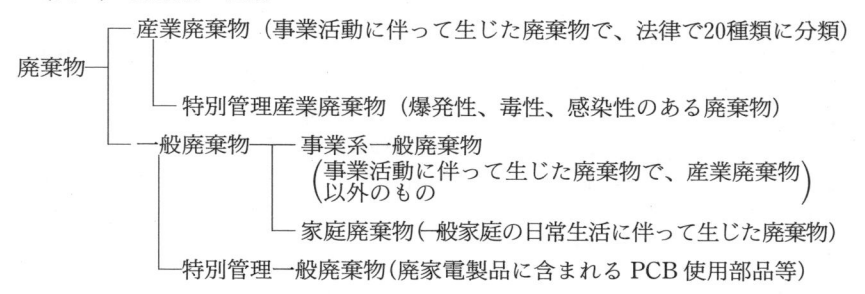

```
廃棄物 ─┬─ 産業廃棄物（事業活動に伴って生じた廃棄物で、法律で20種類に分類）
        ├─ 特別管理産業廃棄物（爆発性、毒性、感染性のある廃棄物）
        ├─ 一般廃棄物 ─┬─ 事業系一般廃棄物
        │              │   （事業活動に伴って生じた廃棄物で、産業廃棄物
        │              │    以外のもの）
        │              └─ 家庭廃棄物（一般家庭の日常生活に伴って生じた廃棄物）
        └─ 特別管理一般廃棄物（廃家電製品に含まれるPCB使用部品等）
```

3　産業廃棄物と一般廃棄物

廃棄物処理法では、「事業活動に伴って生じた廃棄物」のうち、〈表10〉に示すとおり20種類を産業廃棄物として定め、産業廃棄物以外の廃棄物を一般廃棄物としている。ここでいう「事業活動」とは、製造業や建設業等に限定されるものではなく、農林業や商店等の商業活動、水道事業、学校等の公共事業も含まれる。

また、産業廃棄物には、あらゆる事業活動に伴うものと特定の事業活動に伴うものがある。〈表10〉の上段「燃え殻」から「ばいじん」の12種類の廃

棄物は、製造工程において排出されるものから製品の使用後に廃棄されるものまで、すべてが産業廃棄物となる。一方、下段「紙くず」から「動物の死体」の7種類の廃棄物については、特定の事業活動に伴う場合のみ産業廃棄物に該当する。たとえば、建設業（工作物の新築、解体等）やパルプ製造業、製紙業などから排出された紙くずは産業廃棄物となるが、食料品製造業や運送業などから排出される紙くずは一般廃棄物となる。

このように事業活動に伴って排出される廃棄物であっても一般廃棄物に該当するものは、法に定められた用語ではないが「事業系一般廃棄物」とよばれている。主な事業系一般廃棄物としては、レストラン・飲食店から排出される残飯類、造園業から排出される剪定枝、枯葉類等があげられる。

〈表10〉　産業廃棄物の種類と具体例

	種類	具体例
あらゆる事業活動に伴うもの	燃え殻	石炭がら、焼却炉の残灰、炉清掃排出物、その他の焼却残さ
	汚泥	排水処理後および各種製造業の生産工程で排出された泥状のもの、活性汚泥法による余剰汚泥、ビルピット汚泥、カーバイトかす、ベントナイト汚泥、洗車場汚泥、建設汚泥等
	廃油	鉱物性油、動植物性油、潤滑油、絶縁油、洗浄油、切削油、溶剤、タールピッチ等
	廃酸	写真定着廃液、廃硫酸、廃塩酸、各種の有機廃酸類等、すべての酸性廃液
	廃アルカリ	写真現像廃液、廃ソーダ液、金属せっけん廃液等、すべてのアルカリ性廃液
	廃プラスチック類	合成樹脂くず、合成繊維くず、合成ゴムくず（廃タイヤを含む）等固形状・液状のすべての合成高分子系化合物
	ゴムくず	生ゴム、天然ゴムくず

	金属くず	鉄鋼、非鉄金属の破片、研磨くず、切削くず等
	ガラスくず・コンクリートくずおよび陶磁器くず	ガラス類(板ガラス等)、製品の製造過程等で生ずるアスファルト、コンクリートブロックくず、インターロッキングくず、レンガくず、廃石膏ボード、セメントくず、モルタルくず、スレートくず、陶磁器くず等
	鉱さい	鋳物廃砂、電気炉等溶解炉かす、ボタ、不良石灰、粉炭かす等
	がれき類	工作物の新築、改築または除去により生じたコンクリート破片、アスファルト破片その他これらに類する不要物
	ばいじん	大気汚染防止法に定めるばい煙発生施設、DNX対策特別措置法に定める特定施設または産業廃棄物焼却施設において発生するばいじんであって、集じん施設によって集められたもの
特定の事業活動に伴うもの	紙くず	建設業に係るもの（工作物の新築、改築または除去により生じたもの）、パルプ製造業、製紙業、紙加工品製造業、新聞業、出版業、製本業、印刷物加工業から生ずる紙くず
	木くず	建設業に係るもの（範囲は紙くずと同じ）、木材または木製品製造業（家具製造業）、パルプ製造業、輸入木材卸売業から生ずる木材片、おがくず、バーク類等
		物品賃貸業に係るもの、貨物の流通のために使用したパレットに係るもの
	繊維くず	建設業に係るもの（範囲は紙くずと同じ）、衣服その他繊維製品製造業以外の繊維工業から生ずる木綿くず、羊毛くず等の天然繊維くず
	動植物性残さ	食料品、医薬品、香料製造業から生ずるあめかす、のりかす 醸造かす 発酵かす、魚および獣のあら等の固形状の不要物
	動物系固形不要物	と畜場において処分した獣畜、食鳥処理場において処理

367

	した食鳥
動物のふん尿	畜産農業から排出される牛、馬、豚、めん羊、にわとり等のふん尿
動物の死体	畜産農業から排出される牛、馬、豚、めん羊、にわとり等の死体

　以上の産業廃棄物を処分するために処理したもので、上記の産業廃棄物に該当しないもの（コンクリート固型化物など）。

4　特別管理産業廃棄物

　産業廃棄物のうち、爆発性、毒性、感染性があるものなどが「特別管理産業廃棄物」として区分され、普通の産業廃棄物とは別に処理方法や保管方法などが定められている。

5　産業廃棄物収集・運搬業の許可

(1)　許可を要する場合

　産業廃棄物（特別管理産業廃棄物を除く）の収集または運搬を業として行おうとする者は、当該業を行おうとする区域（運搬のみを業として行う場合にあっては、産業廃棄物の積卸しを行う区域に限る）を管轄する都道府県知事（政令市の場合は、その長。以下、同じ）の許可を受けなければならない。ただし、自らその産業廃棄物を運搬する事業者、もっぱら再生利用の目的となる産業廃棄物のみの収集または運搬を業として行う者などは、許可は不要である（廃棄物14条1項）。

(2)　更　新

　5年ごとにその更新を受ける必要がある（廃棄物14条2項）。

(3)　許可要件

　都道府県知事は、廃棄物処理法14条1項の許可の申請が下記同条5項各号に適合していると認めるときでなければ、同項の許可をしてはならない。

① その事業の用に供する施設および申請者の能力がその事業を的確に、

かつ、継続して行うに足りるものとして環境省令で定める基準（〈表11〉参照）に適合するものであること（1号）

〈表11〉 廃棄物処理法14条5項における環境省令で定める基準（廃棄物の処理及び清掃に関する法律施行規則10条）

施設に係る基準	産業廃棄物が飛散し、および流出し、並びに悪臭が漏れるおそれのない運搬車、運搬船、運搬容器その他の運搬施設を有すること（1号イ）
	積替施設を有する場合には、産業廃棄物が飛散し、流出し、および地下に浸透し、並びに悪臭が発散しないように必要な措置を講じた施設であること1号ロ）
申請者の能力に係る基準	産業廃棄物の収集または運搬を的確に行うに足りる知識および技能を有すること（2号イ） 産業廃棄物の収集または運搬を的確に、かつ、継続して行うに足りる経理的基礎を有すること

② 申請者が次のいずれにも該当しないこと（2号）
　ⓐ 成年被後見人もしくは被保佐人または破産者で復権を得ないもの（2号イ、7条5項4号イ）
　ⓑ 禁錮以上の刑に処せられ、その執行を終わり、または執行を受けることがなくなった日から5年を経過しない者（2号イ、同法7条5項4号ロ）
　ⓒ 環境法令刑罰、粗暴犯関連刑罰により罰金の刑を受け、執行を終わりまたは執行を受けなくなってから5年経過しない者（2号イ、同法7条5項4号ハ）
　ⓓ 収運、処分業の許可等を取り消されてから5年経過しない者（2号イ、同法7条5項4号ニ）
　ⓔ 収運、処分業の許可等の取消し処分に係る聴聞の通知があった日から当該処分をする日または処分をしないことを決定する日までの間に

収運、処分業の廃止等の届出をしてから 5 年経過しない者（2 号イ、同法 7 条 5 項 4 号ホ）

ⓕ　上記ⓔに規定する期間内に収運、処分業の廃止等の届出があった場合において、上記ⓔの通知の日前60日以内に当該届出に係る法人の役員もしくは政令で定める使用人[1]であった者または当該届出に係る個人の政令で定める使用人[2]であった者で、当該届出の日から 5 年を経過しないもの（2 号イ、同法 7 条 5 項 4 号ヘ、同法施行令 4 条の 7）

ⓖ　その業務に関し不正または不誠実な行為をするおそれがあると認めるに足りる相当の理由がある者（2 号イ、同法 7 条 5 項 4 号ト）

ⓗ　暴力団員または暴力団員でなくなった日から 5 年を経過しない者（2 号ロ）

ⓘ　営業に関し成年者と同一の行為能力を有しない未成年者でその法定代理人が上記ⓐ〜ⓗのいずれかに該当するもの（2 号ハ）

ⓙ　法人でその役員または政令で定める使用人[3]のうちに上記ⓐ〜ⓗのいずれかに該当する者のあるもの（2 号ニ）

ⓚ　個人で政令で定める使用人のうちに上記ⓐ〜ⓗのいずれかに該当する者のあるもの（2 号ホ）

ⓛ　暴力団員等がその事業活動を支配する者（2 号ヘ）

(4)　許可の取消し

(ア)　必要的取消要件

下記①から③に該当する場合には、都道府県知事は、産業廃棄物運搬業に関する許可を取り消さなければならない（廃棄物14条の 3 の 2 第 1 項）。

①　上記(3)②ⓐ〜ⓛのいずれかに該当するに至ったとき（1 号）。

1　申請者の使用人で、本店または支店（商人以外の者にあっては、主たる事務所または従たる事務所）のほか、継続的に業務を行うことができる施設を有する場所で、廃棄物の収集もしくは運搬または処分もしくは再生の業に係る契約を締結する権限を有する者をおくものの代表者（廃棄物処理法施行令 4 条の 7）。

2　脚注 1 参照。

3　脚注 1 参照。

Ⅰ　申請手続

【書式37】　産業廃棄物収集運搬業許可申請書

様式第六号（第九条の二関係）　　　　　（第1面）

産業廃棄物収集運搬業許可申請書

平成〇〇年〇〇月〇〇日

〇〇県知事　殿

　　　　　　　　　　申請者

　　　　　　　　　　　ふりがな
　　　　　　　　　　　住　　所　　〇〇県〇〇市〇〇町一丁目1番1号

　　　　　　　　　　　ふりがな　　　　　　まるばつこうぎょう　　　　　　　　　こうのたろう
　　　　　　　　　　　氏　　名　　株式会社〇×工業　代表取締役　甲野太郎
　　　　　　　　　　　（法人にあっては、名称及び代表者の氏名）
　　　　　　　　　　　電話番号　　（000）123－4567
　　　　　　　　　　　郵便番号　　□□□－□□□□

　廃棄物の処理及び清掃に関する法律第14条第1項の規定により、産業廃棄物収集運搬業の許可を受けたいので、関係書類及び図面を添えて申請します。

事業の範囲（取り扱う産業廃棄物の種類（当該産業廃棄物に石綿含有産業廃棄物が含まれる場合はその旨を含む）及び積替え又は保管を行うかどうかを明らかにすること。）	産業廃棄物収集運搬業（積み替え保管を除く） ※収集運搬する産業廃棄物の種類を記入 **汚泥、廃油、廃プラスチック類、金属くず** **（なお、廃プラスチック類は石綿含有産業廃棄物を含む。）**
事務所及び事業場の所在地	事務所　〒　　**申請者に同じ** 　　　　　　電話番号（　　　）　－ 事業場　〒　（資材置き場・駐車場等を記載する） 　　　　　　電話番号（　　　）　－
事業の用に供する施設の種類及び数量	別紙（略）参照
積替え又は保管を行うすべての場所の所在地及び面積並びに当該場所ごとにそれぞれ積替え又は保管を行う産業廃棄物の種類（当該産業廃棄物に石綿含有産業廃棄物が含まれる場合はその旨を含む）、積替えのための保管上限及び積み上げることができる高さ	
※事務処理欄	

（第2面）（第3面）は省略した。

第8章 産業廃棄物処理業をめぐる許認可手続

〈表12〉 産業廃棄物（特別管理産業廃棄物）収集運搬業の許可申請に係る提出書類一覧表（群馬県の場合）

提 出 書 類	添 付 書 類	申請者別 法人	申請者別 個人
産廃（新規）様式第六号 特管（新規）様式第十二号	① 法人登記事項証明書	◎	
	② 登記されていないことの証明書（③～⑦の者）	◎	◎
	③ 役員の本籍地の記載された住民票抄本	◎	
	④ 100分の5以上の株式保有者またはそれに相当する出資者の本籍地の記載された住民票抄本（法人の場合には、登記簿謄本）	◎	
	⑤ 令6条の10に規定する使用人の本籍地の記載された住民票抄本	◎	◎
	⑥ 本籍地の記載された住民票抄本		◎
	⑦ 法定代理人の本籍地の記載された住民票抄本	◎	◎
	⑧ 定款（または寄付行為）※原本と相違ない旨記入	◎	
	⑨ すでに許可を得ている都道府県市の許可証の写し	◎	◎
別紙1の1	事業の全体計画、収集運搬する産業廃棄物の種類等	◎	◎
別紙1の2	収集運搬の具体的な計画	◎	◎
別紙1の3	環境保全措置の概要	◎	◎
別紙2	事務所および事業場（駐車場）	◎	◎
	① 事務所および事業場付近の住宅地図等（事務所および事業場付近の見取り図を別紙2に記載しない場合）	◎	◎
別紙3	収集運搬車両一覧表	◎	◎
	① 車検証の写し	◎	◎
	② 車検証上の使用者が申請者と異なる場合には、賃貸借契約書または、使用貸借契約書	◎	◎
別紙4	収集運搬車両の写真	◎	◎
	① 収集運搬車両の写真（1台につき2枚）	◎	◎
別紙5	収集容器および運搬資材の写真	◎	◎
	① 収集容器および運搬資材の写真	◎	◎
別紙6	事業の開始に要する資金の総額、調達方法等	◎	◎
別紙7	資産に関する調書		◎
	① 決算書（貸借対照表、損益計算書）　　　　直近3年分	◎	
	② 法人税納税証明書（その1・納税額等証明用）　直近3年分	◎	
	③ 所得税納税証明書（その1・納税額等証明用）　直近3年分		◎
別紙8	当該事業を行うに足りる技術的能力を説明する書類	◎	◎
	① 講習会修了証の写し（有効期限内のもの） ※ 認められる講習会の修了者 　（法人）役員、政令で定める使用人 　（個人）申請者	◎	◎
別紙9	誓約書	◎	◎
手数料	産業廃棄物収集運搬業　新規許可 81,000円　更新許可 73,000円　変更許可 71,000円 特別管理産業廃棄物収集運搬業 　　　　　　　　　　　新規許可 81,000円　更新許可 74,000円　変更許可 72,000円		

② 違反行為をしたとき、または他人に対して違反行為をすることを要求し、依頼し、もしくはそそのかし、もしくは他人が違反行為をすることを助け、情状が特に重いとき、または事業停止処分に違反したとき（2号、14条の3）。
③ 不正の手段により許可（更新を含む）または変更許可を受けたとき（3号）

　(ｲ)　任意的取消要件

下記①もしくは②に該当する場合には、都道府県知事は、産業廃棄物運搬業に関する許可を取り消すことができる（廃棄物14条の3の2第2項）。
① その者の事業の用に供する施設またはその者の能力が廃棄物処理法14条5項1号または同条10項1号に規定する基準に適合しなくなったとき
② 当該許可に付された生活環境の保全上必要な条件に違反したとき

6　産業廃棄物処分業の許可

　(1)　許可を要する場合

産業廃棄物の処分を業として行おうとする者は、当該業を行おうとする区域を管轄する都道府県知事の許可を受けなければならない。ただし、自らその産業廃棄物を処分する、もっぱら再生利用の目的となる産業廃棄物のみの処分を業として行う者その他環境省令で定める者については、許可は不要である（廃棄物14条6項）。

　(2)　更　新

5年ごとにその更新を受ける必要がある（廃棄物14条7項、同法施行令6条の11）。

　(3)　許可要件

都道府県知事は、廃棄物処理法14条1項の許可の申請が下記同条10項各号に適合していると認めるときでなければ、同項の許可をしてはならない（廃棄物14条10項）。
① その事業の用に供する施設および申請者の能力がその事業を的確に、

〔図7〕 産業廃棄物処分業の許可手続の流れ

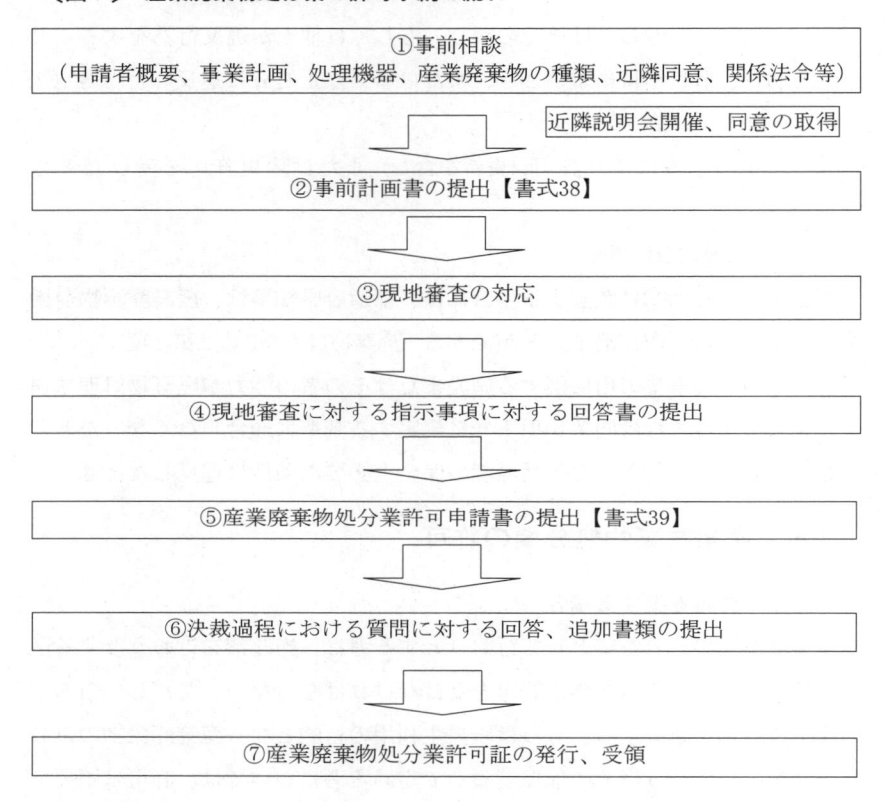

```
①事前相談
（申請者概要、事業計画、処理機器、産業廃棄物の種類、近隣同意、関係法令等）
              ↓  近隣説明会開催、同意の取得
②事前計画書の提出【書式38】
              ↓
③現地審査の対応
              ↓
④現地審査に対する指示事項に対する回答書の提出
              ↓
⑤産業廃棄物処分業許可申請書の提出【書式39】
              ↓
⑥決裁過程における質問に対する回答、追加書類の提出
              ↓
⑦産業廃棄物処分業許可証の発行、受領
```

かつ、継続して行うに足りるものとして環境省令で定める基準（〈表13〉参照）に適合するものであること（1号）。
② 申請者が次のいずれにも該当しないこと（2号）。
　ⓐ 成年被後見人もしくは被保佐人または破産者で復権を得ないもの（2号イ、同法7条5項4号イ）
　ⓑ 禁錮以上の刑に処せられ、その執行を終わり、または執行を受けることがなくなった日から5年を経過しない者（2号イ、同法7条5項4号ロ）

〈表13〉 廃棄物処理法14条10項における環境省令で定める基準（廃棄物の処理及び清掃に関する法律施行規則10条の5）

処分（埋立処分および海洋投入処分を除く）を業として行う場合	施設に係る基準	汚泥（特別管理産業廃棄物であるものを除く）の処分を業として行う場合には、当該汚泥の処分に適する脱水施設、乾燥施設、焼却施設その他の処理施設を有すること
		廃油（特別管理産業廃棄物であるものを除く）の処分を業として行う場合には、当該廃油の処分に適する油水分離施設、焼却施設その他の処理施設を有すること
		廃酸または廃アルカリ（特別管理産業廃棄物であるものを除く）の処分を業として行う場合には、当該廃酸または廃アルカリの処分に適する中和施設その他の処理施設を有すること 廃プラスチック類（特別管理産業廃棄物であるものを除く）の処分を業として行う場合には、当該廃プラスチック類の処分に適する破砕施設、切断施設、溶融施設、焼却施設その他の処理施設を有すること
		ゴムくずの処分を業として行う場合には、当該ゴムくずの処分に適する破砕施設、切断施設、焼却施設その他の処理施設を有すること
		その他の産業廃棄物の処分を業として行う場合には、その処分を業として行おうとする産業廃棄物の種類に応じ、当該産業廃棄物の処分に適する処理施設を有すること
		保管施設を有する場合には、産業廃棄物が飛散し、流出し、および地下に浸透し、並びに悪臭が発散しないように必要な措置を講じた保管施設であること
	申請者の能力に係る基準	産業廃棄物の処分を的確に行うに足りる知識および技能を有すること
		産業廃棄物の処分を的確に、かつ、継続して行うに足りる経理的基礎を有すること

埋立処分または海洋投入処分を業として行う場合	施設に係る基準	埋立処分を業として行う場合には、産業廃棄物の種類に応じ、当該産業廃棄物の埋立処分に適する最終処分場およびブルドーザーその他の施設を有すること
		海洋投入処分を業として行う場合には、産業廃棄物の海洋投入処分に適する自動航行記録装置を装備した運搬船を有すること
	申請者の能力に係る基準	産業廃棄物の埋立処分または海洋投入処分を的確に行うに足りる知識および技能を有すること
		産業廃棄物の埋立処分または海洋投入処分を的確に、かつ、継続して行うに足りる経理的基礎を有すること

ⓒ 環境法令刑罰、粗暴犯関連刑罰により罰金の刑を受け、執行を終わりまたは執行を受けなくなってから5年経過しない者（2号イ、同法7条5項4号ハ）

ⓓ 収運、処分業の許可等を取り消されてから5年経過しない者（2号イ、同法7条5項4号ニ）

ⓔ 収運、処分業の許可等の取消し処分に係る聴聞の通知があった日から当該処分をする日または処分をしないことを決定する日までの間に収運、処分業の廃止等の届出をしてから5年経過しない者（2号イ、同法7条5項4号ホ）

ⓕ 上記ⓔに規定する期間内に収運、処分業の廃止等の届出があった場合において、上記ⓔの通知の日前60日以内に当該届出に係る法人の役員もしくは政令で定める使用人であった者または当該届出に係る個人の政令で定める使用人であった者で、当該届出の日から5年を経過しないもの[4]（2号イ、同法7条5項4号ヘ）

ⓖ その業務に関し不正または不誠実な行為をするおそれがあると認めるに足りる相当の理由がある者（2号イ、同法7条5項4号ト）

---

4 脚注1参照。

ⓗ 暴力団員または暴力団員でなくなった日から5年を経過しない者（2号ロ）
ⓘ 営業に関し成年者と同一の行為能力を有しない未成年者でその法定代理人が上記ⓐ～ⓗのいずれかに該当するもの（2号ハ）
ⓙ 法人でその役員または政令で定める使用人のうちに上記ⓐ～ⓗのいずれかに該当する者のあるもの（2号ニ）[5]
ⓚ 個人で政令で定める使用人のうちに上記ⓐ～ⓗのいずれかに該当する者のあるもの（2号ホ）
ⓛ 暴力団員等がその事業活動を支配する者（2号ヘ）

(4) 許可の取消し

(ア) 必要的取消要件

下記①から③に該当する場合には、都道府県知事は、産業廃棄物処分業に関する許可を取り消さなければならない（廃棄物14条の3の2第1項）。

① 上記(3)②ⓐ～ⓛのいずれかに該当するに至ったとき（1号）
② 違反行為をしたとき、または他人に対して違反行為をすることを要求し、依頼し、もしくはそそのかし、もしくは他人が違反行為をすることを助け、情状が特に重いとき、または事業停止処分に違反したとき（2号、同法14条の3）。
③ 不正の手段により許可（更新を含む）または変更許可を受けたとき（3号）

(イ) 任意的取消要件

下記①もしくは②に該当する場合には、都道府県知事は、産業廃棄物処分業に関する許可を取り消すことができる（廃棄物14条の3の2第2項）。

① その者の事業の用に供する施設またはその者の能力が廃棄物処理法14条5項1号または同法10項1号に規定する基準に適合しなくなったとき
② 当該許可に付された生活環境の保全上必要な条件に違反したとき

---

5 脚注1参照。

第 8 章　産業廃棄物処理業をめぐる許認可手続

【書式38】　中間処理施設事前計画書

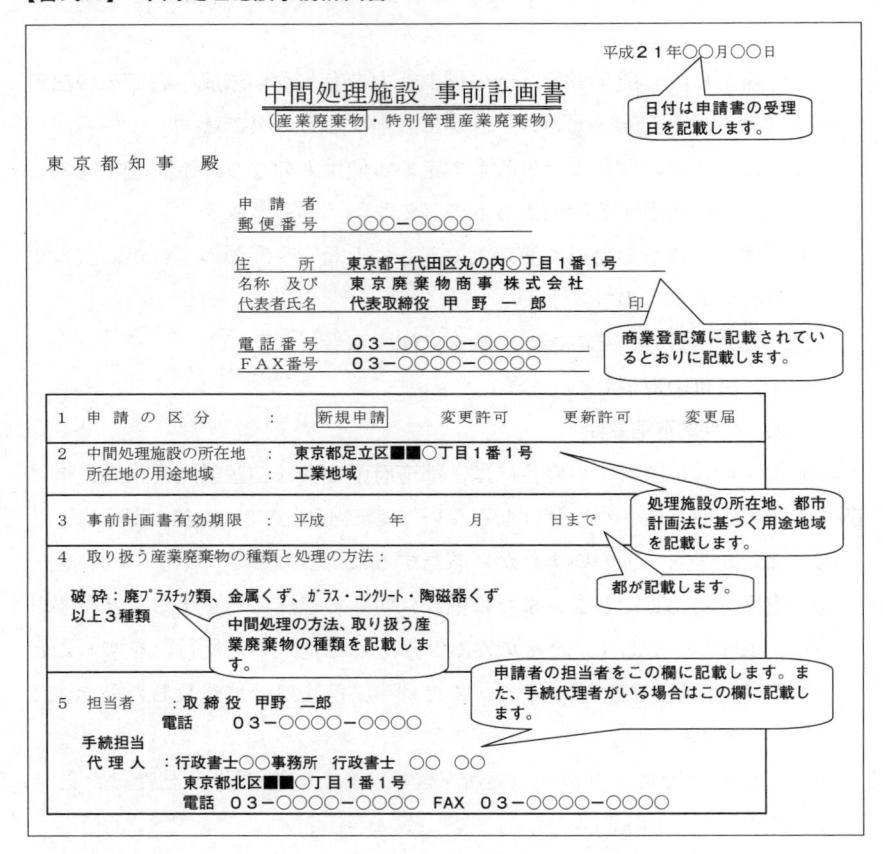

平成２１年○○月○○日

中間処理施設　事前計画書
（産業廃棄物・特別管理産業廃棄物）

> 日付は申請書の受理日を記載します。

東京都知事　殿

申　請　者
郵　便　番　号　　　○○○－○○○○

住　　　所　　　東京都千代田区丸の内○丁目１番１号
名　称　及　び　　東京廃棄物商事　株式会社
代表者氏名　　　代表取締役　甲野　一郎　　　　印

電　話　番　号　　０３－○○○○－○○○○
ＦＡＸ番号　　　　０３－○○○○－○○○○

> 商業登記簿に記載されているとおりに記載します。

1	申 請 の 区 分	：	新規申請　　変更許可　　更新許可　　変更届
2	中間処理施設の所在地	：	東京都足立区■■○丁目１番１号
	所在地の用途地域	：	工業地域
3	事前計画書有効期限	：	平成　　　年　　　月　　　日まで
4	取り扱う産業廃棄物の種類と処理の方法：		

破　砕：廃プラスチック類、金属くず、ガラス・コンクリート・陶磁器くず
以上３種類

> 中間処理の方法、取り扱う産業廃棄物の種類を記載します。

> 処理施設の所在地、都市計画法に基づく用途地域を記載します。

> 都が記載します。

5	担当者	：取締役　甲野　二郎
		電話　　０３－○○○○－○○○○
	手続担当	
	代理人	：行政書士○○事務所　行政書士　○○　○○
		東京都北区■■○丁目１番１号
		電話　０３－○○○○－○○○○　FAX　０３－○○○○－○○○○

> 申請者の担当者をこの欄に記載します。また、手続代理者がいる場合はこの欄に記載します。

【書式39】 産業廃棄物処分業許可申請書

様式第八号（第十条の四関係）　　（捨印）　　　　　　　　　　　　　（新規）・更新

産業廃棄物処分業許可申請書

　　　　　　　　　　　　　　　　　　　　　　　　　　平成21年〇〇月〇〇日

東京都知事　殿
　　　　　　　申請者
　　　　　　　　郵便番号　〒〇〇〇－〇〇〇〇
　　　　　　　　住　　所　東京都千代田区丸の内〇丁目１番１号
　　　　　　　　氏　　名　東京廃棄物商事　株式会社
　　　　　　　　　　　　　代表取締役　甲野　一郎
　　　　　　　　電話番号　03－〇〇〇〇－〇〇〇〇
　　　　　　　　ＦＡＸ　　03－〇〇〇〇－〇〇〇〇

　廃棄物の処理及び清掃に関する法律第14条第６項の規定により、産業廃棄物処分業の許可を受けたいので、関係書類及び図面を添えて申請します。

事業の範囲（処分の方法ごとに区分して取り扱う産業廃棄物の種類を記載すること）	中間処理 破砕：廃プラスチック類、金属くず、ガラス・コンクリート・陶磁器くず以上３種類
事務所及び事業場の所在地	事務所　東京都千代田区丸の内〇丁目１番１号 　　　　電話番号　03－〇〇〇〇－〇〇〇〇 事業場　東京都足立区■■〇丁目１番１号
事業の用に供するすべての施設（施設ごとに種類、設置場所、設置年月日、処理能力、許可年月日及び許可番号（産業廃棄物処理施設の設置の許可を受けている場合に限る。）を記載すること。）	施　設　の　種　類：二軸破砕機 産業廃棄物の種類：廃プラスチック類、金属くず、ガラス・コンクリート・陶磁器くず 詳細は別紙のとおり
保管を行う場合には、保管を行うすべての場所の所在地、面積、保管する産業廃棄物の種類、処分等のための保管上限及び積み上げることができる高さ	詳細は事前計画書のとおり
事業の用に供する施設の処理方式、構造及び設備の概要	詳細は事前計画書のとおり
担当者及び連絡先 TEL/FAX	担当　取締役　甲野　二郎 電話　03－〇〇〇〇－〇〇〇〇 FAX　03－〇〇〇〇－〇〇〇〇
※事務処理欄	

第8章 産業廃棄物処理業をめぐる許認可手続

(捨 印)

既に処理業の許可（他の都道府県・政令市のものを含む）を有している場合はその許可番号	都道府県・市名	許可番号（申請中の場合は申請年月日）	
	埼 玉 県	第01100123○○○号	
	横 浜 市	第05600123○○○号	
	さいたま市	申請中（平21.10.1）	
	神奈川県	申請中（平21.10.9）	

申請者（個人の場合）

氏　（ふりがな）　名	生 年 月 日	本　　　籍	
		住　　　所	
該当無し			

法定代理人（申請者が法第14条第3項第2号ハに規定する未成年者である場合）

氏　（ふりがな）　名	生 年 月 日	本　　　籍	
		住　　　所	
該当無し			

申請者（法人の場合）

名　（ふりがな）　称	住　　　　所	
とうきょうはいきぶつしょうじ　かぶしきがいしゃ 東京廃棄物商事　株式会社	東京都千代田区丸の内○丁目1番1号	

法第14条第5項第2号ニに規定する役員（監査役・相談役・顧問等を含む）

氏　（ふりがな）　名	生 年 月 日	本　　　籍
	役職名・呼称	住　　　所
こう　の　いち　ろう 甲　野　一　郎	昭20. 1. 1	東京都中野区本町○丁目1番地
	代表取締役	東京都中野区本町○丁目1番1号
こう　の　じ　ろう 甲　野　二　郎	昭30. 2. 2	東京都北区王子本町○丁目1番地
	取　締　役	東京都北区王子本町○丁目1番1号
こう　の　さぶ　ろう 甲　野　三　郎	昭40. 3. 3	東京都足立区日ノ出町○丁目1番地
	取　締　役	東京都足立区日ノ出町○丁目1番1号
こう　の　し　ろう 甲　野　四　郎	昭45. 4. 4	東京都北区浮間○丁目1番地
	監　査　役	東京都北区浮間○丁目1番1号
こう　の　た　ろう 甲　野　太　郎	昭10. 1. 1	東京都中野区本町○丁目1番地
	相　談　役	東京都中野区本町○丁目1番1号

Ⅰ 申請手続

(捨印)

発行済株式総数の100分の5以上の株式を有する株主又は出資の額の100分の5以上の額に相当する出資をしている者（申請者が法人である場合において、当該株主又は出資をしている者があるとき）			
発行済株式の総数	200株	出資の額	金1,000万円
(ふりがな) 氏名又は名称	生年月日	保有する株式の 数又は出資の金額	本　　　籍
		割　　合	住　　　所
(にほんはいきぶつしょうじ) 日本廃棄物商事 (かぶしきがいしゃ) 株式会社		200株	
		100%	東京都中央区銀座〇丁目1番1号

令第6条の10に規定する使用人			
(ふりがな) 氏　名	生　年　月　日	本　　　　籍	
	役職名・呼称	住　　　　所	
該当無し			

備考
1　※欄は記入しないこと。
2　「法定代理人」の欄から「令第6条の10に規定する使用人」までの各欄については、該当するすべての者を記載することとし、記載しきれないときは、この様式の例により作成した書面に記載して、その書面を添付すること。
3　都道府県知事が定める部数を提出すること。

　　令第6条の10に規定する使用人とは

申請者の使用人で、次に掲げるものの代表者であるもの。
1．本店又は支店（商人以外の者にあっては、主たる事務所又は従たる事務所）
2．継続的に業務を行うことができる施設を有する場所で、廃棄物の収集若しくは運搬又は処分若しくは再生の業に係る契約を締結する権限を有するものを置くもの

※手数料欄

【書式40】 誓約書

```
　　　　　　　　　欠格条項に該当していない者
　　　　　　　　　　である旨の誓約書
```

東京都知事　殿

　申請者、並びに申請者の役員、政令6条の10に定める使用人、法定代理人、相談役又は顧問及び株主（出資者）が「廃棄物の処理及び清掃に関する法律」で定める欠格条項に該当しない者であることを誓約します。

　　　　　　　　　申請者　住所　　東京都千代田区丸の内〇丁目1番1号
　　　　　　　　　　　　　氏名　　（法人にあっては名称及び代表者名）
　　　　　　　　　　　　　　　　　東京廃棄物商事　株式会社
　　　　　　　　　　　　　　　　　代表取締役　甲　野　一　郎　　　㊞

──＊＊欠格条項とは──

1　成年被後見人若しくは被保佐人又は破産者で復権を得ないもの
2　禁錮以上の刑に処せられ、その執行を終わり、又は執行を受けることがなくなった日から5年を経過しない者
3　この法律、浄化槽法（昭和58年法律第43号）その他生活環境の保全を目的とする法令で政令で定めるもの若しくはこれらの法令に基づく処分若しくは暴力団員による不当な行為の防止等に関する法律（平成3年法律第77号。第31条第7項を除く。）の規定に違反し、又は刑法（明治40年法律第45号）第204条、第206条、第208条、第208条の3、第222条若しくは第247条の罪若しくは暴力行為等処罰ニ関スル法律（大正15年法律第60号）の罪を犯し、罰金以上の刑に処せられ、その執行を終わり、又は執行を受けることがなくなった日から5年を経過しない者
4　第7条の4若しくは第14条の3の2（第14条の6において読み替えて準用する場合を含む。以下この号において同じ。）又は浄化槽法第41条第2項の規定により許可を取り消され、その取消しの日から5年を経過しない者（当該許可を取り消された者が法人である場合においては、当該取消しの処分に係る行政手続法（平成5年法律第88号）第15条の規定による通知があった日前60日以内に当該法人の役員（業務を執行する社員、取締役又はこれらに準ずる者をいい、相談役、顧問その他いかなる名称を有する者であるかを問わず、法人に対し業務を執行する社員、取締役又はこれらに準ずる者と同等以上の支配力を有するものと認められる者を含む。以下この号及び第14条第5項第2号ニにおいて同じ。）であった者で当該取消しの日から5年を経過しないものを含む。）
5　第7条の4若しくは第14条の3の2又は浄化槽法第41条第2項の規定による許可の取消しの処分に係る行政手続法第15条の規定による通知があった日から当該処分をする日又は処分をしないことを決定する日までの間に第7条の2第3項（第14条の2第3項及び第14条の5第3項において読み替えて準用する場合を含む。以下この号において同じ。）の規定による一般廃棄物若しくは産業廃棄物の収集若しくは運搬若しくは処分のいずれかの事業の全部の廃止の届出又は浄化槽法第38条第5号に該当する旨の同条の規定による届出をした者（当該事業の廃止について相当の理由がある者を除く。）で、当該届出の日から5年を経過しないもの。
6　5に規定する期間内に第7条の2第3項の規定による一般廃棄物若しくは産業廃棄物の収集若しくは運搬若しくは処分のいずれかの事業の全部の廃止の届出又は浄化槽法第38条第5号に該当する旨の同条の規定による届出があった場合において、5の通知の日前60日以内に当該届出に係る法人（当該事業の廃止について相当の理由がある法人を除く。）の役員若しくは政令で定める使用人であった者又は当該届出に係る個人（当該事業の廃止について相当の理由がある者を除く。）の政令で定める使用人であった者で、当該届出の日から5年を経過しないもの
7　その業務に関し不正又は不誠実な行為をするおそれがあると認めるに足りる相当の理由がある者
8　暴力団員による不当な行為の防止等に関する法律第2条第6号に規定する暴力団員（以下「暴力団員」という。）又は暴力団員でなくなった日から5年を経過しない者（以下「暴力団員等」という。）
9　営業に関し成年者と同一の能力を有しない未成年者でその法定代理人が1から8までのいずれかに該当するもの
10　法人でその役員又は政令で定める使用人のうちに1から8までのいずれかに該当する者のあるもの
11　暴力団員等がその事業活動を支配するもの
12　個人で政令で定める使用人のうちに1から8までのいずれかに該当する者のあるもの

7 産業廃棄物処理施設設置の許可

(1) 廃棄物処理施設設置に係る事前協議

多くの都道府県では、廃棄物処理施設を設置する場合には、廃棄物処理法の定める許可申請を行う前に、事前協議を行うこととされており、しかも多くの都道府県は事前協議に関する指導要綱を定めており、それに基づく行政指導により行われている。

たとえば、群馬県では、「群馬県廃棄物処理施設の事前協議等に関する規程」(行政指導要綱)を定め、廃棄物処理法による処理施設設置の許可申請手続を行う前に、この規程に基づく事前協議の手続が必要とされている。

群馬県の例では、事前協議を行う際の手順および廃棄物処理法の手続を含めた全体の流れは〔図8〕〔図9〕のとおりである。

(ア) 事前協議書の提出

廃棄物処理施設の設置等を行おうとする者は、所定の様式により事前協議書【書式42】を作成し、計画内容に関する書類や図面などを添付して提出する。

(イ) 事前協議中の手続

事前協議書が提出され協議が始まると、計画地の現地調査を実施したり、関係市町村長や関係地域住民等から意見を求めたり、県による技術的な指導を行ったりとさまざまな手続が行われる。

(ウ) 廃棄物処理施設設置(変更)許可申請書または実施計画書の提出

事前協議が終了すると、施設設置等の計画が廃棄物処理法に基づく設置(変更)許可が必要な場合は廃棄物施設設置(変更)許可申請書を、それ以外の場合は事前協議規程に基づく廃棄物処理施設設置等実施計画書を提出し、前者は知事による許可、後者は実施計画の承認を受ける。

(2) 廃棄物処理施設設置の許可

(ア) 許可を要する場合

産業廃棄物処理施設(廃プラスチック類処理施設、産業廃棄物の最終処分場その他の産業廃棄物の処理施設で政令で定めるもの)を設置しようとする者は、

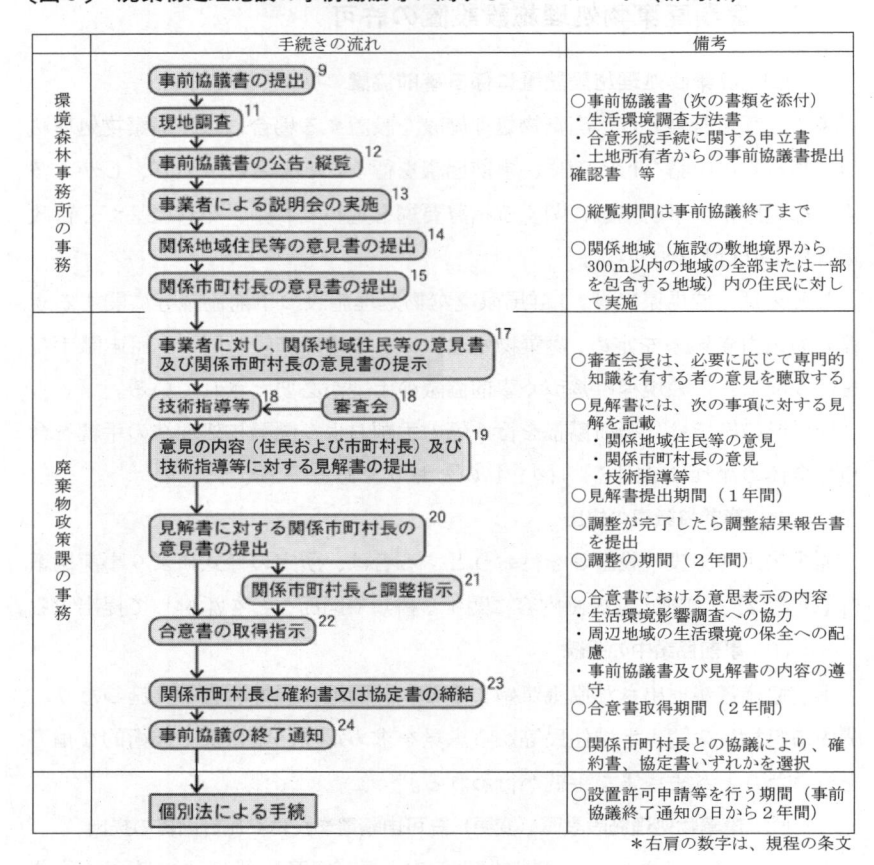

第8章　産業廃棄物処理業をめぐる許認可手続

〔図8〕　廃棄物処理施設の事前協議等に関するフローシート（群馬県）

	手続きの流れ	備考
環境森林事務所の事務	事前協議書の提出 [9] ↓ 現地調査 [11] ↓ 事前協議書の公告・縦覧 [12] ↓ 事業者による説明会の実施 [13] ↓ 関係地域住民等の意見書の提出 [14] ↓ 関係市町村長の意見書の提出 [15]	○事前協議書（次の書類を添付） ・生活環境調査方法書 ・合意形成手続に関する申立書 ・土地所有者からの事前協議書提出確認書　等 ○縦覧期間は事前協議終了まで ○関係地域（施設の敷地境界から300ｍ以内の地域の全部または一部を包含する地域）内の住民に対して実施
廃棄物政策課の事務	事業者に対し、関係地域住民等の意見書及び関係市町村長の意見書の提示 [17] ↓ 技術指導等 [18]　審査会 [18] ↓ 意見の内容（住民および市町村長）及び技術指導等に対する見解書の提出 [19] ↓ 見解書に対する関係市町村長の意見書の提出 [20] 　　　↓ 　　関係市町村長と調整指示 [21] ↓ 合意書の取得指示 [22] ↓ 関係市町村長と確約書又は協定書の締結 [23] ↓ 事前協議の終了通知 [24]	○審査会長は、必要に応じて専門的知識を有する者の意見を聴取する ○見解書には、次の事項に対する見解を記載 ・関係地域住民等の意見 ・関係市町村長の意見 ・技術指導等 ○見解書提出期間（1年間） ○調整が完了したら調整結果報告書を提出 ○調整の期間（2年間） ○合意書における意思表示の内容 ・生活環境影響調査への協力 ・周辺地域の生活環境の保全への配慮 ・事前協議書及び見解書の内容の遵守 ○合意書取得期間（2年間） ○関係市町村長との協議により、確約書、協定書いずれかを選択
	個別法による手続	○設置許可申請等を行う期間（事前協議終了通知の日から2年間）

＊右肩の数字は、規程の条文

Ⅰ 申請手続

〔図9〕 事前協議手続から廃棄物処理法手続のフローシート（群馬県）

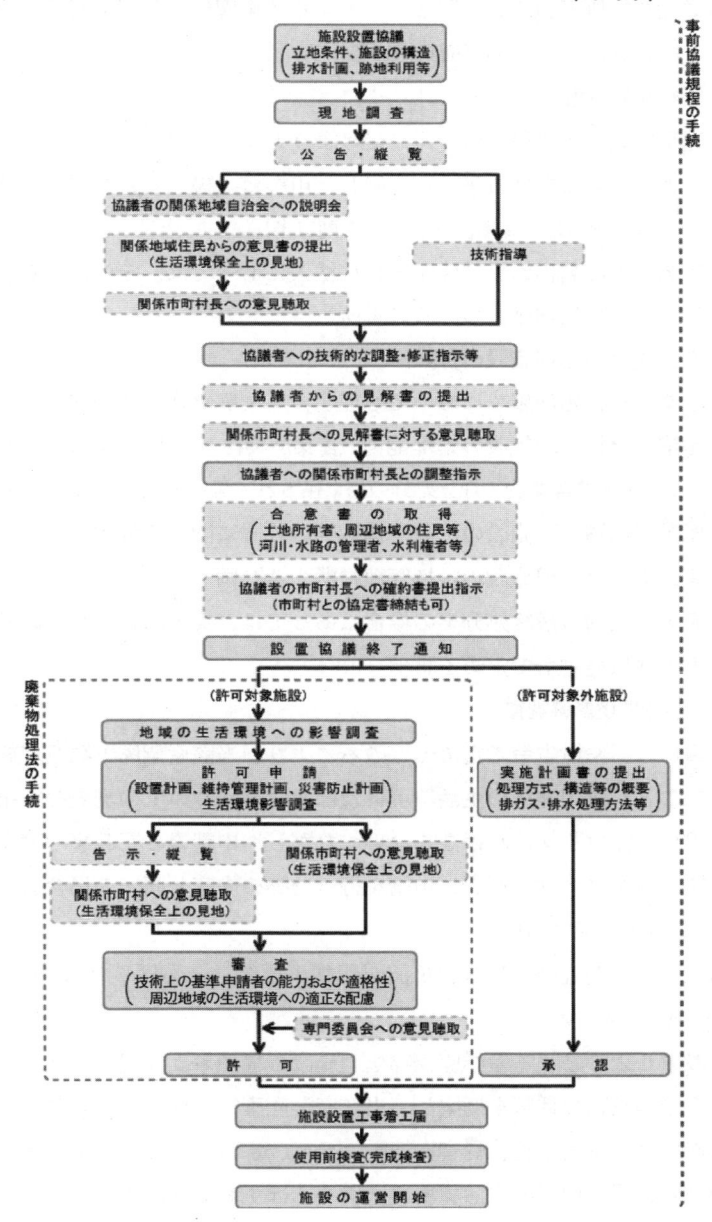

事前協議規程の手続

- 施設設置協議
  （立地条件、施設の構造、排水計画、跡地利用等）
- 現地調査
- 公告・縦覧
- 協議者の関係地域自治会への説明会
- 関係地域住民からの意見書の提出
  （生活環境保全上の見地）
- 関係市町村長への意見聴取
- 技術指導
- 協議者への技術的な調整・修正指示等
- 協議者からの見解書の提出
- 関係市町村長への見解書に対する意見聴取
- 協議者の関係市町村長との調整指示
- 合意書の取得
  （土地所有者、周辺地域の住民等）
  （河川・水路の管理者、水利権者等）
- 協議者の市町村長への確約書提出指示
  （市町村との協定書締結も可）
- 設置協議終了通知

廃棄物処理法の手続

（許可対象施設）
- 地域の生活環境への影響調査
- 許可申請
  （設置計画、維持管理計画、災害防止計画、生活環境影響調査）
- 告示・縦覧
- 関係市町村への意見聴取
  （生活環境保全上の見地）
- 関係市町村への意見聴取
  （生活環境保全上の見地）
- 審査
  （技術上の基準、申請者の能力および適格性、周辺地域の生活環境への適正な配慮）
- 専門委員会への意見聴取
- 許可

（許可対象外施設）
- 実施計画書の提出
  （処理方式、構造等の概要、排ガス・排水処理方法等）
- 承認

- 施設設置工事着工届
- 使用前検査（完成検査）
- 施設の運営開始

当該産業廃棄物処理施設を設置しようとする地を管轄する都道府県知事の許可を受けなければならない（廃棄物15条1項）。

(イ) **申請書の提出**

産業廃棄物処理施設設置の許可を受けようとする者は、環境省令で定めるところにより、次に掲げる事項を記載した申請書【書式41】を提出しなければならない（廃棄物15条2項、同法施行規則11条）。

① 氏名または名称および住所並びに法人にあっては、その代表者の氏名
② 産業廃棄物処理施設の設置の場所
③ 産業廃棄物処理施設の種類
④ 産業廃棄物処理施設において処理する産業廃棄物の種類
⑤ 産業廃棄物処理施設の処理能力（産業廃棄物の最終処分場である場合にあっては、産業廃棄物の埋立処分の用に供される場所の面積および埋立容量）
⑥ 産業廃棄物処理施設の位置、構造等の設置に関する計画
⑦ 産業廃棄物処理施設の維持管理に関する計画
⑧ 産業廃棄物の最終処分場の場合にあっては、災害防止のための計画
⑨ その他環境省令で定める事項

(ウ) **生活環境影響調査**

申請書には、環境省令で定めるところにより、当該産業廃棄物処理施設を設置することが周辺地域の生活環境に及ぼす影響についての調査の結果を記載した書類を添付しなければならない。ただし、申請書の記載事項である上記(イ)の②から⑦につき、過去に申請を行った際の内容と同一の場合には省略できる（廃棄物15条3項）。

生活環境影響調査結果には、下記が記載事項としてあげられる（廃棄物処理法施行規則11条の2）。

① 設置しようとする産業廃棄物処理施設の種類および規模並びに処理する産業廃棄物の種類を勘案し、当該産業廃棄物処理施設を設置することに伴い生ずる大気質、騒音、振動、悪臭、水質または地下水に係る事項のうち、周辺地域の生活環境に影響を及ぼすおそれがあるものとして調

査を行ったもの（以下、「産業廃棄物処理施設生活環境影響調査項目」という）
② 産業廃棄物処理施設生活環境影響調査項目の現況およびその把握の方法
③ 当該産業廃棄物処理施設を設置することが周辺地域の生活環境に及ぼす影響の程度を予測するために把握した水象、気象その他自然的条件および人口、土地利用その他社会的条件の現況並びにその把握の方法
④ 当該産業廃棄物処理施設を設置することにより予測される産業廃棄物処理施設生活環境影響調査項目に係る変化の程度および当該変化の及ぶ範囲並びにその予測の方法
⑤ 当該産業廃棄物処理施設を設置することが周辺地域の生活環境に及ぼす影響の程度を分析した結果
⑥ 大気質、騒音、振動、悪臭、水質または地下水のうち、これらに係る事項を産業廃棄物処理施設生活環境影響調査項目に含めなかったものおよびその理由
⑦ その他当該産業廃棄物処理施設を設置することが周辺地域の生活環境に及ぼす影響についての調査に関して参考となる事項

　(エ)　告示縦覧

都道府県知事は、産業廃棄物処理施設（政令で定めるものに限る）について廃棄物処理法15条1項の許可の申請があった場合には、遅滞なく、同条2項1号から4号までに掲げる事項（上記(イ)①～⑨参照）、申請年月日および縦覧場所を告示するとともに、上記(イ)の申請書および(ウ)の生活環境影響調査結果（ただし、申請書の記載事項である上記(イ)②から⑦につき、過去に申請を行った際の内容と同一の場合には、申請書のみでよい）を当該告示の日から1カ月間公衆の縦覧に供しなければならない（廃棄物15条4項）。

　(オ)　意見聴取

都道府県知事は、上記(エ)の告示をしたときは、遅滞なく、その旨を当該産業廃棄物処理施設の設置に関し生活環境の保全上関係がある市町村の長に通

知し、期間を指定して当該市町村長の生活環境の保全上の見地からの意見を聴かなければならない（廃棄物15条5項）。

(3) 意見書の提出

上記(2)(エ)の告示があったときは、当該産業廃棄物処理施設の設置に関し利害関係を有する者は、廃棄物処理法15条4項の縦覧期間満了の日の翌日から起算して2週間を経過する日までに、都道府県知事に生活環境の保全上の見地からの意見書を提出することができる（廃棄物15条6項）。

(4) 許可要件

都道府県知事は、廃棄物処理法15条1項の許可の申請が、同法15条の2第1項に定める下記各号のいずれにも適合していると認められる場合でなければ、同項の許可をしてはならない（廃棄物15条の2第1項）。

① 産業廃棄物処理施設の設置に関する計画が環境省令で定める技術上の基準に適合していること（1号）

環境省令で定める技術上の基準とは、廃棄物処理法施行規則12条に掲げられている以下の基準である。

ⓐ 自重、積載荷重その他の荷重、地震力および温度応力に対して構造耐力上安全であること

ⓑ 産業廃棄物、産業廃棄物の処理に伴い生ずる排ガスおよび排水、施設において使用する薬剤等による腐食を防止するために必要な措置が講じられていること

ⓒ 産業廃棄物の飛散および流出並びに悪臭の発散を防止するために必要な構造のものであり、または必要な設備が設けられていること

ⓓ 著しい騒音および振動を発生し、周囲の生活環境を損なわないものであること

ⓔ 施設から排水を放流する場合は、その水質を生活環境保全上の支障が生じないものとするために必要な排水処理設備が設けられていること

ⓕ 産業廃棄物の受入設備および処理された産業廃棄物の貯留設備は、

施設の処理能力に応じ、十分な容量を有するものであること

　その他、産業廃棄物処理施設ごとの技術上の基準が、廃棄物処理法施行規則12条の2第2項ないし16項に掲げられている。
② 産業廃棄物処理施設の設置に関する計画および維持管理に関する計画が当該産業廃棄物処理施設に係る周辺地域の生活環境の保全および環境省令で定める周辺の施設について適正な配慮がなされたものであること（2号）

　環境省令で定める周辺の施設とは、「当該施設の利用者の特性に照らして、生活環境の保全について特に適正な配慮が必要であると認められる施設」をいう（廃棄物処理法施行規則12条の2の2、4条の2）。
③ 産業廃棄物処理施設の設置および維持管理を的確に行うに足りる知識および技能を有すること（3号、同法施行規則12条の2の3第1号）
④ 産業廃棄物処理施設の設置および維持管理を的確に、かつ、継続して行うに足りる経理的基礎を有すること（3号、同法施行規則12条の2の3第2号）
⑤ 申請者が下記いずれにも該当しないこと（4号、同法14条5項2号イ〜ヘ）
　ⓐ 成年被後見人もしくは被保佐人または破産者で復権を得ないもの
　ⓑ 禁錮以上の刑に処せられ、その執行を終わり、または執行を受けることがなくなった日から5年を経過しない者
　ⓒ 環境法令刑罰、粗暴犯関連刑罰により罰金の刑を受け、執行を終わりまたは執行を受けなくなってから5年経過しない者
　ⓓ 収運、処分業の許可等を取り消されてから5年経過しない者
　ⓔ 収運、処分業の許可等の取消し処分に係る聴聞の通知があった日から当該処分をする日または処分をしないことを決定する日までの間に収運、処分業の廃止等の届出をしてから5年経過しない者
　ⓕ 上記ⓔに規定する期間内に収運、処分業の廃止等の届出があった場合において、上記ⓔの通知の日前60日以内に届出に係る法人の役員も

しくは政令で定める使用人[6]であった者または届出に係る個人の政令で定める使用人[7]であった者で、当該届出の日から5年を経過しない者
ⓖ　その業務に関し不正または不誠実な行為をするおそれがあると認めるに足りる相当の理由がある者
ⓗ　暴力団員または暴力団員でなくなった日から5年を経過しない者
ⓘ　営業に関し成年者と同一の行為能力を有しない未成年者でその法定代理人が上記ⓐ～ⓗのいずれかに該当するもの
ⓙ　法人でその役員または政令で定める使用人[8]のうちに上記ⓐ～ⓗのいずれかに該当する者のあるもの
ⓚ　個人で政令で定める使用人のうちに上記ⓐ～ⓗのいずれかに該当する者のあるもの
ⓛ　暴力団員等がその事業活動を支配する者

しかし上記許可要件を満たす場合であっても、都道府県知事は、産業廃棄物処理施設設置許可の申請に係る産業廃棄物処理施設の設置によって、ごみ処理施設または産業廃棄物処理施設の過度の集中により大気環境基準の確保が困難となると認めるときは、許可をしないことができる（廃棄物15条の2第2項）。

上記許可要件等を鑑み、都道府県知事は、産業廃棄物処理施設設置の許可（廃棄物15条4項に規定する産業廃棄物処理施設に係るものに限る）をすることになるが、この場合において、あらかじめ上記②に掲げる事項について、生活環境の保全に関し環境省令で定める事項について専門的知識を有する者の意見を聞かなければならない（廃棄物15条の2第3項）。

(5) 使用前検査

産業廃棄物処理施設の設置の許可を受け、これを使用するにあたっては、設置の許可を受けた者は、設置する産業廃棄物処理施設について、都道府県知事

---

[6]　脚注1参照。
[7]　脚注1参照。
[8]　脚注1参照。

の検査を受け、廃棄物処理法15条2項の申請書に記載した設置に関する計画に適合していると認められた後でなければ、使用できない（廃棄物15条の2第5項）。

　この都道府県知事による使用前検査の申請にあたっては、①氏名または名称および住所並びに法人にあっては、その代表者の氏名、②設置場所、③許可の年月日および許可番号、④竣功の年月日、⑤使用開始予定年月日を記載した申請書に、竣功後の施設の構造を明らかにする平面図、立面図、断面図および構造図その他参考となる書類または図面の提出が求められる（廃棄物処理法施行規則12条の4）。

(6) 許可の取消し

(ア) 必要的取消要件

　下記①から③に該当する場合には、都道府県知事は、産業廃棄物処理施設に関する許可を取り消さなければならない（廃棄物15条の3第1項）。

① 上記(4)⑤ⓐ～ⓘのいずれかに該当するに至ったとき（1号）
② 産業廃棄物処理施設の設置者が違反行為をしたとき、または他人に対して違反行為をすることを要求し、依頼し、もしくはそそのかし、もしくは他人が違反行為をすることを助け、情状が特に重いとき、または改善命令、施設の使用停止処分に違反したとき（2号、同法15条の2の6）。
③ 不正の手段により許可（更新を含む）または変更許可を受けたとき（3号）

(イ) 任意的取消要件

　下記①～③に該当する場合には、都道府県知事は、産業廃棄物処理施設に関する許可を取り消すことができる（廃棄物15条の3第2項）。

① 廃棄物処理法15条1項の許可に係る産業廃棄物処理施設の構造またはその維持管理が同法15条の2第1項第1号もしくは15条の2の2に規定する技術上の基準または当該産業廃棄物処理施設の許可に係る15条2項の申請書に記載した設置に関する計画もしくは維持管理に関する計画に適合していないと認めるとき。

第8章 産業廃棄物処理業をめぐる許認可手続

【書式41】 産業廃棄物処理施設設置許可申請書

様式第十八号（第十一条関係）　　（1面）　　担当者：○○　○○　Tel ○○○○○○

産業廃棄物処理施設設置許可申請書

平成21年○○月○○日

東京都知事　殿

> 日付は申請書の受理日を記載します。

> 商業登記簿に記載されているとおりに記載します。

申請者
郵便番号　〒○○○－○○○○
住　　所　東京都千代田区丸の内○丁目1番1号
氏　　名　東京廃棄物商事　株式会社
　　　　　代表取締役　甲野　一郎
電話番号　03－○○○○－○○○○
ＦＡＸ　　03－○○○○－○○○○

> 取り扱う産業廃棄物に応じた根拠と対象施設の種類を記載します。

廃棄物の処理及び清掃に関する法律第15条第1項の規定により、産業廃棄物処理施設の設置の許可を受けたいので、関係書類及び図面を添えて申請します。

産業廃棄物処理施設の設置の場所	東京都足立区■■○丁目1番1号
産業廃棄物処理施設の種類	令第7条第7号　廃プラスチック類の破砕施設
産業廃棄物処理施設において処理する産業廃棄物の種類	廃プラスチック類
着　工　予　定　年　月　日	平成22年○○月○○日
使 用 開 始 予 定 年 月 日	平成22年○○月○○日
※許　可　の　年　月　日	平成　　年　　月　　日
※許　可　番　号	産施　第　　　号
産業廃棄物処理施設の処理能力	m³／日（　）時間 　　　　　　　　64.00 t／日（8）時間 　　　　　　　　　　　m³／時間 　　　　　　　　　　8.00 t／時間 面積　　　　　　m² 埋立容量　　　　m³

> 都が記載します。

△産業廃棄物処理施設の位置、構造等の設置に関する計画に係る事項	産業廃棄物処理施設の位置	別添①位置図の通り。
	産業廃棄物処理施設の処理方式	破砕方式
	産業廃棄物処理施設の構造及び設備	別添②構造図及び③設備図の通り。
	伴う排ガス処理及び排水処理にび	量	排ガス：無し、排水：20m³／日（8時間）未満
		処理方法（排出の方法（排出口の位置、排出先等を含む。）を含む。）	排ガス：無し 排　水：別添④排水処理図の通り。
	設計計算上達成することができる排ガスの性状、放流水の水質その他の生活環境への負荷に関する数値	排ガス：無し 放流水の水質：pH値6.5～7.4 その他の生活環境への負荷に関する数値：別添⑤の通り。
	その他産業廃棄物処理施設の構造等に関する事項	別添⑥の通り。
※事　務　処　理　欄		

(2面)

△産業廃棄物処理施設の維持管理に関する計画に係る事項	排ガスの性状、放流水の水質等について周辺地域の生活環境の保全のため達成することとした数値		別添⑦の通り。	
	排ガスの性状及び放流水の水質の測定頻度に関する事項		別添⑧の通り。	
	その他産業廃棄物処理施設の維持管理に関する事項		別添⑨の通り。	
△災害防止のための計画（産業廃棄物の最終処分場である場合）				
汚泥等又は焼却灰等の処分方法	特別管理産業廃棄物以外の産業廃棄物	区分	自家処分　　　委託処分	
		処分方法		
	特別管理産業廃棄物	区分	自家処分委託処分	
		処分方法		
△埋立処分の計画（最終処分場の場合）				
△産業廃棄物の搬入及び搬出の時間及び方法に関する事項			別添⑩の通り。	

（3面）

申請者（個人の場合）				
氏　　名（ふりがな）	生　年　月　日	本　　籍		
		住　　所		
該当無し				

法定代理人（申請者が法第14条第5項第2号ハに規定する未成年者である場合）				
氏　　名（ふりがな）	生　年　月　日	本　　籍		
		住　　所		
該当無し				

申請者（法人の場合）		
名　　称（ふりがな）	住　　所	
東京廃棄物商事株式会社（とうきょうはいきぶつしょうじ　かぶしきがいしゃ）	東京都千代田区丸の内〇丁目1番1号	

法第14条第5項第2号ニに規定する役員（申請者が法人である場合で取締役の他相談役・顧問・監査役等を含む）

氏　名（ふりがな）	生　年　月　日	本　　籍
	役職名・呼称	住　　所
甲野一郎（こう の いち ろう）	昭20．1．1	東京都中野区本町〇丁目1番地
	代表取締役	東京都中野区本町〇丁目1番1号
甲野二郎（こう の じ ろう）	昭30．2．2	東京都北区王子本町〇丁目1番地
	取　締　役	東京都北区王子本町〇丁目1番1号
甲野三郎（こう の さぶ ろう）	昭40．3．3	東京都足立区日ノ出町〇丁目1番地
	取　締　役	東京都足立区日ノ出町〇丁目1番1号
甲野四郎（こう の し ろう）	昭45．4．4	東京都北区浮間〇丁目1番地
	監　査　役	東京都北区浮間〇丁目1番1号
甲野太郎（こう の た ろう）	昭10．1．1	東京都中野区本町〇丁目1番地
	相　談　役	東京都中野区本町〇丁目1番1号

(4面)

(ふりがな) 氏　　　名	生　年　月　日	本　　　　　籍	
	役職名・呼称	住　　　　　所	

令第6条の10に規定する使用人

(ふりがな) 氏　　　名	生　年　月　日	本　　　　　籍	
	役職名・呼称	住　　　　　所	
該当無し			

(5面)

発行済株式総数の100分の5以上の株式を有する株主又は出資の額の100分の5以上の額に相当する出資をしている者（申請者が法人である場合において、当該株主又は出資をしている者があるとき）

発行済株式の総数		200株	出資額	金1,000万円	
（ふりがな） 氏名又は名称		生年月日	保有する株式の数 又は出資の金額	本　　　籍	
			割　　合	住　　　所	
にほんはいきぶつしょうじ 日本廃棄物 商事 かぶしきがいしゃ 株式会社			200株		
			100%	東京都中央区銀座○丁目1番1号	

備考
1　※欄は記入しないこと。
2　産業廃棄物処理施設の種類については、脱水施設、焼却施設、中和施設、最終処分場等の別を記入すること。
3　△印の欄の記載については、できる限り図面、表等を利用することとし、かつ、次の図面等を含むこと。
　(1)　産業廃棄物処理施設の構造及び設備については、当該施設の構造を明らかにする平面図、立面図、断面図及び構造図
　(2)　排ガス及び排水の処理方法については、処理系統図
4　△印の欄にその記載事項のすべてを記載することができないときは、同欄に「別紙のとおり」と記載し、別紙を添付すること。
5　焼却灰等の処分方法は、令第7条第3号、第5号、第8号、第10号、第12号及び第13号の2に掲げる施設の場合に記入すること。
6　汚泥等の処分方法は、令第7条第4号、第6号及び第11号に掲げる施設の場合に記入すること。
7　「法定代理人」の欄から「令第6条の10に規定する使用人」までの各欄については、該当するすべての者を記載することとし、記載しきれないときは、この様式の例により作成した書面に記載して、その書面を添付すること。
8　都道府県知事が定める部数を提出すること。

※手数料欄

【書式42】 廃棄物処理施設設置等事前協議書

別記様式第1号（規格A4）（第9条関係）

(表面)

廃棄物処理施設設置等事前協議書

平成21年〇月〇日

〇〇県知事　殿

協議者
住　所　〇〇県〇〇市〇〇1丁目1番1号
氏　名　〇〇廃棄物商事株式会社
　　　　代表取締役　甲野一郎　　印
（法人にあっては、名称及び代表者の氏名）
電話番号　〇〇－〇〇〇〇－〇〇〇〇

　〇〇県廃棄物処理施設の事前協議等に関する規程第9条第1項の規定により、廃棄物処理施設の設置等の事前協議をしたいので、関係書類及び図面を添えて提出します。

事前協議の内容	施設の設置・構造			
施設の設置場所	〇〇県〇〇市〇〇1丁目2番3号 （設置場所全体の面積　　　　　　　　　m²）			
施設の種類	令第7条第7号　廃プラスチック類の破砕施設			
処理する廃棄物の種類	廃プラスチック類			
施設の処理能力 （最終処分場の場合には埋立地の面積及び埋立容量、積替え又は保管施設の場合には積替え又は保管場所の面積及び保管容量）	処理能力	m³／日　（　　　m³／時間） 64.00 t／日　　（8 t／時間）		
	埋立地面積	m²	埋立容量	m³
	積替え場所面積	m²		
	保管場所面積	m²	保管容量	m³
施設の処理方式	破砕方式			
※事務処理欄				

第8章　産業廃棄物処理業をめぐる許認可手続

(裏面)

添付書類及び図面	1　事業計画の概要に関する書類 2　協議者の事業経歴及び過去における廃棄物処理の事業実績等 3　立地環境に関する書類及び図面 4　施設の設置場所の位置図、公図の写し並びに周辺の土地利用現況図及び土地利用規制図 5　施設の構造等を説明するための書類及び図面 6　施設の維持管理に関する計画を説明するための書類及び図面 7　処理工程図（最終処分場にあっては、跡地利用計画の概要図） 8　周辺地域の生活環境の保全に関する計画を説明するための書類及び図面（最終処分場にあっては、法第8条第2項第8号又は第15条第2項第8号に規定する災害防止のための計画を含む。） 9　事業計画に要する資金の総額及びその資金の調達方法を記載した書類 10　生活環境影響調査方法書（生活環境影響調査の実施計画等を記載した書類をいう。） 11　関係地域住民等及び関係市町村との合意形成手続に関する申立書 12　施設の設置場所の土地の所有者が発行する事前協議書提出確認書（協議者が当該土地の所有権を有しない場合に限る。） 13　施設の設置場所の土地及び第22条第1項第2号に規定する土地の登記事項証明書 14　協議者に関する書類（法人にあっては定款又は寄附行為及び登記事項証明書、個人にあっては住民票の写し） 15　その他環境森林事務所長が必要と認める書類

備考
1　事前協議の内容については、施設の設置、構造若しくは規模の変更又は施

設において処理する廃棄物の種類の追加等の別を記入すること。
2 施設の設置場所については、設置場所の地番及び全体の面積を記入すること。
3 施設の種類については、一般廃棄物処理施設、産業廃棄物処理施設又は産業廃棄物の積替え若しくは保管施設の別を記入するとともに、一般廃棄物処理施設及び産業廃棄物処理施設にあっては、その区分に応じて、次のとおり記入すること。
  (1) 一般廃棄物処理施設　し尿処理施設、ごみ処理施設又は最終処分場の別を記入し、さらに、ごみ処理施設の場合は、焼却施設又は破砕施設等の別を括弧書きすること。
  (2) 産業廃棄物処理施設　脱水施設、焼却施設、中和施設、破砕施設又は最終処分場等の別を記入すること。
4 処理する廃棄物の種類については、一般廃棄物、特別管理一般廃棄物、産業廃棄物又は特別管理産業廃棄物の別を記入するとともに、その区分に応じて、燃え殻、汚泥、感染性廃棄物等、具体的に記入すること。
5 当該事前協議書は、3部提出すること。

② 産業廃棄物処理施設の設置者の能力が廃棄物処理法15条の2第1項3号に規定する環境省令で定める基準に適合していないと認めるとき。
③ 当該許可に付された生活環境の保全上必要な条件に違反したとき

II　法的問題点

1　はじめに

廃棄物処理法では、都道府県知事または政令市（政令指定都市と中核市）長から許可を受けた者が、廃棄物処理を業として行うことができるものとされている。

たとえば、産業廃棄物の最終処分場を新設して、産業廃棄物処理業を営もうとする場合、廃棄物処理法の定めるところにより、産廃処理業の許可だけでなく、産廃処理施設設置の許可を得る必要がある。許可には、下記の種類がある。

第8章 産業廃棄物処理業をめぐる許認可手続

〈表14〉 廃棄物処理業に係る許可の種類

	産業廃棄物処理業		処理施設設置
	収集・運搬業	処 分 業	
一般廃棄物	7条1項　※	7条6項　※	8条1項
産業廃棄物	14条1項	14条6項	15条1項
特別管理産業廃棄物	14条の4第1項	14条の4第6項	

※は市町村長の許可、それ以外はいずれも都道府県知事の許可を得る必要がある。以前は国の機関委任事務[9]であったが、地方分権一括法施行に伴う地方自治法の改正により、法定受託事務[10]となった。

　平成18年4月1日以前（改正廃棄物処理法施行以前）は、都道府県知事が行う産業廃棄物の関係事務等は、保健所を設置する市または特別区（以下、「保健所設置市」という）では、当該市長または区長が行うこととされていた（ただし、特別区は当分の間、東京都知事が行うものとされていた）。しかし今日において、経済活動の広域化等に伴い、産業廃棄物の処理については広域化が進み、また、大規模な不適正処理事案が発生して周辺の生活環境が脅かされるなど、産業廃棄物関係事務等は広域的な生活環境保全行政の要素が強くなってきたため、都道府県知事に代わって保健所設置市の長が一律に産業廃棄物関係事務等を行う合理性は失われている。そこで、保健所設置市の長が

9　機関委任事務とは、国の事務であって、これが地方公共団体の長に委任されたものである。その際、長に委任された事務は国の事務としての性格を保持し、その限りにおいて地方公共団体の長は国の機関（行政官庁法理によると大臣に対する関係では下級行政官庁）となる。これに対しては、地方自治の本旨に反するという観点からの批判が強かった（塩野宏『行政法Ⅲ〔第3版〕』152頁注2④）。そのため、平成11年改正地方自治法によって機関委任事務が廃止され、法定受託事務が導入された（同149頁）。

10　法定受託事務とは、法律またはこれに基づく政令により、地方公共団体（都道府県・市町村・特別区）が処理するものとされているものの中で、国が本来果たすべき役割に係るものであって、国においてその適正な処理を特に確保する必要があるものとして法律またはこれに基づく政令に特に定めるものである（地自2条9項1号─第1号法定受託事務。都道府県と市町村・特別区との関係は第2号法定受託事務（同法9項2号））。

一律に産業廃棄物関係事務等を行うしくみを見直し、平成18年4月1日施行の改正廃棄物処理法により、他の環境法令と同様に、都道府県知事が行う事務の一部を政令で定める市の長が行うこととされた（廃棄物24条の2第1項および同法施行令27条）[11]。

2　事前手続の問題性

たとえば、新たに焼却施設を設置して、産業廃棄物の処理業（焼却）を行おうとする場合、施設設置の許可と処分業の許可を得る必要がある。手続は、通常、施設設置の許可申請手続を行い、設置工事を行った後に、処分業の許可申請手続を行うことになる。

産廃処理施設の設置許可は、法律で要件が定められており、許可は都道府県知事または政令市（政令指定都市と中核市）長の権限とされている。しかし、実際に産廃処理施設が設置される市町村や、周辺住民は産廃処理施設がつくられることに抵抗を感じるため、多くの都道府県では、法の定める許可申請の手続に入る前に、事業者に対して事前協議書（【書式42】。または事業計画書）の提出を求め、それを基に地元市町村や住民との対応を求め（たとえば、市町村との公害防止協定の締結（1日トラック20台まで、9時～12時まで午後の操業は禁止、鍵を預けさせられる、県外の廃棄物は入れさせない（県外規制）

11　産業廃棄物関係事務等を行う政令で定める市の長。
【廃棄物の処理及び清掃に関する法律等の一部を改正する法律等の施行について】平成18年03月15日環廃対発060315001号・環廃産発060315001号
（環境省大臣官房廃棄物・リサイクル対策部長通知から各都道府県知事・各政令市市長あて）
「旧法においては、すべての保健所設置市の長に産業廃棄物関係事務等を行わせることとしていたが、当該市の産業廃棄物関係事務等に対する意欲、規模、事務処理体制等を勘案し、以下の市の長を平成18年4月1日以降、産業廃棄物関係事務等を行う市の長として定めることとした。
　①　地方自治法252条の19第1項に規定する指定都市の長
　②　地方自治法252条の22第1項に規定する中核市の長
　③　尼崎市、西宮市、呉市、大牟田市及び佐世保市の長」
よって、従前から産業廃棄物関係事務等を行ってきた保健所設置市（57市）の長のうち、小樽市長を除く56市の長においては、平成18年4月1日以降も引き続き当該事務等を行うものとされた。

等)、施設の隣接地権者や半径300m以内の住民の同意書の取得を義務づけるなど)、計画の一部修正等を指導したりする（もっとも、収集運搬業の許可において、「生活環境保全上必要な条件」（廃棄物14条11項、14条の4第11項）として、その運搬経路または搬入時間帯を指定されることはあり得る)[12]。事前協議手続に従わないと申請をさせてもらえないという不利益があり、また、市町村は、建築基準など付帯する部分で権限をもっているので、申請をしようとする者は、不本意であっても事前協議手続に従わざるを得ない状況にある。地元住民の反対があると、地元調整等に長時間を要し、そのために計画自体が頓挫することも稀ではない。しかも、群馬県のように同意書の取得に2年間という期間制限を設けている例もある。

　しかし、このような事前手続は、行政指導の指針を定めた行政の内部規範にすぎず、法的拘束力を有しない指導要綱に定められているにすぎない。廃棄物処理法では、焼却施設、最終処分場の設置に際して、告示、縦覧、意見書提出等の住民合意システムが定められており、これを超えて、公害防止協定の締結や、住民の同意を得ることは許可の要件とはされていないから、同意が得られないことをもって当該許可申請を受理しないことはできない。

　国は、最終処分場が逼迫しているのは、これらの指導要綱に基づく行政指導が原因であるとみており、平成9年の廃棄物処理法改正を踏まえ、周辺住民等の同意を事実上の許可要件とする等の法に定められた規制を超える要綱等による運用について見直しを求める通知を出した[13]。これに応じて同意要件

---

12 【産業廃棄物処理業及び特別管理産業廃棄物処理業並びに産業廃棄物処理施設の許可事務の取扱いについて】平成12年09月29日衛産79号　（環境省大臣官房廃棄物・リサイクル対策部産業廃棄物課長から各都道府県・政令市産業廃棄物行政主管部（局）長あて）
　「6．許可の条件
　　法第14条第11項又は法第14条の4第11項の生活環境保全上必要な条件は、申請者に対して、法に規定する基準を遵守させ、かつ、生活環境の保全上の支障を生じさせるおそれのないようにするための具体的な手段、方法等について、付すものであること。
　　具体的には、例えば、収集運搬業については、その運搬経路又は搬入時間帯を指定すること、中間処理業については、中間処理に伴い生ずる排ガス、排水等の処理方法を具体的に指定することなどが考えられること」。

をはずしたところもあるが、そのまま残置したところもある。

3　申請をしたが、拒否された場合

(1)　取消訴訟

申請をしたが、拒否された場合拒否処分の取消訴訟（「行政庁の処分その他公権力の行使に当たる行為の取り消しを求める訴訟」、行訴 3 条 2 項）を提起することができる。

取消訴訟が認められるためには、ある行政の行為が行政事件訴訟法 3 条に定める行政庁の処分その他公権力の行使にあたること（処分性）が必要であるが、規制行政における許可、免許（取消し・撤回を含む）等の行為は、一般に処分性が認められている[14]（塩野宏『行政法Ⅱ〔第 5 版〕』103頁）。

申請拒否処分の取消訴訟を提起してそれに勝訴すると、申請があったと同一の状態に戻る（原状回復機能）。しかし、それだけでは、以前の繰返しが生ずる可能性がある。そこで、処分を取り消す判決は、その事件について、処分をした行政庁その他の関係行政庁を拘束するものとし（行訴33条 1 項）、申請を却下しまたは棄却した処分が判決により取り消されたときは、その処分をした行政庁は、判決の趣旨に従い、あらためて申請に対する処分または審査請求に対する裁決をしなければならないものとされている（同条 2 項、取

---

[13]【廃棄物の処理及び清掃に関する法律等の一部改正について】平成 9 年12月26日衛環318号
「今般の改正は、最終処分場の逼迫、不法投棄等の廃棄物処理をめぐる諸問題を踏まえ、廃棄物の適正な処理を確保するため、総合的な対策を講ずるものである」。
「従来、法による規制を補完すること等を目的として、多くの都道府県及び政令市において要綱等に基づき独自の行政指導が行われてきたところと承知しているが、各都道府県及び政令市におかれては法改正及び基準強化の趣旨、目的等を踏まえ、改正された法に基づく規制の円滑な施行に努められるとともに、周辺地域に居住する者等の同意を事実上の許可要件とする等の法に定められた規制を越える要綱等による運用については、必要な見直しを行うことにより適切に対応されたい」。

[14] 許可制あるいは免許制においては、行政主体の一方的行為ではなく、申請－許可という双方向性がみられるが、法律はその対象となる行為をすることを禁止し（違反には罰則が科される）、申請が法定の要件を充足したと行政庁が認定したうえで、許可等の行為を行うという特別のしくみがとられていることから、制度実効性の担保の仕方に注目して、これらの行為が行政庁の処分であることは疑われていない（塩野・前掲Ⅱ103頁）。

消訴訟の再度考慮機能）（塩野・前掲II86〜87頁）。しかし、行政庁が別の理由で申請の拒否処分をすることはできるので、取消訴訟で勝訴しても、許可が得られるとは限らない。

(2) 義務付け訴訟

行政庁に対し一定の処分を求める旨の法令に基づく申請がされた場合において、当該行政庁がその処分をすべきであるにかかわらずこれがされないときには義務付けの訴えを提起することができる（行訴3条6項2号）。[15]この義務付けの訴えは、当該法令に基づく申請を却下しまたは棄却する旨の処分がされた場合において、当該処分が取り消されるべきものであり、または無効もしくは不存在である場合に、提起することができるが（同法37条の3第1項2号）、義務付けの訴えを提起するときは、行政事件訴訟法37条の3第1項2号に規定する処分または裁決に係る取消訴訟または無効等確認の訴えをその義務付けの訴えに併合して提起しなければならない（同条3項2号）。

したがって、申請拒否処分に不服がある場合、通常、申請拒否処分取消訴訟と義務付け訴訟を併合提起する。

4 申請をしたが、放置された場合

(1) 不作為の違法確認の訴え

行政庁が法令に基づく申請に対し、相当の期間内に何らかの処分または裁決をすべきであるにかかわらず、これをしないことについての違法の確認を求める訴訟（不作為の違法確認の訴え。行訴3条5項）を提起しうる。

これについては、「相当な期間」の経過が問題になるが、一般的に「相当期間経過の有無は、その処分をなすに通常必要とする期間を基準として判断し、通常の所要時間を経過した場合には原則として……違法となり、ただ、

---

[15] 従前、行政庁に一定の作為を求める訴訟は、行政事件訴訟法では正面から規定されず、法定外抗告訴訟（無名抗告訴訟）として、判例・学説に委ねられていた。しかし、取消訴訟中心主義という枠組みの中で、この種の訴訟は現実には利用されてこなかった。行政事件訴訟法の平成16年改正（平成17年4月1日施行）においては、救済範囲の拡大の一環として、義務付け訴訟が法定された（塩野・前掲II233頁）。

右期間を経過したことを正当化するような特段の事情がある場合には違法たることを免れる」（東京地判昭和39・11・4行裁集15巻11号2168頁）ものとされている（塩野・前掲Ⅱ231頁）。

　行政庁は、申請がその事務所に到達してから当該申請に対する処分をするまでに通常要すべき標準的な期間（法令により当該行政庁と異なる機関が当該申請の提出先とされている場合は、あわせて、当該申請が当該提出先とされている機関の事務所に到達してから当該行政庁の事務所に到達するまでに通常要すべき標準的な期間）を定めるよう努めるとともに、これを定めたときは、これらの当該申請の提出先とされている機関の事務所における備付けその他の適当な方法により公にしておかなければならないものとされている（行手6条）。これはいわゆる努力義務であるから、行政庁が定めた標準処理期間を徒過したとしても、当然に行政不服審査法および行政事件訴訟法上の不作為の違法を構成するものではない。ただ、裁判所の判断における1つの考慮要素としては機能するであろう。また、標準審査期間を定め公表しなかったことが申請拒否処分を違法とするものでもない。しかし、これら努力義務に理由なく従わないときには、行政苦情処理や行政監察等の対象になる（塩野宏『行政法Ⅰ〔第5版〕』294頁）。

(2)　義務付け訴訟

　行政庁に対し一定の処分または裁決を求める旨の法令に基づく申請または審査請求がされた場合において、当該行政庁がその処分または裁決をすべきであるにもかかわらずこれがされないときには義務付けの訴えを提起することができる（行訴3条6項2号）。この義務付けの訴えは、当該法令に基づく申請または審査請求に対し相当の期間内に何らの処分または裁決がされないときにも、提起することができるが（同法37条の3第1項1号）、義務付けの訴えを提起するときは、同号に規定する処分または裁決に係る不作為の違法確認の訴えに併合して提起しなければならないものとされている（同条3項1号）。

　そのため、通常は、不作為の違法確認の訴え（行訴3条5項）に、義務付

け訴訟（同条6項2号）を同時に提起して併合審理を求める。

(3) 国賠訴訟

またこの場合、国家賠償請求も行うことができる。行政庁は申請が到達したときには、遅滞なく審査を開始し、申請が形式上の要件に適合していないときには、補正を求めるか、申請の拒否（却下）をしなければならない（行手7条）。申請をしたのに放置した場合には、同法違反となるとともに、国家賠償法上の違法となりうる（名古屋高金沢支判平成15・11・19判タ1167号153頁、大阪地判平成15・5・8判タ1143号270頁、東京高判平成19・5・31判時1982号48頁等）。

5　申請に至らない場合にとりうる手段

事前協議はしたが、申請に至らず放置された場合には、上記の手段は使えない。行政庁に応答義務が生じるためには、申請が行政庁の「事務所に到達」（行手7条）することが必要なので、配達証明郵便で申請書を送るなどすれば、上記3および4で述べた手段をとり得ることになる。

廃棄物処理施設の許可は、法の定める要件に適合する場合には、必ず許可をしなければならないものであり、法の定める要件に適合する場合においても、なお都道府県知事に対して、許可を与えるか否かについての裁量権を与えるものではないことは、判例の立場であり、環境省からその旨の通達も出

16　札幌高判平成9・10・7判時1659号45頁。
　「憲法29条は、財産権の不可侵を宣言した上、財産権の内容は、公共の福祉に適合するように、『法律でこれを定める』（同条2項）べきものとしているので、公共の福祉の観点から、財産権の内容の制限すなわち財産権の行使の制限をするためには、法律によることが必要とされる。廃棄物処理法15条は、本来は自由であるはずの私権（財産権）の行使を公共の福祉の観点から制限するものであるから、同条の解釈にあっては、その文理及びその他の関連規定を総合的に判断して、当該申請に係る産業廃棄物処理施設が法律に定める要件すなわち同条2項各号所定の要件に適合する場合においても、なお知事に対して、許可を与えるか否かについての裁量権を与えているものと解されるときでない限り、必ず許可しなければならないものとしていると解するのが相当である」「そして、法15条については、その文理及びその他の関連規定を総合的に判断しても、知事に対して裁量権を与えたものと解することはできないので、知事には、裁量権はないものといわなければならない」。

されている（平成12・9・29衛産79号）。事前協議手続（＝指導要綱による行政指導）に従わない場合に申請をさせない権限は、都道府県知事にはない。

そこで、平成17年４月１日施行の改正行政事件訴訟法により追加挿入された「公法上の法律関係に関する確認の訴え」（行訴４条後段）を活用し、端的に、指導要綱、行政指導の違法・無効確認訴訟を提起することも考えられる。

6　公害防止協定の効力

事例⑧-1-2については、指導要綱に基づく行政指導に従って結ばされた公害防止協定の効力が問題になる。

町が、その区域内に産業廃棄物の最終処分場を設置している処分業者に対し、公害防止協定で定められた処分場の使用期限が経過したと主張し、同協定に基づく義務の履行として、土地を本件処分場として使用することの差止めを求めた事案において、処分業者は、①上記協定中の本件処分場の使用期限に関する定めは、被上告人の自由な意思に基づくものではなく、また、そ

---

17 【産業廃棄物処理業及び特別管理産業廃棄物処理業並びに産業廃棄物処理施設の許可事務の取扱いについて】平成12年09月29日　衛産79号　（環境省大臣官房廃棄物・リサイクル対策部産業廃棄物課長から各都道府県・政令市産業廃棄物行政主管部（局）長あて）
「２．許可の性質
廃棄物の処理及び清掃に関する法律（昭和45年法律第137号。以下「法」という。）第14条第５項及び第10項並びに第14条の４第５項及び第10項は、申請者が基準に適合する施設及び能力を有し、かつ欠格要件に該当しない場合には、必ず許可をしなければならないものと解されており、法の定める要件に適合する場合においても、なお都道府県知事に対して、許可を与えるか否かについての裁量権を与えられているものではないこと」。

18 改正法において、当事者訴訟についての定義規定が改められ、「公法上の法律関係に関する確認の訴え」という文言が追加挿入された。この規定は、創設的なものではなく、確認的なものである。従前にも、例は少ないが、確認訴訟を認めた判決例があった（薬局の営業確認につき、最判昭和41・7・20民集20巻6号1217頁、国籍確認につき、最判平成9・10・17民集51巻9号3925頁）。改正法があえて確認的規定をおいたのは、国民の権利・利益の実効的救済を図るうえで、従来、積極的に利用されずにきた確認訴訟の活用が有効であることを示すためのものである。改正法の下で、公法上の権利関係に関する正面から確認訴訟を認めた最高裁判決として、在外国民の選挙権に関する最判平成17・9・14民集59巻7号2087頁・行政判例百選Ⅱ〔第５版〕209頁、国籍確認事件に関する最判平成20・6・4民集62巻6号1367頁がある（塩野・前掲Ⅱ260〜265頁）。

の事業活動等を著しく制限するものであって、公序良俗に反する、②上記の定めは、強行法規である廃棄物処理法に違反するなどと主張して、これを争ったが、最高裁判所は、処分業者が、公害防止協定において、協定の相手方に対し、その事業や処理施設を将来廃止する旨を約束することは、処分業者自身の自由な判断で行えることであり、その結果、許可が効力を有する期間内に事業や処理施設が廃止されることがあったとしても、同法に何ら抵触するものではない。したがって、本件期限条項は廃棄物処理法の趣旨に反するものではないと判示し、本件期限条項が公序良俗に違反するものであるかについては原審に差し戻した（最判平成21・7・10判時2058号53頁）。

　この事案で、最高裁判所は、「（旧協定が締結された当時の廃棄物処理法（平成9年法律第85号による改正前のもの。）の規定は、知事が、処分業者としての適格性や処理施設の要件適合性を判断し、産業廃棄物の処分事業が廃棄物処理法の目的に沿うものとなるように適切に規制できるようにするために設けられたものであり、上記の知事の許可が、処分業者に対し、許可が効力を有する限り事業や処理施設の使用を継続すべき義務を課すものではないことは明らかである。そして、同法には、処分業者にそのような義務を課す条文は存せず、かえって、処分業者による事業の全部又は一部の廃止、処理施設の廃止については、知事に対する届出で足りる旨規定されているのであるから（14条の3において準用する7条の2第3項、15条の2第3項において準用する9条3項）、処分業者が、公害防止協定において、協定の相手方に対し、その事業や処理施設を将来廃止する旨を約束することは、処分業者自身の自由な判断で行えることであり、その結果、許可が効力を有する期間内に事業や処理施設が廃止されることがあったとしても、同法に何ら抵触するものではない。したがって、旧期限条項が同法の趣旨に反するということはできないし、同法の上記のような趣旨、内容は、その後の改正によっても、変更されていないので、本件期限条項が本件協定が締結された当時の廃棄物処理法の趣旨に反するということもできない」と判示した。

　これに関連して、下記2件の裁判例が参考になる（芝池義一『判例行政法

入門〔第4版増補版〕』87〜88頁)。

　事例⑧-1-2の、公害防止協定で定められた使用期限に関する定めも処分業者が任意に締結する限りは有効であり、強制にわたるなど、事業主の任意性を損なうものでない限り違法ということはできない。

　当該行政指導の目的、必要性、方法の相当性、相手方の負担の程度、相手方に対する働きかけの態様程度等を総合考慮し、行政庁が、それを事実上強制しようとしたといいうるような特別の場合には、協定の効力を否定しうるが、そうでない限り、不本意ながらも公害防止協定を締結した以上、その効力を覆すのは困難である。ただし、一応の争い方として、実質的当事者訴訟により、公害防止協定の無効確認を行う方法がある（【書式43】参照)。

【書式43】　訴状（協定書無効確認の訴え）

訴　　　状

平成〇年〇月〇日

××地方裁判所　御中

原告訴訟代理人弁護士　乙　川　二　郎　印
〒000-0000　〇〇県〇〇市〇〇町〇丁目〇番〇号
原　　　　　告　　株式会社　甲野興業
　　　　　　　　　代表取締役　甲　野　太　郎
（送達場所）
〒000-0000　〇〇県〇〇市〇〇町〇丁目〇番〇号
同訴訟代理人弁護士　乙　川　二　郎
電話00-0000-0000　fax00-0000-0000
〒000-0000　〇〇県〇〇市〇〇町〇丁目〇番〇号
被　　　　　告　　〇　　〇　　市
上記代表者市長　丁　田　四　郎

協定書無効確認の訴え

　訴訟物の価額　　金1,600,000円（算定不能）

貼用印紙額　　　　　金13,000円

請求の趣旨

1　原告と被告間の平成〇年〇月〇日付協定書（公害防止協定）は無効であることを確認する。
2　訴訟費用は被告の負担とする。
との判決を求める。

請求の原因

1　（当事者）
　　原告は、一般及び産業廃棄物の最終処分業を主たる業務とする株式会社である。
　　原告は、一般廃棄物の最終処分場（許可番号：××、以下「本件処分場」という。甲1、2）を有し、本件処分場が、原告の業務の中核である。

2　（協定書の締結）
　①　原告と被告は、本件処分場の設置及び運営に関し、平成〇年〇月〇日、別紙協定書（以下「本件協定書」という。甲3）を締結した。
　　本件協定書は、行政講学上の「公害防止協定」である。
　②　本件協定書には、下記条項が存在する。
　　ⅰ　第3条
　　　乙（原告）が処分場に搬入するものは、「廃棄物の処理及び清掃に関する法律」に定める一般廃棄物のうち、〇〇県の市町村及び一部事務組合（以下「市町村等」という。）の一般廃棄物処理施設から排出された焼却残灰（熱しゃく減量10％以下）、不燃残渣及び汚泥（以下「廃棄物」という。）に限定し、その他は一切搬入しないものとする（以下本条を「本件県外規制条項」という。）。
　　ⅱ　第15条
　　　乙（原告）が以上の項目を遵守することを条件に、甲は、施設の設置を認めるものとする。

3　（本件協定書締結に至る経緯と本件処分場許可申請）
　①　原告は、平成×年頃より、本件処分場の許可申請行為（設置構想書の提

出、事前協議含む）を行ってきていた。

　当時の県における廃棄物処理施設の設置許可の手続は、甲4号証記載のとおりであるが、「廃棄物処理施設設置構想書」の提出あるいは「事前協議書」の提出等は、法令（法律、政令、省令及び条例）に基づくものではなく、いわゆる指導要綱（甲5）にその根拠を置くものに過ぎない。

　この手続の過程において、△△保健所長より、以下の通知を受けた（甲6）。

「平成○年○月○日付けで提出のあった廃棄物処理施設等設置構想書について、市長の意見を求めたところ計画について了解が得られなかったので、○○県廃棄物処理施設の事前協議等に関する規程（＊甲6）第8条5項の規程により市長との調整を指示します。（中略）期日までに調整結果報告書が提出できない場合は市長の了解が得られる見込みがないものと判断し、本構想書については不承認としますので念のため申し添えます」

文面から明らかなとおり、市長の了解を承認、不承認の条件とするものであり、かつ、法令上の根拠は全く存在しないものの、甲5号証の手続概要からして、廃棄物処理施設等設置構想書が不承認とされた場合、事実上、本件処分場の設置が許可される見通しはない状況であった。

② 　原告は、市長の処分場設置の了解がなければ、本件処分場の設置許可がなされないものと判断し、平成○年○月○日、市長と本件協定書を締結した。

　その後、原告は、正式に本件処分場設置許可申請を行った（甲1）ものである。

　市長の了解が処分場設置許可の事実上の条件とされていることは、本件処分場の許可書（甲1）及び同許可証（甲2）に、「留意事項」として、「市長と締結した協定書の各条項を遵守すること」との記載があることからも明らかである。

　なお、「留意事項」は、あくまで「気を付けること」に過ぎず、「許可の条件」（行政講学上の附款、根拠法律は、廃棄物の処理及び清掃に関する法律（略称：廃掃法）第8条の2、第4項）とは異なり、何ら法的拘束力

を持つものではない。このことからも市長の了解、すなわち本件協定書の締結が法令上の許可要件では無いことは明らかである。
4　（県外規制条項の違法性）
　① 　本件県外規制条項は違法であり、公序良俗に反し無効である。
　② 　本件県外規制の趣旨は、○○県内の市町村等以外の市町村からの一般廃棄物の搬入を認めないという内容であり、原告の営業権に対する規制である。

　　ところで、一般廃棄物処理施設の設置許可及び維持管理基準として、廃掃法第8条の2、第1項及び同法施行令第4条乃至第4条の2の2は、下記の基準を定めるのみで、当該一般廃棄物が排出された場所等については、何らの規制もない。

　　すなわち、廃掃法は、生活環境保全の見地から、廃棄物処理施設（最終処分場含む）の設置、維持管理に当たって、当該廃棄物の有害物質による地域住民への健康被害の防止の観点から技術上の規制及びこの技術上の規制を達成しうる設置者の能力に関する規制のみを定め、当該廃棄物が、当該処分場の設置されている地方公共団体から排出されたものか、他の地方公共団体で排出されたものであるかは全く規制の対象外としているのであり、処分場が枯渇している本邦の現状に鑑みれば、法の趣旨は、廃棄物をどこから搬入するかは、事業者の自由に任せる趣旨であると考えられる（いわゆる法律の先占領域）。

　　　　　　　　　　　　　　　　記
廃掃法第8条の2、第1項
　1号 　その一般廃棄物処理施設の設置に関する計画が環境省令で定める技術上の基準に適合していること。
　2号 　その一般廃棄物処理施設の設置に関する計画及び維持管理に関する計画が当該一般廃棄物処理施設に係る周辺地域の生活環境の保全及び環境省令で定める周辺の施設について適正な配慮がなされたものであること。
　3号 　申請者の能力がその一般廃棄物処理施設の設置に関する計画及び維持管理に関する計画に従って当該一般廃棄物処理施設の設置及び維持管理を的確に、かつ、継続して行うに足りるものとして環境省令で定

める基準に適合するものであること。
4号　申請者が第7条第5項第4号イからヌまでのいずれにも該当しないこと。

* 上記環境省令（廃掃法施行規則）は、別紙に記載。

③　本件県外規制条項は、法律の先占領域につき、より厳しい規制をなそうとする、いわゆる上乗せ規制であり、地方自治法15条1項に違反するものである。

　本件県外規制条項は、形式的には協定書の形態を取り、いわゆる講学上の「行政契約」と目されるが、既述したとおり、本件協定書第15条は、「乙（原告）が以上の項目を遵守することを条件に、甲（〇〇市）は、施設の設置を認めるものとする。」との条項が存在し、本件処分場許可取得に当たっては、本件協定書の締結が事実上強制されており、形式上は「契約」の形態を取るもののその実質は、市長による行政規則の制定に他ならない。

　また、本件県外規制条項は、その合理性を全く欠く。

　どこの市町村であれ、現在、排出される一般廃棄物（産業廃棄物以外の廃棄物を云う。いわゆる家庭ゴミである。）に有害物質の含有量の多寡等の差異はない。そもそも、一般廃棄物の収集、運搬、処理は、地方公共団体の責務である（廃掃法第6条、第6条の2、第1項）。一義的には、当該市町村がその処理責任を負うが、廃掃法の基準に従い、許可を得た事業者にその処理等を委託することができる（同法第6条の2、第3項）。

　本件処分場に搬入される一般廃棄物は、当該市町村が廃掃法の基準に従い自ら収集したか、許可を有する受託者が廃掃法の基準に従い収集したものである。すなわち、全国一律の基準で収集されたものであり、現在、市町村による差異は、構造的に存在し得ない。まして〇〇県内の市町村等と他都道府県内の市町村等との間に特段の差異は存在しない。

　本件協定書の目的は、廃掃法の目的である地域住民の生活環境の保全にある。上述したとおり、市町村等により、一般廃棄物の有害性に差異は存在しないのであるから、目的との関連性において、本件県外規制条項は、

413

規制手段として全く無意味である。

　仮に、市町村等毎に一般廃棄物の有害性に差異があるとしても、第一に、〇〇県内の一般廃棄物のみが他の都道府県内の一般廃棄物より有害性が少ないという客観的事実は存在せず、規制目的と手段の間に合理的な関連性がない。第二に、本件協定書第5条2項により、一般廃棄物を搬入するに当たっては、原告と被告と当該市町村等との間で三者間公害防止協定を締結せねばならず、この三者間公害防止協定を締結するに際し、個別、具体的に一般廃棄物の内容、有害性等を被告においてチェックできる体制となっており、より制限的でなくかつ効果的な規制手段が存在している。

　一方、本件県外規制条項により、搬入される一般廃棄物の総量を減少させるという規制目的も一考に値する。

　しかしこれは、総量規制という形で別途対応すれば足りる話しであり、かつ、本件協定書第6条2項において、「乙（原告）は、1日の搬入台数を20台以下とするものとし（後略）」という条項により総量規制がなされており、この見地からも本件県外規制条項は無意味である。

　以上のとおり、本件県外規制条項は、地方自治法15条1項に違反し、かつ、行政目的に対し、全く合理性を有しない違法な条項である。従って、民法90条の公序良俗に違反し無効である。

5　（確認の利益）

① 　上述したとおり、本邦において処分場の枯渇は深刻な問題であり、一般廃棄物処理の責務を負う多くの市町村は、その搬入先（最終処分先）の確保に四苦八苦しているのが現状である。

　原告の下にも県外の複数の市町村から、「一般廃棄物を受け入れて（最終処分して）欲しい。」との要請がなされている。

　本件処分場に関しては、平成〇年〇月〇日、搬入を開始したが、本件県外規制条項により、〇〇県内の市町村以外からの搬入は現状では行えず、結果として、埋立容量に余裕があり、原告として、これら市町村からの要請は受諾可能な状態である。

② 　原告は、〇〇県外の各市町村からの受け入れ要望に対し、これを受諾する予定であるが、本件県外規制条項の存在により実施することは困難である。

原告は、本件県外規制条項は、違法、無効であり、かつ、法的拘束力を有するものではないと考えているが、本件県外規制条項を無視して本件処分場への搬入を断行した場合、本件処分場設置許可権者である○○県知事より廃掃法に基づく行政処分がなされる可能性は否定できない。

上述のとおり、被告が本件協定書の変更協議に応じる余地は無く、むしろ、被告においても公権的判断がなされることを希望している。

③ 以上のとおり、原告には確認の利益がある。

6 （まとめ）

よって、原告は、公法上の法律関係に関する確認の訴（行政事件訴訟法第4条）として、請求の趣旨記載の判決を求める。

証拠方法

甲1 一般廃棄物処理施設許可書
甲2 一般廃棄物処理施設許可証
甲3 協定書
甲4 廃棄物処理施設の設置に関する事務手続きの概要
甲5 ○○県廃棄物処理施設の事前協議等に関する規程
甲6 廃棄物処理施設設置等構想書に関する市長との調整について（通知）

添付書類

資格証明書　1通
委任状　　　1通
甲号証写し　各2通

以上

［資料9］　大阪地判昭和61・9・26判時1240号92頁〔高槻市開発負担金事件〕

〔事実〕　Xはマンションの建築を計画したが、高槻市（Y）は、同市宅地等開発に関する指導要綱に基づく行政指導として、Xに開発協力金の支払を要求し、協力金の内金については覚書作成と同時に、残金については本件開発工事の検査済証受領時（ただし、都市計画法37条の申請をする場合にはその申請

時)に納付する旨の覚書の提出を求めた。Xはこれを提出し、同時に協力金内金をYに支払った。その後、Xは開発行為の許可を受け、さらにYの建築主事に対して建築確認申請を、市長に対して都市計画法37条に基づく建築承認の申請をしたが、Yは覚書に基づいて協力金残金の納付を要求し、建築確認および建築承認の両処分を留保していた。Xは、この覚書が契約として不成立であり、また、割当的寄付金を禁止する地方財政法4条の5等に違反して無効であるとして、協力金残金の債務の不存在の確認とともに、既払分の返還を求めて出訴した。

〔判旨〕 請求棄却

「本件約定の成否について判断するに、……被告〔Y〕が開発協力金支払いを要請し、これに対して原告〔X〕は金1885万1260円の開発協力金の支払い義務を負担する旨の本件覚書を被告〔Y〕に交付したものであり、かつ被告職員において原告〔X〕に開発協力金の趣旨内容を説明した以外に、特に本件約定の締結を強要したような事情はなく、原告〔X〕も納付時期の猶予を要請した外、本件約定の締結になんらの異議を唱えなかったのであるから、原告〔X〕は開発協力金の趣旨内容を理解して、その自由な意志で本件約定を締結したものと認めるべきであり、本件約定は私法上贈与契約として有効に成立したということができる。

本件指導要綱は憲法29条に違反するものであって、これを内容とする本件約定は民法90条、地方自治法2条16項により無効であるという主張について判断する。

……本件約定は本件指導要綱による行政指導にもとづくものであり本件指導要綱は作用法的な法律上の根拠を有しないのであるが、本件約定はそれ自体は私法上の贈与契約として成立しているものであるから、その基礎となった行政指導に法律上の根拠がないということから直ちにこれを無効ということはできない。他方私法上の契約の締結を目的とする行政指導は相手方になんらかの事実上の影響を与えるものであることは否定できず、これをあらゆる場合にいかなる意味においても法律上の根拠を必要としないと断定することは法治主義の観点から妥当ではないというべきである。従って、当該行政指導の目的、必要

性、方法の相当性、相手方の負担の程度、相手方に対する働きかけの態様程度等を総合考慮し、それが法治主義を潜脱するものである等特段の事情が認められる場合において初めてその行政指導に基づく私法上の契約が無効となると解すべきであるところ、……右特段の事情が認められず、他にこれを認めるに足りる証拠はない」。

（第2審の大阪高判平成元・5・23判時1343号26頁、上告審の最判平成4・3・19判例集未登載は、ともにこの判決を支持し、Xの控訴および上告を棄却した）

［資料10］　最判平成5・2・18民集47巻2号574頁〔武蔵野市教育施設負担金事件〕

〔事実〕　武蔵野市（Y）にマンションの建築を計画したXは、同市宅地開発等に関する指導要綱に基づき、教育施設負担金の寄付を求められた。これに不満をもったXは、金額の減免、延納等を要請したが、前例がないとして拒絶されたため、負担金を納付した。Xは、本件寄付の意思表示は強迫行為によるものであると主張して、寄付金の返還を求めて出訴した。第1審では請求が棄却され、第2審で、Xは、Yの行為が違法な公権力の行使に当たるとして国家賠償請求を予備的に追加したが棄却されたため、Xが上告した。

〔判旨〕　一部破棄差戻、一部上告棄却。

「行政指導として教育施設の充実に充てるために事業主に対して寄付金の納付を求めること自体は、強制にわたるなど事業主の任意性を損うことがない限り、違法ということはできない」しかし、「指導要綱の文言及び運用の実態からすると、本件当時、被上告人〔Y〕は、事業主に対し、法が認めておらずしかもそれが実施された場合にはマンション建築の目的の達成が事実上不可能となる水道の給水契約の締結の拒否等の制裁措置を背景として、指導要綱を遵守させようとしていたというべきである。被上告人〔Y〕がXに対し指導要綱に基づいて教育施設負担金の納付を求めた行為も、被上告人〔Y〕の担当者が教育施設負担金の減免等の懇請に対し前例がないとして拒絶した態度とあいまって、Xに対し、指導要綱所定の教育施設負担金を納付しなければ、水道の

給水契約の締結及び下水道の使用を拒絶されると考えさせるに十分なものであって、マンションを建築しようとする以上右行政指導に従うことを余儀なくさせるものであり、Xに教育施設負担金の納付を事実上強制しようとしたものということができる。指導要綱に基づく行政指導が、武蔵野市民の生活環境をいわゆる乱開発から守ることを目的とするものであり、多くの武蔵野市民の支持を受けていたことなどを考慮しても、右行為は、本来任意に寄付金の納付を求めるべき行政指導の限度を超えるものであり、違法な公権力の行使であるといわざるを得ない」。

(笹島潤也／前田泰志)

第9章 農地移転・権利設定・転用手続をめぐる許認可手続

第9章　農地移転・権利設定・転用手続をめぐる許認可手続

I　申請手続

1　概　要

① 農地を他人に譲渡したり、貸したりする場合
② 自分が所有する農地を自分が使用する目的で転用する場合（転用とは、農地を農地以外のものにする場合であり、たとえば、田を宅地にするような場合がこれにあたる。省略して「農転」ともいう）
③ 農地の転用を目的として農地を他人に譲渡したり貸したりする場合
これらの場合には、農地法に定める許可が必要となる。

具体的には、上記①の農地の移転、権利設定を行う場合は、農地法3条に定める許可が（3条許可という）、上記②の農地転用の場合は、同法4条に定める許可が（4条許可という）、上記③の農地転用の場合は、同法5条に定める許可が（5条許可という）それぞれ必要となる。

無許可で農地を譲渡し、あるいは転用した場合、当然に罰則規定があり（3年以下の有期懲役または300万円以下の罰金、法人の場合は1億円以下の罰金、農地64条、67条）、あるいは行政処分（無断転用の場合の原状回復命令等、同法51条）を受けることとなるが、3条、4条および5条許可の特色として、無許可の場合、私法上の効力が発生しないという点がある（同法3条7項、5条3項）。たとえば、Aが所有する農地を転用目的でBに売却した場合、この場合は、原則として5条許可が必要となるが、この許可を受けていなければ、AB間の売買契約の効力はいまだ発生せず、AはBに対し、所有権移転登記義務あるいは物の引渡義務を負わない。実務的には、許可を受けなければ、登記ができないと考えておけばよい。

この3条許可等の「許可」は、法文上「許可」という用語が使用されてい

1　都市計画法上の市街化区域の農転の場合は届出で足りる。
2　正確には、許可を停止条件とする売買契約となり、仮登記は可能である。

420

が、行政法学上の分類に従えば、講学上の「認可」としての性質を有する行政行為である。

2　農地の定義

　農地の転用等につき許可が必要であるとして、では、許可等の取得が必要な「農地」とは何か、言い換えれば、農地法に定める「農地」の定義は何か、という点は、申請にあたっての前提問題となる。

　具体的には、登記簿の表題部における地目が「田」として登記されている土地が、現況は宅地である場合、当該土地が農地法上の「農地」にあたるか。あたる場合は、売買等する際に5条許可が必要になる。

　農地法2条1項は、農地の定義について、「耕作の目的に供される土地」と定義し、登記上の地目ではなく、現に「耕作の目的に供される土地」であるかどうかという現況主義をとっている。たとえば、登記簿上の地目が「田」または「畑」であっても現況が宅地であれば、農地法上の「農地」には該当しないこととなる。逆に登記簿上の地目が宅地であっても、現況が耕作の目的に供される土地であれば、農地法上の「農地」に該当することとなる。

　では、「耕作」あるいは「耕作の目的に供される土地」とは具体的にどのようなものを示すのか。最終的には法律の解釈問題であり、司法的判断に属する事項ではあるが、農林水産省は、解釈指針を出している（農地関係事務処理に係る処理基準（平成12年6月1日付け12構改B第404号農林水産事務次官依命通知））。同処理基準第1(1)①によれば、

①　「耕作」とは土地に労費を加え肥培管理を行って作物を栽培すること

3　講学上の認可とは、当事者間の法律行為を補充し、その法律上の効力を完成させる行為であるとされる（最判昭和38・11・12民集17巻11号1545頁）。本文に記したとおり、認可を受けていない法律行為は私法上も効力が生じない。
4　東京高判昭和37・1・25行裁集13巻1号1頁。
5　肥培管理とは、肥料を与え、害虫駆除し、除草を行うなどの管理を指す（東京高判平成3・1・29判タ766号193頁）。

② 「耕作の目的に供される土地」には、現に耕作されている土地のほか、現在は耕作されていなくても耕作しようとすればいつでも耕作できるような、すなわち、客観的にみてその現状が耕作の目的に供されるものと認められる土地（休耕地、不耕作地）も含まれる。

とされる。「耕作」にあたるか否かのポイントとしては、肥培管理の有無に求められよう（前掲（脚注5）東京高判平成3・1・29参照）。また、現に「耕作」を行っていない休耕地はもちろん、不耕作地あるいは耕作放棄地であっても、現況復旧が容易であれば農地と判断される可能性がある。[6]

3　農地法の改正（平成21年改正）

平成21年に農地法が改正され（平成21年6月24日法律第57号）、改正法が同年12月15日より施行されたため、本書に関連する改正箇所につき、簡単に解説する。

農地法は、沿革としてGHQによる戦後の民主化の一環としての農地改革の思想の流れをくみ、農地の所有・耕作・経営が一体となった農家による自作農主義に立脚していた。

しかし、農業人口の高齢化および減少による耕作放棄地の増加、食糧自給率の減少等の課題に対応するため、改正農地法は自作農主義をより緩和し、農地の保護、農地を効率的に利用する耕作者による地域との調和に配慮した権利取得の促進等を新たに法の目的とした（農地1条）。

具体的には、3条許可に関し、一定の要件の下に、農業生産法人以外の一般法人（株式会社、NPO等）も農地のレンタル（賃貸借ないし使用貸借等）ができるようになったことである。

旧法では、簡潔にいえば個人農家か農業生産法人以外の者が農地を取得、賃借等することはできなかったが、株式会社等の一般法人も農地を使用できるようにし、企業的農業への途を開いたものといえる。

---

[6] 参考判例として、甲府地判昭和26・5・22行裁集2巻7号984頁、宇都宮地判昭和63・3・31行裁集39巻3-4号193頁。

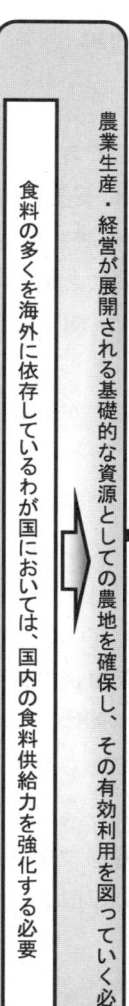

〔図10〕 農地法等の一部を改正する法律の概要（平成21年12月15日施行）

＜農地制度の見直し＞

（農地法、農業経営基盤強化促進法、農業振興地域の整備に関する法律、農業協同組合法）

農地を最大限に有効利用

◇農地法の目的等の見直し
- 目的について、農地が地域における貴重な資源であること、農地を効率的に利用する耕作者による地域との調和に配慮した権利の取得を促進すること等を明確化
- 農地について権利を有する者の責務として、「農地の適正かつ効率的な利用を確保しなければならない」旨を明確化

◇農地を利用する者の確保・拡大
① 貸借規制を緩和し、会社、NPO等が参入しやすくするとともに、農村集落において、非農家も含めた構成員による集落営農法人をつくりやすくする等貸借による利用を拡大
② 農業生産法人への出資について、農外との連携による経営発展に資するよう外部からの出資規制を緩和（1/10以下の廃止、農商工連携事業者等の場合1/2未満）
③ 農協による農業経営は、従来、組合員との関係で制限していたが、組合員の合意で貸借により可能に

◇農地の面的集積の促進
市町村、公社等の公的な信用力のある機関が、委任を受け、分散した農地を面的にまとめるしくみを全ての市町村で導入

◇遊休農地対策の強化
所有者がわからない遊休農地についても知事の裁定で公社等が利用できるよう措置

＜農地税制の見直し＞
農地制度の見直しを前提として、農地の相続税の納税猶予制度を見直し
農地を貸すと打ち切りになった納税猶予を、他の人に貸した場合でも適用を受けられるように

これ以上の農地の減少を食い止め、農地を確保

◇農地転用規制の厳格化
① 病院、学校等の公共施設への転用についても、許可不要から協議制へ
② 違反転用に対する罰則を強化
（法人：300万円→1億円）

◇農用地区域内農地の確保
効率的かつ安定的な農業経営を営む者により利用されている農地等は、農用地区域からの除外を認めない

＜農業委員会の適切な事務執行＞
農地制度においては、農業委員会が重要な役割を果たしていることから、今回の見直しにあわせて、その事務が的確に実施されることを確保

左側：
食料の多くを海外に依存しているわが国においては、国内の食料供給力を強化する必要

農業生産・経営が展開される基礎的な資源としての農地を確保し、その有効利用を図っていく必要

- 農地の利用集積が十分に進まない
- 規模拡大しても農地が分散
- 受け手不在で耕作放棄が増加

拍車 ↑

農業生産による収益水準を上回る農地価格 ⇅ 農地転用期待

拍車 ↓

わが国の農地面積はピーク時の約7割にまで減少
（609万ha→463万ha）

右側：
利用の促進

国内の食料生産の増大を通じ国民に対する食料の安定供給を確保

転用期待の抑制

（農林水産省ホームページより）

なお、改正法の概要に関しては〔図10〕を参照のこと。

4 申請にあたり留意すべき法令および行政規則等

(1) 法　令

　他の行政実定法と同様、農地法も専門性、技術性の高い法分野であることから、許可基準等の細目事項に関しては、政令（農地法施行令）に委任され、政令は、さらに省令（農地法施行規則）に委任するという重層的構造をもつ。法律、政令および省令を読み込んで初めて許可基準が明確化することが多く（例として、後に述べる農転許可の立地基準等）、農地法のみならず、関連政省令（農地法施行令、同法施行規則）の精査が不可欠である。

　政省令の調査にあたっては、農地六法等の専門六法を利用するのが最も効率的と考えるが、総務省のホームページにおける法令提供データベース〈http://law.e-gov.go.jp/cgi-bin/idxsearch.cgi〉から誰でも容易に法律、政省令をみることができるので、こちらを利用する方法も簡便である。

(2) 事務の分配と区分

　地方分権の推進を図るための関係法律の整備等に関する法律（いわゆる地方分権一括法）の施行（平成12年4月1日施行）により、機関委任事務[7]の制度は廃止され、今まで国の事務とされていた多くの事務が地方公共団体に委譲された。委譲された事務は、地方公共団体の事務（地自2条2項）であり、地方自治体固有の事務（権限）である。かつての機関委任事務のように国と指揮監督の関係に立つものではなく、原則として国からの干渉を受けない。また、法令に違反しない限り条例を制定することも可能である（同法14条1項）。

　地方公共団体の事務は、さらに自治事務（地自2条8項）と法定受託事務

---

[7] 機関委任事務とは、本来国の事務であるが、地方公共団体の機関にその事務を委託された事務をいう。この場合、実際に事務をとり行うのは地方公共団体であるが、法制上国の事務とされているため、事務の内容につき条例等で規制することはできず、また、国と地方公共団体の機関は上下の指揮命令系統に服することとなる。

（同条 9 項）に分けられる。

　法定受託事務とは地方公共団体が処理する事務のうち、本来国が果たすべき事務であるもの（いわゆる 1 号法定受託事務）または都道府県が果たすべき事務であるもの（いわゆる 2 号法定受託事務）であって、国または都道府県においてその適正な処理を確保する必要があるものとして法律または政令に特に定めるものである（地自 2 条 9 項）。原則として地方自治法別表 1 に 1 号法定受託事務が、同法別表 2 に 2 号法定受託事務が定められている（同条10項）。

　一方、自治事務とは、法定受託事務以外の地方公共団体の事務である（地自 2 条 8 項）。

　まとめると〔図11〕のとおりである。

〔図11〕　地方公共団体の事務

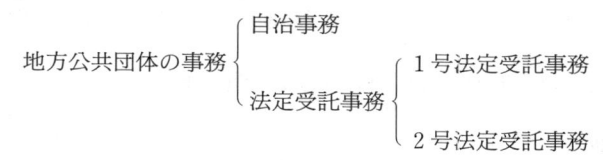

地方公共団体の事務 ｛ 自治事務
　　　　　　　　　　法定受託事務 ｛ 1 号法定受託事務
　　　　　　　　　　　　　　　　　 2 号法定受託事務

　ここまで詳細に法定受託事務と自治事務との説明を行ってきたが、本章において、以下の実益があるからである。

① 　法定受託事務の場合、各大臣はその所管する法律等の処理につきよるべき基準（処理基準）を定めることができ（地自245条の 9 第 1 項）、許可申請において考慮すべき場合がある。

② 　法定受託事務の場合、後記Ⅱで詳述する行政不服審査法に基づく不服申立てにおいて、各大臣または都道府県知事に対し審査請求が可能となる（地自255条の 2 ）。

③ 　農地法の 3 条許可は、原則として市町村農業委員会が許可権者とされ、4 条および 5 条許可は、原則として都道府県知事が許可権者とされる。したがって、地方公共団体の事務であるが、次頁の〈表15〉のとおり、

〈表15〉 農地法をめぐる許可申請における地方公共団体の事務

処分庁	許可内容	事務区分	根拠条文（農地法）
都道府県知事	2haを超えて4ha以下の農地転用許可	1号法定受託事務	63条の3第1項
	2ha以下の農地転用許可	自治事務	同上
	耕作目的の農地の権利移動	1号法定受託事務	同上
農業委員会	2haを超える農地転用届出受理	1号法定受託事務	63条の3第2項
	2ha以下の農地転用届出受理	2号法定受託事務	同上
	耕作目的の農地の権利移動	1号法定受託事務	63条の3第1項

（宮﨑直己『農地法概説』90頁の表より作成）

2ヘクタール以下の農地転用許可以外は法定受託事務とされている。

(3) 行政規則

前項で述べた地方自治法245条の9第1項に基づく処理基準として、「農地関係事務処理に係る処理基準（平成12年6月1日付け12構改B第404号農林水産事務次官依命通知）」が存在する。同処理基準のみならず、「農地法の運用について（平成21年12月11日付け経営第4530号・21農振第1598号経営局長・農村振興局長連名通知）・資料2」等、多数の通知、通達等の「行政規則」が存在し、許可申請にあたっての解釈指針ないし審査基準として運用されている。

これら行政規則は、法規ではなく、私人を拘束するものではない。すなわち、処理基準に反しているとの一事をもって、行政庁が申請を不許可とした

---

8 法規とは、私人の権利を制限し義務を課す効力を有する法規範をいう。民主国家においては、議会（国会または地方公共団体の議会）の制定した法律または条例、法律の委任を受けた政令および省令が法規とされ、私人に対する拘束力を有する。一方、通達等の行政規則は、行政内部の基準、規範にすぎず、私人を拘束しない（原田尚彦『行政法要論〔全訂7版〕』78頁）。

場合、行政庁は、処理基準を理由に処分の適法性を根拠づけることはできない。[9]

　もっとも、これら行政規則（処理基準）が法律の解釈に合致している場合、処理基準に違反した申請を不許可としても当該不許可処分は適法と解される余地がある。この場合は、当該不許可処分が、処理基準に照らし許可要件に合致していないから不許可処分が適法なのではなく、法律の解釈つまり法律に照らして、許可要件に合致していないから不許可処分が適法と考えられる。[10]

(4) 条　例

　3条、4条および5条許可は、地方公共団体の事務であり、各地方公共団体は、その事務処理にあたり、法令に違反しない限り条例を制定することができる（地自14条1項）。また、地方自治体の長は、法令に違反しない限り規則を制定することができ（同法15条1項）、条例が制定されている場合、「○○条例施行規則等」の名称で、この規則が制定される場合が多い。

　したがって、申請を行う地方自治体（正確には、行政庁）によっては、農地法令（農地法、同法施行令、同法施行規則）のほかに、さらに細目事項を定めた条例およびその施行規則が制定されている場合があり、事前に調査しておく必要がある。

　調査方法としては当該地方公共団体への問合せが最も確実であるが、ホームページを作成している地方公共団体では、「例規集」ないし「条例集」という形で条例等の検索、閲覧のためのコンテンツを用意している場合が多い。これらを利用することも簡便である。

(5) 権限の委譲

　いわゆる分権条例（地自257条の17の2）により、都道府県知事の権限が市町村長に委譲されている場合がある。

　たとえば、5条許可は原則として都道府県知事の権限であるが、当該都道府県において、上記した分権条例が制定され、5条許可は市町村長に処理さ

---

[9] 最判昭和43・12・24民集22巻13号3147頁。
[10] 最判昭和33・3・28民集12巻4号624頁。

せると規定された場合、5条許可の権限は、当該市町村の長が有することとなる。すなわち、市町村長に権限が委譲される。

　注意すべき点としては、分権条例は、ある都道府県に属するすべての市町村に一律に権限を委譲するものではなく、条例の定めに従って個々の市町村ごとに権限の委譲がなされることである。具体的には、平成21年末現在、埼玉県においては、分権条例によりさいたま市に5条許可の事務が移譲されているが、熊谷市には委譲されていない（今後分権条例が改定されれば委譲されることはある）。したがって、申請にあたり、分権条例により権限が委譲されていないか個別に確認しておく必要がある。調査の方法としては、既述したとおり、直接問い合わせるかインターネットを利用することとなる。

　分権条例により事務が市町村に委譲された場合、当該事務は当該市町村の事務となるので、上記(4)で述べたとおり、当該市町村により、条例等が制定される場合もある。

5　3条許可申請

(1)　概　要

　3条許可は、農地または採草放牧地について、
① 　所有権の移転
② 　地上権、永小作権または質権の設定または移転
③ 　使用貸借、賃貸借またはその他の使用および収益を目的とする権利の設定または移転

を行う場合に必要となる（農地3条1項本文。以上をまとめて、以下、「権利等の取得」という）。

　ただし、例外として許可が不要の場合が農地法3条1項1号～16号で規定されている。

　申請書書式については、【書式44】を参照のこと。根拠法令は、農地法施行令3条、同法施行規則11条である。

I 申請手続

【書式44】 農地法3条1項の規定による認可申請書

別記第1号様式（第2条関係）

農地法第3条第1項の規定による許可申請書

平成〇〇年〇月〇日

〇〇市農業委員会　会長　殿

譲渡人（貸主）　住　　　所：〇〇市□□町1番地
　　　　　　　　職　　　業：会社員兼農業
　　　　　　　　氏　　　名：甲野太郎　　㊞
　　　　　　　　生年月日：　〇〇年〇月〇日　生

譲受人（借主）　住　　　所：〇〇市△△町1丁目2番地
　　　　　　　　職　　　業：農　業
　　　　　　　　氏　　　名：乙山次郎　　㊞
　　　　　　　　生年月日：　〇〇年〇月〇日　生

〔法人の場合は、主たる事務所の所在地、業務の内容、名称及び代表者の氏名〕

　農地（採草放牧地）について、(所有権)（地上権、永小作権、質権、使用貸借による権利、賃借権、経営委託による権利、その他の使用及び収益を目的とする権利）の(移転)（設定）の許可を受けたいので、農地法第3条第1項の規定により、次のとおり申請します。

記

1　許可を受けようとする土地の表示及びその状況

所　在	地番	地　目		面積 (m²)	所有者の氏名又は名称 [現所有者が登記簿と異なる場合にはその氏名又は名称]	所有権以外の使用収益権が設定されている場合	
		登記簿	現況			権利者の氏名又は名称	権利の種類
〇〇市□□町	2-3-4	田	田	3,000	甲野　太郎	―	―
〇〇市△△町	5-6-7	田	田	1,500	同　上	―	―
		以　下　余　白					

第9章 農地移転・権利設定・転用手続をめぐる許認可手続

計	田	4,500
	畑	—
	農地計	4,500
	採草放牧地	—

2　権利を移転（設定）しようとする理由

　(1)　譲渡人（貸主）　**病気による農業継続の困難により、農地を農業を続けて下さる方に、移転するため**

　(2)　譲受人（借主）　**譲渡人からの依頼による。**

3　権利を移転（設定）しようとする契約の内容

契約の種類	土地引渡しの時期	対価、賃料等の額 ［10a 当たりの額］	資金調達の方法	その他
売　買	平成〇〇年〇月〇日	〇〇〇万円 ［10a 当たり　　］		
	平成　年　月　日	円 ［10a 当たり　　］		

注）資金調達の方法が、農業経営基盤強化資金ほか制度資金の借入れによる場合は、その資金名及び借入予定額を記載すること。また、賃貸借契約の場合には、その他の欄に契約期間を記載すること。

4　権利を取得しようとする者又はその世帯員等（住居及び生計を一にする親族（療養、就学等により一時的に住居又は生計を異にしている親族を含む。）並びに当該親族が行う耕作又は養畜の事業に従事するその他の2親等内の親族をいう。以下同じ。）が、現に所有し、又は使用収益権を有する経営地の状況（農地法第3条第2項第1号・第5号関係）

所有地		農地面積（m²）	田	畑	樹園地	採草放牧地面積(m²)
	自作地	① 12,543	9,517	3,026	—	② —
	貸付地	—	—	—	—	

	所　在	地　番	地　目		面　積 （m²）	状況・理由
			登記簿	現況		
非耕作地	—					

使用収益権を有する土地		農地面積（m²）	田	畑	樹園地	採草放牧地面積（m²）
	借入地等を耕作している面積	③ 2,454	2,022	432	—	④ —
	借入地等を転貸している場合の面積	—	—	—	—	—
		所　在	地　番	地目（登記簿／現況）	面積（m²）	状況・理由
	非耕作地	—	—	—／—	—	—

	農地面積計（m²）	採草放牧地面積計（m²）	経営地面積合計（m²）
経営地合計	⑤＝①＋③ 14,997	⑥＝②＋④ —	⑤＋⑥ 14,997
備　　考			

注）1　「自作地」欄及び「貸付地」欄には、現に耕作又は養畜の事業に供されているものの面積を記載すること。
　　2　「非耕作地」欄には、現に耕作又は養畜の事業に供されていないものについて、筆ごとに面積等を記載するとともに、その状況・理由として、「〜であることから条件不利地である」、「賃借人○○が○年間耕作を放棄している」、「〜のため○年間休耕中である」等自らの耕作又は養畜の事業に供することができない旨を詳細に記載すること。
　　3　「備考」欄には、貸付地がある場合はその許可年月日及び現在貸し付けている理由を記載すること。

5　権利を取得しようとする者及びその世帯員等の大農機具及び家畜の所有状況並びに農作業に従事する者の状況（農地法第3条第2項第1号関係）

(1) 作付（予定）作物及び作物別の作付面積

	田	畑	樹園地	採草放牧地
作付（予定）作物	水稲	一般野菜		
権利取得後の面積（m²）	16,039	3,458		

(2) 大農機具又は家畜

種類	数量	トラクター	田植機	防除機	軽トラック
確保しているもの	所有／リース（所有に○）	1台	1台	1台	1台
導入予定のもの（資金繰りについて）	所有／リース				

(3) 農作業に従事する者の状況
　① 権利を取得しようとする者が個人である場合には、その者の農作業経験等の状況

・農作業歴 [32] 年　・農業技術修学歴 [　] 年　・その他(　)

② 世帯員等その他常時雇用している労働力(人)	現　在：	2　人（農作業経験の状況　10年〜50年）
	増員予定：	人（農作業経験の状況　　　　）
③ 臨時雇用労働力 （年間延人数）	現　在：	人（農作業経験の状況　　　　）
	増員予定：	人（農作業経験の状況　　　　）

　④ ①〜③の者の住所地、拠点となる場所等から権利を設定し、又は移転しようとする土地までの平均距離又は時間

通作距離：5 km　通作時間：15分

注）1　「大農機具」とは、トラクター、耕運機、自走式の田植機、コンバイン等を、「家畜」とは、牛、豚、鶏等をいう。
　　2　導入予定のものについては、自己資金、金融機関からの借入れ（融資を受けられることが確実なものに限る。）等資金繰りについても記載すること。

6　信託の引受け該当有無（農地法第3条第2項第3号関係）

　信託の引受けによる権利の取得　　有　㊀

注）該当するものを○で囲むこと。

7　権利を取得しようとする者又はその世帯員等が行う耕作又は養畜の事業に必要な農作業への従事状況（農地法第3条第2項第4号関係）

(1) その行う耕作又は養畜の事業に必要な農作業へ常時従事している者

氏　　名	年　齢	主な職業	権利取得者との関係
乙　山　次　郎	51	農　業	本　　人
乙　山　花　子	48	農　業	妻
乙　山　菊　子	74	農　業	母

(2) その者の農作業への従事状況

	1月	2月	3月	4月	5月	6月	7月	8月	9月	10月	11月	12月
その行う耕作又は養畜の事業に必要な農作業の期間			←								→	
その者が農作業に常時従事する期間	←											→

| その者が農作業に常時従事する年間日数 | 230 日 |

注）1　該当する期間（実績又は見込み）を「←→」で示すこと。
　　2　「その者が農作業に常時従事する期間」欄には、必要な農作業（耕うん、播種、施肥、刈取り等）にいつでも従事できる状態にある期間を示すこと。

8　権利を取得しようとする者又はその世帯員等の権利取得後における経営面積の状況（特例）（農地法第3条第2項第5号関係）
　次の事項のいずれかに該当する場合は、該当するものにレ印を付すこと。
　　□　権利の取得後における耕作の事業は、草花等の栽培でその経営が集約的に行われるものである。
　　□　権利を取得しようとする者が、農業委員会のあっせんに基づく農地又は採草放牧地の交換によりその権利を取得しようとするものであり、かつ、その交換の相手方の耕作の事業に供すべき農地の面積の合計又は耕作若しくは養畜の事業に供すべき採草放牧地の面積の合計が、その交換による権利の移転の結果、所要の面積を下らないものである。（「所要の面積」とは2haとする。）
　　□　本件権利の設定又は移転は、その位置、面積、形状等からみて、これに隣接する農地又は採草放牧地と一体として利用しなければ利用することが困難と認められる農地又は採草放牧地につき、当該隣接する農地又は採草放牧地を現に耕作又は養畜の事業に供している者が、権利を取得するものである。

注）1　農地法施行令第6条第1項第1号又は同条第2項各号に該当する法人は記載不要。
　　2　「所要の面積」とは、2ヘクタールとする。ただし、農業委員会が別に定めた面積がある場合は、当該面積とする。

9　転貸が認められる場合への該当有無（農地法第3条第2項第6号関係）
　農地又は採草放牧地につき、所有権以外の権限に基づいて耕作又は養畜の事業を行う者（以下「賃借人等」という。）が、その土地を貸し付け、又は質入しようとする場合（転貸する場合）には、次の事項のうち該当するものにレ印を付すこと。
　　□　賃借人等又はその世帯員等の死亡等により、その土地について耕作、採草又は家畜の放牧をすることができないため、一時貸し付けようとする場合である。
　　□　賃借人等が、その土地をその世帯員等に貸し付けようとする場合である。

- □ 農地保有合理化法人又は農地利用集積円滑化団体が、その土地を農地売買等事業の実施により貸し付けようとする場合である。
- □ その土地を水田裏作（田において稲を通常栽培する期間以外の期間稲以外の作物を栽培することをいう。）の目的に供するため貸し付けようとする場合である。（表作の作付内容：　　　　　裏作の作付内容：　　　　）
- □ 農業生産法人の常時従事者たる構成員が、その土地をその法人に貸し付けようとする場合である。

10　周辺地域との関係（農地法第3条第2項第7号関係）

権利を取得しようとする者又はその世帯員等の権利取得後における耕作又は養畜の事業が、権利を設定し、又は移転しようとする農地又は採草放牧地の周辺の農地又は採草放牧地の農業上の利用に及ぼす影響を確認するため、次の事項のうち該当するものを○で囲むこと。

① 地域の水利調整への参加：
　　　　　　　　　　・(参　加)　　・不　参　加　　・該当なし
② 農薬の使用状態　：
　　　　　　　　　　・農薬使用　　・(減 農 薬)　　・無 農 薬
③ 地域の共同防除活動への参加：
　　　　　　　　　　・(参　加)　　・不　参　加　　・該当なし
④ 遺伝子組換え作物の栽培予定：
　　　　　　　　　　・あ　り　　・(な　し)
⑤ 5の作付（予定）作物の栽培：
　　　　　　　　　　・(連　作)　　・一部連作　　・輪　作
⑥ 上記⑤で、連作又は一部連作に○を付した場合には、当該農地や周辺農地への土壌障害等の影響を回避する方法について記載すること。

　　[　　　　　　　　　　　　　　　　　　　　　　　　　　　　　]

⑦ この権利移転に関して、周辺農家等との話し合いをした事項又は話し合いをする予定の事項について、その内容を記載すること。

　　[　　農薬の使用・防除活動ほか農道の利用について相談予定です。　　]

(記載要領)
1　申請者の氏名（法人にあっては、その代表者の氏名）の記載を自署する場合は、押印を省略することができること。
2　法人の場合は、定款又は寄附行為の写し及び法人の登記事項証明書を添付すること。
　　ただし、独立行政法人及び地方公共団体の場合にあっては、定款又は寄附行為の写し及び法人の登記事項証明書の添付は不要とする。
3　申請書は、3部提出すること。ただし、申請人が2人を超える場合は、その超える人数に相当する数の申請書を加えること。
4　権利を取得しようとする者が農業生産法人の場合は、「別紙1」を添付すること。
5　農地法第3条第3項の規定により、農業生産法人以外の法人等が行う使用貸借又は賃貸借の申請を行う場合は、「別紙2」を添付すること。
6　申請書の際には、許可を受けようとする土地の登記事項証明書（1部）を提出するほか、次の表の左欄に掲げる場合には、それぞれ同表の当該右欄に掲げる書類又は図面を提出すること。

農業協同組合又は農業協同組合連合会が経営委託により権利を取得するとき。	付表1	経営委託に係る権利設定調書 （1部）
農地法施行令第6条第2項第3号に該当するとき。	付表2	乳牛等の飼育法人関係権利移転（設定）調書 （1部）
上記以外の場合で農業生産法人以外の法人（農地法第3条第3項の規定の適用による申請者を除く。）が権利を取得するとき。	付表3	一般法人関係権利移転（設定）調書 （1部）
地下・空間を目的とする地上権を取得するとき。	付表4	地下・空間を目的とする地上権設定（移転）調書 （1部）
許可申請地が、信託財産のとき。	付表5	信託財産に係る権利移転（設定）調書 （1部）
農地保有合理化法人が、農業生産法人に農業経営基盤強化促進法第4条第2項第3号に掲げる事業に係る現物出資を行うため所有権を移転するとき。	付表6	農業生産法人への出資・持分譲渡調書 （1部）
所有権以外の権原に基づいて事業に供されている農地等につき、その者以外の者が所有権を取得しようとするとき。	付表7	賃借権等に基づき事業に供されている農地等の権利移転調書 （1部）

第9章 農地移転・権利設定・転用手続をめぐる許認可手続

農業協同組合又は農業協同組合連合会が、使用貸借による権利又は賃貸借による権利を取得するとき。	農業経営規程及び農協法第11条の31第3項又は第5項の規程による手続きを証する書面 （1部）
権利取得者が、景観整備機構であるとき。	景観法第56条第2項の規定により市町村長の指定を受けたことを証する書面 （1部）
単独申請をするとき。	判決書、認諾調書、裁判上の和解調書、家事審判書、家事調停調書、民事調停調書（判決書又は審判書にあっては、判決確定証明又は審判確定証明が添付されているものに限る。）、競売調書、公売調書又は競売調書、公売調書又は遺言書、遺言検認書、遺言公正証書若しくは遺言確認書の謄本 （1部）
一筆の土地の一部について権利移転（設定）しようとするとき。	その土地の特定に必要な実測図（その申請人が2人を超える場合は、その超える人数に相当する数を加えた部数） （3部）
賃借権若しくは使用貸借による権利を譲渡し、又は転貸しようとするとき。	所有者の承諾書 （1部）

別紙1

農業生産法人としての事業等の状況（農地法第2条第3項関係）

1－1 事業の種類

区　　分	農　　業		左記農業に該当しない事業の内容
	生産する農畜産物	関連事業等の内容	
現在(実績又は見込み)			
権利取得後(予定)			

1－2 売上高

年　　度	農　　業	左記農業に該当しない事業
3 年 前 (実　績)		
2 年 前 (実　績)		
1 年 前 (実　績)		
申請日の属する年 (実績又は見込み)		
2 年 目 (見込み)		
3 年 目 (見込み)		

I 申請手続

注) 1 「1－1 事業の種類」の「生産する農畜産物」欄には、法人の生産する農畜産物のうち、粗収益の50％を超えると認められるものの名称を記載すること。なお、いずれの農畜産物の粗収益も50％を超えない場合には、粗収益の多いものから順に3つの農畜産物の名称を記載すること。
2 「1－1 事業の種類」の「関連事業等」とは、次に掲げる事業をいう。
 (1) 耕作又は養畜の事業に関連する次に掲げる事業
  ア 農畜産物を原料又は材料として使用する製造又は加工
  イ 農畜産物の貯蔵、運搬又は販売
  ウ 農業生産に必要な資材の製造
  エ 農作業の受託
  オ 農村滞在型余暇活動に利用される施設の設置及び運営並びに農村滞在型余暇活動を行う者を宿泊させること等、農村滞在型余暇活動に必要な役務の提供
 (2) 農業と併せ行う林業
 (3) 農事組合法人が行う共同利用施設の設置又は農作業の共同化に関する事業
3 「1－2 売上高」の「農業」欄には、法人の行う耕作又は養畜の事業及び関連事業等の売上高の合計を記載し、それ以外の事業の売上高については、「左記農業に該当しない事業」欄に記載すること。
「1年前」から「3年前」の各欄には、その法人の決算が確定している事業年度の売上高の許可申請前3事業年度分をそれぞれ記載し（実績のない場合には空欄）、「申請日の属する年」から「3年目」の各欄には、権利を取得しようとする農地等を耕作又は養畜の事業に供することとなる日を含む事業年度を初年度とする3事業年度分の売上高の見込みをそれぞれ記載すること。

2 構成員全ての状況
 (1) 農業関係者（権利提供者、常時従事者、農作業委託者、農地保有合理化法人、地方公共団体、農協、投資円滑化法に基づく承認会社等）

氏名又は名称	議決権の数	構成員が個人の場合は以下のいずれかの状況				農作業委託の内容
		農地等の提供面積（m²）		農業への従事状況		
		権利の種類	面　積	直近実績	見込み	

①議決権の数の合計 [　　　]

②農業関係者の議決権の合計 [　　　]

その法人が、農業（労務管理や市場開拓等も含みます。）を行う期間：
[　　]年[　　]カ月

注) 1 「2(1)農業関係者」欄には、農業法人に対する投資の円滑化に関する特別措置法（平成14年法律第52号）第5条に規定する承認会社が法人の構成員に含まれる場合には、その承認会社の株主の氏名又は名称及び株主ごとの議決権の数を記載すること。
　　　複数の承認会社が構成員となっている法人にあっては、承認会社ごとに区分して株主の状況を記載すること。
　　2 「農業への従事状況」には、その法人が農業（労務管理や市場開拓等も含む。）を行う期間のうち、その者が当該事業に参画・関与している期間を記載すること。
　　3 次の書類を添付すること。
　　　・組合員名簿又は株主名簿の写し
　　　・農業法人に対する投資の円滑化に関する特別措置法に基づく承認会社が構成員である場合には、当該承認会社であることを証する書面及びその構成員の株主名簿の写し（その有する議決権を記載したもの）

(2) 関連事業者（法人から物資の供給又は役務の提供を受けている者等）

氏名又は名称	議決権の数	取引関係等の内容（法人と連携について農商工連携法等の法律に基づく認定を受けた場合は、法律の名称、当該認定を受けた年月日、認定計画の期間満了日及び取引関係等の内容）

①議決権の数の合計　[　　　]

②農業関係者の議決権の割合　[　　　]

注) 1 関連事業者がいる場合には、その法人とその構成員との間で締結された契約書の写し等その構成員が関連事業者であることを証する書面を添付すること。
　　2 「取引関係等の内容」欄には、例えば、「法人から生産物を購入している食品会社」、「法人に肥料を販売する肥料会社」、「法人と特許権の専用実施権の設定を行っている種苗会社」等と記載すること。
　　3 「農商工連携法等の法律に基づく認定」は、食品流通構造改善促進法、中小企業者と農林漁業者との連携による事業活動の促進に関する法律、農林漁業有機物資源のバイオ燃料の原材料としての利用の促進に関する法律、米穀の新用途への利用の促進に関する法律のいずれかに基づく認定です。
　　4 「農商工連携法等の法律に基づく認定を受けた場合」には、いずれかの認定を受けたことを証する書面の写しを添付すること。
　　5 関連事業者が、認定農業者である農業生産法人が作成した農業経営改善計画に従って、当該農業生産法人に対し出資している場合には、当該農業生産法人の農業経営改善計画の写しを添付すること。

I　申請手続

3　理事、取締役又は業務を執行する役員全ての状況
(1) 農業（労務管理や市場開拓等も含む。）への従事状況

氏　名	住　所	役　職	農業への従事状況（カ月）		農作業への常時従事の有無	
			直近実績	見込み	直近実績	見込み

注）「農業への従事状況」には、その法人が農業（労務管理や市場開拓等も含む。）を行う期間のうち、その者が当該事業に参画・関与している期間を記載すること。

　　その法人が、農業（労務管理や市場開拓等も含みます。）を行う期間：

　　　　　　　　　　　　　　　　　　　　　　　　　　　　　□年□カ月

(2) 「農作業への常時従事」が有ると記載された理事、取締役又は業務を執行する役員の農作業への従事状況

	1月	2月	3月	4月	5月	6月	7月	8月	9月	10月	11月	12月
その行う耕作又は養畜の事業に必要な農作業の期間												
その者が農作業に常時従事する期間												
その者が農作業に常時従事する年間日数	日											

（「農作業に常時従事する期間」とは、その期間、必要な農作業（耕うん、播種、施肥、刈取り等）に、いつでも従事できる状態にあることをいう。）

注）該当する期間を役員等ごとに、直近実績は「◀――▶」、見込みは「◀----▶」で示すこと。

（留意事項）

　農業生産法人が、従たる事務所（支店、支所、分場等）の所在地において、耕作又は養畜の事業を行うため、農地または採草放牧地に係る権利を取得しようとする場合には、申請書の4及び5の各事項について、法人全体に関するもののほか、その従たる事務所における該当事項についても記載すること。

別紙2

使用貸借又は賃貸借に限る申請での追加記載事項

　権利を取得しようとする者が、農業生産法人以外の法人である場合、又は、その者若しくはその世帯員等が農作業に常時従事しない場合には、以下につい

て記載すること。
1 適正な利用を確保するための契約条件の状況（農地法第3条第3項第1号関係）

本件の権利の設定又は移転は、適正に利用していない場合に使用貸借又は賃貸借の解除をする旨の条件その他の適正な利用を確保するための条件が付された契約により行うものであることを（確約します。　・　確約できません。）

注）1　上記の該当するものを○で囲むこと。
　　2　当該条件が記されている契約書の写しを添付してください。また、当該契約書には、「賃貸借契約が終了したときは、乙（借主）は、その終了の日から○○日以内に、甲（貸主）に対して目的物を原状に復して返還する。乙が原状に復することができないときは、甲が原状に回復するために要する費用を乙が負担する。」、「甲の責めに帰さない事由により賃貸借契約を終了させることとなった場合には、乙は、甲に対し賃借料の○年分に相当する金額を違約金として支払う。」等を明記することが適当です。

2 地域との役割分担の状況（農地法第3条第3項第2号関係）

地域の農業における他の農業者との役割分担について、担う予定の項目に印を付すこと。

なお、確約書等を締結している場合には、その写しを添付すること。

```
□①　地域農業の維持発展に関する話し合い活動に参加する。
□②　貸付農地等が受益を受ける道路、水路、ため池等の共同利用施設を
　　　含む地域の共同利用施設の建設、維持管理等に関する取り決めを遵
　　　守する。
□③　鳥獣害被害対策への協力を行う。
□④　上記の役割を担うため、耕作又は養畜の事業に常時従事する役員の
　　　うち少なくとも1名をその任に当たらせる。
□⑤　その他、中山間地域等直接支払制度など地域において協定等が結ば
　　　れている場合には、その協定等の名称及び参加の意向について記載
　　　すること。

　　[　　　　　　　　　　　　　　　　　　　　　　　　　　　　　]
```

3 その法人の業務を執行する役員のうち、その法人の行う耕作又は養畜の事業に常時従事する者の役職名及び氏名並びにその法人の行う農業への従事状況（農地法第3条第3項第3号関係）

氏　名	役職名	住　所	その者の農業への従事状況

その法人が農業（労務管理や市場開拓等も含む。）を行う期間：

　　　　　年　　　　　カ月

そのうち、その者が当該事業に参画・関与している期間：

　　　　　年　　　　　カ月（直近の実績）

　　　　　年　　　　　カ月（見込み）

そのうち、その者が当該事業に参画・関与している日数：

　　　　　年　　　　　日（直近の実績）

　　　　　年　　　　　日（見込み）

(2) 許可権者

許可権者については、〈表16〉のとおりである。

〈表16〉 許可権者（農地法3条申請関係）

原則	市町村農業委員会
例外	都道府県知事、ただし申請書は農業委員会を経由して申請する。 （権利等を取得するものがその住所のある市町村の区域外の農地等の権利を取得する場合等、農地法3条1項本文カッコ書、同法施行令5条）

(3) 許可要件（農地法3条2項各号）

(ｱ) 違法な許可の効力

　農地法は、一定の要件に該当する場合は許可しないと規定する（農地3条2項）。したがって、不許可要件が認められるにもかかわらず許可することは違法である。この場合の違法な許可の効力について、下級審は、取消事由

にすぎないと判示するものと無効事由になると判示するものに分かれる[11]。筆者の私見ではあるが、不可争力の観点から、取消事由と考え対応するほうがよいであろう[12]。

　(イ)　**不許可要件がない場合の不許可の効力**

　不許可要件が認められないにもかかわらず、許可しない場合は違法であるか、については、やや難しい問題を含んでいる。条文の規定上、「許可しなければならない」とは定められておらず、「許可を受けなければならない」と規定されており、行政庁に一定の裁量が与えられているようにも解釈しうるからである。私見ではあるが、3条許可は、講学上の「許可」としての性質も有し、講学上の「許可」の場合、許可することが原則とされること、不許可要件が明示されていることから羈束行為であると考え、不許可要件が認められないにもかかわらず許可しなかった場合は違法であると考える。

　(ウ)　**不許可要件（農地法3条2項各号）**

　以下に農地法上の規定を簡潔にまとめる。

　要は、農家（耕作を行う者）以外は権利等を取得できないということである。

　なお、概要を示したものにすぎず、例外規定が多数あるので、詳細は農地法、同法施行令および同法施行規則等参照のこと。

①　権利等を取得しようとする者（世帯員等含む）の耕作または養畜の事業に必要な機械の所有の状況、農作業に従事する者の数等からみて、これらの者がその取得後において耕作または養畜の事業に供すべき農地等のすべてを効率的に利用して耕作または養畜の事業を行うと認められな

11　取消事由と判示するもの、名古屋高判昭和43・2・8高民集21巻1号38頁、無効事由と判示するもの、仙台高判昭和36・10・12行裁集12巻10号1967頁。
12　不可争力とは、処分後一定期間（出訴期間または不服申立期間）が経過した後は、争訟により処分を取り消すことができなくなる効力である。不可争力が発生すれば以後当該処分は有効なものと確定し、争訟で争うことができなくなる。違法な処分が無効事由であると考え、民事訴訟等で争ったが処分の無効が認められなかった場合、仮に取消事由があったとしても、その時点で出訴期間等が経過していればもはや処分の効力を争えなくなる。

い場合（1号）
② 農業生産法人以外の法人（株式会社等の一般法人）が権利を取得しようとする場合（2号）
③ 信託の引受けにより権利が取得される場合（3号）
④ 権利を取得しようとする者（農業生産法人を除く）その世帯員等がその取得後において行う耕作または養畜の事業に必要な農作業に常時従事すると認められない場合（4号）
⑤ 権利等を取得しようとする（世帯員等）がその取得後において耕作の事業に供すべき農地等の面積の合計が原則として、北海道では2ヘクタール、都府県では50アールに達しない場合（5号）
⑥ 農地等につき所有権以外の権原に基づいて耕作等の事業を行う者がその土地を貸し付け、または質入れしようとする場合（6号）

㈜ **一般法人による農地等のレンタル──不許可要件の例外**（農地法3条3項）

上記のとおり、農業生産法人以外の法人が農地等の権利等を取得することはできないのが原則である。

しかし、既述した平成21年の農地法改正により、株式会社、NPO法人、一般法人等であっても、下記要件を満たす場合、いわゆる農地等のレンタル（賃貸借、使用貸借）が可能となった。

① 賃借権または使用借権等を取得しようとする者（株式会社等）がその取得後においてその農地等を適正に利用していないと認められる場合に使用貸借または賃貸借の解除をする旨の条件が書面による契約において付されていること（1号）。
② 地域の農業における他の農業者との適切な役割分担の下に継続的かつ安定的に農業経営を行うと見込まれること（2号）。
③ その法人の業務を執行する役員のうち1人以上の者がその法人の行う耕作等の事業に常時従事（現実に耕作労働をする必要はない）すると認められること（3号）。

(4) 許可が不要の場合

農地法3条1項1号から16号までに列挙されているが、その中から一般的なものをあげれば、遺産分割、離婚における財産分与の裁判または調停による場合である（農地3条2項12号）。

また、農地法上の規定はないが、相続、包括遺贈、合併または会社分割等の包括承継の場合も、その性質上許可は不要である。[13]

6　4条、5条許可申請

(1) 概　要

4条、5条許可は、許可権者や許可基準等ほぼ同一であるので（異なる点として、農地法5条2項5号および同項7号）、まとめて解説する。

4条許可は、農地を農地以外のものにする場合に必要となる（農地4条1項）。

5条許可は、農地または採草放牧地を農地以外のものにするため、第三者に、

① 所有権の移転
② 地上権、永小作権または質権の設定または移転
③ 使用貸借、賃貸借またはその他の使用および収益を目的とする権利の設定または移転

を行う場合に必要となる（農地3条1項本文。以上をまとめて、以下、「権利等の取得」という）。

ただし、例外として許可が不要の場合が農地法4条1項1号〜8号および同法5条1項1号〜7号で規定されている。

この中で重要な点は、都市計画法上の市街化区域内にある農地に関しては、許可は不要で、農業委員会への届出で足りる点である。[14]

---

[13] 包括承継（一般承継）とは、ある者の権利・義務の一切を承継することを意味する法律用語である。ある特定の事由の発生により（たとえば被相続人の死亡）、特段の法律行為なくして権利・義務が移転する。

申請書書式については、【書式45】【書式46】を参照のこと。根拠法令は、4条許可については、農地法施行令7条、同法施行規則27条。5条許可については、農地法施行令15条、同法施行規則49条である。

【書式45】 農地法4条の規定による許可申請書

別記第3号様式（第3条関係）

農地法第4条の規定による許可申請書

平成〇〇年〇月〇日

〇〇県知事　様

　　　　　　　　　　　申請者　住　　所　〇〇市□□町1番地
　　　　　　　　　　　　　　　職　　業　農業
　　　　　　　　　　　　　　　氏　　名　甲野太郎　　印
　　　　　　　　　　　　　　　生年月日　昭和〇〇年〇月〇日
　　　　　　　　　　　　　　　法人の場合は、主たる事務所の所在地、
　　　　　　　　　　　　　　　業務の内容、名称及び代表者の氏名

　農地について、農地以外のものにすることの許可を受けたいので、農地法第4条第1項の規定により、次のとおり申請します。

記

1　許可を受けようとする土地の表示及びその状況

所在地	地番	地目（登記簿）	地目（現況）	面積（m²）	10アール当たり普通収穫高	利用状況	利用者氏名	備考
□□町	2番地	田	田	400	420kg	普通畑	甲野太郎	
以下余白								

計		田	400	注1　「利用状況の欄には、普通畑、野菜畑、果樹畑等の別を記載すること。 2　「備考」欄には、市街化調整区域その他の区域の別を記入すること。
		畑		
		計	400	

14　届出とは、行政手続法2条7号で、行政庁に対し一定の事項の通知をする行為（申請に該当するものを除く）であって、法令により直接に当該通知が義務づけられているもの、と定義されている。すなわち、届出には行政庁が何らかの判断を行う余地はない）都市計画法上の市街化区域の農転の場合は届出で足りる。

2　転用計画
　(1)　転用目的
　　　　住宅及び倉庫
　(2)　転用事由の詳細
　　　　現在の住宅は老朽化し、建替えが必要となっている。そこで、申請地に**住宅及び農業用倉庫兼車庫を建築する。**
　(3)　転用の時期及び転用の目的に係る事業又は施設の概要

工事計画	第1期 平成〇〇年〇月〇日から 平成〇〇年×月×日まで				第2期 年　月　日から 年　月　日まで				合　計			備考
	名称	棟数	建築面積 (m²)	所要面積 (m²)	名称	棟数	建築面積 (m²)	所要面積 (m²)	棟数	建築面積 (m²)	所要面積 (m²)	
土地造成	/	/	/	500					/	/	500	併用地 宅地 100m²
建築物	住宅	1	130								130	
工作物	倉庫兼車庫	1	50								50	
計	/	2	180	500							680	

　(4)　転用の目的に係る事業又は施設の操業（利用）期間
　　　　平成〇〇年〇月〇日　から
　　　　平成〇〇年×月×日　まで
3　資金調達についての計画

資金

区　　　分		金　額
自己資金	預　　金	9,000千円
	有価証券	
	現　　金	
借入金	金融機関	12,000千円
合　計		21,000千円

事業費

区　分	単　価	金　額
住　宅	17,000千円	17,000千円
土地造成	1,000千円	1,000千円
物　置	3,000千円	3,000千円
合　計		21,000千円

注　1　自己資金（預金）については、残高証明書等を添付すること。
　　2　借入金については、借入先を明らかにするとともに融資証明書等を添付すること。
4　申請に係る農地と一体として転用事業の目的に供する農地以外の土地があ

る場合は、その土地の表示、その状況及び転用目的に供する見込みの内容等

併用地宅地100m²。現在申請者の宅地。

5　転用することによって付近の土地、作物、家畜等に及ぼす被害の防除施設の概要

別紙計画書（略）のとおり

6　その他参考となる事項
 (1)　許可申請地については、土地改良事業等の農業投資が行われたもの又はその計画のあるものについては、その事業の種類、施工時期等

　　　なし

 (2)　許可申請地について、都市計画の区域、地域及び地区等の決定の有無及びその内容等

　　　なし

 (3)　許可申請地が都市計画法による市街化調整区域内にあって、その転用行為が、同法第29条の開発許可及び同法第43条の建築許可を要しないときはその旨及びその理由、当該開発許可又は建築許可を要するときはその旨及びその理由、開発行為及び建築行為のいずれも伴わないときはその旨及びその理由

　　　申請地は市街化調整区域内にあるが、農家住宅にあたるため、都市計画法の許可は要しない。

 (4)　転用候補地内に道路及び水路等がある場合の措置

　　　別紙計画書（略）のとおり

 (5)　その他

注　1　氏名欄に署名した場合、押印を省略できます。
　　2　添付する書類及び図面
　　 (1)　許可申請地の登記事項証明書
　　 (2)　許可申請地の位置及び周囲の状況を表示する図面
　　 (3)　許可申請地の地番、地目及び周囲の現況地目を表示する図面
　　 (4)　一筆の土地の一部について転用しようとする場合は、その土地を特定する実測図（縮尺300分の1から2,000分の1程度）
　　 (5)　転用候補地に建設しようとする建築物又は施設の面積、位置及び施設物間の距離を表示する図面（縮尺100分の1から2,000分の1程度）
　　 (6)　申請者が所有者でない場合は、所有者の同意を確認できる書面
　　 (7)　許可申請地に賃借権、使用貸借権、地上権、永小作権、質権及びその他の使用収益権を有する者がいる場合は、その権利者の同意等を確認できる書面
　　 (8)　許可申請地に抵当権等が登記されている場合は、権利の抹消又はそのままの権利状

態で転用目的に供することについての権利者の同意等を確認できる書面
　(9)　当該事業に関連して、法令の定めるところにより許認可、関係機関の議決等を要する場合において、これらを了しているときは、それを証する書面又はその写し
　(10)　当該事業に関連して、取水又は排水についての水利権者等の関係者から同意を得ているときは、それを証する書面又はその写し
　(11)　許可申請地が土地改良区の地区内にある場合は、その土地改良区の意見書
　(12)　法人又は団体にあっては、定款、寄付行為又は規約及び法人の登記事項証明書
　(13)　その他参考資料
3　申請書及び2の(4)の実測図は、3部提出すること。ただし、申請者が1人を超える場合は、この超える人数に相当する数の申請書を加えること。
4　2の(4)の実測図以外の添付する書類及び図面は、2部提出すること。
5　大規模な転用計画の場合は、必要に応じて別紙で事業計画書等を添付すること。

【書式46】　農地法5条の規定による許可申請書

別記第5号様式（第4条関係）

　　　　　　　　　農地法第5条の規定による許可申請書

　　　　　　　　　　　　　　　　　　　　　　　　平成〇〇年〇月〇日

〇〇県知事　様

　　　　　　　　　　譲渡人（貸主）住　　所　〇〇市□□町1番地
　　　　　　　　　　　　　　　　職　　業　会社員
　　　　　　　　　　　　　　　　氏　　名　甲野太郎　　　　印
　　　　　　　　　　　　　　　　生年月日　昭和〇〇年〇月〇日
　　　　　　　　　　譲受人（借主）住　　所　〇〇市△△町1丁目2番3号
　　　　　　　　　　　　　　　　職　　業　建設業
　　　　　　　　　　　　　　　　氏　　名　乙山建設株式会社　　印
　　　　　　　　　　　　　　　　生年月日　代表取締役　乙山次郎
　　　　　　　　　　　　法人の場合は、主たる事務所の所在地、
　　　　　　　　　　　　業務の内容、名称及び代表者の氏名

　農地（採草放牧地）について、農地（採草放牧地）以外のものにするため、所有権（地上権・賃借権・使用貸借による権利・その他の使用及び収益を目的とする権利）の移転（設定）の許可を受けたいので、農地法第5条第1項の規定により、次のとおり申請します。

記
1　許可を受けようとする土地の表示及びその状況

所在地	地番	地目		面積 (m²)	10アール当たり普通収穫高	利用状況	所有者氏名	利用者氏名	備考
		登記簿	現況						
○○市□□町	1丁目1番地	畑	畑	500	—	休耕中	甲野太郎	甲野太郎	
○○市△△町	2丁目3番4号	田	田	1,000	—	休耕中	甲野太郎	甲野太郎	
計		田		1,000					
		畑		500					
		計		1,500					
		採用放牧地							
		合計		1,500					

注1　「利用状況」の欄には、普通畑、野菜畑、果樹畑等の別を記載すること。
注2　「備考」欄には、市街化調整区域その他の区域の別を記入すること。

2　権利を移転（設定）しようとする契約の内容
　(1)　移転（設定）の時期　　**平成○○年○月○日**
　(2)　権利の存続期間　　　**平成○○年○月○日から**
　　　　　　　　　　　　　　平成○○年×月×日まで
　(3)　一時転用については、一時転用後の契約その他の内容
　　　土地賃貸借契約、賃借料50万円1年間、権利の存続期間10年
　(4)　その他

3　転用計画
　(1)　転用の目的
　　　資材置場及び休憩所
　(2)　転用事由の詳細
　　　　現在、○○市△△町に資材置場として（2,000m²）を賃借して、コンクリート資材、粘土、砂、バックホー3台、2トントラック2台等を置いているが、今年9月末で賃貸借契約が終了するので、新たな資材置場を必要としている。

(3) 転用の時期及び転用の目的に係る事業又は施設の概要

工事計画	第1期 平成○○年○月○日から 平成○○年×月×日まで				第2期 年 月 日から 年 月 日まで				合　　計			備考
	名称	棟数	建築面積 (m²)	所要面積 (m²)	名称	棟数	建築面積 (m²)	所要面積 (m²)	棟数	建築面積 (m²)	所要面積 (m²)	
土地造成				2,100								
建築物	休憩所	1	50									
工作物												
計			50	2,100								

(4) 転用の目的に係る事業又は施設の操業（利用）期間

　　　平成○○年8月10日から

　　　平成○○年9月30日まで

4　資金調達についての計画

資金	区　　分		金　額
自己資金		預　　金	3,000千円
		有価証券	
		現　　金	
借入金		金融機関	
	合　　計		3,000千円

事業費	区　分	単　価	金　額
	土地買収・借上費	500千円	5000千円
	土地造成費	2,000千円	2,000千円
	建築費	500千円	500千円
	合　　計		3,000千円

注　1　自己資金（預金）については、残高証明書等を添付すること。
　　2　借入金については、借入先を明らかにするとともに融資証明書等を添付すること。

5　申請に係る農地と一体として転用事業の目的に供する農地以外の土地がある場合は、その土地の表示、その状況及び転用目的に供する見込みの内容等

　　　　　なし

6　転用することによって付近の土地、作物、家畜等に及ぼす被害の防除施設の概要

　　　　　別紙計画書（略）のとおり

7　その他参考となる事項

(1)　許可申請地については、土地改良事業等の農業投資が行われたもの又は

その計画のあるものについては、その事業の種類、施工時期等
　　　　　なし
(2)　許可申請地についての都市計画の区域、地域及び地区等の決定の有無、その内容等
　　　　　なし
(3)　許可申請地が都市計画法による市街化調整区域内であって、その転用行為が、同法第29条の開発許可及び同法第43条の建築許可を要しないときはその旨及びその理由、当該開発許可又は建築許可を要するときはその旨及びその理由、開発行為及び建築行為のいずれも伴わないときはその旨及びその理由
　　　　　なし
(4)　転用候補地内に道路及び水路等がある場合の措置
　　　　　なし
(5)　その他
　　　　　なし

注　1　氏名欄に署名した場合、押印を省略できます。
　　2　添付する書類及び図面
　　(1)　許可申請地の登記事項証明書
　　(2)　許可申請地の位置及び周囲の状況を表示する図面
　　(3)　許可申請地の地番、地目及び周囲の現況地目を表示する図面
　　(4)　一筆の土地の一部について転用しようとする場合は、その土地を特定する実測図（縮尺300分の1から2,000分の1程度）
　　(5)　転用候補地に建設しようとする建築物又は施設の面積、位置及び施設物間の距離を表示する図面（縮尺100分の1から2,000分の1程度）
　　(6)　許可申請地に賃借権、使用貸借権、地上権、永小作権、質権及びその他の使用収益権を有する者がいる場合は、その権利者の同意を確認できる書面
　　(7)　許可申請地に抵当権等が登記されている場合は、権利の抹消又はそのままの権利状態で転用目的に供することについての権利者の同意等を確認できる書面
　　(8)　当該事業に関連し、法令の定めるところにより許認可、関係機関の議決等を要する場合において、これらを了しているときは、それを証する書面又はその写し
　　(9)　当該事業に関連し、取水又は排水についての水利権者等の関係者から同意を得ているときは、それを証する書面又はその写し
　　(10)　許可申請地が土地改良区の地区内にある場合は、その土地改良区の意見書
　　(11)　法人又は団体にあっては、定款、寄付行為又は規約及び法人の登記事項証明書
　　(12)　その他参考資料
　　3　申請書は、譲受人（借主）一人ごとに作成すること。この場合において共同で譲受けするときは、共同者全員ごととすること。
　　4　申請書及び2の(4)の実測図は、4部提出すること。ただし、申請者が2人を超える場

合は、この超える人数に相当する数の申請書を加えること。
　5　2の(4)の実測図以外の添付する書類及び図面は、2部提出すること。
　6　大規模な転用計画の場合は、必要に応じて別紙で事業計画書等を添付すること。

(2) 許可権者

許可権者については、〈表17〉のとおりである。

〈表17〉 許可権者（農地法4条、5条申請関係）

原則	都道府県知事（ただし、市町村農業委員会を経由して申請する、農地法施行令7条または15条）
例外1	例外農林水産大臣（4ヘクタールを超える農地等の場合）
例外2	市町村長（当該都道府県の分権条例により市町村長に権が委譲されている場合）

(3) 許可要件（農地法4条2項各号、5条2項各号）

(ア) 農地転用許可の許可基準

農地転用許可の許可基準の要点としては、

① 立地基準

② 一般基準

の2つの基準があり、特に①の立地基準、すなわち、当該農地がどこに存するかにより、許可の方針、要件が異なるという点である。次項で詳細を解説するが、農用地農地では、転用は原則としてできない。一方、市街化が進んだ地域である3種農地では、許可が原則となる。市街化区域では、許可すら不要となる（届出で足りる）。このように、優良農地の確保という観点から、農地として存続させる地域と市街化を認める地域とに段階を分け、それに応じて、許可方針、要件を緩和する構造となっている。

(イ) 立地基準

農地法4(5)条2項1号および2号で立地基準が定められているが、政令（農地法施行令）への委任が多く、さらに政令は、農林水産省令（農地法施行

規則）に細目を委任するという構造をとっている。そのため条文の構造が複雑でしかも例外規定（カッコ書）が多く、一読して理解することは至難である。

そこで、立地基準の概要を把握するため、〈表18〉のとおり、表にまとめた。

〈表18〉 立地基準

区　　　　分	営農条件、市街地化の状況	許　可　の　方　針
農用地区域内農地 （農地4条2項1号イ）	市町村が定める農業振興地域整備計画において長期にわたり農用地として確保していくとされた土地 （農振8条1項、同条2項1号）	不許可（ただし、農振法10条3項の農用地利用計画において指定された用途に供する場合等には許可） （農地4条2項ただし書等）
甲種農地 （農地4条2項1号ロカッコ書）	市街化調整区域内にある農地のうち土地改良事業等の対象となったもの（8年以内）等特に良好な営農条件を備えている農地 （農地令12条2号、農地規42条等）	不許可（ただし、土地収用法26条の告示に係る事業の場合等には許可） （農地4条2項ただし書等）
第1種農地 （農地4条2項1号ロ）	10ha以上の規模の一団の農地、土地改良事業等の対象となった農地等良好な営農条件を備えている農地 （農地令11条1号、同条2号等） ※下線は平成22年6月1日施行	不許可（ただし、土地収用法対象事業の用に供する場合等には許可） （農地4条2項ただし書等）
第2種農地 （農地4条2項2号）	鉄道の駅が500m以内にある等市街地化が見込まれる区域等にある農地または農業公共投資の対象となって	周辺の他の土地に立地することができない場合等には許可 （農地4条2項ただし書等）

	いない生産性の低い小集団の農地 (農地令14条、農地規45条および46条等)	
第3種農地 (農地4条2項1号ロ(1))	鉄道の駅が300m以内にある等市街地の区域または市街地化の傾向が著しい区域にある農地 (農地令13条、農地規43条および44条等)	許可 (農地4条2項ただし書)

　〈表18〉は、あくまで概要を知るためのものであり、詳細な要件、例外規定等は、農林水産省のホームページにおける「農地法の運用について（平成21年12月11日付け21経営第4530号・21農振第1598号経営局長・農村振興局長連名通知）」<http://www.maff.go.jp/j/keiei/koukai/kaikaku/pdf/nouti_unyou.pdf>を参考にされたい。

　〈表18〉からわかるとおり、農地を、その存する場所により、農用地農地、甲種農地、1種農地、2種農地、3種農地（この名称は、法令用語ではなく、便宜上の用語である）の5個に分類している。許可要件ではないが、届出で足りる場合の市街化区域を合わせれば、6種類に分類できる。表の下に進むに従い、許可方針、要件が緩和されている。農用地農地、甲種農地では、原則として農地の転用は許可されないこととなる（例外として、既存施設拡張の場合や同一事業用に供する場合等がある。詳細は前掲「農地法の運用について」参照）。

　なお、「農用地」とは、農業振興地域の整備に関する法律によって定める農業振興地域整備計画において、農用地区域内と定められた農地をいう。農用地農地の転用を行う場合には、農転許可の前に、いわゆる農振除外申請を行い、当該農地を農用地区域から除外しておくのが通例である（下記7参照）。

　(ウ)　一般基準

立地基準による許可要件のほか、一般的要件として以下に定める不許可要件が存在しないことが許可の要件となる（農地4条2項3号以下、5条2項3号以下）。

(A)　4条、5条許可共通の不許可要件

4条、5条許可に共通の不許可要件は以下のとおりである。

①　申請者に申請に係る農地を農地以外のものにする行為を行うために必要な資力および信用があると認められないこと（3号）

②　申請に係る農地を農地以外のものにする行為の妨げとなる権利を有する者の同意を得ていないことその他農林水産省令で定める事由により、申請に係る農地のすべてを住宅の用、事業の用に供する施設の用その他の当該申請に係る用途に供することが確実と認められない場合（3号）

③　申請に係る農地を農地以外のものにすることにより、土砂の流出または崩壊その他の災害を発生させるおそれがあると認められる場合、農業用用排水施設の有する機能に支障を及ぼすおそれがあると認められる場合その他の周辺の農地に係る営農条件に支障を生ずるおそれがあると認められる場合（4号）

(B)　4条許可の不許可要件

4条許可の不許可要件としては、「仮設工作物の設置その他の一時的な利用に供するため農地を農地以外のものにしようとする場合において、その利用に供された後にその土地が耕作の目的に供されることが確実と認められないとき」（5号）である。

(C)　5条許可の不許可要件

5条許可の不許可要件は、以下のとおりである。

①　仮設工作物の設置その他の一時的な利用に供するため所有権を取得しようとする場合（5号）

②　仮設工作物の設置その他の一時的な利用に供するため、農地につき所有権以外の農地法3条1項本文に掲げる権利を取得しようとする場合においてその利用に供された後にその土地が耕作の目的に供されることが

確実と認められないとき、または採草放牧地につきこれらの権利を取得しようとする場合においてその利用に供された後にその土地が耕作の目的もしくは主として耕作もしくは養畜の事業のための採草もしくは家畜の放牧の目的に供されることが確実と認められないとき（6号）
③　農地を採草放牧地にするため権利等を取得しようとする場合において、農地法3条2項の規定により同条1項の許可をすることができない場合に該当すると認められるとき

7　農振除外申請

(1)　農転との関係

農用地農地では、原則として農地の転用は不許可とされる。したがって、農用地農地につき転用を考える場合、当該農地の農振除外＝農業振興地域区域から当該農地を除外すること＝農地利用計画の変更（農振法13条）を考えることとなる。すなわち、農振除外により、当該農地は、農用地ではなくなり、立地基準のいわば下のレベルの分類（たとえば1種農地等）に格下げされることとなり、許可方針、基準が緩和され、許可される余地が出てくるためである。

(2)　法的性質

一般に農振除外「申請」と呼称され、実務上も「除外申請書」、「除外願」、「除外届出」等の名称による用紙を農業委員会等に提出させており、実質的には、「申請」と同様の運用が行われている。

しかし、農振法13条1項は、「都道府県又は市町村は、農業振興地域整備基本方針の変更若しくは農業振興地域の区域の変更により、前条第一項の規定による基礎調査の結果により又は経済事情の変動その他情勢の推移により必要が生じたときは、政令で定めるところにより、遅滞なく、農業振興地域整備計画を変更しなければならない。市町村の定めた農業振興地域整備計画が第9条第1項の規定による農業振興地域整備計画の決定により変更を必要とするに至つたときも、同様とする」と規定しており、法的性質は、行政庁

の職権による行政計画の変更にすぎず、「申請書」と称する書面を提出することは、行政庁の職権発動を促す意味しかない。したがって、農振除外申請と呼称されるものの、私人に申請権はなく、講学上の行政行為（行政処分）には該当しない。[15]

(3) 「申請」（申出）手続等

前記のとおり、法令上の申請権はなく、「申請」等の手続に関する法律、政省令上の規定はない。各地方自治体ごとの運用によるので、当該地方公共団体に確認することが不可欠であるが、【書式47】等を参考としてあげる。

農振除外（農用地等以外の用途に供することを目的として農用地区域内の土地を農用地区域から除外するために行う農用地区域の変更）は、以下の要件のすべてを満たす場合に限りすることができる（農振法13条2項）。と規定されている。実質的な許可基準である。

① 農業振興地域における農用地区域以外の区域内の土地利用の状況からみて、変更に係る土地を農用地等以外の用途に供することが必要かつ適当であって、農用地区域以外の区域内の土地をもって代えることが困難であると認められること（1号）

② 変更により、農用地区域内における農用地の集団化、農作業の効率化その他土地の農業上の効率的かつ総合的な利用に支障を及ぼすおそれがないと認められること（2号）

③ 変更により、農用地区域内における効率的かつ安定的な農業経営を営む者に対する農用地の利用の集積に支障を及ぼすおそれがないと認められること（3号）

④ 変更により、農用地区域内の3条3号の施設の有する機能に支障を及ぼすおそれがないと認められること（4号）

---

15 講学上の行政行為でないことが直ちに抗告訴訟における「処分性」を満たさないことにはならない。確かに、一般的に行政計画については、処分性を認めない傾向が強く、古い判例では、農振除外について処分性を否定するものがあるが、最近の判例では、農振除外申請の処分性を正面から認めたものが現れている（さいたま地判平成20・2・7判自308号79頁）。

⑤ 変更に係る土地が10条 3 項 2 号に掲げる土地（土地改良事業による区画整理等が行われた土地）に該当する場合にあっては、当該土地が、農業に関する公共投資により得られる効用の確保を図る観点から政令で定める基準（事業の工事が完了した年度の翌年度から起算して 8 年を経過）に適合していること（5 号）

【書式47】 農業振興地域整備計画における農用地区域からの除外申請書

（別紙 1 ）　　　　　　　　　　　　　　　　　　　　　　受付番号　123456

農業振興地域整備計画における農用地利用計画の
農用地区域からの除外願

　　　　　　　　　　　　　　　　　　　　　　　　　平成〇〇年〇月〇日

〇〇市長　　　　　宛

　　　　　　　　　　　　申請者　　住所　〇〇市□□町 1 丁目 2 番 3 号
　　　　　　　　　　　　　　　　　氏名　甲　野　太　郎　　　　（印）

　当該土地を下記により農業振興地域整備計画の農用地区域から除外願いたく申請します。

		氏　名	住　所	職　業	連絡先(電話番号)
1	申請者	甲野太郎	〇〇市□□町 1 丁目 2 番 3 号	農業	00―0000―0000
	譲受・借受人	甲野花子	〇〇市□□町 1 丁目 2 番 3 号		00―0000―0000

		地区	大字・字	地番	地目	面積(m²)	耕作者氏名及びその同意
2	除外しようとする土地の概要	〇〇	□□□□	789番の内	畑	991m²の内991m²	甲野太郎　（印）
							（印）
							（印）
							（印）
							（印）
3	除外後の用途		住宅兼店舗			4 当該用途に供する時期	転用許可があり次第

5 同意状況	隣接耕作農地者の意見	内容	事業計画の説明を受け営農に支障がないようなので、同意致します	隣接地番	123	氏名	乙山次郎(印)
				隣接地番	456	氏名	丙川三郎(印)
				隣接地番		氏名	(印)
				隣接地番		氏名	(印)
	集落代表者の意見	内容	異議なし			職 氏名 丁沢四郎	(印)

土地改良区の同意

(1)除外申請において実施された土地基盤整備事業

事業の種類	受益土地改良区名	実施年度	完了年度	換地処分年度
土改と用水あり			事業完了後10年経過	

(2)除外申請地において計画されている土地基盤整備事業

事業の種類	受益土地改良区名	実施年度	完了年度	地区除外との関係

(3)総合意見

土地改良区 職 氏名	土地改良区 職 氏名	職 氏名

担当地区農業委員の意見	内容	異議なし	氏名	戊木五郎	(印)

申請代理人住所、氏名　○○市□□町1丁目5番7号　行政書士　松竹梅子　連絡先　00-0000-0000

【書式48】　住宅等利用計画書

(様式2-1)

住宅等利用計画書

◎　記入する際には別紙「住宅等利用計画書を記入するにあたっての注意事項」を参照のうえ記入すること。

◇　1〜5については、全て記入すること。

1	区域の別	(注)1	・市街化調整区域　　○・その他の区域
2	除外の目的	(注)1	(農家・一般・㊙分家)住宅敷地・車庫敷地・農作業場敷地・宅地拡張

第9章　農地移転・権利設定・転用手続をめぐる許認可手続

3　権利の種類	・⦅所有権移転⦆・使用貸借権設定　・賃貸借権設定　・その他（　　　）					
4　既存敷地（住宅又は雑種地）等について 注）1．2．3	・⦅自己所有地⦆・借地等（借家、親族等の家に同居している場合を含む）					
	敷地地番	798番　外　筆	合計面積	991　　　m²		
5　除外理由 　（できるだけ具体的に記入すること。）	①開発目的 　娘夫婦の分家住宅兼店舗（美容室）を建築するため、居宅・店舗・来客駐車場を含めて991m²を除外したい。 ②除外要望面積の算出根拠 　木造2階建て居宅150m²、木造平屋建て店舗100m²、車庫兼倉庫50m²及び来客駐車場300m²を配置するため、必要最小限な991m²を除外したい。 ③当該土地の選定理由 集落及び町幹線道路に隣接している土地は、当該土地しかなく、最も適している。					
6　転用後における既存敷地の利用（処分）予定 　（注）4．5．6．7	(1)既存敷地の全部を（・売却・所有者に返還・農地として利用） (2)既存敷地の全部又は一部を宅地等のまま利用）　（注）2※参照 　　　（予定用途等：　　　　　　　　　　　）					

◇　6(2)に該当する場合のみ記入すること。（※6(1)に該当する場合は記入不要。）

7　除外後の敷地面積 　　　　（注）8	①　　991m²+②　　991m²＝合計　　0　　m²	

◇　除外目的が「農家住宅敷地、分家住宅敷地」又は「農業用施設用地」の場合のみ記入すること。

8　除外後の耕作面積 　　　　（注）8	田　　1500m²＋畑　　750m²＝合計　　2250m²	

【書式49】　事業計画書

（別紙2－2）

事　業　計　画　書

区域の別	・市街化調整区域　・⦅その他の区域⦆　（該当するものを○で囲むこと。）

Ⅰ 申請手続

除外の目的	・工場・資材置場・㊀駐車場㊁・㊀店舗㊁・作業場・倉庫・事務所・建売又は㊀注文住宅㊁ ・その他（　　　　　）　（該当するものを○で囲むこと。）					
営業内容	美容室					
資本金	300万円	年間売上高	1,500万円	従業員数	2人	
所有車輌台数	1台					
既存工場等	場所					
	敷地及び施設面積					
	利用状況	｛過去に、資材置場・駐車場として転用許可を受けた農地で現在地の用途に利用（未利用場合も該当する。）しているものがあれば、その所在地、面積及びその理由を記入すること。｝				
除外の目的、必要性、緊急性に関する説明	娘夫婦が帰郷し、その分家住宅兼店舗（美容室）の建築のため、居宅・店舗・来客駐車場を含めて991m²を除外したい。					
除外面積の妥当性に関する説明（利用見込、駐車台数等の数値等により具体的に記入すること。）	木造2階建て居宅150m²、木造平屋建て店舗100m²、車庫兼倉庫50m²及び来客駐車場300m²を配置するため、必要最小限な991m²を除外したい。					
農用地区域でしかできない理由（市街化区域または非農用地区域では出来ない理由）	集落及び町幹線道路に隣接している土地は当該土地しかなく、最も適している。					
排水処理施設及び公害防止施設等に関する説明	建物は2階のため、背後地の農地への日照等の影響はないものと思われる。また、開発に伴う、土砂の飛散・流入等による農作物への影響がないよう十分な防止策を講じる。取水は上水道、汚水・排水・生活雑排水は合併浄化槽を設置し、既設の排水路へ放流する。					
工事計画	造成工事　　　　平成○○年○月○　～平成○○年×月 建物建築工事　平成○○年×月～　　平成○○年□月					

資金計画	・必要経費	土地取得費	0	・資金調達方法	自己資金	10,000
（千円）		造成工事費	1,000		借入金	7,000
		建築工事費	17,000		その他	
		その他				
		計	17,000		計	

(注) 1　この様式の各記入欄に記入しきれない場合は別紙に記載しても差し支えない。
　　 2　除外目的が「建売又は注文住宅団地」の場合は、現在造成中の住宅団地の進捗状況を説明する資料を別途添付すること。
　　 3　業務用車両はトラック、ブルドーザー、ショベルカー等の種類別に記入すること。

II　法的問題点

1　概　要

農地の許認可にまつわる紛争に関して、実務上多くみられる事案として、
① 　農地転用許可（5条許可）を申請したが、許可要件を満たさないとして拒否処分がなされた場合
② 　農業新興地域からの除外申出が認められない場合
③ 　許可申請書を提出したにもかかわらず、受理しないとして返戻された場合

があげられる。以下、①〜③の紛争事例を取り上げ、そこにおける法的問題点、争訟手段の選択方法等を解説していく。
　なお、上記①については、一般的な紛争における争訟手法の概説を兼ねて、まず解説する。

2　農転許可申請に対する拒否処分に対する紛争

(1)　処分の重要性

紛争の実体的争点は、許可要件（正確には不許可要件の不存在）の存否という事実認定の問題あるいは当該法令の文言の解釈問題に帰結すると思われる[16]

---

[16] 農転許可につき裁量を認める見地からは、裁量の逸脱・濫用の存否も争点となる。

が、拒否処分がなされている以上、「処分性」[18]が認められることは間違いなく、争訟[19]手続に乗せること自体は極めて容易である。

　私見であるが、行政としては、「処分」させないことに力点をおき、申請手続を運用しているように感じられる。

　農転許可に特有の話ではないが、たとえば、指導要綱等（ガイドライン）により、法令に基づく申請の前に、事前手続や協議と称する手続を義務づけ（いうまでもないが、単なる行政指導の内部基準にすぎない指導要綱等に私人が従う義務はない）、事前手続や協議を通過したもののみ、法令に基づく申請を促し、事前手続や協議の段階で不許可相当とみなすものは「却下」し、あるいは事前協議等の申立書を返戻して、法令に基づく申請を行わせないという運用をとることが多い。

　これらの運用は、広い意味での行政指導であり、添付書類の不足や法定記載事項[20]の欠落等の不備のある申請を事前に補正し、あるいは、根本的な許可要件を満たさない等、不許可とせざるを得ない申請を事前に排斥し、私人および行政双方に無用の費用および労力をかけさせないという点で、あながちすべてを否定的、批判的に考えるべきものではない。しかし、運用のさじ加減ひとつで、行政庁の恣意的判断により「処分」をさせないという問題が存在することを否定することはできない。

　すなわち、ガイドライン等に基づく事前協議等の申請（申出）は、法令に基づく申請[21]ではない。これに対し、行政が却下等の意思表示をなしたとして

17　不許可も、「許可しない」という行政庁の対外的意思表示であり行政行為である。一般に拒否処分とよばれる。

18　処分取消しの訴えは、「行政庁の処分その他公権力の行使に当たる行為」（行訴3条2項）。が対象であり、訴訟要件である。同様に、行政不服審査法に基づく不服申立ては、「行政庁の違法又は不当な処分その他公権力の行使」（同法1条1項）が対象であり、申立要件である。これら訴訟要件または申立要件を「処分性要件」または単に「処分性」という。

19　行政事件訴訟法に基づく訴訟および行政不服審査法に基づく不服申立てをまとめて「争訟」という。

20　行手33条参照。

21　申請とは、行政手続法上「法令に基づき、行政庁の許可（中略）を求める行為」とされる（行手2条3号）。

も、それは、講学上の「行政行為」ではなく、「処分性」は認められない。したがって、事前協議における行政庁の判断に問題があったとしても、これを不服申立てないし抗告訴訟で争うことはできず（訴訟要件を欠くとして却下される。脚注18参照）、救済手段を欠くこととなる。[22]

　最も問題になるのは、この事前協議の申請（申出）が放置（たなざらし）された場合である。法令に基づく申請ではないため不作為違法確認等の争訟手続はとれない。事前協議を経ずに、あるいは、その判断を待たずに、法令に基づく正規の申請を行った場合でも、事前手続を踏んでいないという理由で「受理」する、しないで無意味な紛争になる場合が多く、[23]「受理」されたとしても、事前手続を経ていないという理由で不許可とされることが多い。また、抗告訴訟等でもその理由が維持される蓋然性が高い。[24] そのため救済手段を著しく欠くこととなる。

　したがって、後に紛争が予想される場合、無用な訴訟上の手間（訴訟要件である処分性をめぐる争いに相当の労力を裂かれる）を省くためにも、行政に「処分」させるということが重要である。

　「処分」さえあれば、それを基点に各種の争訟オプション（選択肢）を組み立てることができる。

(2)　争訟オプション概説

(ア)　選択肢と留意点

　争訟オプションとして、行政不服審査法（以下、「行審法」という）に基づく不服申立て、行政事件訴訟法（以下、「行訴法」という）に基づく抗告訴訟そして拒否処分の効力を直接争うものではないが、国家賠償法（以下、「国賠

22　下記に解説する、実質的当事者訴訟（公法上の法律関係の確認訴訟）として争う余地はある。
23　後述するが、申請が行政庁の事務所に到達した場合、行政庁には申請応答義務が発生し（行手7条）、そもそも受理、不受理という問題は生じ得ない。受理しないとすることは、特段の事情がない限り違法である
24　判例の傾向として、行政指導、指導要綱等につき、その有益面を重視し、尊重しようとする傾向がみられる。最判昭和60・7・16民集39巻5号989頁、最判昭和56・7・16民集35巻5号930頁等。

法」という)に基づく損害賠償請求(民事訴訟)等が考えられる。

　ここで、注意を要する点は、当該実定法において、審査請求前置主義の適用があるか否かである。行訴法8条1項により原則として自由選択主義が採用されており、審査請求を行ってから訴訟を行うか、直ちに訴訟を行うかは自由に選択できる建前となっている。しかし、現実には、多数の実定法は、審査請求前置主義を採用している。この場合は、審査請求を行ったことが処分取消しの訴えの訴訟要件となり(同項ただし書)、訴訟要件を欠く場合は、実体審理がされることなく、却下判決となる。したがって、審査請求前置主義の適用がある場合は、必ず審査請求を行わなければならない。これを失念し、処分取消しの訴えを提起してしまったとしても、訴えを取り下げ、審査請求からやり直せばよいだけともいえなくはないが、審査請求期間(60日、行審法14条1項)および出訴期間(6カ月、行訴法14条1項)の関係で、深刻な事態に陥ることも考えられる。たとえば、処分を知ってから61日後に処分取消しの訴えを提起した場合、その時点で審査請求期間である60日はすでに経過しており、審査請求を行ったとしても却下の裁決が下される。却下の裁決では審査請求前置主義を満たしたことにならず(最判昭和30・1・28民集9巻1号60頁)、もはや処分取消しの訴えが適法となることはなく、救済手段は失われる。

　このように、審査請求前置主義が採用されているか否かは、争訟オプション間の手順(本章では、「シーケンス」という)を検討するにあたって重要であり、当該実定法を詳細に吟味しておく必要がある。

　農地法(農転許可)は、審査請求前置主義を採用している(農地54条)。

(イ)　不服申立制度

　一般論として、行審法に基づく不服申立制度は、行政の自己審査であり、救済に関しては実効性に乏しい面があることは否定できない(身内意識によるかばい合い、面子等の情実により判断は処分庁に対し甘くなる)。したがって、自由選択主義の適用がある場合は、直ちに抗告訴訟を提起したほうが時間面(不服申立手続にかかる時間を節約できる)において、合理的である。ただし、

不作為に対する不服申立ての場合、審査請求を行えば、上級庁により処分庁に対する指導監督が期待でき、申請手続が前進する可能性もあるため（申請手続が進むだけで、許可処分がなされるかは別問題である）、オプションとして検討してよいと考える。

　処分に対する不服申立てとしては、処分庁に対する異議申立てと上級庁等[25]に対する審査請求があるが、審査請求ができる場合は、異議申立てはできないとする審査請求中心主義がとられている（同法6条1号）。農転許可の許可権者は、原則として都道府県知事であり、地方公共団体固有の事務である。したがって、上級庁は存在せず、不服申立てのオプションとしては、異議申立てになる。

　ただし、転用面積が2ヘクタールを超え4ヘクタール以下の農転許可の場合、本章Iで既述したとおり、1号法定受託事務となり、地方自治法255条の2第1号により、農林水産大臣に審査請求ができる。逆にいえば、都道府県知事に対する異議申立ては不適法となる。

　4ヘクタールを超える農転許可の場合は、農林水産大臣が許可権者となり、上級庁が存在しないから、異議申立てによる。

　いわゆる分権条例（地自252条の17の2）により、農転許可権限が市町村長に委譲されている場合、審査請求は、都道府県知事に対し行うこととなる（同法255条の2の2号）。この場合、権限が市町村長に委譲されていない場合との均衡から（権限委譲がなければ、本来は農林水産大臣に審査請求できるはずである）、特例として、審査請求の裁決に対し、農林水産大臣に対し再審査請求ができる（同法252条の17の4の3項）。

　以上、不服申立手続のオプションをまとめると〈表19〉のとおりとなる。

---

[25] 審査請求は、直近上級庁に対し行うのが原則であるが（行審5条2項）、法律に定めがあれば、上級庁以外の行政庁に対する審査請求も認められる（同条1項2号）。例として、国税不服審判所等。

II 法的問題点

<表19> 不服申立手続のオプション（拒否処分の場合）

処 分 庁	転用面積	事務区分	不服申立種別	再審査請求
農林水産大臣	4haを超える		異議申立て	×
都道府県知事	2haを超えて4ha以下	1号法定受託事務	審査請求 農林水産大臣	×
	2ha以下	自治事務	異議申立て	×
市町村長	分権条例による	委譲を受けた事務による	審査請求 都道府県知事	○ 農林水産大臣

【書式50】 審査請求書例

平成○○年○月○日

農林水産大臣 ○ ○ ○ ○ 殿

審査請求人 　甲 野 太 郎
代理人弁護士 　乙 川 二 郎 　印

審 査 請 求 書

　次のとおり審査請求を行う。

1　審査請求人の住所、名称
　　○県○市○町○丁目○番○号
　　甲 野 太 郎

2　審査請求代理人の住所、氏名
　　○県○市○町○丁目○番○号
　　電話00-0000-0000　　FAX00-0000-0000
　　弁護士　乙 川 二 郎

3　審査請求に係る処分の表示
　　○県（原処分庁）の審査請求人に対する「甲農政第390号」に基づく農地

法5条の許可申請（以下「本件申請」という。）拒否処分（以下「本件処分」という。甲1）。

4 本件処分があったことを知った年月日
　平成〇〇年〇月〇日

5 審査請求の趣旨
　本件処分を取り消すとの裁決を求める。

6 処分庁の教示の有無及びその内容
　有り。内容の概要は以下のとおり
　「この通知を受け取った日の翌日から60日以内に農林水産大臣に審査請求することが出来る。」

7 審査請求の理由
　① 当事者及び土地の状況等
　　審査請求人は、野菜類の販売を業とする者である。
　② 農地法5条の申請
　　審査請求人は、本件農地を自己の経営する青果店の駐車場として利用しようと企図し、本件農地所有者との間で停止条件つき売買契約を締結の上、平成〇〇年〇月〇日、〇県知事宛に農地法5条に基づくいわゆる農転許可申請（本件申請）を行った（甲2）。
　③ 本件処分
　　甲県知事は、平成〇〇年〇月〇日、本件申請に対し拒否処分（本件処分）を行った。
　　しかし本件処分には以下のとおり違法がある。
　④ 違法事由
　　甲県知事の本件処分の理由は、県のガイドラインに反しているというものである。
　　しかし、「ガイドライン」はいわゆる行政指導にすぎず（甲3）、国民に対し直接法的拘束力を有するものではなく、許可基準たり得ない。斯様な

法規ならざるものにより本件処分を行ったことは、農地法に違反する。
⑤　まとめ
　以上の違法事由のとおり、本件処分は違法であり、直ちにこれを取り消すか、然るべき変更処分をなすべきである。

添　付　資　料

　　　　委任状　　　　　　　　　　　1通

証　拠　資　料

甲1　　　　　本件処分通知（写し）
甲2　　　　　申請書（写し）
甲3　　　　　ガイドライン

以上

【書式51】　異議申立書

平成○○年○月○日

甲県知事　○　○　○　○　殿

　　　　　　　　　　　　　　　　異議申立人　　甲　野　太　郎
　　　　　　　　　　　　　　　　代理人弁護士　乙　川　二　郎　印

異　議　申　立　書

　次のとおり異議申立を行う。

1　審査請求人の住所、名称
　　○県○市○町○丁目○番○号
　　甲　野　太　郎

2　異議申立代理人の住所、氏名
　　○県○市○町○丁目○番○号
　　電話00-0000-0000　　FAX 00-0000-0000

弁護士　乙　川　二　郎

3　当該不作為に係る処分の申請の内容
　　下記農地に対する農地法5条に基づく許可申請

記

（略）

4　上記申請日
　　平成○○年○月○日
　　平成○○年○月○日　（申請書到達）

5　異議申立ての理由
　　本件申請後、相当の期間が経過したが、甲県知事は何らの処分を行わず違法である。

添　付　資　料

委任状　　　　　　　　　　　1通

証　拠　資　料

甲1　　　　　申請書（写し）
甲2　　　　　本件処分通知（写し）

以上

(ウ)　**抗告訴訟**

考え得るオプションは、以下のとおり。

① 不許可処分に対する処分取消しの訴え（行訴3条2項）
② 裁決取消しの訴え（行訴3条3項）
③ 義務付けの訴え（行訴3条6項2号、「いわゆる2号義務付け」）
④ 無効確認の訴え（行訴3条4項）

理論的には、上記①〜④のオプションが考え得るが、③（義務付け訴訟）は、本案勝訴要件が厳しく、現実的に義務付け判決を獲得することは相当に困難である。④（無効確認訴訟）は、補充的例外的な訴訟形態であり、要件が厳しいうえに争点である拒否処分の違法性が重大かつ明白な場合でなければならず（最判昭和31・7・18民集10巻7号890頁）、不許可処分を争うという点では、処分取消しの訴えと変わらず、あえて選択する意味がない。出訴期間が経過してしまった場合の救済として考慮しうる余地がある程度である。

②の裁決取消しの訴えに関しては、農地法は裁決主義を採用していない。したがって、原則どおりの原処分主義（行訴10条）により、裁決取消しの訴えにおいては、裁決固有の瑕疵しか争うことができず、原処分の違法を争えない。また、裁決取消しの訴えで勝訴判決を得たとしても、審査請求または異議申立てを棄却した裁決または決定を取消し、再度審査請求等をやり直す効果しかなく、救済に直ちに結びつくものではない。

これらの各種オプションを勘案するに、処分取消しの訴えによることが最も合理的である。

26　行政庁がその処分をすべきであることが、根拠となる法令の規定から明らかであると認められ、またはその処分をしないことが裁量権の範囲を超え、もしくはその濫用となることが認められること（行訴37条3第5項）。

27　処分が無効であれば、公定力（取消訴訟の排他的管轄）は働かず、実体的紛争の中で、当該処分の無効を主張すれば足りる。たとえば、公務員に対する懲戒免職処分が無効である場合、公務員としての地位確認訴訟や棒給請求訴訟（現在の法律関係に関する訴え）における主張として懲戒免職処分の無効を主張すれば目的を達成できる。無効の確認訴訟を認める実益は乏しく、例外的に、予防訴訟（当該処分等により損害を受けるおそれがある者）と補充訴訟（法律上の利益を有する者で当該処分等の効力の有無を前提とする現在の法律関係に関する訴えによって目的を達することができないもの）の2形態のみが認められる。

28　裁決主義とは、裁決に対する出訴のみを認める制度をいう。

29　ただし、取消判決の拘束力（行訴33条2項）により、審査庁は、判決の趣旨（判決主文が導き出されるのに必要な事実認定および法律判断、最判平成4・4・28民集46巻4号245頁）に反して、再度の審査請求等の審理を行うことはできないため、再度の審査請求等により原処分が取り消される可能性はある。

30　取消判決が違法と判断した理由とは異なる理由により、再度の審査請求において棄却裁決をすることは、取消判決の拘束力によっても妨げられない（大阪高判昭和50・11・10行裁集26巻10-11号1268頁）。

第9章 農地移転・権利設定・転用手続をめぐる許認可手続

　なお、実務上の注意点として、行政事件訴訟の場合、地方裁判所の本庁が管轄となる。たとえば、被告行政主体の普通裁判籍が支部管内（例として高崎市）であったとしても（普通裁判籍による管轄は前橋地方裁判所高崎支部となる）、支部では受け付けてもらえず、本庁（前橋地方裁判所）が管轄裁判所となる。

【書式52】　訴状（処分取消しの訴え）

訴　　　状

平成〇〇年〇月〇日

××地方裁判所　御中

原告訴訟代理人弁護士　乙　川　二　郎　印
〒000-0000　〇〇県〇〇市〇町〇丁目〇番〇号
原　　　　告　　　株式会社〇〇〇
上記代表者代表取締役　甲　野　太　郎
（送達場所）
〒000-0000　〇〇県〇〇市〇町〇丁目〇番〇号
同訴訟代理人弁護士　乙　川　二　郎
　電話　00-0000-0000　fax　00-0000-0000
〒000-0000　〇〇県〇〇市〇町〇丁目〇番〇号
被　　　　告　〇　〇　県
上記代表者県知事　丙　山　三　郎
（処分をした行政庁）
同上

農地転用許可拒否処分取消等請求事件

　訴訟物の価格　　金　　　　　円
　（＊転用を求める農地の価額が算定基礎となる）
　貼用印紙額　　　　　　　　　円

472

請求の趣旨

1 ○○県知事が平成○○年○月○日付でした農地法5条に基づく農地転用許可申請拒否処分（農政第××号）を取り消す。
2 訴訟費用は被告の負担とする。
との判決を求める。

請求の原因

1 （当事者及び本件土地の概況）
2 （本件申請）
3 （本件処分）
4 （審査請求）
5 （本件処分の違法性）
  ① ・・・・・・・
  ② ・・・・・・・
  ③ ・・・・・・・
6 （まとめ）

証拠方法

（略）

付属書類

1 甲号証写し　各1通
2 資格証明書　　1通
3 訴訟委任状　　1通

以上

(エ) **損害賠償**

　当該公務員の違法かつ有責（故意・過失）な不許可処分により損害を被った場合、国賠法に基づき、当該公務員の所属する行政主体に対し、損害賠償請求を行うオプションが考えられる。

ただし、損害額の立証、損害と不許可処分との相当因果関係、有責性の立証は一般的に困難である。たとえば、不許可とされたことにより、予定していた事業の完成が遅れたという不利益が発生したとして、その遅れによる不利益を金銭評価できるか、するとしていくらが相当なのか、不許可処分により事業が遅れ損害が発生したと社会通念上考えられるのか、他の要因が介在しているのではないか、当該公務員が不許可と判断したことにつき故意・過失があったのか等を立証しなければならないが極めて困難である。

実効性に関してはよく吟味する必要がある。

〈表20〉 争訟オプションシーケンス

A（2haから4haの農転）		
a1	農水大臣・審査請求	裁決→処分取消しの訴え
a2	農水大臣・審査請求	裁決→裁決取消しの訴え
B（4ha超える農転）		
b1	農水大臣・異議申立て	決定→処分取消しの訴え
b2	農水大臣・異議申立て	決定→裁決取消しの訴え
C（2ha未満の農転）		
c1	都道府県知事・異議申立て	決定→処分取消しの訴え
c2	都道府県知事・異議申立て	決定→裁決取消しの訴え
D（市町村長許可農転）		
d1	都道府県知事・審査請求	裁決→農水大臣・再審査請求→処分取消しの訴え
d2	都道府県知事・審査請求	裁決→農水大臣・再審査請求→裁決取消しの訴え
d3	都道府県知事・審査請求	裁決→処分取消しの訴え
d4	都道府県知事・審査請求	裁決→裁決取消しの訴え

3 農業新興地域からの除外申出が認められない場合の紛争例

(1) 概　要

農振法に基づく農業振興地域の指定を受け、当該市町村が農業振興整備計

画において農用地区域が用途区分された場合、農用地区域に存する農地（農用地）に関しては、上記Ⅰで述べたとおり、原則として農転は不可能である。

したがって、農用地農地につき転用を考えるにあたっては、当該農地を農用地区域から除外してもらうこと、いわゆる農振除外をまず行っておく必要がある。農振除外がなされれば、農転許可の立地基準がいわばランクダウンし、ランクダウンした立地要件と一般要件を満たせば転用が許可される可能性がある。[31]

その意味で、農振除外（申請）申出は、頻繁にみられるが、農振除外が認められなかった場合の法的問題点および争訟方法につき以下で解説する。

(2) 法的問題点

一般に農振除外「申請」と呼称され、実務上も「除外申請書」、「除外願」、「除外届出」等の名称による用紙を農業委員会等に提出させており、一見すると「申請行為」にみえるが、行政法的には「申請」に該当しない。ここに法的な問題点がある。

「申請」とは、「法令に基づき、行政庁の許可、認可、免許その他の自己に対し何らかの利益を付与する処分を求める行為であって、当該行為に対して行政庁が拒否の応諾をすべきこととされているもの」である（行手2条3号）。

ここで、農振除外とは何かを検討するに、マスタープランである農業振興地域整備計画基本方針に基づき、農業振興地域の指定が行われる。具体的には、告示により、「何県何市字某1116番地……を農業振興地域と指定する」という形で一般的に行われる。もっとわかりやすくいえば、地図の上に線を引き、一定の地域を農業振興地域として色分けする（白地とよばれる）。市町村は、この農業振興地域のうち、農業振興地域整備計画に基づき、農業振興地域の用途区分として、農用地の指定を行う。これも前記同様に告示により行われる。これもわかりやすくいえば、地図上の白地にさらに線引きして区

---

31 たとえば、当該農用地農地が農用地区域の指定範囲外であった場合の立地基準上の分類が2種農地に該当するとした場合、農用地区域からの除外により、農転許可において2種農地の立地基準が適用されることとなり、許可要件が緩和される。

分けし、色分けする（青地とよばれる）。ここまでの過程に、私人の申請行為は一切なく、また、行政が行っているのは、告示のみ（地図の線引きと色分け）である。個々の私人（たとえば、山田太郎氏）に対し、「貴殿の農地を農用地とする」という形での行政庁の個別具体的な意思表示は一切なされていない。

すなわち、農用地の指定は、「処分」には該当せず、講学上「行政計画」とよばれる行政の行為形式にすぎない。農振除外とは、この農用地の用途区分を行政庁が職権で（申請によらず）変更する行為（農振法13条１項）にほかならない。農振除外とは、法的には、行政計画の職権による変更である。「申請」と目される行為は、単なる職権発動を促すものにすぎない。

すなわち、形式的にいえば、農振除外申請に処分性は認められず、行審法に基づく不服申立ておよび抗告訴訟の対象とならない。

過去の裁判例においては、農用地利用計画の変更につき処分性を否定したものがほとんどであった（東京高判平成９・５・22判時1643号147頁等）。

ただし、これら過去の裁判例を検討する場合、平成10年の農地法改正以前のものであることは十分に留意する必要がある。下記で詳述するが、近時は、処分性を正面から肯定する裁判例が出されるに至っている（さいたま地判平成20・２・27判自308号79頁、控訴審である東京高判平成20・８・28判例集未登載でも原判決維持）。

(3) 争訟方法の検討

(ア) 処分取消しの訴え

上述のとおり、「処分」に当たらないから処分性がなく、不服申立てまたは抗告訴訟で争えないということでは（訴訟要件等がないとして却下され、実体審理が行われない）、計画変更を認めないことが違法である場合に争訟での救済が否定されるに等しい。

一方で、法的には計画変更ではあるが、現実には、私人からの農振除外の

---

32 告示とは、行政機関がその意思や事実を広く一般に公示する方式である（国家行政組織法14条１項）。一種の法規定立行為として機能する。

（申請）申出に応じ、除外を行っている運用がほとんどであり、除外を認める基準も農振法上規定されている（農振法13条 2 項）。実態としては、申請に基づく処分と変わりがない。

　農振除外申請を争訟で争うためには、これに処分性を認めさせる必要がある。

　さて、行政法学上あるいは実務上、抗告訴訟の訴訟要件として「処分性」という術語が使用されているが、正確には、「行政庁の処分その他公権力の行使に当たる行為」（行訴 3 条 2 項）と定義される。講学上の「行政行為」＝「行政処分」に処分性が認められることに異論はないが、その範囲をどう画するか、言い換えれば、「行政行為」以外の行政作用形式のどこまでに処分性を認めるかについては見解は一致していない。従前、最高裁判所は、「行政庁による公権力の行使としてなされる国民の権利義務を形成またはその範囲を具体的に確定する行為」（最判昭和39・10・29民集18巻 8 号1809頁）と定義したうえ、これを厳格に解し、行政計画等に関しては、紛争の成熟性を欠く（いわゆる青写真論）として処分性を認めてこなかった。しかし、平成16年の行政事件訴訟法の改正（改正の目的として、私人の権利救済の拡大がある）前後から、最高裁判所の処分性に関する考え方にも変化がみられるようになり、形式的、演繹的に処分性を判断する傾向から、行政の行為形式の実質や関連法体系全体を考察して実質的に判断を行う傾向がみられるようになった。[33]この最高裁判所の判断傾向からすれば、従前は処分性が認められなかった行為形式であっても処分性が認められる余地が広がったともいえ、過去の判例をみて消極的になることなく、処分性を認める余地がないか十分に検討することが必要である。

　農振除外申請は、既述したとおり、申請に基づく処分と実態として変わりがない。法理論的な問題として以下の 3 点が認められれば、実質的に処分と同視し得るといえよう。

---

[33] 最判平成20・9・10民集62巻 8 号2029頁、最判平成14・1・17民集56巻 1 号 1 頁、最判平成17・7・15民集59巻 6 号1661頁等。

① 申請（申出）に対する行政の応答という運用が確立している。
② 計画変更による法的効果に変動がある。
③ 紛争の成熟性を満たす。

　上記①の点に関して、計画変更がほぼ私人からの申請（申出）によりなされ、申出に基づかない職権による変更の件数が著しく少なければ、実態として申請行為と変わらない運用がなされているといえる。

　もっとも、地方公共団体により運用はまちまちであり、過度に一般化することは危険であるが、現実の運用としては、ほぼ申請によっているといってよい（既述した前掲さいたま地判平成20・2・27の事案では、過去20年間の計画変更のうち、申請（申出）によらないものは0件であった。すなわち全件申請（申出）によって計画変更していたこととなる）。

　立証の方法としては、情報公開を利用する手段もあるが、訴訟において求釈明を行うという方法も考えられる。求釈明の内容としては、「過去○年間における計画変更（農振除外）の件数及びそのうちに申出（申請）に基づくものの件数」といった内容となる。

　②の点に関して、現行農地法の下にあっては、計画変更につき法的効果が認められるといってよい。Ⅰにおいて既述したとおり、現行農地法は、農転における立地基準を明文化し、その立地基準として、農用地では農転を原則許可しないと規定している。逆にいえば、計画変更（農振除外）により、農転が可能である（要件が緩和される）という法的効果が付与されることとなり、具体的な権利の変動を確定させる行為といえる。

　また、農振法の規定によっても、農用地区域に指定されることにより、開発行為が制限される（同法15条の2）等の土地に対する負担を課す法的効果が認められ、この負担を免れるためには、計画変更が必要となるのであり、実態として許可制が採用されているのと同視できる。

　③の点に関して、紛争の成熟性とは、端的にいえば、「一連の行政過程を構成する行政庁の行為にあっては、当事者の権利義務を最終的に決定する終局段階の行為でないと、処分性は認められない」（原田尚彦『行政法要論〔全

訂第 7 版)』380頁)とする理論である。たとえば、都市計画法における用途地域が指定されたとして、用途地域の指定を争うのではなく、その後行われる建築確認等の個別具体的紛争の中で用途地区域の指定の違法性を争ったほうが紛争解決に資すると考えるものである。

　農転許可に関しては、不許可処分を争う取消しの訴えの中で、用途指定の違法等を争えばよいのではないかという立論である。

　しかし、農転許可の許可権者は都道府県知事であるのに対し、農用地区域からの除外(計画変更)の権限は、市町村長に存する。農転許可の処分取消しの訴えにおいて、違法事由として計画変更の違法性を主張することは、違法性の承継を認めることが前提となるが、原則として違法性の承継は認められておらず[34]、処分取消しの訴えの中で計画変更の違法性を主張することはできない。すなわち、計画変更に対する抗告訴訟を認めなければ、計画変更の違法性を主張する訴訟手続は相当に制限され、権利救済に欠けることとなる。また、被告の防御の観点からも(処分取消しの訴えの被告が都道府県であるのに対し、計画変更を争う場合の被告は市町村)、都道府県が市町村に変わって適切な訴訟遂行を行うことは困難である。

　これらの観点からすれば、計画変更そのものを争ったほうが合理的かつ権利救済に資するのであり、紛争の成熟性が認められる。

　以上、上記した①～③の諸点の理由により、農用地区域の変更(計画変更)は、実態として申請行為と変わらず、紛争の成熟性も認められ、処分性を有する。

　前掲さいたま地判平成20・2・27も同旨の理由により処分性を認めるに至っている。今後の課題としては、いまだ実務においては、計画変更＝行政計画であるから処分性なしとの固定観念が支配的であるので、積極的に処分性を主張し、救済手段があることを認知させる必要があると考える。

34　原田・本文前掲183頁。

(イ) 実質的当事者訴訟

上記のとおり、農振除外申請に対しては、判例上も処分性が認められ、処分取消しの訴えにより争うことができると考えるが、最高裁判所による確立した判決でなく、各地方自治体の運用（申請によらない計画変更も相当数ある等）によっては、処分性が否定される場合もあり得る。

そのような場合も想定し、予備的に実質的当事者訴訟（行訴4条）として「当該農地が農用地区域に該当しないことの確認」を併合提起する方法がある。

実質的当事者訴訟とは、「公法上の法律関係に関する確認の訴えその他公法上の法律関係に関する訴訟」と定義される。教科書等では、公務員の職務上の地位確認訴訟等が例示されている場合が多いが、従来あまり活用される訴訟類型ではなかった。

実質的当事者訴訟が着目されるに至ったのは、平成16年の行訴法改正での改正作業においてである。平成16年に行訴法が改正されたが、その立法段階において、処分性を広く認める形での改正も議論された。一般的に処分性がないとされる、行政指導、行政計画、行政契約等も抗告訴訟の対象とし、権利救済を図ろうとする意図による。結果として、処分性拡張に関する改正は見送られることとなったが、上述のような処分性が認められない行政形式に関しては、当事者訴訟の活用による権利救済を図ることが可能であるとの見地から、平成16年の行訴法改正に際し、同法4条を改正し、当事者訴訟において、「公法上の法律関係に関する確認の訴え」を新たに追加して明示することにより、立法者のメッセージを示すこととされたものである。[35]

当事者訴訟の対象として、「公法上の法律関係に関する確認の訴え」と明示されたことから、行政指導、行政計画、行政契約等につき、「行政指導が違法であることの確認」、「行政指導に従う義務のないことの確認」、「行政計画の変更が無効であることの確認」、「行政契約が無効であることの確認」、

---

35 橋本博之『解説改正行政事件訴訟法』84頁以下。

「行政契約上の義務を負わないことの確認」等の「法律関係に関する確認」を求める請求を行い、訴訟手続による権利救済を図ることが可能となる。

実質的当事者訴訟の活用もさらに積極的に行い、利用を普及させていくことが必要であると考えるが、利用するにあたり、以下の2点に留意する必要がある。

① 訴訟類型としては確認訴訟であり、当然確認の利益が必要である。
　確認の利益が存在することの主張・立証にも注力する必要がある。
② 請求の趣旨につき、何の確認を求めるべきか、紛争の実態および救済にとって最も効果的な請求の趣旨を考える必要がある。
　たとえば、農振除外に関していえば、
　ⓐ 農業振興地域整備計画の策定自体が違法であり無効の確認を求める。
　ⓑ 用途地域の指定が違法であり無効の確認を求める。
　ⓒ 当該農地が農用地区域に該当しないことの確認を求める。
　ⓓ 用途地区域の変更を行う義務があることの確認を求める。

等のバリエーションが考えられる。

最後に、併合の問題に関して、処分取消しの訴えと実質的当事者訴訟を客観的予備的併合することとなる。この併合形態が許容されるかにつき、筆者の知る限り明確に論じた文献は見あたらなかったが、実務上、問題とされたことはない。

私見であるが、行訴法16条1項により関連請求に係る訴えを客観的併合することは許容されており、実質的当事者訴訟は、関連請求を定義する同13条6号の「その他当該処分又は裁決の取消しの請求と関連する請求」に該当すると考える。

第9章 農地移転・権利設定・転用手続をめぐる許認可手続

【書式53】 訴状（農振除外申請における実質的当事者訴訟）

訴　　　状

平成〇〇年〇月〇日

××地方裁判所　御中

原告訴訟代理人弁護士　乙　川　二　郎　印
〒000-0000　〇〇県〇〇市〇町〇丁目〇番〇号
原　　　告　　　株式会社〇〇〇
上記代表者代表取締役　甲　野　太　郎
（送達場所）
〒000-0000　〇〇県〇〇市〇町〇丁目〇番〇号
同訴訟代理人弁護士　乙　川　二　郎
電話　00-0000-0000　fax　00-0000-0000
〒000-0000　〇〇県〇〇市〇町〇丁目〇番〇号
被　　　告　〇　　〇　　市
上記代表者市長　丁　田　四　郎
（処分をした行政庁）
同所
〇〇市農業委員会（＊合議制の行政庁である）

農用地区域からの除外申出拒否処分取消等請求事件

訴訟物の価格　　金1,600,000円（＊訴額算定不能）
貼用印紙額　　　13,000円

請求の趣旨

（主位請求）
1　〇〇市農業委員会が平成〇〇年〇月〇日付〇農発××号をもってなした「農業振興整備計画に係る農用地区域からの除外の申出については受付できない」との処分を取り消す。

2　訴訟費用は被告の負担とする。
との判決を求める。

（予備請求）
1　別紙物件目録記載の土地は、農業振興地域の整備に関する法律第8条に定める農業振興地域整備計画のうちの農用地区域に該当しないことを確認する。
2　訴訟費用は被告の負担とする。
との判決を求める。

請求の原因

1　（当事者及び本件土地の概況）
　原告は、別紙物件目録の土地（以下「本件土地」という。）の所有者である（甲1・登記簿謄本）。
　本件土地は、地目がそれぞれ「田」及び「畑」であり、地目上農地であるが、原告は既に営農を止めており、今後も本件土地において営農する意図はなく、現況は荒れ地である（甲2・写真撮影報告書）。
　本件農地近隣の土地利用関係は、甲3号証・公図（赤斜線部分が本件土地）、甲4号証・住宅地図（赤斜線部分が本件土地）のとおりであり、三方を駐車場用地に囲まれ、周囲の農地からは完全に孤立し、農地としての集団性は全く欠ける（甲2）。

2　（本件土地の区分）
　原告は、本件土地につき営農を継続する意向はなく、本件土地の有効利用の観点から本件土地を譲渡することを企図した。
　本件土地は農地であり、その譲渡及び農地以外への転用を行う為には農地法5条の許可（以下「5条許可」という。）が必要となる。
　農地法5条2項は、5条許可のいわゆる立地基準を定めている。その概要は、下記図表のとおりである（甲5号証・「農地法の一部を改正する法律の施行について」を図表化したもの）。

区　　分	営農条件、市街化の状況	許可の方針
農用地区域内農地	市町村が定める農業復興地域整備計画において長期にわたり農用地として確保していくとされた土地	不許可（ただし、農業復興地域の整備に関する法律10条3項の農用地利用計画において指定された用途に供する場合等には許可）
甲種農地	市街化調整区域内にある農地のうち土地改良事業等の対象となったもの（8年以内）等特に良好な営農条件を備えている農地	不許可（ただし、土地収用法26条の告示に係る事業の用に供する場合等には許可）
第1種農地	20ヘクタール以上の規模の一団地の農地、土地改良事業等の対象となった農地等良好な営農条件を備えている農地	不許可（ただし土地収用法対象事業の用に供する場合等には許可）
第2種農地	鉄道の駅が500メートル以内にある等市街化が見込まれる区域等にある農地又は農業公共投資の対象となっていない生産性の低い小集団の農地	周辺の他の土地に立地することができない場合等には許可
第3種農地	鉄道の駅が300メートル以内にある等市街地の区域又は市街地化の傾向が著しい区域にある農地	許可

　前記図表のとおり、農業振興地区域の整備に関する法律（以下「農振法」という。）第8条に定める農業振興地域整備計画のうちの農用地区域（以下「農用地」という。）内農地であれば、原則として5条許可は下りず（農地法5条2項1号イ）、5条許可下付の前提として、農振法13条2項に定める農用地区域の変更（以下「農振除外」という。）を受け、農用地からの除外（これによりいわゆる甲種農地、第1種農地、第2種農地、第3種農地のいずれかの立地基準が適用されることとなる）を経ておく必要がある。
　原告は、農業委員会に対し、本件土地の区分は、どの区分に当たるのか？ま

たその際の許可要件としていかなるものが必要か問い合わせたところ、「土地改良事業が終了してから8年が経過しておらず、甲種農地（農地法5条2項1号ロ、平成16年7月1日農林水産事務次官通知（以下「本件次官通知」という。）「農地法の一部を改正する法律の施行について」の第4(3)①イ）である。」との見解であった（甲6（注）・不受理通知）。

しかるに被告は、甲種農地であるとの見解を示しながら、農振除外が必要であるとの指導を原告に行った。

以上のとおり、本件土地の区分につき、被告の見解は矛盾しており、原告としても、本件土地が農用地であるのか甲種農地であるのか確定し得ない。

3　（本件農振除外申出）

前述のとおり、本件土地の区分が判然としないが、農振除外が必要であるとの被告の指導に従い、原告は、平成○○年○月○付で、被告に対し、本件土地を○○に利用するため譲渡することを目的として、本件土地を農用地区域から除外するいわゆる農業地区域整備計画の変更（農振法13条2項）の申出を行った（甲7・申出書）。

4　（本件処分）

被告は、本件申出に対し、「本件土地が、農振法13条2項4号、同法施行令8条並びに○○市農業振興地域整備計画の管理に関する運用指針第3の4号で定める「土地改良事業等の工事が完了した年度の翌年度から起算して8年を経過した土地であること」という農用地区域の除外の基準に適合しないため」との理由により、申出書を受付できないとの通知（以下「本件処分」という。）を行った（甲8・通知書）。

なお、本件処分後に原告は、本件土地につき○○県知事に対し、5条許可申請を行ったが、前述のとおり拒否処分（不受理通知）がなされた。当該拒否処分（不受理通知）において、○○市農業委員会は、本件土地を甲種農地（甲6）と認定しており、農用地であることを前提とする本件処分と矛盾する。この5条許可申請に対する拒否処分に関しては、現在、○○県に対し、行政不服審査法に基づく審査請求を行っている。

第9章　農地移転・権利設定・転用手続をめぐる許認可手続

5　（訴訟要件）
(1)　（主位請求―処分性）
　本件処分は、行政事件訴訟法3条2項に定める「行政庁の処分その他公権力の行使」に該当し、いわゆる処分性を有する。
　すなわち、本件処分は、一般的抽象的な計画の変更ではなく、個々の事例毎に、農振除外の申出という申請を受け、申請毎に農振法13条2項各号の要件に該当するかを行政庁が審査し、当該申請に対する応答という形で農用地区域の変更の可否＝申請の承認、不承認という行政庁の意思表示が行われるものである。そして、平成10年の農地法改正により、農地法4条ないし5条の許可要件としての営農条件の区分がなされ、農用地内の農地に関しては、農地法4条ないし5条の許可は、農振法10条3項の農用地利用計画において指定された用途に供する場合以外は下付されないことが明文化された。農用地区域の変更は、単なる「青写真」とは言えず、農用地区域内に土地を所有する一般私人に対して、自己の所有する土地を農地以外のものに転用しうるか否かという所有権に対する制約の程度を、すなわち、個別具体的な権利義務の変動を生ぜしめるものであって処分性を有するものである。
　また、「紛争の成熟性」に欠けるということもない。なるほど、確かに後に予想されうる5条申請に対する拒否処分に対する拒否処分取消訴訟等において、農用地区域の変更の違法性を争うことも考え得る。しかし、当該農地が農用地に該当する以上、農地法5条2項1号イの基準を充足しないとの理由で、5条許可が下付されないことはほぼ確実であり、その意味で無駄な申請を一般私人に強いるものである。5条許可による農地の転用を企図する者にとって、許可基準の前提である農用地に該当するか否かを争った方がより直接的であり、紛争解決に資する。
　適切な訴訟手続遂行の観点からしても、農用地区域の変更を直接争った方が合理的である。仮に5条許可拒否処分の中で農用地区域の変更の違法性を争うとすれば、形式的な被告は、5条の処分庁の帰属する主体たる国（農水大臣）ないし県知事（県）となるが（農地法5条）、農用地区域の変更は、市町村長の権限であり（農振法8条1項・2項1号）、被告として最も適切に訴訟行為をなし得るのは、当該市区町村である。訴訟参加の規定は存在するものの、形式的な被告と実質的な被告が乖離するという不合理な結果が招来されることとな

る。
(2)（予備請求―確認の利益）

仮に処分性が否定されたとしても、原告には、「公法上の法律関係に関する確認の訴え（行政事件訴訟法 4 条）」として、確認の利益を有する。

「公法上の法律関係に関する確認の訴え」は、平成16年の行政事件訴訟法の改正において明文化されたものだが、その立法者意思及び立法趣旨は、平成16年改正では処分性に関する改正を見送るかわりに、「確認の訴え」等により処分性を拡大するのと同じ効果をもたらそうとするものである（衆議院法務委員会平成16年 4 月27日実川幸夫法務副大臣答弁、山崎潮司法改革推進本部事務局長答弁等）。

斯様な平成16年改正の立法者意思及び立法趣旨からすれば、本件処分につき処分性を否定するのであれば、一般私人の救済の見地からも確認の利益は認めて然るべきである。

6 （違法性）

本件処分には、以下のとおりの違法性がある。
(1) 農振法10条 3 項違反

農振法は、農用地区域計画を定めるに当たりその要件として、以下の基準を定める。

　　農振法第10条
　「3 　市町村の定める農業振興地域整備計画のうち農用地利用計画は、当該農業振興地域内にある農用地等及び農用地等とすることが適切な土地であつて、次に掲げるものにつき、当該農業振興地域における農業生産の基盤の保全、整備及び開発の見地から必要な限度において農林水産省令で定める基準に従い区分する農業上の用途を指定して、定めるものでなければならない。
　一　集団的に存在する農用地で政令で定める規模以上のもの
　二　土地改良法（昭和二十四年法律第百九十五号）第 2 条第 2 項に規定する土地改良事業又はこれに準ずる事業で、農業用用排水施設の新設又は変更、区画整理、農用地の造成その他の農林水産省令で定めるも

のの施行に係る区域内にある土地
三　前2号に掲げる土地の保全又は利用上必要な施設の用に供される土地
四　第3条第4号に掲する土地で、政令で定める規模以上のもの又は第1号及び第2号に掲げる土地に隣接するもの
五　前各号に掲げるもののほか、果樹又は野菜の生産団地の形成その他の当該農業振興地域における地域の特性に即した農業の振興を図るためその他の農業上の利用を確保することが必要であると認められる土地」

同法同条3項1号の「政令で定める」として、同法施行令5条は、以下のとおり、「20ヘクタール以上の集団的農用地」と定める。

農振法施行令第5条
「法第10条第3項第1号の政令で定める規模は、20ヘクタールとする。」

そして、この20ヘクタール以上の集団的農用地の解釈として、「農業振興地域制度に関するガイドラインの制定についての第5、2、(3)、①」（甲9）は、以下のとおり定める。

「団地規模が20ヘクタール以上（執行令第5条）の農用地であり、道路、鉄道その他の施設、河川、がけその他の地形、地物等を境界とするが、農用地が連たんすることによる農作業の効率性等の面から優良農地として農用地区域とするものであることから、これらの地形、地物等の境界がある場合であっても通作等に支障が生じないものである場合には、一団の団地とすることが適当である。」

本件土地に関しては、甲3号証の公図、甲2号証の写真撮影報告書から明らかなとおり、その四方を非農地に囲まれ、上記のとおり、道路（甲3において、黄色斜線部分）を境界として区分けした場合、そもそも当該区域においては、国道×号線バイパスに近接し、既に宅地化が相当程度進行しており、「団地規模」とされる農地など存在しない。20ヘクタールとは、20万平方メートルに該

当するが（1ヘクタール＝1万平方メートル）、甲3の黄色道路部分で区分けされた土地に関して、全ての農地面積を合算しても20万平方メートルに到底及ばない。

また、後に述べる土地改良事業の結果、本件土地（294番－1）は完全な囲繞地となってしまった。294番－1を耕作するためには、他の土地に通行地役権の設定等を受けなければ立ち入ることすらできないものであり、「通作等に支障が生じない」どころか、現況に措いて通作など望むべくもない状態である。

以上のとおり、本件土地は、農振法10条3項に定める農用地区域として定めるべき土地には該当しないものである。

従って、被告は、本件処分の申請を契機とし、農振法第13条1項に基づき、農業振興地域整備計画を変更（本件土地を農用地区域から除外）すべき法令上の義務を有するにもかかわらず、この点を看過し、本件処分を行ったものであり、違法である。

(2) 農振法13条2項4号解釈違反等

本件処分においては、拒否処分の理由として、「農振法13条2項4号（中略）で定める「土地改良事業等の工事が完了した年度の翌年度から起算して8年を経過した土地であること」という農用地区域の除外の基準に適合しないため」としている（甲8）。

なるほど、本件土地については、××土地改良区による土地改良事業が行われ、その工事完了日は平成13年12月10日とのことであるから、形式的には「8年を経過」していない。

しかし、農振法13条2項4号は、以下のとおり「農振法10条3項2号」に掲げる土地で、「政令で定める基準」に適合していることを要件として定める。

　　農振法第13条
　「2　前項の規定による農業振興地域整備計画の変更のうち、農用地等以外の用途に供することを目的として農用地区域内の土地を農用地区域から除外するために行う農用地区域の変更は、次に掲げる要件のすべてを満たす場合に限り、することができる。
　　　四　当該変更に係る土地が第10条第3項第2号に掲げる土地に該当する場合にあつては、当該土地が、農業に関する公共投資により得られる効用の確保を図る観点から政令で定める基準に適合しているこ

と。」

　上記政令で定める基準とは、農振法施行令8条であり、以下のとおり、確かに8年の経過を定める。

　　　農振法施行令第8条
　　　「法第13条第2項第4号の政令で定める基準は、当該変更に係る土地が法第10条第3項第2号に規定する事業の工事が完了した年度の翌年度から起算して8年を経過した土地であることとする。」

　そして、農振法第10条第3項第2号に掲げる土地とは、
「土地改良法（昭和二十四年法律第百九十五号）第2条第2項に規定する土地改良事業又はこれに準ずる事業で、農業用用排水施設の新設又は変更、区画整理、農用地の造成その他の農林水産省令で定めるものの施行に係る区域内にある土地」
であるとされる。
　同条に規定する農水産省令として、農振法施行規則4条の3、第1項及びイは、以下のとおり農振法10条3項2号に定める事業として、「農業の生産性を向上することを直接の目的としないものを除く」としている。
　すなわち、農振法の趣旨として、農用地からの除外を行うか否かの要件（農振法13条2項4号）としては、形式的に土地改良事業が行われたか否かの観点のみから審査するのではなく、当該土地改良事業が当該農用地につき、「農業の生産性を向上することを直接の目的とするか否か」という実質的観点からも審査しなければならないものである。

　　　農振法施行規則第4条の3
　　　「法第10条第3項第2号の農林水産省令で定める事業は、次に掲げる要件を満たしているものとする。
　　　一　次のいずれかに該当する事業（主として農用地の災害を防止することを目的とするものその他の農業の生産性を向上することを直接の目的としないものを除く。）であること。

イ　農業用用排水施設の新設又は変更（当該事業の施行により農業の生産性の向上が相当程度図られると見込まれない土地にあつては、当該事業を除く。）
　　ロ　区画整理
　　ハ　農用地の造成（昭和三十五年以前の年度にその工事に着手した開墾建設工事を除く。）
　　ニ　埋立て又は干拓
　　ホ　客土、暗きょ用水その他の法第3条第1号及び第2号に掲げる土地の改良又は保全のため必要な事業

　本件土地改良事業に関しては、原告は現在調査中であり、訴訟の進行に応じ、さらに主張立証を行っていくが、本件土地改良事業としては、「農業用用排水施設の新設又は変更」（同施行規則4条の3、第1項、イ）が行われている。甲3号証の青色部分（313－1）は、土地改良事業前は、道路であったが、用悪水路（排水路）に変更されたものである。この悪水路は、まさに「排水路」としての機能しか有せず、用水路としての機能を有しない。用水に関しては、別途ポンプで水をくみ上げ、各農地に給水しているとのことであり、この用悪水路（水色部分）が新設されたことによっても本件土地の農業の生産性が向上することはない。むしろ、この用悪水路は、土地改良事業前は道路（すみ切りがされている）だったものであり、既述した、本件土地の内の294－1の1は、この元道路に接道していたものであって、農作業の効率の観点からは、2方向に接道していた方が効率がよく、農業の生産性の向上に資するものである。

　本件土地は、「農業用用排水施設の新設又は変更の事業の実施に際して、その対象とする農用地以外の農用地で、対象とする農用地と同一の用排水系統に属するものの現況用水量の確保ないし現況排水処理の確保のため、不可避的に一体として当該事業の受益地となる農用地（いわゆる不可避受益地）農業振興地域制度に関するガイドラインの制定について、第5、2、(3)、④」（甲9）」である。

　従って、農振法10条3項2号に掲げる土地に該当せず、同法13条2項4号の適用はない。

　それにもかかわらず、被告は、同法13条2項4号の適用があると解釈を誤り、

適用すべきでない法令を本件処分に適用し、本件拒否処分を行ったものであり、違法である。

7　（まとめ）
　よって、原告は、請求の趣旨記載の判決を求めるものである。

証拠方法

1　甲1　不動産登記簿謄本
2　甲2　写真撮影報告書
3　甲3　公図
4　甲4　住宅地図
5　甲5　農地法の一部を改正する法律の施行について
6　甲6　不受理通知
7　甲7　申出書
8　甲8　通知書
9　甲9　農業振興地域制度に関するガイドラインの制定について

付属書類

1　甲号証写し　各1通
2　訴訟委任状　　1通

以上

(注)　甲6は、後で述べる農振除外申出の拒否処分後に原告らが行った5条許可申請に対する拒否処分通知であるが、引き続き本件農地は、「農地法施行令第1条の12第1項第2号及び平成16年7月1日農林水産事務次官通知（以下、「本件次官通知」という）「農地法の一部を改正する法律の施行について」の第4(3)①イに定める「特定土地改良事業等の工事完了した年度の翌年度から起算して8年を経過した以外のもの」すなわち、甲種農地との見解が示されている」。

4 許可申請書を提出したにもかかわらず、受理しないとして返戻された場合の紛争例

(1) 概　要

　適式な申請を行ったにもかかわらず、「書類に不備がある」等の理由により、「受理しない」、「申請書を持ち帰ってくれ」との窓口対応が行われることが実務上よくみられる。

　行政手続法7条は、「行政庁は、申請がその事務所に到達したときは遅滞なく当該申請の審査を開始しなければならず（中略）形式上の要件に適合しない申請については、速やかに（中略）補正を求め、又は当該申請により求められた許認可等を拒否しなければならない」と規定し、行政庁に申請に対する応諾義務を課している。

　すなわち、そもそも「受理する」、「受理しない」という問題は、申請に関しては存在しない（室井主税ほか編著『コンメンタール行政法Ⅰ〔第2版〕』109頁以下）。申請を受けた行政庁は、必ず「受理」し、補正を求めるか、直ちに審査を行わなければならない。行政庁が「受理しない」場合、それは違法な行為であり、国賠法の損害賠償義務の対象となる。[36]

　しかし、ここでの問題は、申請をさせないことにより、処分しないこと、処分が存在しないことにある。拒否処分であれ、処分があれば、抗告訴訟等により、その違法性を争い、究極の目標である許可を取得する途が開かれるが、処分が存在しないのであるから、許認可の実体的紛争（拒否処分の違法性確認）による解決の途が閉ざされる。この点がまさに問題である。したがって、この場合における戦略としては、行政庁に拒否処分であれ、なにがしかの処分をさせることに帰結する。

　申請が行政庁の事務所に到達したにもかかわらず受理しないとして返戻する行為は、行政庁が、法令に基づく申請に対し、相当期間内（行手6条に定

---

[36] 仙台地判平成10・1・27判時1676号43頁。

める標準処理期間の経過が1つの目安となる）に何らかの処分等をすべきであるにもかかわらず、これをしない場合（行訴3条5項、同法37条の3第1項2号、行審2条2項）に該当し、いわゆる行政の不作為にあたる。

したがって、この場合の争訟オプションとして、最も効果的であるのは、2号義務付け訴訟である。要は、裁判所に許可を求めることである。しかし、権力分立の制度の下、司法機関である裁判所に行政と同等の専門的技術的判断能力はなく（任務が全く異なる）、まして、不作為という全く白紙の状況で（裁判所は、許可要件を満たすか、政策的見地から許可が相当かどうかを1から判断せねばならず、かつ、原告にはそのための立証を要求される）裁判所に許可の義務付けを認めさせることは至難の業であり実効性に乏しいといわねばならない。

次善の策ではあるが、不作為に対する不服申立て、不作為違法確認の訴えおよび国賠法に基づく損害賠償請求等により、間接的にプレッシャーを与え、行政庁に処分させ、当該処分につき実質審理を求めるという二段構えの戦略を用いるのが賢明である。

以下、申請の類型に応じ、法的問題点と争訟オプションにつき解説する。

　　(2)　**申請類型**

本章で取り扱う農地法関係の許認可（3条、4条および5条許可）のうち、3条許可に関しては、原則として農業委員会が許可権者であり、同委員会に直接申請書を提出し、申請することとなる（ケース1：直接申請型）。

一方、4条および5条許可は、原則として都道府県知事が許可権者であるが、農地法施行令7条1項、15条1項により、農業委員会を経由して申請することが定められており、申請書は、農業委員会に提出し、農業委員会が都道府県知事に当該申請書を進達することとなる（ケース2：第三機関経由型）。

　　(3)　**ケース1：直接申請型**

　　　(ア)　**法的問題点**

特段大きな法的問題点はないが、行政不作為に関連する争訟においては、既述したとおり、「相当の期間の経過」が要件となり、どの程度の期間を経

過すれば「相当期間が経過した」といえるのかが一応問題となる。行政手続法施行前の判例では、「その処分をなすに通常必要とする期間を基準として判断し、通常の所要時間を経過した場合には原則として被告の不作為は違法となり」（最判昭和39・11・4行裁集15巻11号2168頁）と判示している。行政手続法施行後は、同法6条で標準処理期間を定めるよう努力義務が課せられており、標準処理期間が定められている場合（当該行政のホームページ等で公開されている）、標準処理期間を経過したことが1つの目安となろう。

ただし、申請書の不受理、返戻の場合にもこれと同視してよいかはまた別個の問題となる。現実的に行政庁は申請書を所持していない（審査していない）のであるから、どれだけの期間待とうが、何らかの処分がなされることは論理的にはあり得ないからである。下級審ではあるが、「行政庁が将来いかなる時期に処分をするのかが全く不確定・不明であり、かつ当該処分に至るまでの期間が相当期間を経過することが確実であり、しかも以上の状態が解消される見込みがない場合」（熊本地判昭和51・12・15判時835号3頁）には行政庁の不作為は違法になると判示するものもあり、不受理、返戻の場合、上記判旨に合致する。したがって、不受理あるいは返戻された時点で、直ちに各種争訟を起こすことも検討してよい。万全を期すのであれば、一応標準処理期間の経過を待ったほうがよいであろう。

(イ) **不服申立制度**

不作為違法確認の訴えおよび2号義務付けの訴えに関しては、審査請求前置主義の適用はなく（行訴法8条1項は、「処分取消しの訴え」のみ審査請求前置主義を定めている）、不服申立てを行ってから訴訟を提起することも、直ちに訴訟を提起することもいずれも自由である。

一般的に、不服申立ては行政の自己審査の面があることから実効性に期待がもてず、訴訟手段を利用したほうが結果的に早期に権利救済が図れる場合が多い。しかし、不作為の場合、審査請求は検討されてよい（異議申立ては、自分で自分が怠慢であったことを認めろというに等しく、実効性がほとんど期待できない）。

不作為の場合の戦略意図としては、何らかの処分をさせることに主眼があるところ、審査請求を受けた上級庁は、処分庁に対し、「何らかの処分をしなさい」という形で指揮監督がしやすく（処分庁の判断に異議を差し挟むのではなく、単に審査を進めなさいというだけであるから、処分庁の面子を潰すおそれが少ない）、裁決に至らずとも、これにより一定の実効性が期待できる。

不作為についての不服申立てに関しては、審査請求中心主義の適用はなく、異議申立てを行うか、審査請求を行うか、自由に選択できる。

不服申立てのオプションとしては、〈表21〉のとおり。

〈表21〉 不服申立てオプション（不受理・返戻の場合）

処分庁	転用面積	事務区分	異議申立て	審査請求	再審査請求
農林水産大臣	4haを超える		○	×	×
都道府県知事	2haを超えて4ha以下	1号法定受託事務	○	○ 農水大臣	×
	2ha以下	自治事務	○	×	×
市町村長	分権条例による	委譲を受けた事務による	○	○ 都道府県知事	○ 農水大臣

(ｳ) 抗告訴訟

不作為違法確認の訴えおよび2号義務付けの訴えがオプションとして考えられるが、既述のとおり、義務付けの訴えは実効性を期しがたい。

不作為違法確認の訴えの審理における争点は、本章で前提としている事案においては（農転許可という法令に基づく申請が行政庁の事務所に到達しているという前提）、相当期間が経過したか否かのみが争点であり、極論すれば、十分な時間を待って提訴すれば、ほとんど立証の要なく（相当期間の経過は顕著な事実であり、申請が行政庁の事務所に到達したことおよびその年月日のみの立証で足りよう）、短期に相当の確率で勝訴判決が得られる。

申請書の返戻行為を拒否処分ととらえて、処分取消しの訴えを提起するオプションも考えられる。しかし、このオプションによる場合、争点として処分性を認定させることに多大な時間と労力を要することになるうえ、勝訴判決を得たとしても、申請はされたが、拒否処分がされていないという状態に戻るだけであり、費用対効果の観点からは、不作為違法確認の訴えのほうがすぐれている。

　　(エ)　国賠訴訟

　不作為違法確認訴訟により勝訴判決を得れば、当該行政庁としても何らかの処分を行うと考えられるが、それでも不作為を続ける場合、さらなるプレッシャーとして、国賠訴訟による損害賠償請求を提起することが考えられる。

　この場合、不作為を違法と確認する判決が出ているため、違法性および有責性の立証は極めて容易である。損害額および因果関係の立証は通常困難であり、低額の慰謝料程度と考えておく必要がある。

(4)　ケース2：第三機関経由型

　　(ア)　法的問題点

　農転許可の申請の場合、原則として農業委員会を経由し都道府県知事に申請することとなる。申請書の提出を受けた農業委員会は、申請書が到達した日の翌日から40日以内に申請書に意見書を添えて都道府県知事に送付しなければならず（農地法施行令15条2項、7条2項、3条2項、農地法施行規則12条）、この期間内に農業委員会が都道府県知事に申請書等を送付しない場合、申請者は都道府県知事に直接申請することができるようになる（農地法施行令3条3項）。

　図示すれば〔図12〕のとおりである。

　では、経由機関である農業委員会が申請書を「受理しない」との扱いをし、あるいは、申請書を返戻した場合はどうなるであろうか。

　ケース1と同様、「不作為」が存在することは間違いないが、誰に不作為

---

[37]　受理拒絶行為に処分性を認めた判例として鳥取地判平成11・2・9判自190号42頁。

〔図12〕 農転許可の申請の構造

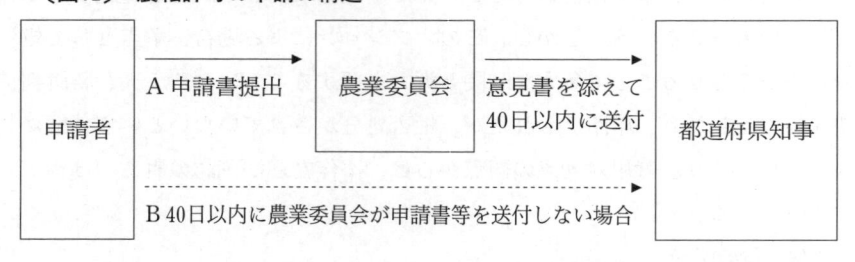

```
                A 申請書提出          意見書を添えて
 申請者  ─────────→  農業委員会  ──────────→  都道府県知事
                                  40日以内に送付
        ─ ─ ─ ─ ─ ─ ─ ─ ─ ─ ─ ─ ─ ─ ─ ─ ─ ─ ─ ─ ─ ─ ─ ─ ─ ─ ─ ─ ─→
                B 40日以内に農業委員会が申請書等を送付しない場合
```

があるのかという点は問題である。現実には、「不作為」を行っているのは農業委員会である。しかし農業委員会は、単なる経由機関にすぎず、農転許可の許可権者ではない。行訴法3条5項の「行政庁」には該当せず、農業委員会を被告とする不作為違法確認の訴えは、被告適格を欠くとして却下される（名古屋高金沢支判平成元・1・23行裁集40巻1-2号15頁）。

では、都道府県知事に不作為違法確認の訴えの被告適格を認めることができるか。

① 都道府県知事の下には申請書が到達しておらず、事実問題としては、都道府県知事に「不作為」が認められないこと
② 農地法施行規則3条3項により、農業委員会に申請書が到達した日の翌日から40日以内に都道府県知事に申請書等を送付しない場合、直接申請が可能となり、権利救済に欠けることがないこと、

以上の2点から、一考を要する。

(イ) 許可権者に対する不作為違法確認の訴え（被告適格）

前述したとおり、許可権者を被告とする不作為違法確認の訴えを認めなければ、すなわち、被告適格を認めなければ、行政不作為を争う救済手段を欠くこととなる（損害賠償請求という金銭賠償の余地はあるが）。確かに、前記②のとおり、農業委員会が40日以内に申請書を送付しなければ、都道府県知事への直接申請は可能であり、申請目的は達成できる。しかし、このことにより、当初の申請行為の効力が覆滅されるわけではない（法令上そのような規定は存在しない）。理論上、当初の申請行為（〔図12〕のAの申請）と2回目の

申請行為（都道府県知事に対する直接申請行為、〔図12〕のBの申請）が並立している状態となる。2回目の申請行為により、当初の申請書返戻行為の違法性が治癒されるわけではなく、不作為という違法状態は存続されたままである。したがって、都道府県知事に対する直接申請を認める規定が存在することを理由に、被告適格を否定することはできない。

　前記①の点に関して、確かに国家行政組織法上、農業委員会と都道府県知事は、全く別個、独立した行政機関であり、農業委員会は、都道府県知事の下位機関ないし補助機関[38]ではない。原理的に、直ちに農業委員会と都道府県知事を同視し、農業委員会の不作為を都道府県知事の不作為と同視することは不可能である。

　しかし、農転許可のように、法令上、第三機関を経由して申請すべきことが義務づけられ、当該第三機関に許可権者に対する進達義務（送付義務）が義務づけられている場合、第三機関に申請の審査権はなく（独自に申請を判断する余地がなく）、機械的に申請書を権限者に送付する、いわば許可権者の手足としての機能しか有さない。したがって、農転許可申請に限定すれば、農業委員会は、都道府県知事の補助機関としての地位しか有さず、その不作為は、実質的に都道府県知事の不作為と同視できる。

　以上の理由により、都道府県知事に被告適格は認められる。

　東京高判平成20・3・26最高裁ホームページ（平成19（行コ）360号）は、同旨の理由により、都道府県知事の被告適格を認め、不作為が違法であることを確認している。

　　(ｳ)　**争訟オプション**

　第三機関経由型申請の申請不受理に対する争訟オプションとして以下のものが考えられる。

　①　農業委員会へ申請書が到達してから、40日経過後に直接都道府県知事に再度の申請を行い、この申請に対する拒否処分につき処分取消しの訴

---

[38] 行政庁等の職務を補助するため日常業務を行う機関。次官、局長、部長、課長、一般職員等のことである。

え等を提起する。
② 再度の申請を行わず、都道府県知事を被告とし、不作為違法確認の訴えを提起する。あるいは、都道府県知事に対し、不作為に対する異議申立てを行うことも有効な場合があろう。
③ ①と②を双方行う。

単に申請を「通す」という見地からは、①のオプションで足りよう。しかし、第三機関経由型の申請において、第三機関による申請の握りつぶしという問題が散見される現状において、違法・不当な行政の行為を改善し、行政手続の適法性を確保し、ひいては法律による行政の原理を無に帰せしめないためにも本章の立場からは、③のオプションを推奨したい。

(野村　創)

第10章 道路交通法違反（免許停止処分・更新処分取消訴訟）をめぐる紛争解決

第10章　道路交通法違反（免許停止処分・更新処分取消訴訟）をめぐる紛争解決

I　問題の所在

1　追尾測定事件の司法救済と問題点の要旨

(1)　非科学的測定とえん罪

覆面パトカーの追尾によるスピード違反摘発は、パトカーのスピード表示を被疑車両のスピードとするもので、問題がある。たとえば、運転者が時速80km/hと90km/hの違いを体感のみで認識するのは、困難である。しかし、警察官の目視や体感が正確なものとして、被疑車両の速度を認定することは、科学性や客観性を欠くものであるから、追尾スピード違反の摘発現場は、警察官と被疑者間で、違反事実の認定について論争となることが多い。

(2)　違反事実の認定は、刑事審判事項

違反事実の認定は、刑事審判事項であるが、不起訴処分があった場合、後続する免許停止処分と免許更新処分や優良運転者の地位喪失を争う行政訴訟において、刑事手続以上の証拠はないから、行政責任も不問とするべきである。

(3)　不利益処分に対する証拠裁判主義と「疑わしきは罰せず」の原則

追尾測定事件では、違反事実の客観的証拠がないというべきである。下記事例⑩-1である東京地裁平成21年（行ウ）403号事件における中央自動車道の小仏トンネルは、渋滞の著名場所であり、摘発はゴールデンウィークの初日祭日で、下り線が混雑する時間帯であった。スピード測定には、少なくとも500m以上の追尾が必要であるが、同日同時刻の小仏トンネル内は、500m以上の区間測定は不可能であった。パトカーのスピードを被疑者のスピードとして押し付けたえん罪といえよう。

刑事事件としてすでに不起訴とされた本件について、検察官収集証拠を超える証拠を有しない行政事件担当裁判所が違反事実を認定することは、違法である。

スピード違反事件は事実認定について、裁量の余地はない。したがって、不起訴処分（起訴猶予）は、無罪として扱うべきであり、後続する行政手続違反事実を認定することは、不起訴処分の趣旨を無視することで、国家行為の矛盾である。刑事事件における検察官の判断を優先するのが証拠裁判主義である。免許停止処分（以下、「免停」という）等の不利益処分の事実認定については、厳格な証拠裁判主義が行われるべきである。

《事例⑩-1》

東京都に居住するAは右肢に障害があり、モスグリーンの自動車を足替りとし、長年優良運転者の免許を保有する者であった。Aは、平成16年4月29日昼過ぎ、最高速度が80km/hとされている中央高速道路小仏トンネル内にてパトカーの追尾により50km/h以上のスピード違反行為があったものとして検挙された。小仏トンネルは渋滞で有名なところであり、しかも、同日は祭日で交通量も多く、スピードを出せる状況ではなかったので、Aは違反事実を否認した。その際、高速隊巡査Bは、供述調書と速度測定記録書を作成し、「サインしなければ逮捕する」「サインしなければ免許証を返さない」などと脅して、供述調書と速度測定記録書に署名することを強要したので、Aはやむなく書面にサインした。その後、道路交通法違反刑事事件が立件され、Aは検察庁から呼び出しを受けた。しかし、Aは、担当検察官Cに対し違反事実がないことを説明したところ、不起訴となった。その後、Aは、平成21年2月16日、東京都警視総監Yから、同日から90日の免停処分を受け、免許証は東京都公安委員会により更新されたが、「優良運転者」ではなく「違反運転者」としての免許証であった。通常、パトカーは300m以上追尾し、40m後方に定着進行した後に、測定区間200mを設定して測定を行うものとされている。

警視総監 → 免停処分

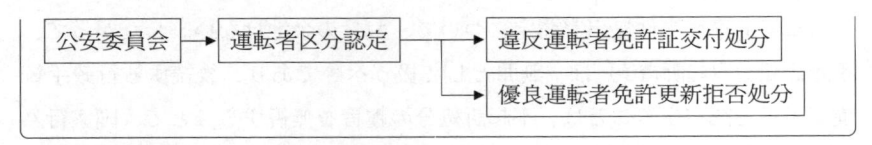

〔図13〕 違反行為と各処分

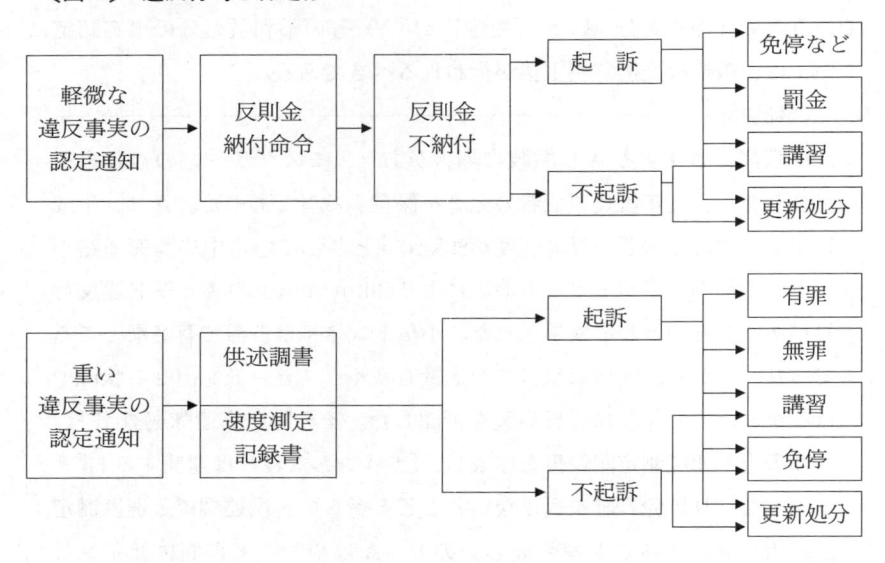

2　検討事項

事例⑩-1で検討されるべき事項としては、下記が考えられる。

① 不起訴処分は行政処分か。刑事事件における違反事実の認定と行政事件における違反事実の認定の関係如何
② 免停期間経過後、免停処分の取消訴訟の提起は可能か
③ 優良運転者の地位回復を求める場合、どのような訴訟を提起すればよいか
④ 旧免許証交付処分と新免許交付処分の関係如何
⑤ 抗告訴訟と国賠訴訟の提起要件
⑥ 被告と処分庁の表示はどうすればよいか

⑦ 新免許交付処分の全部取消しを求めるべきか。そのうち「違反運転者と認定した部分」を切り出し、その部分の取消しだけを求めるべきか

3 関係法令・参考判例

事例⑩-1における関係法令としては、道路交通法103条1項5項（免許停止処分）、22条1項（速度違反）、同法施行令38条5項2号イ（免停処分の要件）、別表第2および別表第3（点数表示）、道路交通法92条の2第1項（免許証の有効期間）、備考1の2（優良運転者）、備考1の3（一般運転者）、備考1の4（違反運転者）、同法施行令33条の7第1項（優良運転者）・2項（違反運転者）、さらに、道路交通法101条1項（免許更新要件）である。

また、参考判例として、最判平成21・2・27民集63巻2号299頁〔川崎道交法違反事件〕、最判昭和57・7・15民集36巻6号1169頁、横浜地判平成21・11・28判例集未登載（本人訴訟で原告勝訴）があげられる。

〔図14〕 違反行為の責任

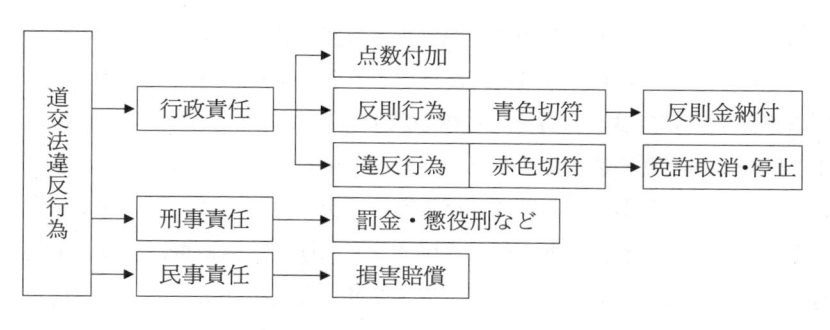

```
                    ┌→ 点数付加
道          ┌→ 行政責任 ┼→ 反則行為 → 青色切符 → 反則金納付
交          │          └→ 違反行為 → 赤色切符 → 免許取消・停止
法 違反行為 ┼→ 刑事責任 → 罰金・懲役刑など
           └→ 民事責任 → 損害賠償
```

〔図15〕 運転者の分類

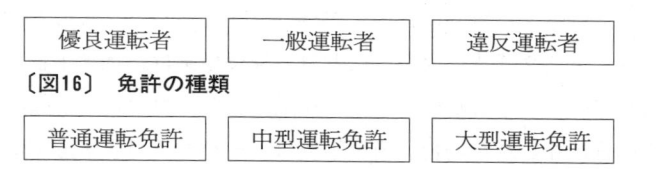

| 優良運転者 | 一般運転者 | 違反運転者 |

〔図16〕 免許の種類

| 普通運転免許 | 中型運転免許 | 大型運転免許 |

第10章 道路交通法違反（免許停止処分・更新処分取消訴訟）をめぐる紛争解決

II 法的問題点

1 刑事事件における違反事実の認定と行政事件における違反事実の認定

(1) 不起訴処分の行政処分性と検察官の覊束行為性

　行政処分とは、判例によれば公権力の主体たる国または公共団体が行う行為のうち、その行為によって、直接国民の権利義務を形成しまたはその範囲を確定することが法律上認められているものとされている（最判昭和39・10・29民集18巻8号1823頁）。

　以上の定義によれば、検察官が公権力を行使して行う不起訴処分（起訴処分）は、特定個人の権利義務を形成すると考えられるため形式的には行政処分といえるようにもみえる。

　しかし、行政手続法3条1項5号および行政不服審査法4条1項6号において刑事事件について検察官が行う処分が適用除外となっていることからすると、不起訴処分と行政処分は性質が異なるものであると考えられる。

　刑事事件については、公訴提起は検察官の専権とされ（刑訴247条）、起訴するか否かも検察官の裁量に任されている（起訴便宜主義。同法248条）。

　したがって、刑事事件における違反事実の認定については、形式的に法令違反事実が存在しても、それが軽微な場合などは検察官の裁量によって不起訴処分とされることがある。しかし、道路交通法違反事件において、違反事実が立証される限り必ず起訴されており、そこには裁量の余地はない。

　不起訴処分となった場合、実質的には違反事実は存在しなかったものと同視できることとなる。道路交通法違反事件における違反事実は、刑事手続における刑事審判事項である（最判昭和57・7・15民集36巻6号1169頁）。不起訴とされたが、行政処分がなされた場合、違反事実は、後続する行政処分である免許停止処分や免許更新処分の取消訴訟（行政訴訟）で争うことができる。

「行政処分」とは、行政庁の法令に基づく行為のすべてを意味するものではなく、公権力の主体たる国または公共団体が行う行為のうち、その行為によって、直接国民の権利義務を形成しまたはその範囲を確定することが法律上認められているものである（前掲最判昭39・10・29）。しかし、行政手続法3条1項5号、行政不服審査法4条1項6号によって、検察官がする処分および行政指導を当該法令の適用除外にしており、検察官のする処分は行政処分にあたらない。本件では、検察官のなした不起訴処分は行政訴訟の対象とはならない。

(2) 刑事審判事項

次に、刑事事件における違反事実の認定と行政事件における違反事実の認定の関係が問題となる。

刑事事件の場合、違反事実があったと認められるとしても、その違反が軽微なもので訴追を必要としないときは、検察官の裁量により起訴しなくてもよい（刑訴248条）として、検察官の裁量によって訴追を決められるとされている。しかし、1つの違反行為が、刑事責任、行政責任、民事責任の発生原因となる場合、刑事訴訟、行政訴訟、民事訴訟のいずれの手続においても、国民は裁判を受ける権利を有しており、争いうる。違反事実は、行政訴訟で争いうるのだから、先行不起訴処分は、上記行政手続法や行政不服審査法の各条項によって、適用除外されているから、行政処分ではないと解釈することもできる。最判昭和57・7・15民集36巻6号1169頁は、反則行為について反則金を納付しないときは、行政訴訟で争うのではなく、刑事訴訟で争うべきとする。

かかる最高裁判決の趣旨からすると、検察官の手持ち証拠以上の証拠を有しない行政事件担当裁判官が不起訴事件について、免停処分の適法性を認定する証拠がないというべきであろう。

2　免停期間経過後、免停処分の取消訴訟の提起は可能か

最判昭和55・11・25民集34巻6号781頁は、免停期間経過後、免停処分取

消しにより回復すべき法律上の利益がないため取消訴訟の提起はできないとする。

同判決は、免許停止処分が記載された免許証を所持することにより当該被処分者の名誉や信用といった人格的利益が害される可能性があるかという点につき、免停処分による不利益は、事実上の効果にすぎないものであるから、回復すべき法律上の利益を有することの根拠とするのは相当でないと判示している。

Aは、平成21年2月16日、東京都警視総監Yから道路交通法22条1項（速度違反）に基づき、道路交通法施行令38条5項2号イの免許処分の要件を満たし、道路交通法103条1項5項（免許停止処分）により同日から90日間の免停処分を受け90日間、自動車を運転できないという損害を受けた。上記最高裁判例によれば、すでに90日を経過して新免許証が交付され、自動車の運転ができる状況になった現在のAには、回復する法律上の利益を有しないこと（行訴9条1項）から、Aは取消訴訟の原告適格を有していないので、免停処分に対する取消訴訟を提起することはできないことにあろう。

しかし、免停期間経過後であっても違反運転者とされ、更新期間が短縮されたり、更新料が優良運転者と比べて高いなどの不利益は残存しており、免停処分を取り消すべき法律上の利益があるといえよう。前歴として影響する期間内は、取消しの利益は失われない。

3 優良運転者の地位回復（処分の同一性の範囲──その1）

運転免許は運転者区分があるが、免許処分や更新処分を1つの行政処分であると考えれば、交付された免許証のうち違反運転者とした部分を取り消す旨の取消訴訟（行訴3条2項）を併合提起することとなる。

「優良運転者である旨が記載されていない免許証」が交付されたことにより被処分者が受ける不利益は、人格的利益のみであると考えれば、上記2の前掲最判昭和55・11・25の基準からすると訴えの利益を欠くようにみえる。

しかし、道路交通法は、優良運転者の実績を賞揚し、優良な運転へと免許

証保有者を誘導して交通事故の防止を図る目的で優良運転者であることを免許証に記載して公に明らかにするとともに、優良運転者に対し更新手続上の優遇措置を講じているのである。このことに、優良運転者の制度の沿革等をあわせて考慮すれば、同法は、客観的に優良運転者の要件を満たす者に対しては優良運転者である旨の記載のある免許証を交付して更新処分を行うということを、単なる事実上の措置にとどめず、その者の法律上の地位として保障するとの立法政策を、交通事故の防止を図るという制度を全うするため、特に採用したものと解するのが相当である（最判平成21・2・27民集63巻2号299頁）。

そして、優良運転者である旨の記載は、法律により、運転免許証の必要的記載事項として、所定の要件に従って行われるものであって、その保持者について、運転免許証の提示により、一定の道路交通関係法規の違反が認められない者であることを即時かつ簡便に公証する機能を有するものであり、また、これにより自動車運転に関する社会生活上のさまざまな場面で有利な取扱いを受ける実際上の効果が生じることを期待しているものと思われるのであって、これらの点を考慮すると、その記載を受けることについて法的な利益が認められる。

したがって、客観的に優良運転者の要件を満たす者であれば、優良運転者である旨の記載のある免許証を交付して行う更新処分を受ける法律上の地位を有することが肯定される。違反運転者として扱われ、優良運転者の記載のない免許証を交付されて免許証の更新処分を受けた者は、上記の法律上の地位を否定されたことを理由として、これを回復するため、同更新処分の取消しを求める訴えの利益を有するというべきである。

本件でAは摘発現場において、「違反事実がない」と主張しており、巡査Bの脅迫という違法な手段がなければ「優良運転者」として新免許の交付を受けたものと考えられるから、よってAには訴えの利益が認められる。

東京都公安委員会は、道路交通法22条1項（速度違反）の違反行為があったとして、90日間の免停処分（道交103条1項5項）経過後に、Aに道路交通

法101条1項（免許更新要件）に基づき新免許証を交付したが、その新免許証は「優良運転者」の記載はなく、「違反運転者」（同法施行令33条の7第1項・2項）として更新処分（以下、「本件更新処分」という）がなされた。

Aは、スピード違反行為について、不起訴処分になったことから、違反行為はないので、Aは優良運転者にあたるとして、本件更新処分中のAを「違反運転者」とする部分の取消訴訟（行訴8条1項）を提起することができる。またあわせて「優良運転者」と記載のある運転免許証の交付処分を求める義務付け訴訟（同法3条6項2号）を提起することもできよう。最判平成21・2・27民集63巻2号299頁は、優良運転者でないとした部分ではなく、更新処分全体の取消しを求める訴えの利益を有すると判断したようにみえる。

Aは、義務付け訴訟によって、優良運転者と記載のある運転免許証の交付処分を求めることができると考えられる。

道路交通法101条により免許証の更新を求める場合、申請書の提出が必要とされているため、申請満足型義務付け訴訟（行訴3条6項2号、37条の3第1項2号）を提起することができる。その場合、行政事件訴訟法37条の3第3項2号により取消訴訟を併合提起することが必要である。

4 更新処分か更新交付処分か（処分の同一性の範囲——その2）

免許証の更新処分は、免許証を有する者の申請に応じて、免許証の有効期間を更新することにより、免許の効力を時間的に延長し、適法に自動車等の運転をすることのできる地位をその名あて人に継続して保有させる効果を生じさせるものである（前掲最判平成21・2・27）。

したがって、旧免許証交付処分と新免許証交付処分は一体性が強く認められるというべきである。

免許証の更新処分は、免許証を有する者の申請に応じて、免許証の有効期間を更新することにより、免許の効力を時間的に延長し、適法に自動車等の運転をすることのできる地位をその名あて人に継続して保有させる効果を生

じさせるものであるから、旧免許証と新免許証の間には一体性が強いといえる。事例⑩-1においては免許のうち、「違反運転者とした部分」の取消しを求め、かつ、「優良運転者の記載のある免許証の交付（処分）」の義務付けを求めることになろう。運転免許の期間や優良運転者資格は、免許の内容の一部と思われる。

　免許は免許証を交付して行われることになっており、新免許は「免許の更新処分」としてなされるのではなく、「新免許証の交付処分」としてなされている。

　優良運転者免許証交付処分と違反運転者免許証交付処分とは、行政処分として全く別と考えることもできる（前掲最判平成21・2・27はこの考え方を前提としている）。

　運転者区分に応じて免許証の種類が異なるのであるから、優良運転者免許証交付処分と違反運転者免許証交付処分とは処分の同一性がないという考え方もありうる。前者は期間5年であり、後者は期間3年でもあり、前者には3つの優遇措置（更新場所、手数料額、更新時講習時間）があることも参照されるべきであろう。

5　最判平成21・2・27とその下級審判決

(1)　1審判決（横浜地判平成17・12・21民集63巻2号326頁）

　一般運転者とする部分の取消しを求める訴えについて、運転者区分の認定は行政処分にあたらないとした（行政処分否定説）。

(2)　控訴審判決（東京高判平成18・6・28民集63巻2号351頁）

　優良運転者の優遇的措置は、一般運転者と異なる法的地位であるから、一般運転者免許証の更新にとどまった場合、これは一部拒否処分がされたこととなり、処分性を是認できるとした（一部拒否処分説）。

(3)　上告審判決（前掲最判平成21・2・27）

　客観的に優良運転者の要件を満たす者であれば、「優良運転者である旨の記載のある免許証を交付して行う更新処分を受ける法律上の地位」を有する

ことが肯定される以上、一般運転者として扱われ、上記記載のない免許証を交付されて免許証の更新処分を受けた者は、上記の法律上の地位を否定されたことを理由として、これを回復するため、同更新処分の取消しを求める訴えの利益を有する（全部拒否処分説）。

6 違反事実の認定

　違反事実の認定については、刑事手続における認定が優先されるべきであるが、不起訴処分について不満があれば、Aは検察審査会へ申立てし、起訴させて、そこで違反事実を争う可能性もある。検察官が不起訴処分としたケースについて、行政庁があえて免許停止処分にするのは、おかしいというのがAの主張である。

　追尾事件では重い違反事実とされた場合、現場において供述調書と速度測定記録書に署名押印することを求められる。速度測定記録は、追尾した<u>パトカーの速度記録</u>であり、被疑者の自動車の記録ではない。このような非科学的な測定方法は犯罪事実の立証資料として合理性がない。

　オービス（スピード違反自動取締り装置）による測定の事件で無罪とされた判決がある（大阪高判平成4・9・9判タ833号270頁）。追尾測定事件で、免許取消処分が取り消された判決もある（横浜地判平成21・11・28判例集未登載）。オービス速度測定器がいつも正常である保障はなく、誤測定の可能性がある。まして、追尾事件の速度測定は、パトカーの速度であり、その数値が先行する被疑車両の速度であるとする客観的な証拠はない。

　事例⑩-1において、130km/hの速度認定がA車の速度ではないとする根拠は次のとおりである。

① 　小仏トンネルは、交通渋滞の有名な場所であるが、違反摘発日はゴールデンウィーク中の祭日であり、交通渋滞状況にあり、パトカーの追尾は困難であった。

② 　追尾によって、先行車両の速度を測定するには、40m後位に近づくため300m必要であり、また、先行車に追尾して測定する区間は200m

以上必要であるから、合計500m以上の追尾が必要ということになる。
③　パトカーがAに停止を命じてから900m走行したというのであるから、A車とパトカーは、小仏トンネル内を1400m走行したことになる。
④　小仏トンネル手前は三車線であり、小仏トンネル内は二車線となっており、渋滞原因となっている。
⑤　B警察官は、大型トラックによる頭押しが解消したので、A車は1400mを130km/hで走行したというが、当日、小仏トンネル内が渋滞中であったことを認めている。
⑥　B警察官は、供述調書や測定記録書などの文書を作成しているが、A運転のモスグリーンの自動車の速度を直接証明する証拠は1つもない。
　かえって警察官は、A自動車を白色であったとする文書を作成しており、事例⑩-1における処分のえん罪性は明白である。

行政犯については、形式的に処理され、起訴便宜主張になじまない。50km/hオーバーであれば、必ず起訴しなければならない。しかし、検察官は、証拠が不十分で公判維持が困難な場合は、嫌疑不十分または罪とならずとするべきところ、警察官の顔を立て、起訴猶予で不起訴処分にすることが多い。

7　被告と処分庁の表示

免許証更新処分の処分庁は、東京都公安委員会であり、免許停止処分についての処分庁は司法巡査Bが属する警視庁である。

免許の更新処分をした処分庁は、東京都公安委員会であるが、行政事件訴訟法11条1項1号により、東京都公安委員会の帰属する東京都が被告である。

警視庁は東京都公安委員会の管理下にある（警察法47条2項）ため、被告は東京都となる（行訴11条1項1号）。

免停処分と更新処分の取消訴訟について、いずれも被告は東京都である。

Bの違法な公権力の行使については、東京都の公務員Bが違法な加害行為を行ったものであるから、Bの所属公共団体である東京都がやはり被告となる（行訴11条1項1号）。後記訴状（【書式54】）は、東京地方裁判所民事38

部の指導に従ったものである。

8　国家賠償訴訟の提起要件の検討

　事例⑩-1でAは、平成16年4月29日に司法巡査Bより「サインしなければ逮捕する」、「サインしなければ免許証を返さない」などと脅され、調書に署名することを強要されたことに対して国家賠償法1条に基づき国家賠償請求訴訟を提起することができる。

　国家賠償法1条の要件は、①公権力の行使、②公務員、③職務行為、④故意・過失・違法性、⑤損害、⑥加害と損害との間の因果関係である。

　事例⑩-1は、公務員である司法巡査Bが職務行為としてスピード違反の取締りをし、Aを検挙することによって公権力を行使したものである。したがって要件①ないし③は充足する。

　④につき、Bは「サインしなければ逮捕する」「サインしなければ免許証を返さない」と故意に脅迫して違法な行為をなしたことになる。

　国家賠償法1条にいう損害には、精神的損害を含むかという問題があるが、不安定な地位から早期に解放されたいという期待、その期待の背後にある焦燥、不安の気持を抱かされないという利益は、内心の静穏な感情を害されない利益として保護の対象となりうるものと解されるので、精神的損害も含まれると考える。

　事例⑩-1では、司法巡査として公権力を行使しうる立場にある者によって「逮捕する」「免許証を返さない」などといわれることは、一般人にとっても著しく精神的平穏を害される状況であるといえる。

　したがって、⑤については、Aは違反事実の通告を受け刑事事件が立件されたことによって不起訴処分になるまで不安定な地位におかれたことにより精神的な損害を受けた点、およびその後の90日間の免停処分により、その間自動車の運転に従事できなかったという損害、さらに免停処分後の新免許証交付の際には「違反運転者」という地位が与えられたことによる精神的損害を主張できると考える。

以上により、Bによる違法行為とAの受けた損害には因果関係があるといえ、上記要件をすべて満たすこととなる。
　国家賠償とは、国・地方公共団体の公権力の行使にあたる公務員が、その職務を行うについて、故意または過失によって違法に他人に加えた損害に関して、国・地方公共団体の賠償責任を定めている制度である（国家賠償法1条1項）。
　国家賠償を求めるには、①「国又は公共団体」の「公務員」が、②「公権力の行使」にあたり、③「職務を行うについて」、④「故意又は過失」により、⑤「違法に」、⑥「他人に損害を」加え、⑦加害行為と損害との間の因果関係があること、という要件が必要である。
　事例⑩-1では、Aは、「公務員」たる司法巡査Bによって、平成16年4月29日、高速道路にてパトカーの追尾により（この行為は客観的に職務行為の外形を備える行為といえるので、「職務の行うについて」にあたる）50km/h以上のスピード違反行為があったものとして検挙（検挙は「公権力の行使」にあたる）され、その際、司法巡査であるBの「サインしなければ逮捕する」「サインしなければ免許証を返さない」などと脅して調書に署名することを強要させた行為は「故意」があり「違法」なものといえる。「損害」とは、生命・健康・財産にかかわるもののほか、精神的損害を含むと解され、Bにより検挙されるので、サインを強要された行為により、Aは、「逮捕されたくない」「免許を返してほしい」という気持を抱いたと思われる。Aには、不安定な地位から早期に開放されたいという期待、その期待の背後にあるAの焦燥、不安の気持を抱かされないという利益があり、その利益はAの内心の静穏な感情を害されない利益であるといえるので、それらを害されたAには「損害」があったといえる。また、精神的損害は、加害行為として、脅して調書にサインを強要した行為によって発生しているから、損害と加害行為との間には、相当の因果関係がある。
　以上のことから、事例⑩-1では、国家賠償を請求するために必要な要件を満たし、国・公共団体に賠償責任が発生するので国家賠償訴訟を提起する

ことができる。

9　横浜地判平成21・10・28（免許取消処分取消訴訟事件）の検討

(1)　事　案

(ア)　X保有の免許

Xは、平成17年2月16日普通自動車免許を有していた。

同日において、大型自動二輪車免許も有していた。

(イ)　中型免許

普通自動車運転免許は、平成19年6月2日施行の道路交通法の一部改正法（平成16年法第90号）附則6条2号により、同日以降は中型自動車免許とみなされる。

(ウ)　免許取消処分

Xは、指定最高速度60km/hのところを70km/h超過する130km/hで自家用普通乗用自動車を運転したとする違反行為により、累積点数が15点になったとして、神奈川県公安委員会から、「運転免許を受けることができない期間を1年とする運転免許取消処分」を受けた。

(エ)　違反事実と処分

「違反事実と処分の経過」は、以下のとおりである。

① 平成18年5月24日

Xは、最高速度80km/hのところを27km/h超過する107km/hで運転し、道路交通法22条1項に違反した。

違反行為に付される基礎点数は、3点であった（平成16年第390号改正前道路交通法施行令別表1の1、違反行為の種別）。

② 平成19年3月5日

Xは、最高速度60km/hの首都高速道路9号線において、70km/h超過する130km/hで運転したとして、道路交通法22条1項違反を理由に取締りを受けた。

本件違反行為が存在する場合、基礎点数は12点となる（令別表第2の1、違反行為の種別「速度超過（50以上）」）。
③　平成19年5月16日公開意見聴取（道路交通法104条1項）手続があり、Xは出頭した。
④　同日罰金10万円：略式命令発令（簡易裁判所）された。
⑤　Xは、10万円を仮納付した。
⑥　正式裁判の請求をせずに略式命令は、確定した。
⑦　運転免許取消処分（本件処分）が、平成19年5月16日（処分庁：神奈川県公安委員会）なされた。
⑧　平成19年10月17日Xは、本件処分の取消訴訟を提起した。
⑨　Xは、中型自動車免許について、その後、新しく免許付与を受けた。

　(オ)　争　点

平成19年3月5日の走行速度が指定最高速度を50km/h以上超過していた事実（本件違反事実）の存否。

　(カ)　走行状況の記録

エンジンの回転から走行速度を割り出すことができる。Xは、違反摘発時に走行状況を記録できる装置（データロガー機能）を積載していた。同装置によって空燃比調整テストを行っていたが、走行状況のデファレンシャル（差動歯車）のギア比と走行速度算によって当日のX運転者の速度を検証した。

　(キ)　横浜地方裁判所判決

運転免許取消処分を取り消す旨の判決（X勝訴）がなされた。神奈川県は控訴し科学捜査研究所の鑑定書を高等裁判所で証拠提出したが、東京高等裁判所は、平成22年3月3日第1回口頭弁論期日で結審し、同年5月19日、神奈川県の控訴を棄却した。

(2)　**争点と追尾事件の問題点**

　(ア)　争　点

平成19年3月5日の走行速度が指定最高速度を50km/h以上超過していた

かどうかが、この事件の争点である。

　(イ)　追尾事件の捜査方法と混雑度の関係

　道路が混雑しているときは、追尾が困難であり、十分な測定区間を設定できないので違反摘発は行われない。祭日等で混雑が予想される道路でも、スピード違反測定ができないから、取締活動は行われない。

　(ウ)　追尾測定の非科学性

　追尾事件では、測定開始点から測定完了点までの測定区間数百mを必要とする。追尾測定は、パトカーのスピードであり、被害車両のスピードではないことが問題である。追尾事件では、パトカーの走行速度が被疑車両のものと同一であることの客観的証拠はない。

　(エ)　測定方法

　追尾測定と併走測定がありうるが、一般化追尾測定が実施されている。追尾方法は、被疑車両に約40mの一定間隔を保ちパトカーが後位置を500m以上追尾走行する測定方法であるが、目視で行うものであり、相当の誤差発生の可能性がある。

　(3)　横浜地方裁判所判決の検討

　(ア)　違反事実の摘発：神奈川県公安委員会Yの主張

　神奈川県公安委員会Yの主張は、以下のとおりである。

① 警察官Aらは、交通取締用四輪自動車（本件パトカー）に乗車し、60km/h超過車両を発見した。スピードメーターは、正確である。
② X車が130km/hで走行していると認定した。パトカーは、車間距離約40mに一定に保ちながら約200mの間、測定追尾することによってX車が130km/hで走行したことを測定した。
③ Xは、供述調書に署名、指印した。
　「マイル表示なのにkm表示と勘違いでした」とする調書に署名した。
④ 交通切符作成時、Xは、違反を認める不動文字が記載されているものにも署名した。
⑤ 意見聴取手続において、Xは反省文を提出した。

⑥　切符作成時と供述調書作成時、Xは本件違反事実（行為）を認めており、略式命令に対しても不服申立てをしなかった。

〔図17〕　横浜地判平成21・10・28の関係図

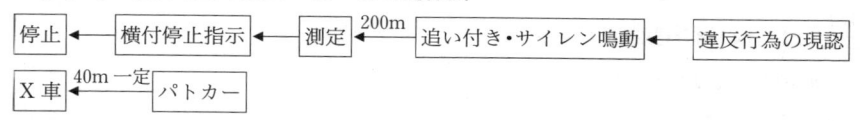

停止 ← 横付停止指示 ← 測定 ←200m― 追い付き・サイレン鳴動 ← 違反行為の現認
X車 ―40m一定― パトカー

(イ)　Xの主張

Xの主張は、以下のとおりである。

① 　免許証不携帯

供述調書上は、免許証を携帯していたことになっているが、Xは免許証不携帯であった。

② 　X車が急ブレーキをかけたと後日Yが言い出した。

急ブレーキをかけても132m走行する。

③ 　科学捜査研究所の意見書への反論

測定から停止まで240m追尾したというのが、警察官の供述である。これによれば、130km/hを測定し、X車を停止させるまで240m、X車とパトカーが走行したことになる。

130km/hのスピードを零に落とせるのにどのくらいの距離が必要かについては、一般には130m程度の制動距離が必要である。

④ 　スピードメーターを押し、自動車を止めるまでの距離は推計できる。

「急ブレーキはかけていない」と警察官は1審で証言しているが、2審において、Yは急ブレーキをかけたと主張を変更した。

⑤ 　赤切符

赤切符にサインしたら、略式手続に同意したことになり、免許証を取り上げることになっている。本件では、直ちに免許証が取り上げられている。

⑥ 　X車は顧客から預かった装置で、エンジン調整しながら運転しており、エンジンの回転数をデータロガーで記録していた。エンジン回転数から算出される本件取締り時におけるX車の理論上の走行速度は、107km/h以

下である。Xの指定最高速度超過は、50km/h未満である。パトカーは、X車に高速度で近づく過程で速度測定した可能性があり、130km/hはパトカーの速度である。
　(ウ)　横浜地方裁判所の判断
裁判所は、以下のとおり判断した。
① 　Xは、車検や車両の修理等を請負うことを業とする会社（Z社）の経営者である。
② 　Z社は、顧客A_1からエンジン修理を請負い、本件車両を預った。
③ 　本件車両は、マイル表示の速度計を有する輸出車仕様の左ハンドル車であった。
④ 　エンジン電子制御装置（本件装置）による空燃比調整の補助をA_2に依頼した。本件装置は、エンジン調整データや運転状況等を連続的に記録する「データロガー」機能がある。本件取締時、XとA_2は空燃比調整のため、走行テストを実施していた。エンジン回転数を含む運転状況を記録していた。運転状況のデータファイルをパソコンのハードディスクに保存していた。この保存データには、信憑性がある。
⑤ 　走行速度は、ギア比、タイヤ直径などのデータを考慮して、データロガー機能付装置によって検証が可能である。

【書式54】　東京地方裁判所民事38部が指導する訴状（運転者区分を附款とみる考え方）

訴　　　　状
平成〇年〇月〇日
東京地方裁判所民事部　御中
原告訴訟代理人　弁護士　　山　下　清　兵　衛
〒000-0000　東京都港区赤坂〇丁目〇番〇号
原　　　　　　告　甲　野　太　郎

〒106-0032　東京都港区六本木一丁目6番3号　泉ガーデンウイング6階
　　　　　　マリタックス法律事務所（送達場所）
　　　　　　電　話　03－3586－3601　　FAX　03－3586－3602
　　　　　　上記訴訟代理人　弁護士　山下清兵衛
〒163-8011　東京都新宿区西新宿二丁目8番1号
　　　　　　被　　　　　告　東　京　都
　　　　　　上　記　代　表　者　東京都公安委員会
　　　　　　　　　　　　　　　　　委員長　安　西　邦　夫
　　　　　　　　　　　　　　　　　　　　　　　（処分取消訴訟）
　　　　　　上　記　代　表　者　東京都知事　石　原　慎　太　郎
　　　　　　　　　　　　　　　　　　　　　　　（国賠訴訟）

（処分をした行政庁）
〒100-8929　東京都千代田区霞ヶ関二丁目1番1号
　　　　　　警　視　庁　警視総監　米　村　敏　朗
　　　　　　　　　　　　　　　　　　　　（免許停止処分）
〒100-8929　東京都千代田区霞ヶ関二丁目1番1号
　　　　　　東京都公安委員会
　　　　　　　　　　　　　　　　　　　　（免許更新処分）

運転免許更新処分取消等請求事件
　訴訟物の価額　　500万0000円
　貼用印紙額　　　3万0000円

第1　請求の趣旨
　1　警視総監が原告に対して平成21年2月16日付けでなした<u>運転免許停止処分</u>を取り消す
　2　東京都公安委員会が原告に対して平成21年2月16日付けでなした<u>「運転免許の更新処分のうち運転者の区分を違反運転者とした部分」</u>を取り消す
　3　東京都公安委員会は、原告に対し、<u>「優良運転者であることを記載した運転免許証」</u>の交付（処分）をせよ

第10章　道路交通法違反（免許停止処分・更新処分取消訴訟）をめぐる紛争解決

　　４　被告は、原告に対し、金500万円を支払え
　　５　訴訟費用は被告の負担とする
との判決を求める。
第２　請求の原因
　１　運転免許停止処分の取消について
　　(1)　運転免許停止処分の違法事由について
　　　ア　違法事由について
　　　　　警視総監は、「原告には、平成16年４月29日に、制限速度を50km超過して運転した事実がある」と認定した上、平成21年２月16日、原告に対し、90日間の運転免許停止処分を行った（甲１）（道路交通法103条１項５号・22条１項・同法施行令38条５項２号イ。なお同法施行令別表第二及び別表第三参照）。
　　　　　しかし、原告は、速度制限を守った運転しか行っておらず、原告には、上記制限速度違反の事実はない。
　　　　　したがって、警視総監の上記事実認定は事実誤認によるもので、原告には、道路交通法103条１項５号該当事由が存在しないものである。
　　　　　よって、警視総監による上記運転免許停止処分は、違法な処分である。
　　　イ　事実経過について
　　　　　原告は、平成16年４月29日午後２時半頃、中央自動車道を相模湖方面に向って走行していたところ、高速隊巡査２名により、制限速度違反、との濡れ衣を着せられ、検挙された。
　　　　　原告は、法定速度を守り、制限速度違反など行っていなかったため、検挙の当初より制限速度違反の事実を否認した。
　　　　　そして、八王子区検察庁の取り調べ段階でも原告は制限速度違反の事実について否認した。
　　　　　その結果、八王子区検察庁検察官事務取扱主任捜査官であった〇〇捜査官は、容疑事実なしとの事実認定を行い、原告を不起訴処分とした（甲２）。
　　　　　このように、原告には、制限速度違反というような事実は存在しない。

ウ　最高裁第一小法廷昭和57年7月15日判決は、反則金納付通告（道交法違反事実認定の通知又は反則金給付命令）を争う事件で、「違反事実」の審判を行うのではなく、違反事実の審判は刑事審判事項としている（行政判例百選168事件）。

　行政手続の中で判定されるものではない。刑事手続において、不起訴処分とされたなら、その事実認定を優先するべきである。

　よって、処分庁のなした運転免許停止処分はその根拠を欠き違法である。

(2) 免許停止処分取消の訴えの利益について

　原告は、本件免許停止処分の取消を受ければ、仮に、今後、違反行為を行ったとしても、前歴がない者（道路交通法施行令別表第三）として扱われる。

　しかし、原告は、本件免許停止処分の取り消しを受けられないと、仮に今後、違反行為を行ってしまったときに、前歴が一回である者（道路交通法施行令別表第三）として扱われることになってしまう（道路交通法施行令別表第三備考一本文。なお、同備考一但書により、免許停止期間が過ぎてから一年間の間無事故無違反であれば、前歴はなかったことになる。）。

　そして、前歴の有無は、違反行為に対する処分を免許取消とするのかそれとも免許停止とするのか、という判断を左右する（同法施行令38条5項）、など、運転免許に関する法律上の地位に大きな影響を与えるものである。

　したがって、原告に前歴がないことは、原告の法的利益である。

　また、原告の免許停止期間が終了したのは平成21年4月2日であり（甲1）、未だ免許停止期間終了後から一年間を経過していないので、原告には免許停止処分取消についての狭義の訴えの利益も存在する。

2　運転免許更新処分の取消について

(1) 運転免許更新処分の違法事由について

ア　東京都公安委員会は、原告に対し、平成21年2月16日、運転免許更新処分をなした（甲3、甲4）。

　この更新処分に際し、原告は、東京都公安委員会から違反運転者

(道路交通法92条の2備考一4・同法施行令33条の7第2項）と認定されたため（甲3、甲4）、更新された運転免許証の有効期間は3年、また、更新時の講習における原告の区分は、違反者、であった。
　イ　このように、原告が東京都公安委員会により、違反運転者、と判断されたのは、前述の平成16年4月29日の道路交通法違反被疑事件が原因と考えられる。
　ウ　しかし、前述したように、原告に制限速度違反の事実はない。
　　　また、この点については、道路交通法違反被疑事件において、検察官も、同様の事実認定を行い、原告を不起訴処分としている（甲1、甲5）。
　エ　それゆえ、東京都公安委員会が原告を違反運転者とした判断は、事実誤認に基づく誤った判断と言わざるを得ない。
　オ　以上より、東京都公安委員会が、原告に対して行った、免許証の有効期間を3年間とする運転免許更新処分は、事実誤認に基づく処分として違法である。
(2)　運転免許更新処分取消の訴えの利益について
　　違反運転者としての免許証の有効期間は3年間であり、一方優良運転者である場合の免許証の有効期間は5年間である（道路交通法92条の2）。
　　したがって、免許証の有効期間に違いがある以上、運転免許更新処分取消に訴えの利益が存在するのは当然である。
　　なお、一般運転者として運転免許更新処分を受けた者が、優良運転者であることを主張して当該処分の取消を求めた訴訟において、<u>最高裁判所は当該処分の取消につき訴えの利益を認めている</u>（最高裁判所第二小法廷平成18年（行ヒ）第285号平成21年2月27日判決。甲6号証として提出）。
3　優良運転者と記載の免許証を交付して行う更新処分の義務づけについて
(1)　訴訟要件
　　免許証の更新処分は、道路交通法101条1項により、申請に基づいて行われるため、行政事件訴訟法3条6項2号により、行政事件訴訟法37条の3第1項から第3項までの要件を満たせば、かかる処分の義務づけ

訴訟の訴訟要件は認められることになる。

　そして、原告は、免許証の更新請求を行い、違反運転者と記載された運転免許証を交付された者であり、運転免許更新処分の取消の訴えも併合提起しているので、原告は、行政事件訴訟法37条の3第1項から第3項までの要件を満たしている。

　また、優良運転者である旨の記載のある運転免許証を交付して行う更新処分について、処分性は認められ、またその義務づけを求める訴えには訴えの利益も認められる（前掲最高裁判所平成21年2月27日判決（甲6）参照）。

(2) 勝訴要件

　原告を違反運転者とする本件運転免許更新処分は、事実誤認に基づく違法な処分であるから、当該処分の取消の訴えには理由がある。

　また、制限速度違反という事実の存在しない原告は優良運転者に該当するから（道路交通法92条の2備考一2・同法施行令33条の7第1項）、道路交通法92条の2より、東京都公安委員会が、原告に対し、優良運転者である旨の記載のある運転免許証を交付して行う更新処分をすべきことは明らかである。

　よって、かかる義務づけの訴えは勝訴要件も満たす。

4　国家賠償請求について

(1) 高速隊巡査2名による取調の違法

　原告を検挙した高速隊巡査2名は、原告に対し、「違反切符にサインをしなければ逮捕する」、「サインをしなければ免許証を返さない」などと脅して、調書に対するサインを強要した。

　かかる脅迫行為が、取調として許容される合理的な範囲を逸脱していることは、誰の目にも明らかである。

　したがって、かかる高速隊巡査2名の職務行為には、明白な違法性が認められる。

　そして、この高速隊巡査2名の取調により、原告は、精神的苦痛を被った。二人がかりで怒鳴り威圧されたことによる恐怖及び違反していないにもかかわらずサインしなければならなかった屈辱感からして、その損害は、金額にして300万円を下らない。

よって、原告には、東京都に対する300万円の国家賠償請求権が成立する。

(2) 運転免許更新処分の違法

上記運転免許更新処分は、原告に制限速度違反の事実がないにもかかわらず行われた処分である。

そして、原告に制限速度違反の事実がないことは、○○捜査官が原告を不起訴処分にしたことからして、明らかであり、違反事実の認定は刑事手続における判断が優先されるべきである。

したがって、かかる更新処分を行った東京都公安委員会の職務行為には、優に違法性が認められる。

そして、一度も交通法規に違反したことはなく、優良運転者であった原告は、違反運転者という濡れ衣を着せられた形で更新処分を受けたことにより、精神的苦痛を被った。その損害は、金額にして200万円を下らない。

よって、原告には、東京都に対する200万円の国家賠償請求権が成立する。

証 拠 方 法

甲第1号証	運転免許停止処分書
甲第2号証	不起訴処分告知書
甲第3号証	運転免許更新のお知らせ
甲第4号証	平成21年2月16日交付運転免許証
甲第5号証	区検察庁出頭記録
甲第6号証	最高裁判所第二小法廷平成18年(行ヒ)第285号平成21年2月27日判決
甲第7号証	陳述書

Ⅱ　法的問題点

【書式55】　最判平成21・2・27に従った訴状（運転者区分ごとの免許とみる考え方）

訴　　状

平成21年〇〇月〇〇日

東京地方裁判所　御中

原告訴訟代理人弁護士　〇　〇　〇　〇　㊞

〒〇〇〇－〇〇〇〇　東京都〇〇区〇〇丁目〇〇番〇〇号
　　　　　　　　　　原　　　　告　〇　〇　〇　〇
〒〇〇〇－〇〇〇〇　東京都〇〇区〇〇丁目〇〇番〇〇号
　　　　　　　　　　〇〇法律事務所　（送達場所）
　　　　　　　　　　原告訴訟代理人　〇　〇　〇　〇
　　　　　　　　　　電　話　03－〇〇〇〇－〇〇〇〇
　　　　　　　　　　FAX　03－〇〇〇〇－〇〇〇〇
〒〇〇〇－〇〇〇〇　東京都〇〇区〇〇丁目〇〇番〇〇号
　　　　　　　　　　被　　　告　東　京　都
　　　　　　　　　　代表者都知事　〇　〇　〇　〇
〒〇〇〇－〇〇〇〇　東京都〇〇区〇〇丁目〇〇番〇〇号
　　　　　　　　　　処　分　庁　東京都公安委員会
〒〇〇〇－〇〇〇〇　東京都〇〇区〇〇丁目〇〇番〇〇号
　　　　　　　　　　処　分　庁　警視総監Ｙ

違反運転免許取消事件及び優良運転免許証交付及び損害賠償請求事件

第1　請求の趣旨
 1　被告は、東京都公安委員会により平成21年2月26日になされた「違反運転者」免許証更新処分の全部を取消す。
 2　東京都公安委員会は、原告に対し「優良運転者」記載のある運転免許証を交付せよ
 3　被告は、原告に対し、金〇〇〇〇円及びこれに対する平成21年9月30日から支払済みまで年5分の割合による金員を支払え。

4　訴訟費用は被告の負担とする。
との判決を求める。
第2　請求の原因
　(1)　原告は、平成16年4月29日、高速道路にてパトカーの追尾により50km/h以上のスピード違反行為があったものとして検挙された。
　(2)　検挙の際、司法巡査に脅されサインすることを強要された。
　(3)　原告は反則金を納付しなかったことにより刑事事件が立件されたが、検察官に違反事実がないことを説明したところ不起訴となった。
　(4)　原告は、平成21年2月16日、東京都警視総監Yから同日から90日の免停処分を受けた。
　(5)　スピード違反行為及び、免停処分に基づき、東京都公安委員会は、「優良運転者」ではなく「違反運転者」としての免許の更新処分を行った。
第3　以上のことから、原告には違反事実はないので、「違反運転者」免許処分の全部取消し、及び「優良運転者」免許証の交付の義務付け、及び、精神的損害に対する国家賠償を請求する。

【書式56】　免許証交付処分ではなく更新処分とみる訴状

訴　　　　状

平成21年○月○日

東京地方裁判所　御中

　　　　　　　　　原告訴訟代理人弁護士　　○○○○
　　　　　　　　　電　話：○○○－○○○－○○○○
　　　　　　　　　FAX　：○○○－○○○－○○○○

当事者の表示
　　　　〒000-0000　東京都○区○○○丁目○番○号
　　　　　　　　原　　　告　　A

〒000-0000　東京都○区○○丁目○番○号　（送達場所）
　　　　　　　原告訴訟代理人　○　○　○　○
　　　　　　　電　話：○○○－○○○－○○○○
　　　　　　　FAX　：○○○－○○○－○○○○
〒163-8061　東京都新宿区西新宿2丁目8番1号
　　　　　　　被　　　　告　東　京　都
　　　　　　　上 記 代 表 者　都知事　○○○○
処分をした行政庁の表示ならびに送達先
　〒100-8929　東京都千代田区霞ヶ関2丁目1番1号
　　　　　　　東京都公安委員会
　〒100-8929　東京都千代田区霞ヶ関2丁目1番1号
　　　　　　　警視庁　警視総監　Y

　　違反運転免許証取消及び優良運転免許証交付及び損害賠償請求事件
　　　訴訟物の価額　　金○○万円
　　　手数料額　　　　金○○万円

第1　請求の趣旨
　1　東京都公安委員会が原告に対し平成21年5月16日付けでした<u>有効期間3年とする免許更新処分のうち</u>、原告を違反運転者とする部分を取り消す。
　2　東京都公安委員会は、原告に対し、<u>優良運転者で、且つ期間5年とする運転免許更新処分</u>をせよ。
　3　被告は原告に対し金○○万円及びこれに対する本訴状到達の翌日から支払い済みまで年5分の割合による金員を支払え。
　4　訴訟費用は被告の負担とする。
　との判決を求める。
第2　請求の原因
　1　原告は、平成16年4月29日、高速道路にてパトカーの追尾により50km/h以上のスピード違反行為があったものとして検挙された。
　2　その際、**警視庁高速隊巡査B**は「サインしなければ逮捕する」「サインしなければ免許証を返さない」などと脅迫し、原告に対し調書へサインす

るよう強要した。
3　原告は、その後反則金を納付しなかったため刑事事件が立件されたが、担当検察官Ｃに違反事実がない旨主張したところ不起訴処分となった。
4　平成21年2月16日、東京都警視総監Ｙから同日より90日間の免停処分を受けた。
5　免停期間経過後、東京都公安委員会により新免許証交付処分がなされたが、「優良運転者」としてではなく、「違反運転者」としてのものであった。
6　原告は、巡査Ｂの脅迫という違法行為により調書への署名を強要され、それを原因として刑事事件が立件されたことにより不安定な地位に立たされ、精神的な損害を被った。
　　不起訴処分となったにもかかわらず、違反事実があるものとして免停処分を受け、その間自動車を運転できないという不利益を受けた。
　　また、更新処分は、違反運転者としてなされ、精神的損害を被った。
7　よって、新免許交付処分のうち違反運転者である部分の取消し及び優良運転者である旨の更新処分の義務付け、及び公務員である巡査Ｂによる違法行為によって受けた損害に対する国家賠償を請求する。

［資料11］　横浜地判平21・10・28判決内容

判　　　　決

横浜市○○区○○
　　　　原　　　　　告　　○　○　○　○
横浜市中区日本大通1
　（送達場所）横浜市中区海岸通2丁目4番
　　　　被　　　　　告　　神　奈　川　県
　　　同代表者兼処分行政庁　神奈川県公安委員会
　　　同委員会代表者委員長　小　塚　良　雄

主　　　文

1　神奈川県公安委員会が原告に対し平成19年5月16日付けでした運転免許取

消処分を取り消す。
2　訴訟費用は被告の負担とする。

事実及び理由

第1　請求
　　　主文同旨
第2　事案の概要
　1　事案の骨子
　　　本件は、指定最高速度（60キロメートル毎時）を70キロメートル毎時超過する130キロメートル毎時で自家用普通乗用自動車を運転したことなどの違反行為により、累積点数が15点になったとして、神奈川県公安委員会から、運転免許をうけることができない期間を1年とする運転免許取消処分（以下「本件処分」という。）を受けた原告が、上記の70キロメートル毎時超過の速度違反の事実はないと主張して、本件処分の取消しを求めた事案である。
　2　基礎となる事実（掲記の証拠により容易に認められる事実および当裁判所に顕著な事実）
　　(1)　原告は、平成17年2月16日、神奈川県公安委員会から、第一種運転免許のうち普通自動車免許及び大型自動二輪車免許（運転免許証の有効期間平成20年2月22日まで）を受けた（甲2、乙1、2、10）。
　　　　なお、上記普通自動車免許は、平成19年6月2日に施行された道路交通法の一部を改正する法律（平成16年法律第90号）附則6条2号の規定により、同日以降は中型自動車免許（車両総重量8トン未満、最大積載量5トン未満に限る。）とみなされることとなる。
　　(2)　原告は、平成18年5月24日午後1時8分ころ、神奈川県公安委員会が道路標識等により最高速度を80キロメートル毎時と指定した○○道路下り16.7キロポスト付近道路において、指定最高速度を27キロメートル毎時超過した107キロメートル毎時の速度で自家用普通乗用自動車を運転し、もって道路交通法（以下「法」という。）22条1項の規定に違反した（乙1）。
　　　　上記違反行為に付される基礎点数は3点である（道路交通法施行令

(以下「令」という。ただし本項では平成16年政令第390号による改正前のもの。）別表第一の一、違反行為の種別「速度超過（25以上30（高速40）未満）」）。
(3)　原告は、「平成19年3月5日午前0時27分ころ、東京都公安委員会が道路標識等により最高速度を60キロメートル毎時と指定した東京都□□○丁目○番先首都高速9号線上りポール番号314番付近道路において、指定最高速度を70キロメートル毎時超過する130キロメートル毎時の速度で自家用普通乗用自動車（○○○○。以下「原告運転車両」という。）を運転し、もって法22条1項の規定に違反した」（以下「本件違反行為」という。）との理由で、警視庁高速道路交通警察隊の○○警部補（以下「Y_1警部補」という。）及び○○巡査部長（以下「Y_2巡査部長」といい、Y_1警部補と併せて「本件警察官ら」という。）により、取締り（以下「本件取締り」という。）を受けた（甲1、乙2、3）。

　　本件違反行為が存在する場合、これに付される基礎点数は12点である（令別表第二の一、違反行為の種別「速度超過（50以上）」）。
(4)　東京都公安委員会から原告に関する処分移送通知を受けた神奈川県公安委員会は、前記(2)の違反行為及び本件違反行為により原告の累積点数が15点となったこと、原告には前歴がなかったことから、原告が運転免許を受けることができない期間を1年とする運転免許取消処分の対象となるものと認め（平成19年法律第90号による改正前の法103条1項5号、6項、平成21年政令第12号による改正前の令38条5項1号イ、6項2号、別表第三）、平成19年5月16日、原告からの公開による意見の聴取（法104条1項）を行った上、同日、原告に対し、本件処分を執行した（甲2、乙7、9、10）。
(5)　原告は、同年6月8日、○○簡易裁判所において、本件違反行為につき、法違反（速度超過）の罪より罰金10万円の略式命令を受けたが、同日、同罰金額を仮納付し、その後も正式裁判の請求を行わなかったため、上記略式命令は確定した（甲1、3、乙11）。
(6)　原告は、同年10月17日、本件訴えを提起した。

3　争点及び当事者の主張
　　本件の争点は、本件違反行為の有無である。具体的には、原告が前記2

(3)記載の日時場所において指定最高速度を超過する速度で原告運転車両を運転したこと自体については当事者間に争いがないものの、その際の原告運転車両の走行速度が指定最高速度を50キロメートル毎時以上超過していたか否かが争われている。

(被告の主張)

　本件違反行為については、本件警察官らが、交通取締用四輪自動車（○○○○○。以下「本件パトカー」という。）により、原告運転車両との車間距離を約40メートルに一定に保ちながら約200メートルの間測定追尾することによって、原告運転車両が130キロメートル毎時で走行したことを明確に現認している。本件パトカーに搭載されたデジタル式パトロール用スピードメーター（以下「本件スピードメーター」という。）は、定期的な検査を受け正確性が確保されたものであるし、これを用いて行われた本件違反行為の速度測定方法も適正であり、速度の認定に誤りはない。

　また、原告は、交通切符作成時及び意見聴取時において本件違反行為を認める供述をしていたし、本件違反行為に係る略式命令にも不服を申し立てていないなど、一貫して本件違反行為を認めていた。

　なお、原告が示すデータロガーによるデータは、そもそも当該データが本件違反行為時に走行していた車両のものかどうかや、その信用性についての立証が何らなされていない。

(原告の主張)

　本件取締り時、原告は、顧客から預かった原告運転車両を、エンジンの調整を行いながら運転しており、その際、エンジン回転数をデータロガーを用いて記録していた。本件処分後に当該エンジン回転数の記録を調べたところ、エンジン回転数等から算出される本件取締り時における原告運転車両の理論上の走行速度は、107キロメートル毎時以下であることが判明した。実際の走行速度は、理論上の走行速度よりも低くなるから、原告運転車両が130キロメートル毎時で走行した事実が存在しないことは明らかであり、原告の指定最高速度超過は50キロメートル毎時未満にとどまる。

　被告の主張によれば、本件警察官らが本件違反行為を現認したとされる地点から原告運転車両が停止させられた地点まではわずか300メートル程度しかないことになるが、もし原告運転車両が130キロメートル毎時で走

行していたとすれば、上記距離を走行する間に、本件警察官らが本件パトカーのサイレンを鳴らし、原告運転車両に横付けし、マイクで本件パトカーに従うよう指示し、上記停止位置に誘導するなどの動作をするのは不可能である。

本件パトカーは、原告運転車両との間隔を一定に保ちながら原告車両を追尾し、その過程で速度を測定したというのではなく、原告運転車両に高速度で近づく過程で速度を測定した可能性があり、130キロメートル毎時という速度は、原告運転車両の速度ではなく、本件パトカー固有の速度にとどまる可能性がある。

本件違反行為に関する取締り時及び意見聴取時において、原告が警察官及び担当者の指示に従ったのは、原告自身はスピードメーターで速度を確認しておらず、当時は原告運転車両の速度が分からなかったからである。また、罰金の略式命令を争わなかったのは、速度違反をしたこと自体は間違いがなかったからである。

第3 当裁判所の判断

1 本件取締り等の経緯

掲記の証拠（書証番号は特記しない限り枝番を含む。以下同じ。）及び弁論の全趣旨によれば、以下の事実が認められる。

(1) 原告は、車検や車両の修理、整備、改造等を請け負うことを業とする有限会社○○○○（神奈川県○○所在）を経営する者である（原告本人）。

(2) 原告は、顧客である○○○○（以下、「A_1」という。）から、A_1が実質的に所有等する原告運転車両のエンジン修理（タービン及び燃料噴射装置の交換並びにオイル漏れの修理）を請け負い、平成19年2月18日、その作業のため、A_1から原告運転車両を預かった（甲18、24、26、原告本人）。

なお、原告運転車両は、速度計がマイルとなるなど輸出車仕様の左ハンドル車で、マニュアル車である（乙6、7、21、22、証人○○○○（以下「証人A_2」という。）、証人○○○○（以下「証人Y_1」という）、原告本人、弁論の全趣旨）。

(3) 原告は、同年3月4日までに上記作業を終えたところ、エンジンの空

燃比の調整を行う必要があったが、その作業に必要な株式会社○○○○製の「○○○○」というエンジン電子制御装置及び同装置を取り扱うためのライセンスやソフトウェアを有していなかったことから、同装置の3.1バージョン（以下「本件装置」という。）及びこれを取り扱うためのライセンスとソフトウェアを有する業者である A_2 に対し、本件装置による上記空燃比調整の補助を有償で依頼することとした（甲17、18、20、乙18、19、証人 A_2、原告本人）。

なお、本件装置には、それが取り付けられた車両のエンジン回転数を含むエンジン調整データや運転状況等を連続的に記録する「データロガー」としての機能がある（甲4、18、証人 A_2、原告本人）。

(4) 原告は、原告運転車両に本件装置等を取り付けた上、同日深夜から同月5日にかけて、首都高速道路湾岸線、同9号線等において原告運転車両を運転し、上記空燃比調整のための走行テストを実施した（甲17、18、証人 A_2、原告本人）。

その際、原告運転車両の助手席には A_2 が同乗し、同人所有のノート型パーソナルコンピュータ（上記(3)のソフトウェアが搭載されたもの。以下「本件パソコン」という。）を社内に持ち込み、本件装置に接続して、後記のとおり本件取締りにより原告運転車両が停車させられるまでの間、エンジン回転数を含むエンジン調整データや運転状況を記録しながら、空燃比調整の作業に従事していた（甲17、18、20、証人 A_2、原告本人）。

なお、この時、雨は降っておらず、路面は濡れていなかった（原告本人）。

(5) 本件警察官らは、同月4日午後2時30分ころから同月5日午前8時30分ころまでの間、Y_1 警部補を運転手、Y_2 巡査部長をオペレータ（助手席乗車）として、本件パトカーに同乗し、パトロール及び交通取締りを行っていた（乙17、証人 Y_1）。

本件パトカーには、本件スピードメーターが設置されており、本件パトカーの瞬間速度が随時表示される仕組みになっていた（乙17、証人 Y_1、弁論の全趣旨）。

(6) 本件警察官らは、同月5日午前0時過ぎころ、首都高速道路湾岸線か

ら同9号線上りに合流するポール番号○番付近の道路を、○○方面から○○方面に向けて走行し、片側2車線の同9号線上りに入ったところ、その前方に同道路の指定最高速度である60キロメートル毎時を超えるとみえる速度で走行する原告運転車両を発見した（乙15、17、証人Y_1）。

(7) 本件警察官らは、同日午前0時27分ころ、原告運転車両が130キロメートル毎時の速度で走行したものと認定し、原告運転車両に接近して、本件パトカーに従ってその先にある左側非常帯に停止するよう呼びかけたところ、原告運転車両は、本件パトカーの後方を減速しながら追従し、本件パトカーと共に○○○○先の非常駐車帯（ポール番号○番付近。以下「本件停止位置」という。）に停止した（乙15、17、証人A_2、証人Y_1、原告本人）。

(8) 本件警察官らは、原告に対し、停止した本件パトカーの車内において、130キロメートル毎時の速度を記録した本件スピードメーターの表示を確認させ、原告運転車両が指定最高速度60キロメートル毎時を70キロメートル毎時超過していた旨告げたところ、原告は、80キロメートル毎時で走行していた旨繰り返し主張した。そこで、Y_1警部補は、本件パトカーを降車して原告運転車両を確認したところ、そのスピードメーターにはマイル単位の数字が大きく表示されており、その旨を原告に告げて、80マイル毎時を80キロメートル毎時と間違えたのではないかと指摘すると（なお、1マイルは約1.6キロメートルであるから、80マイル毎時は約128キロメートル毎時に相当する。）、原告は速度違反を認めるに至った。そして、Y_1警部補は、本件スピードメーターから、同時刻午前0時27分に130キロメートル毎時の速度で走行したことを示す記録紙を印刷し、これを速度測定記録書に貼付して原告に確認させたところ、原告は、「確かに、130と印字された数字は見た」と述べ、同記録書に署名及び指印をした（以上につき、乙5、17、証人Y_1、原告本人）。

(9) また、原告は、「現場の制限速度が60km/hであることは、知らず80km/hだと思ったのです。」、「速度違反した理由は、車はアメリカからの逆輸入車でメーターはマイルで表示され、それが80マイルだったのです。私のかんちがいでした。」などと記録された供述調書に署名及び指印をするとともに、指定最高速度を70キロメートル毎時超過する130キ

ロメートル毎時で走行した旨の記載のある取締り原票（いわゆる交通切符）についても、「私が上記違反をしたことは相違ありません。」などと不動文字で記載された供述書欄に署名をした（乙2、6）。

⑽　A_2は、同日午前0時54分ころ、原告運転車両の車内において、本件装置により記録していたエンジン回転数を含むエンジン調整データや運転状況等のデータファイルを、「JZA70－T78－850－LH1」とのファイル名で本件パソコンのハードディスクに保存した（甲18、乙18の2、証人A_2、原告本人）。なお、本件パソコンの時刻設定はおおむね正確なものである（証人A_2）。

⑾　原告は、同年5月16日に行われた前記第2の2⑷の意見聴取の際、本件違反行為について特に争わず、「今回マイル表示によるスピードメーターの読み違い及び制限速度60キロを80キロと感違い（ママ）したことにつきましては、自分の不注意によるもので、弁解の余地はありません。」などと記載した「反省文」と題する書面を提出した（乙7、8）。

⑿　原告は、本件処分を受けた後、A_2に、本件取締りの際に本件装置で記録していたエンジン回転数等のデータファイル（「JZA70－T78－850－LH1」）が残っているかどうか確認したところ、A_2はまだ上記データファイルを保存しているとのことであった。そこで、原告は、A_2のもとを訪れ、本件パソコンのハードディスクから上記データファイルを取得して持ち帰り、エンジン回転数等を基に原告運転車両の速度が本当に130キロメートル毎時であったのかどうかを調べたところ、そのような速度は出ていなかったとの結論に至った（証人A_2、原告本人、弁論の全趣旨）。

2　被告の主張する速度測定方法

⑴　本件処分は、講学上のいわゆる侵害処分であるから、その処分要件に該当する事実の主張立証責任は被告にある。

　そして、被告は、本件警察官らが、原告運転車両の発見後、その速度を測定するため、本件パトカーにより、原告運転車両の後方約40メートルに接近した上、その距離を一定に保ったまま、首都高速道路9号線上りポール番号○番付近から同○番付近（○○○○先。以下「本件違反認定位置」という）までの約200メートルの間、原告運転車両を追尾し、

その間、本件スピードメーターが一定して130キロメートル毎時を表示していたことを確認し、これをもって、原告運転車両が130キロメートル毎時の速度で走行した者と認定した旨主張し、Y_1警部補も同旨の供述をしている（乙17、証人Y_1）。
(2) 確かに、このような速度測定方法は、それが適切に実施される限り、速度違反に対する一般的な取締方法の一つとして、合理性を有するものといえる。

　また、証拠（乙12ないし14）によれば、本件パトカーに設定された本件スピードメーターは、正確性の担保された速度計試験機による本件取締り前後の定期的な検査により、表示誤差がマイナス1キロメートル毎時ないしマイナス2キロメートル毎時（ここにいうマイナスとは、本件スピードメーターの表示数値が速度計試験機の表示数値よりも低い数字であることを示す。）であることが確認されたものと認められる。このことからすれば、本件取締り時においても、本件スピードメーターには本件パトカーの実速度又はこれを下回る速度が表示されるという意味において、本件パトカーの速度の測定に係る正確性が確保されていたということができる（なお、乙14の1によれば、乙14の2及び3に記載された本件パトカーの車両番号には誤記があったと認められるが、この点が直ちに上記の速度測定に係る正確性を左右するものとはいえない。）。
(3) しかし、被告の主張する上記速度測定方法は、原告運転車両と本件パトカーとの車間距離を目視において一定に保って追跡を行うことにより、本件パトカーの速度を原告運転車両の速度と認定したというものである。そうすると、いかに本件パトカー自体の速度の測定が正確なものであっても、本件取締りに際し、本件パトカーが原告運転車両との車間距離を一定に保って適切に追跡をしたことが立証されない限り、本件パトカーの速度をもって原告運転車両の速度と認めることはできないことになる。

　そして、本件では、本件パトカーによる追跡中に原告運転車両と本件パトカーとの車間距離が被告の前記主張のように適切に一定に保たれていたことを示す客観的な証拠はなく、被告は、主として本件取締りに当たったY_1警部補の供述（乙17、証人Y_1）によりこの点の立証を試みている。しかし、このような供述は、130キロメートル毎時もの速度で

走行しながら目視により車間距離を一定に保ったという主観的な内容にすぎず、その認識過程や記憶の保持、叙述の適否といった点においてその証拠価値には一定の限界があるといわざるを得ないから、他の客観的証拠との整合性等について慎重に検討する必要がある。

なお、Y_1警部補作成の速度測定記録書（乙5）及びY_2巡査部長が平成19年3月5日に作成したとされる現認状況図（乙4）には、原告運転車両の直後方約40メートルの距離、間隔を保ち、約200メートルの間追尾して速度測定を行った旨の記載があるが、これらについても、やはり客観的な裏付けとなる証拠は提出されていないから、Y_1警部補の前記供述を離れて独立した証拠価値を有するものとは認められない。
(4) これに対し、原告は、本件取締り時に本件装置により記録された原告運転車両のエンジン回転数等の数値から算出される原告運転車両の理論上の走行速度は107キロメートル毎時以下であること、仮に原告運転車両が130キロメートル毎時で走行していたとすれば、本件警察官らが本件違反行為を認定したとされる地点から本件パトカーの誘導により原告運転車両が停止させられた地点までの間に原告運転車両が停止することは不可能であることなどを指摘し、本件パトカーは、原告運転車両に高速度で近づいた際に速度を測定した可能性があり、130キロメートル毎時という速度は、原告運転車両の速度ではなく、本件パトカー固有の速度にとどまる可能性があると主張し、関係証拠を提出している。

そこで、以下では、原告の上記各主張について、これらに対する被告の反論も踏まえつつ、Y_1警部補の前記供述の信用性を肯定できるかどうかを検討し、本件取締りにおける本件パトカーによる原告運転車両の追跡が一定の距離を保って適切に行われたと認められるか否かについて判断する。
3 原告運転車両の理論上の走行速度
(1) 原告の主張する理論上の走行速度について

原告は、エンジン回転数等から算出される本件取締り時における原告運転車両の理論上の走行速度は、107キロメートル毎時以下であり、実際の走行速度は理論上の走行速度よりも低くなるから、原告運転車両が130キロメートル毎時で走行した事実は存在しない旨主張しているとこ

ろ、その根拠となっているのは、次の算式であると考えられる（甲10、15参照）。

$$\text{速度(km/h)} = \frac{\begin{pmatrix}1\text{分当たりのエンジン}\\\text{回転数(rpm)}\times 60\text{分}\end{pmatrix}}{\text{ミッションギア比}\times\text{ファイナルギア比}} \times \frac{\begin{pmatrix}\text{タイヤの直径(mm)}\\\times\text{円周率(3.14)}\end{pmatrix}}{1,000,000(\text{km換算})}$$

証拠（甲7、10、18、原告本人）及び弁論の全趣旨によれば、上記の算式は、単位時間当たりのエンジン回転数をミッションギア比（変速比）及びファイナルギア比（最終減速比）で除して単位時間当たりのタイヤの回転数を算出した上、これにタイヤの外周の長さを乗じることによって、単位時間当たりの車両の進行距離を算出するというものであって、一般的に合理性を有するものであり、これによって車両の理論上の走行速度を算出することができるものと認められる。

なお、証拠（甲10、18、原告本人）によれば、上記の算式は、車両のタイヤが走行中も真円の形状を保っていることを前提とした理論上の走行速度を算出するものであるところ、実際には、タイヤは、走行により動的荷重を受けて凹んだり、地面との摩擦力により車両を動かすため微小なスリップをしながら回転したりしていることから、タイヤ1回転当たりに車両が進行する距離は、本来のタイヤの外径（直径×円周率）よりも小さくなるのであり、上記算式で算出された理論上の走行速度については、本来は、0.95±0.025前後の係数を乗じて動的荷重の補正を行うことが必要であるとされているが、いずれにしても、タイヤの外径から算出される理論上の走行速度は、実際の走行速度を下回ることはないものと認められる。

そして、原告は、① 原告運転車両が本件取締りにより停止させられる前の62秒間のエンジン回転数は、最大で2410rpmであり、② 原告運転車両のミッションギア比は最大の5速で0.753であり、③ 原告運転車両のファイナルギア比は、3.725であり、④ 原告運転車両のタイヤの直径は663ミリメートルであるとして計算を行っている（甲10、15参照）。

そこで、次の(2)ないし(4)では、上記①ないし④の数値を証拠上認定できるかどうかについて検討することとする。

(2) ①エンジン回転数について

ア　前記1(4)、(10)及び(12)のとおり、原告運転車両に同乗していたA₂は、本件取締りにより原告運転車両が停車させられるまでの間、エンジン回転数を含むエンジン調整データや運転状況を記録しており、そのデータファイルを「JZA70－T78－850－LH1」とのファイル名で本件パソコンのハードディスクに保存していたところ、原告は、本件処分を受けた後、A₂から上記データファイルを取得している。

　　　また、証拠（甲5、6、10、18、原告本人、証人A₂）及び弁論の全趣旨によれば、上記データファイルを基に、本件取締りの際のエンジン回転数等のデータを時系列のグラフにしたものが甲第5号証、第6号証であり、そのデータから原告が本件取締りにより停車させられる62秒前以降の毎秒ごとのエンジン回転数を抽出した結果が、甲第10号証の1枚目の表のうち「エンジン回転数（rpm：分速）」欄の数値であると認められる。

　　　そして、証拠（甲16）によれば、本件警察官らが原告運転車両を最初に発見したとされるポール番号〇番付近から本件停止位置までの距離は、約1.6キロメートルであり、同区間は、甲第10号証の1枚目のの表が対象とする区間におおむね対応していると認められるところ、同表によれば、この間のエンジン回転数は、原告が主張するとおり、最大でも2410rpmにとどまるものと認められる。

イ　これに対し、被告は、甲第5号証、第6号証の画面上部に表示されているファイル名が「MA70－A₁（ローマ字表記）LGP」であり、「JZA70－T78－850－LH1」のデータファイルとはファイル名が異なっていることを指摘し、「JZA70－T78－850－LH1」の保存日時をもって上記各証の記録日時と認めることはできない旨主張する。

　　　しかし、証人A₂は、「JZA70－T78－850－LH1」については、別の車両のデータファイルを流用して原告運転車両のデータを記録し、上記保存したものであるのに対し、これを基に作成してた（ママ）グラフが「MA70－A₁（ローマ字表記）LGP」（甲5、6）であって、原告の指示を受けて上記のファイル名を付し、「JZA70－T78－850－LH1」とは別のファイルとして保存したものである旨証言している

ところ、原告に原告運転車両のエンジン修理を依頼した顧客が「A_1」であり（甲24）、「A_1（ローマ字表記）」と符号すること、証人A_2の上記説明内容に特に不自然不合理な点はないことからすれば、その証言は信用することができる。

したがって、被告の上記主張を採用することはできない。

ウ　また、被告は、本件装置が正常に作動し、正確なデータを記録していたのか否か検証されていないとか、本件装置が走行中の車両の速度の計測を本来の目的とした機械ではないなどと主張する。

しかし、前記1(3)のとおり、本件装置には、それが取り付けられた車両のエンジン回転数等を連続的に記録する「データロガー」としての機能があるところ、証人A_2によれば、本件取締りの当時、本件装置は正常に作動していたものと認められる。また、そもそも本件装置はエンジンの空燃比調整のために原告車両運転に取り付けられたものであるところ、証人A_2によれば、そのエンジンの調整のためにはエンジン回転数の測定が必須であり、それが正確に測定できなければエンジンの調整を行うことはできないが、原告運転車両については、最終的にエンジンの調整はうまくいったものと認められる。

したがって、本件装置に関する被告の上記主張は採用することができない。

(3)　②ミッションギア比及び③ファイナルギア比について

ア　証拠（甲8、21、27）によれば、原告運転車両のミッションギア比は、最大の5速で0.753であり、ファイナルギア比は、3.727であることが認められる。

なお、原告は、ファイナルギア比については、当初、3.725であるとして理論上の走行速度の計算を行っていたが（甲10、15参照）、その後に提出された証拠（甲21、27）によれば、原告運転車両の実際のファイナルギア比は、上記のとおり3.727であるものと認められる。もっとも、原告運転車両の理論上の走行速度については、3.725と3.727のいずれの数値を前記(1)の算式に当てはめても、計算結果に大きな違いは生じない。

イ　これに対し、被告は、市販用改造キットや同系列車種の部品を用い

Ⅱ 法的問題点

てギア比の変更を行う改造は可能であり（乙20の2）、原告の主張するギア比が正しいとはいえないと主張する。

しかし、証拠（甲24、原告本人）によれば、当該部品は市販されておらず、国内では入手困難であるものと認められる。

もっとも、原告運転車両は、前記認定のとおり輸出車仕様であり、また、原告自身も「アメリカからの逆輸入車」と表現したこともあり（乙6）、海外での修理、改造の可能性もなかったとはいえない。しかし、証拠（甲27の1）及び弁論の全趣旨によれば地方運輸局長の認証を受けて整備工場を営むものと認められる有限会社○○○○が平成21年2月18日付けで作成した「納品・請求書（分解整備記録謄写）」（甲21）によると、同社が原告運転車両について「ミッション車上分解」及び「デファレンシャル車上分解」の作業を行ってミッションギア比及びファイナルギア比を確認したところ、上記アのとおりミッションギア比が最大の5速で0.753、ファイナルギア比が3.727という測定結果であったことが認められる。そして、証拠（甲18、24ないし26）によれば、平成19年2月に原告に原告運転車両のエンジン修理を依頼したA_1及びA_1から平成21年1月に原告運転車両を購入したA_3は、原告運転車両のギア比を変更したことはなく、原告も、原告運転車両のエンジンの修理に際して、そのギア比を変更していないものと認められるから、本件取締りの当時においても、原告運転車両のギア比は、上記のとおりであったものと推認することができる。

なお、上記証拠（甲24、25）について、被告は、原告運転車両の所有者は、本件取締りの当時から現在に至るまで、A_4という者であり（乙26）、原告の主張する者は所有者ではないとしてその信用性を争う。しかし乙第26号証の内容は、関東運輸局神奈川運輸支局長への照会及びその回答であるから、同支局長の回答は、自動車登録について所有者として登録されている名義人についての回答であると認められる。自動車登録上の所有名義人と実体上の所有者ないし実際の使用者が一致しないこと自体は珍しいことではなく、上記回答のみをもって上記証拠（甲24、25）を信用性に欠けるものと断ずることはできない。

したがって、被告の上記主張は失当である。

ウ　また、被告は、原告運転車両のような輸出車仕様のα（マニュアル車）のファイナルギア比は、国内販売用車両とは異なり、「3.463」、「3.534」、又は「3.300」であり（乙23、24）、レース車仕様と思料されるαのファイナルギア比は、「3.23」であって（乙25）、原告の主張するギア比よりも低い数値であると主張する。

　　そして、例えばファイナルギア比が3.23であったとすると、エンジン回転数等他の数値が原告主張のとおりであっても、前記の算式にあてはめると、理論上の走行速度は約123.8キロメートル毎時となる。この場合、被告主張に係る速度である130キロメートル毎時との事実は認めることができないが、本件処分の前提となる指定最高速度60キロメートル毎時を50キロメートル毎時以上超過して走行したとの事実を認める余地が生ずる。

　　しかし、本件取締りの当時における原告運転車両のファイナルギア比が3.72であったと認められることについては、上記ア及びイで説示したとおりである。

　　また、被告が引用する上記証拠（乙23、24）は、いずれも作成者不明のインターネット上のホームページの記載にすぎず、証拠価値が高いとはいえない。かえって、証拠（甲27の1ないし3）によれば、国内販売用のαのミッションギア比及びファイナルギア比（マニュアル車）は、上記のとおり、それぞれ0.753（最大の5速の場合）、3.727であるところ、有限会社○○○○において原告運転車両を点検した結果、原告運転車両のミッション形式及びデファレンシャル形式（ファイナルギアの形式）は、上記の国内販売用車両と同一であることが確認されたことが認められる。

　　さらに、原告は、レース車仕様の車両の部品（ファイナルギア）を一般車両に取り付けることは不可能であると指摘しているところ、これが可能であることを認めるに足りる証拠はない。

　　したがって、被告の上記主張も相当とはいうことができない。

(4)　④タイヤの直径について
　　証拠（甲10、11、原告本人）によれば、本件取締りの当時に原告運転車両に取り付けられていたタイヤは、株式会社○○○○製の「○○○

○」であり、その直径は663ミリメートルであることが認められる。

(5) 小括

ア 以上のとおり、①原告運転車両が本件取締りにより停止させられる前の62秒間のエンジン回転数は、最大で2410rpmであり、②原告運転車両のミッションギア比は最大の5速で0.753であり、③原告運転車両のファイナルギア比は3.727であり、④原告運転車両のタイヤの直径は663ミリメートルであることが認められる。

これらの数値を前記(1)の算式に当てはめて計算すると、次のとおり、原告運転車両が本件取締りにより停止させられる前の62秒間の原告運転車両の理論上の走行速度は、最大でも約107.3キロメートル毎時であったものと認められる。

$$速度(km/h) = \frac{2{,}410 \times 60}{0.753 \times 3.727} \times \frac{663 \times 3.14}{1{,}000{,}000} \fallingdotseq 107.3$$

そうすると、原告運転車両の後方約40メートルの距離を保ち、130キロメートル毎時で約200メートルの間追尾を行ったというY_1警部補の供述（乙17、証人Y_1）は、上記のように客観的に算定される原告運転車両の理論上の走行速度と整合しないことになる。

イ なお、被告は、ギアのシフトチェンジをした場合や、エンジンの回転の動力を車両の動力部分（ギアやタイヤ）に伝えない場合（いわゆるクラッチを切った場合）には、エンジンの回転数等から算出される理論上の走行速度と実際の走行速度が一致しない旨主張する。

被告の上記主張の趣旨は明らかではないが、エンジン回転数等から算出される理論上の走行速度が実際の走行速度を下回ることがあるという趣旨であれば、それは失当である。

すなわち、上記アの理論上の走行速度の算定は、あくまでもミッションギア比を最大の5速の0.753とした場合のものであり、ミッションギア比が4速以下の場合に上記アと異なる走行速度となるのは当然である。その場合には、ミッションギア比はより大きくなり（甲8参照）、上記アの算式の分母がより大きくなるのであるから、算定される速度はより低くなることが明らかである。そのため、例えば、証拠（甲10、12）において、原告運転車両の停車1秒前の理論上の走行速度が39.6キロメートル毎時となっているのも、あくまでもミッション

ギアを5速に入れたままで走行していたと仮定した場合の理論上の計算結果なのであって、実際には4速以下のミッションギアで、より低い速度で走行していたものと容易に推測することができる。

　また、クラッチを切った場合にエンジンがどれだけ回転しても車両の速度に影響しないのは極めて当然のことであるが、そのことを根拠に、理論上の走行速度が実際の走行速度を下回るということはできない。

　さらに、前記(1)で説示したとおり、前記算式で算出された理論上の走行速度については、本来は、0.95±0.025前後の係数を乗じて動的荷重の補正を行うことが必要であるとされているが、いずれにしても、雪道等特段の事情のない限り、タイヤの外径から算出される理論上の走行速度は、実際の走行速度を下回ることはないものと認められる。そして、前記1(4)で認定したとおり、本件取締りの当時、雨は降っておらず、路面は濡れていなかったというのであるから、本件において上記特段の事情があるとは認められない。

　したがって、上記アの理論上の走行速度は、少なくとも、実際の走行速度を下回ることはないといえる。

4　Y_1警部補の供述する本件違反認定位置の合理性

(1)　Y_1警部補は、本件パトカーによりポール番号○番（○○○○）付近から原告運転車両の後方約40メートルの距離を保って130キロメートル毎時で追跡し、同○番付近（本件違反認定位置）で本件違反行為を認定した旨供述している（乙17、証人Y_1）。

　そして、証拠（甲13、14、乙15）によれば、上記の本件違反認定位置（ポール番号○番付近）から本件停止位置（同○番付近）までの距離は、約380メートルであると認められるから、Y_1警部補の上記供述を前提とすれば、原告運転車両は、本件パトカーが本件違反認定位置を走行していた時点において、その約40メートル前方の、本件停止位置まで約340メートルの地点を、130キロメートル毎時の速度で走行していたことになる。

　また、Y_1警部補は、本件警察官らが本件違反行為を認定した後、①同乗するY_2巡査部長が直ちに本件パトカーのサイレンを吹鳴させたと

ころ、② 130キロメートル毎時の速度で走行していた原告運転車両が第二通行帯から第一通行帯に車線変更して減速を開始したため、③ 本件パトカーは第二通行帯をそのまま走行し、原告運転車両に追いついて並走した上、④ Y_2巡査部長において、拡声器を使用し、身振りを交えながら、「黒い乗用車、この先にある左側の非常帯に停車しなさい」などと呼びかけたところ、⑤ 原告運転車両が更に減速しながら呼び掛けに応じる様子であったことから、⑥ Y_1警部補は、原告運転車両の前に出ても安全だと判断して、原告運転車両を追い抜き、本件パトカーを第一通行帯へ車線変更させ、原告運転車両に本件パトカーの後方を追従させ、⑦ 原告運転車両は本件パトカーと共に本件停止位置に停止した旨供述している（乙17、証人Y_1）。

(2) しかし、このような上記①ないし⑦のやり取りには、相応の時間を要したのではないかと思われるところ、原告運転車両がミッションギアを5速に入れたまま甲第10号証の1枚目の表に記載された約107キロメートル毎時以下の車速で走行したと仮定した場合、同表の「停止から」欄及び「停止からの停止前の述べ距離（km）」欄の記載によれば、原告運転車両が本件違反認定位置から本件停止位置に至るまでの約340メートルを進行するのに要した時間は約16秒であったことになると認められる。もちろん、実際には、原告は、停車に至るまでの間にミッションギアを5速から1速まで除々に落とした上、本件停止位置に原告運転車両を停止させたものと推測されるので、同表の上記記載をそのまま実際の所要時間と認めることはできない。しかし、そのことを考慮しても、仮に原告運転車両が本件違反認定位置において130キロメートル毎時の速度で走行していた場合には、そこから原告運転車両が本件停止位置に至る時間は、上記の約16秒よりも更に短かった可能性があると考えられる。

　そうすると、上記程度の時間内に上記(1)①ないし⑦のやり取りがすべて行われたというY_1警部補の供述は、いささか無理があるとの印象を免れない。

　また、証拠（乙16）によれば、130キロメートル毎時の速度における停止距離（運転者が運転中の自動車等を停止させるため、急ブレーキをかけようと判断した地点から、自動車等が停止した地点までの前進距

離)としては、乾いた舗装道路の場合、空走距離27.1メートル及び制動距離95.0メートルの合計122.1メートルを要するものと認められる。このように、130キロメートル毎時の速度では、急ブレーキをかけた場合でも停止するのに122.1メートルを要するところ、本件では、原告運転車両及び本件パトカーがこれほどの急ブレーキをかけた形跡はない(原告本人、証人Y_1)。

これらによると、Y_1警部補の供述には、本件違反認定位置において原告運転車両の速度違反を認定したという点においても、以上の客観的な証拠との整合性に疑問があるといわざるを得ない。

(3) この点について、Y_1警部補は、同人が本件パトカーを第一通行帯へ車線変更させた場所(前記(1)⑥)は、本件停止位置まで目測100メートルのところで、その時の本件パトカーは60キロメートル毎時くらいまで減速していたが、同人は、このまま本件停止位置に安全に停止させるには距離的に余裕がないと思ったことから、更に約1キロメートル先の非常駐車帯に原告運転車両を停止させるため、左ウインカーを出さずに、そのまま本件停止位置の非常駐車帯を通過しようとしたところ、原告運転車両が急に停止してしまったので、慌てて本件パトカーを同じ非常駐車帯の先端部分に停止させた旨供述している(乙17、証人Y_1)。

しかし、被告が主張する事実経過(平成20年4月28日付け答弁書及び同年6月17日付け準備書面(1)))には、上記のような事実は述べられていない。Y_1警部補の上記供述内容は、原告が同年4月20日付け準備書面において前記(2)と同旨の指摘をした後の同年9月12日付け陳述書(乙17)において初めて明らかにされたものであり、その供述の経緯が不自然であることは否めない。

また、Y_1警部補の上記供述の内容自体、前記(2)で説示したように、約340メートルの距離を進行する間に前記(1)①ないし⑦のやり取りのすべてを行うことに疑問が生じ得ることを裏付けるものともいえる。

したがって、Y_1警部補の上記供述は、いずれにしても、前記(2)の判断を左右するものではない。

5 本件違反行為を認める旨の原告の供述等の評価

(1) なお、被告は、原告が、本件取締り時から前記第2の2(5)の略式命令

が確定するまでに間、何ら異論を述べずに一貫して本件違反行為を認め、公安委員会が行った意見の聴取時には、自ら本件違反行為を認める反省文を提出するなどしていたから、本件違反行為を認めていた原告の供述には信用性があり、原告が本件違反行為をしたことは明らかである旨主張するので、適宜ここで判断しておく。
(2) 確かに、前記1(8)、(9)、(11)及び前記第2の2(5)で説示したように、原告が本件違反行為を認める旨の供述等をしていたことについては、被告が指摘するとおりである。

しかし、子細に検討してみると、証拠（乙2、6、17、証人Y_1、原告本人）及び弁論の全趣旨によれば、原告は、本件取締りにより検挙された直後には、本件警察官らに対し、80キロメートル毎時で走行していた旨繰り返し主張していたところ、Y_1警部補が、原告運転車両のスピードメーターにはマイル単位の数字が大きく表示されている旨を原告に告げて、80マイル毎時を80キロメートル毎時と間違えたのではないかと指摘し、所持していた携帯電話の電卓機能でマイルをキロメートルに換算して原告に示すなどした結果、原告としても、はっきりとスピードメーターを見ておらず、その時点では証拠がなく自信がなかったので、Y_1警部補の上記指摘を受け入れ、本件違反行為を認めるに至り、その旨の供述調書（乙6）や取締り原票（乙2）に署名したものと認められる。むしろ、速度測定記録書（乙5）については、証拠（乙17）によれば、原告は、「確かに、130と印字された数字は見た」と述べた上で署名及び指印をしたものと認められ、このような経緯からも、本件取締り時に原告が130キロメートル毎時の速度で走行していたことを積極的に自認していたものではないことがうかがわれる。

また、原告が、本件処分に先立つ意見聴取において本件違反行為を争わず、反省文（乙8）を提出したことについては、その提出の宛先、時期等を考慮すると、反省の態度を示して寛大な処分を求めようという意図があったものと推察される上、その記載内容も、前記1(11)のとおり、いったん受け入れたY_1警部補の上記指摘の範囲を出るものではないものと認められる。

そして、前記1(12)のとおり、原告は、本件処分を受けた後、A_2から、

第10章　道路交通法違反（免許停止処分・更新処分取消訴訟）をめぐる紛争解決

本件取締りの際に本件装置で記録していたエンジン回転数等のデータファイルを取得して持ち帰り、エンジン回転数等を基に原告運転車両の速度が本当に130キロメートル毎時であったのかどうかを調べたところ、そのような速度は出ていなかったとの結論に至ったというのであるが、上記意見聴取の段階では、かかる調査を経る前であったことから、客観的な本件違反行為の事実までは争わなかったものと解される。

さらに、原告が、上記調査の後であるにもかかわらず、本件違反行為に係る略式命令を争わなかったことについては、原告の立場としては、速度違反を犯したこと自体については間違いがなく、ただ、指定最高速度を50キロメートル毎時以上超過してはいなかったという認識なのであるから、その点を争って本件訴えを提起する一方、上記略式命令については争わずに罰金を納付するという原告の判断は不合理とまではいえない。

したがって、原告が、本件取締りから本件訴えの提起に至るまでの間、本件違反行為を認める旨の供述等をしたことがあるとしても、その内容を具体的に検討すれば、前記3及び4で検討した客観的証拠によらず、原告の上記供述等をもって直ちに本件取締り時において原告運転車両が130キロメートル毎時の速度で走行していたと認めることはできないというべきである。被告の上記(1)の主張を採用することはできない。

6　結論

以上によれば、原告運転車両の後方約40メートルの距離を保ち、130キロメートル毎時で、本件違反認定位置までの約200メートルの間追尾を行ったというY_1警部補の供述（乙17、証人Y_1）は、客観的に算定される原告運転車両の理論上の走行速度と整合しない上、本件停止位置までの距離から見ても無理があるといわざるを得ないのであり、本件スピードメーターにより記録された130キロメートル毎時という速度は、原告運転車両に高速度で接近する際の本件パトカー固有の速度であった疑いを否定し去ることはできない。

このように、Y_1警部補の上記供述の信用性を肯定することは困難であるから、原告運転車両が130キロメートル毎時の速度で走行した事実を認定することはできない。

また、その他に原告運転車両が指定最高速度60キロメートル毎時を50キロメートル毎時以上超過して走行したことを認めるに足りる主張立証はない。

　そうすると、原告の本件取締り時における速度超過に付される基礎点数は9点以下にとどまり（令別表第二の一参照）、原告の違反点数は、累積点数3点と合計しても12点以下となって、前歴のない原告に対しては免許取消処分を行うことができないことになるから（平成19年法律第90号による改正前の法103条1項5号、平成21年政令第12号による改正前の令38条5項1号イ、別表第三）、本件処分は違法であり、取消しを免れない。

　よって、原告の請求は理由があるから認容することとし、主文のとおり判決する。

　　　　　　　　　以下（略）

[資料12]　東京高判平成22・5・19判決内容（[資料11]の控訴審）

判　　　決

横浜市中区日本大通1
　　　控　訴　人　神　奈　川　県
　　　同代表者兼処分行政庁　神奈川県公安委員会
　　　同委員会代表者委員長　小　塚　良　雄
　　　控訴人訴訟代理人弁護士　○　○　○　○
横浜市○○区○○
　　　被控訴人　○　○　○　○

主　　　文

1　本件控訴を棄却する。
2　控訴費用は控訴人の負担とする。

第10章　道路交通法違反（免許停止処分・更新処分取消訴訟）をめぐる紛争解決

事実及び理由

第1　控訴の趣旨
1　原判決を取り消す。
2　被控訴人の請求を棄却する。
第2　事案の概要
1　被控訴人は、平成17年2月16日、神奈川県公安委員会から、第一種運転免許のうち普通自動車免許及び大型自働二輪車免許を受けた。
2　被控訴人は、平成18年5月24日、指定最高速度を27キロメートル毎時超過した107キロメートル毎時の速度で自家用普通乗用自動車を運転し、道路交通法（以下「法」という。）22条1項の規定に違反したとして、基礎点数3点を付された。
3　被控訴人は、平成19年3月5日午前0時27分ころ、首都高速道路において、指定最高速度を70キロメートル毎時超過する130キロメートル毎時の速度で自家用普通乗用自動車（○○○○。以下「本件車両」という。）を運転し、もって法22条1項の規定に違反した（本件違反行為）として、警視庁警察官らの取締りを受けた。被控訴人は、本件違反行為に付される基礎点数は12点であり、上記2の違反行為と合わせて累積点数が15点になるとして、神奈川県公安委員会から、運転免許を受けることができない期間を1年とする運転免許取消処分（本件処分）を受けた。

　本件は、被控訴人が、上記の70キロメートル毎時超過の速度違反の事実はないと主張して、本件処分の取消しを求めた事案である。
4　原判決は、被控訴人が、指定最高速度60キロメートル毎時を50キロメートル毎時以上超過して本件車両を運転したことを認めるに足りる証拠はないから、被控訴人の速度超過について付される基礎点数は9点以下にとどまり、被控訴人に対して免許取消処分を行うことはできず、本件処分は違法であるとして、被控訴人の請求を認容した。

　そこで、控訴人が控訴をして、上記第1のとおりの判決を求めた。
5　本件の基礎となる事実、争点及び当事者の主張は、次項のとおり控訴人の当審における主張を付加するほかは、原判決「事実及び理由」欄の「第2　事案の概要」の2項及び3項に記載のとおりであるから、これを引用する（ただし、原判決4頁4行目の「罪より」を「罪により」に改める。）。

Ⅱ 法的問題点

6 控訴人の当審における主張

(1) 原判決は、本件車両に同乗していたA₂(筆者注：[資料9]に同じ。以下、同じ)が本件車両のエンジン回転数を含むデータ(以下「本件データ」という。)を「JZA70-T78-850-LH1」とのファイル名でパソコンに保存していたところ(以下「本件データファイル」という。)、このデータを基に作成されたとされる甲5号証及び甲6号証のログデータ(折れ線グラフ状のものが複数表示されているもの。「本件ログデータ」という。)によれば、エンジンの回転数は最大で2410rpmであり、この数値と本件車両のミッションギア比、ファイナルギア比及びタイヤの直径を基に計算すると、本件車両の理論上の最高速度は107.3キロメートル毎時であったとし、これを根拠に、被控訴人が50キロメートル毎時以上の速度超過をした事実は認められないとしている。

しかし、①本件データファイルを開いた場合の画面の様子についての証人A₂の証言は、実際と異なること、②証人A₂は、本件データファイルのほかに、本件ログデータをファイル(ログファイル)として保存したかどうかについて曖昧な供述をしていること、③本件ログデータがいつ保存されたかは不明であること、④被控訴人は、本件違反行為があったときから相当期間経過後に、A₂のパソコンから、本件違反行為の際のデータを含む大量のデータを持ち出し、その後に本件ログファイルを作成したことが考えられること、以上によれば、本件データファイルに保存されたとされる本件データの内容が、このデータを基に作成されたとされる本件ログデータと一致していると認めることはできない。

(2) 車両のミッションギア比及びファイナルギア比は、車両から取り外して分解し、ギアの歯数を数えなければ正確に求めることはできないところ、有限会社○○○○作成の納品・請求書(甲21)に記載された本件車両のミッションギア比及びファイナルギア比の数値は、いずれもこれらの作業を行わないで記載されたものであるから、信用性がない。

(3) 本件車両のタイヤの直径が、被控訴人主張の数値であることを示す客観的な証拠は、甲10号証添付の写真であるが、これが本件車両の写真であることは認められない。

(4) 原判決は、Y₁警部補の供述によれば、本件警察官らが本件違反行為を

認定した後、パトカーのサイレンを吹鳴させ、本件車両に停車を呼びかけ、本件車両を追い越して停止するまでの一連の行為を約16秒という短時間で行ったことになり不自然であると判示する。しかし、再現実験の結果によれば、本件警察官らはこれらの行為を短時間で無理なく行うことができたから、上記判示は誤りであり、上記供述は信用できるものである。

第3　当裁判所の判断

1　当裁判所も、被控訴人が、推定最高速度60キロメートル毎時を50キロメートル毎時以上超過して本件車両を運転したことを認めるに足りる証拠はないから、被控訴人に対して免許取消処分を行うことはできず、本件処分は違法であって、被控訴人の請求は理由があると判断する。その理由は、次のとおり付加訂正するほかは、原判決「事実及び理由」欄の「第3　当裁判所の判断」に記載のとおりであるから、これを利用する。

2　原判決7頁2行目の「甲4、18、」の次に、「乙27、」を、同19行目の「乙17、」の次に、「30、31、」をそれぞれ加える。

3　原判決14頁16行目の「作成してた」を「作成した」に改め、同23行目の次に、行を改めて次のとおり加える。

「さらに、被告（控訴人）は、証人A_2の本件データファイルを開いた際の画面についての供述が一部実際と異なると主張し、乙27号証によれば、本件データファイルを開いた場合に直ちにログデータを表示する画面にはならないことが認められるが、同証人は、本件データファイルを基に操作すると、ログデータが表示されるということを供述しているにとどまり、画面に表示される順序を具体的に供述しているものではないから、同証人の供述の信用性に特段の問題はない。また、被告は、証人A_2の本件ログファイルを保存したかどうかについての供述が曖昧であると主張するが、同証人の供述中に信用性を左右するほど曖昧な部分は認められない。

被告は、本件ログデータが保存された時期が客観的に明確ではなく、原告（被控訴人）が、パソコンから本件データとともに大量のデータを持ち出したことから、本件データファイルを後に作成した可能性があると主張をするが、いずれも具体的根拠のない憶測にすぎないのであって、原告やA_2の供述を含む前掲各証拠による上記認定を動かすに足りるものではない。」

4　原判決16頁3行目から19行目までを次のとおり改める。

「もっとも、本件車両は、前記認定のとおり輸出車仕様であり、また、原告（被控訴人）自身も「アメリカからの逆輸入車」と表現したこともあり（乙6）、海外での修理、改造の可能性がなかったとはいえない。

　しかし、証拠（甲27の1）及び弁論の全趣旨により地方運輸局長の認証を受けて整備工場を営むものと認められる有限会社○○○○が、平成21年2月18日付けで作成した「納品・請求書（分解整備記録簿写）」（甲21）によると、同社が原告運転車両について「ミッション車上分解」及び「デファレンシャル車上分解」の作業を行ってミッションギア比及びファイナルギア比を確認したところ、上記アのとおりミッションギア比が最大の5速で0.753、ファイナルギア比が3.727という測定結果であったことが認められる。被告（控訴人）は、上記納品・請求書及び写真（甲22）から、○○○○による測定結果は、車両から取り外して分解する等の厳密な方法によらないものと推測し、それを理由に、この測定結果の信用性がないと主張し、意見書（乙28）中にはこれに沿う部分があるが、本件においては、本件車両についてギア比の変更を行う改造が行われたかどうかが分かる程度にギア比を測定できれば十分であり（上記のとおり、より高速走行が可能なギア比の低い部分は、国内では入手困難である。）、厳密なギア比までは必要がないところ、この観点からみて○○○○による測定の方法につき問題があることを窺わせる証拠はなく、この測定の結果に信用性がないとはいえない。

　そして、証拠（甲18、24ないし26）によれば、平成19年2月に原告に本件車両のエンジン修理を依頼したA_1及びA_1から平成21年1月に本件車両を購入したA_3は、本件車両のギア比を変更したことはなく、原告も、原告運転車両のエンジンの修理に際して、そのギア比を変更していないものと認められるから、本件取締りの当時においても、原告運転車両のギア比は、上記のとおりであったものと推測することができる。」

5　原判決18頁11行目の次に、行を改めて次のとおり加える。

　「被告（控訴人）は、甲10号証添付の写真が本件車両のタイヤであることを客観的に認めることはできないと主張するが、原告（被控訴人）の供述によればこれを認めることができ、この認定を左右するに足りる証拠はない。」

6　原判決21頁5行目から22頁6行目までを次のとおり改める。

　「(2)　計算書（乙29）によれば、130キロメートル毎時の速度で走行してい

た車両が340メートル先の地点で停止するまでの時間は、130キロメートル毎時で256.84メートルを走行した後に急ブレーキをかけた場合（－0.8G（重力加速度））には11.7秒、130キロメートル毎時で118.24メートルを走行した後に少し強めのブレーキ操作（－0.3G）をした場合には15.6秒、130キロメートル毎時で65.51メートルを走行した後に少し強めのブレーキ操作をして60キロメートル毎時まで減速し、60キロメートル毎時で29.1メートル走行した後に通常のブレーキ操作（－0.2G）で停止した場合には18.6秒であることが認められるところ、この時間内で上記①ないし⑦の一連の行為がすべて行われたことについては、やや不自然といわざるを得ない。

　もっとも、被告の実施した再現実験の結果（乙30、31）によれば、上記時間内に上記行為がすべて行われることが不可能とまではいえないことが認められるが、本件取締りが深夜の首都高速道路においてされたことを考慮すると、これらの一連の行為が無理なく行われたとまではいえない。むしろ、原告がどの時点で本件パトカーの存在や本件警察官らの停車命令に気付いたかは必ずしも明らかでないものの、原告は、停車命令に気付いた後、それほど強い制動措置をとることはなく、ギヤを落としながら第二車線から第一車線、非常駐車帯へと順次車線を変更して停車したことが認められるところ（甲5、6、証人A_2、同Y_1、原告本人）、130キロメートル毎時の速度で走行していたとすると、340メートル以内の距離で上記態様で停車すること自体、不可能ではないとしても、通常考え難いというべきである。」

第4　結論
　よって、被控訴人の請求を認容した原判決は正当であり、本件控訴は理由がないから棄却することとして、主文のとおり判決する。

以下（略）

（山下清兵衛）

●事項索引●

【英数字】

NPO 法人　*289*
NPO 法人設立認証申請書　*284*
1 号法定受託事務　*425*
1 号義務付け訴訟　*29*
2 号義務付け訴訟　*29, 494*
2 号法定受託事務　*425*
3 条許可　*420*
　——の要件　*441*
3 条許可申請　*428*
4 条、5 条許可申請　*444*
4 条許可　*420*
　——の要件　*452*
5 条許可　*420*

【あ行】

青写真（論）　*32*
誤った行政指導に対する措置　*40*
異議申立書　*469*
移行認定申請書　*260*
遺族基礎年金　*198*
遺族厚生年金　*199*
一般廃棄物　*365*
一般用医薬品　*92*
一般労働者派遣事業　*319*
一般労働者派遣事業許可申請書　*322*
一般労働者派遣事業計画書　*324*
違反運転者免許証交付処分　*504*
違法性の承継　*52*
医薬品　*68*
医薬部外品　*68*
医療機器　*68*
（狭義の）訴えの利益　*50*
上乗せ条例　*147*
運転者区分認定　*504*
（風営法上の）営業制限地域　*125*
応諾義務　*493*

【か行】

介護保険　*207*
介護保険サービス事業者指定（許可）申請書　*209*
介護保険事業者指定申請手続　*211*
介護保険要介護認定・要支援認定申請書　*208*
開発許可処分　*46*
開発許可申請書　*7*
開発行為　*7*
開発指導要綱　*9*
開発審査会　*28*
　——に対する審査請求　*27*
開発登録簿　*9*
家庭廃棄物　*365*
仮の義務付け　*244*
仮の差止め　*50*
　——の申立て　*354*
　——の要件　*355*
管轄　*472*
監視区域　*4*
規制（侵害）行政　*236*
規制的行政契約　*59*
（風営法上の）既得権営業　*163*
義務付け訴訟　*28, 174, 242*
　——（訴状）　*102, 176, 247*
　——の併合　*29*
客観的予備的併合　*481*
旧公益法人　*267*
給付行政　*236*
行政規則　*426*
行政計画　*31, 480*
行政契約　*56, 480*
　——（協定書）　*55*
行政指導　*36, 480*
　——（行政手続法による形式的規制）　*37*
　——（保険薬局指定）　*100*

557

事項索引

行政庁の処分に対する取消訴訟（訴状） 246
行政手続法 237
　――による形式的規制（行政指導） 37
協定書無効確認の訴え（訴状） 409
（講学上の）許可 162
許可主義 268
化粧品 68
化粧品外国製造業者届書 79
化粧品製造業許可申請書 78
化粧品製造販売業許可申請書 78
化粧品製造販売届書 80
権限委譲 427
健康食品 68
原告適格 44
　――（開発許可処分） 46
　――（都市計画事業認可） 45
原処分主義 27
建築確認 6
建築審査会に対する審査請求 160
公益財団法人 252
公益社団法人 252
公益認定 252, 269
　――の基準 256
　――の申請 254
公益認定申請書 252
公益認定等委員会 270
公益目的事業 253
公害防止協定 63
厚生年金保険（遺族厚生年金） 199
厚生年金保険（障害厚生年金） 192
厚生年金保険（老齢厚生年金） 183
公法上の法律関係に関する確認の訴え 407
公法上の法律関係に関する確認の訴えその他公法上の法律関係に関する訴訟 480
告示 476
告示縦覧 387
国土利用計画 2
国民年金（遺族基礎年金） 198
国民年金（障害基礎年金） 191

国民年金（老齢基礎年金） 182
国民年金・厚生年金保険障害認定基準 217
国家賠償請求訴訟 38

【さ行】

裁決主義 27
在留期間更新許可申請 295
在留期間更新不許可処分取消し 305
在留資格 290
在留資格認定証明 294
在留資格変更許可申請 295
在留資格変更許可申請書 291
在留特別許可 290, 301
　――に係るガイドライン 312
　――の性質 306
在留特別許可理由書 302
裁量権の範囲の逸脱 352
裁量権の濫用 352
差止訴訟の訴訟要件 341
差止訴訟の本案勝訴要件 350
産業廃棄物 365
　――の種類 366
産業廃棄物（特別管理産業廃棄物）収集運搬業の許可申請に係る提出書類一覧表 372
産業廃棄物収集・運搬業の許可 368
　――の取消し 370
産業廃棄物収集・運搬業の許可要件 368
産業廃棄物収集運搬業許可申請書 371
産業廃棄物処分業許可申請書 379
産業廃棄物処分業の許可 373
　――の取消し 377
産業廃棄物処分業の許可手続の流れ 374
産業廃棄物処分業の許可要件 373
産業廃棄物処理業 364
産業廃棄物処理施設設置の許可 364, 383
産業廃棄物処理施設設置許可申請書 392
産業廃棄物処理施設の許可の取消し

事項索引

391
産業廃棄物処理施設の許可要件　388
市街化区域　6
市街化調整区域　6
市街地再開発事業計画の決定（処分性）　33
事業系一般廃棄物　365
事業計画書　401
自己の法律上の利益に関係のない違法　49
資産申告書　231
事情判決　30
事前協議　383
事前協議書　401
事前協議手続から廃棄物処理法手続のフローシート　385
事前手続　463
自治事務　424
市長村営の土地改良事業施行認可（処分性）　33
執行停止　357
　──の要件　358
執行停止申立書　309
実際の手続の流れ（店舗型性風俗特殊営業）　139
実質的当事者訴訟　34, 480
指導要綱　402, 463
　──（産業廃棄物処理施設）　383
　──（宅地開発協定）　57
　──（風営法関連）　155
　──（まちづくりガイドライン）　15
品川マンション事件最高裁判決　157
社会保険審査会　215
　──に対する再審査請求　214
社会保険審査官　214
社会保険審査官及び社会保険審査会法による不服申立て　213
自由選択主義　274
重大な損害を避けるため緊急の必要があるとき　358
重大な損害を生ずるおそれ　345
収入申告書　233
収容令書　298

出国命令制度　300
受理　493
準則主義　268
障害基礎年金　191
障害厚生年金　192
障害等級　217
障害年金給付に関する不服申立て　217
使用前検査　390
上陸審査　293
条例　145
省令（農地法施行規則）　424
処分性　30, 463, 477
処分取消しの訴え（訴状）　472
処分の蓋然性　342
処分の留保に対する損害賠償　39
処分留保　36
審査応答義務　272
審査請求書例　467
審査請求前置主義　27
申請　475
申請型（義務付け訴訟・2号義務付け）　29
深夜酒類提供飲食店営業　127
生活環境影響調査　386
生活保護　221
　──の開始決定　223
　──の申請　222
　──の申請却下の処分　223
生活保護申請書　230
製造販売用化粧品輸入届書　81
性風俗関連特殊営業の種類　138
政令（農地法施行令）　424
接待飲食等営業　122
相当の期間　241
　──の経過　494
その損害を避けるため他に適当な方法があるとき　349

【た行】

第一類医薬品　92
第二類医薬品　92
大規模小売店舗届出書　15
大規模小売店舗立地法　14

559

退去強制手続　298
　──の流れ　297
退去強制令書　308
　──の執行（強制送還）　308
第三機関経由型　494, 497
第三類医薬品　92
宅地開発協定　57
宅地開発指導要綱　38
地方公共団体の事務　424
地方公共団体の条例制定権　41
地方分権一括法　146, 424
中間処理施設事前計画書　378
注視区域　4
通達　426
通知　426
償うことのできない損害を避けるための緊急の費用　355
（講学上の）撤回　341
店舗型性風俗特殊営業営業開始届出書　141
店舗販売業（薬店）　92
等級認定　217
東京都薬局等許可審査基準及び指導基準　98
当事者訴訟　34
特定労働者派遣事業　319
特別管理一般廃棄物　365
特別管理産業廃棄物　365
特例法人から一般法人への移行手続　263
特例法人から公益法人への移行手続　265
都市計画　5
都市計画区域　6
都市計画事業認可（原告適格）　45
都市計画の用途地域指定（処分性）　31
都市計画法に基づく開発許可制度　6
土地区画整理組合の設立認可（処分性）　33
土地区画整理事業計画（処分性）　32
土地売買等届出書　2
土地利用基本計画　2
（風営法上の）届出確認書　166

届出確認書不交付通知書　166
届出に対する不作為　167
取消訴訟　28

【な行】

入国警備官の違反調査　298
入国審査官の違反審査　299
年金請求書（国民年金・厚生年金保険遺族給付）　200
年金請求書（国民年金・厚生年金保険障害給付）　193
年金請求書（国民年金・厚生年金保険老齢給付）　184
農業振興地域　456
農業振興地域整備計画　456
　──における農用地区域からの除外申請書　458
農振除外　13, 475
農振除外申請　456
　──における実質的当事者訴訟（訴状）　482
農地転用許可制と国土利用計画法の届出　4
農地　421
　──の立地基準　453
　──のレンタル　422, 443
農地の転用（農転）　11, 420
農地法3条1項の規定による認可申請書　429
農地法4条の規定による許可申請書　445
農地法5条の規定による許可申請書　448
農転　11, 420
農用地区　453
農用地区域　457
　──からの除外（農振除外）　13, 475

【は行】

廃棄物　364
廃棄物処理施設設置等事前協議書　397
廃棄物処理施設の事前協議等に関するフローシート　384

ぱちんこ店営業不許可処分取消等請求事件（訴状）　176
判決の拘束力　240
反則金　504
非営利活動法人（NPO法人）　283
非申請型（義務付け訴訟・1号義務付け）　29
標準処理期間　169, 495
風俗営業　122
風俗営業許可申請書　131
風俗営業許可申請の流れ　129
不起訴処分の行政処分性　506
不作為　494
　　――の違法確認訴訟　28, 241
　　――の違法確認の訴え（訴状）　275
（社会保険審査官及び社会保険審査会法による）不服審査前置主義　213
分権条例　427
紛争の成熟性　32, 478
返戻　493
法規　426
法定受託事務　424
法務大臣の裁決（入国管理法）　300
法務大臣の裁量逸脱濫用　307
法務大臣の裁量権（在留期間）　304
法律上の利益　44
法律先占論　146
法律による行政の原則　57
法律の専権的法規創造力　57
法律の範囲内　41
法律の優位　57
法律の留保　57
法律の範囲　148
法律優位の原則　36
法令提供データベース　424
法令に基づく申請　170, 241
保険薬局　92

――の指定　94
保険薬局指定拒否処分取消等請求事件（訴状）　102

【ま行】

まちづくりガイドライン　15
みなし却下　223, 238
みなし却下規定　245
民営職業紹介事業　336
無効確認訴訟　28
免許停止処分　502
免停処分　503

【や行】

薬事法　68
　　――における広告表現上の行政照会　70
　　――の広告規制　68
薬店　92
薬局　92
薬局開設に関する許可基準　93
薬局業務運営ガイドライン　97
遊技場営業　124
優良運転者免許更新拒否処分　504
要介護認定　207
用途地域制　5
横出し条例　147

【ら行】

例規集　427
労働者派遣　318
労働者派遣事業の許可取消し　338
労働者派遣事業の事業停止命令　338
労働者派遣事業の事業廃止命令　338
老齢基礎年金　182
老齢厚生年金　183

● 編者・執筆者一覧 ●

〔編集代表〕

山下清兵衛（大宮法科大学院大学客員教授・弁護士・マリタックス法律事務所）本書第10章執筆

〔執筆者（執筆順）〕

〈第1章〉
　松本寿子（行政書士・行政書士松本寿子事務所）
　岸本敏和（行政書士・行政書士法人アスカ総合事務所）
　工藤洋治（弁護士・東京八丁堀法律事務所）
　中野　剛（弁護士・虎の門法律事務所）
　丸尾はるな（弁護士・サン綜合法律事務所）
　森田康子（弁護士・かつま法律事務所）

〈第2章〉
　吉田武史（行政書士・吉田法務事務所）
　松浦裕介（弁護士・クレオール日比谷法律事務所）

〈第3章〉
　〇浅野幸恵（行政書士・行政書士浅野幸恵事務所）
　井桁大介（弁護士・あさひ法律事務所）

〈第4章〉
　中村恭章（行政書士・社会保険労務士・中村事務所）
　白井由里（弁護士・岩上法律事務所）
　樋口晴美（元行政書士）
　片野田志朗（弁護士・翔洋法律事務所）

〈第5章〉
　鬼頭政人（弁護士・石井法律事務所）

〈第6章〉

鈴木康徳（行政書士・行政書士鈴木法務事務所）
　　南淵　聡（弁護士・今村記念法律事務所）
〈第7章〉
　　工藤康博（行政書士・行政書士工藤康博事務所）
　　千葉克彦（弁護士・東京丸の内・春木法律事務所）
〈第8章〉
　　笹島潤也（行政書士・行政書士笹島総合事務所
　　前田泰志（弁護士・ふじ合同法律事務所）
〈第9章〉
○野村　創（弁護士・野村総合法律事務所）

○印は編者

　　　　　　　　　　　　　　　（所属は、平成22年5月末日現在）

行政許認可手続と紛争解決の実務と書式

平成22年7月29日　第1刷発行

定価　本体5,000円（税別）

編集代表	山下　清兵衛	
編　者	行政許認可手続紛争解決研究会	
発　行	株式会社　民事法研究会	
印　刷	株式会社　太平印刷社	

発行所　株式会社　民事法研究会
〒150-0013　東京都渋谷区恵比寿3-7-16
〔営業〕TEL03(5798)7257　　FAX03(5798)7258
〔編集〕TEL03(5798)7277　　FAX03(5798)7278
http://www.minjiho.com/　　info@minjiho.com

落丁・乱丁はおとりかえします。ISBN978-4-89628-632-8 C3032 ¥5000E
カバーデザイン：袴田峯男